Kapitalmarktrechtliche Einordnung von Kryptowerten in Deutschland

Börsen- und kapitalmarktrechtliche Abhandlungen

Herausgegeben von Horst Hammen

22

Zur Qualitätssicherung und Peer Review der vorliegenden Publikation

Die Qualität der in dieser Reihe erscheinenden Arbeiten wird vor der Publikation durch den Herausgeber der Reihe geprüft.

Notes on the quality assurance and peer review of this publication

Prior to publication, the quality of the work published in this series is reviewed by the editors of the series.

Julian T. Schulte

Kapitalmarktrechtliche Einordnung von Kryptowerten in Deutschland

Eine aufsichts- und börsenrechtliche Betrachtung am Beispiel von Bitcoin

PETER LANG

Lausanne - Berlin - Bruxelles - Chennai - New York - Oxford

Bibliografische Information der Deutschen Nationalbibliothek
Die Deutsche Nationalbibliothek verzeichnet diese Publikation in der Deutschen Nationalbibliografie; detaillierte bibliografische Daten sind im Internet über http://dnb.d-nb.de abrufbar.

Zugl.: Dissertation, Justus-Liebig-Universität Gießen, Fachbereich Rechtswissenschaft, 2022

Gedruckt auf alterungsbeständigem, säurefreiem Papier.

D 26
ISSN 1862-183X
ISBN 978-3-631-90548-7 (Print)
E-ISBN 978-3-631-90640-8 (E-PDF)
E-ISBN 978-3-631-90641-5 (EPUB)
DOI 10.3726/b21069

PL Academic Research ist ein Imprint der Peter Lang GmbH.

Peter Lang – Frankfurt am Main · Bern · Bruxelles · New York · Oxford · Warszawa · Wien

Diese Publikation wurde begutachtet.

www.peterlang.com

Vorwort

Die vorliegende Arbeit wurde im Sommersemester 2022 vom Fachbereich Rechtswissenschaft der Justus-Liebig-Universität Gießen als Dissertation angenommen. Da es sich bei diesem aktuellen Thema um einen schnelllebigen und sich dynamisch entwickelnden Rechtsbereich handelt, konnten nicht alle nach September 2020 eingetretenen Änderungen in Rechtsprechung und Literatur berücksichtigt werden. Dies gilt insbesondere für die geplante Verordnung des Europäischen Parlaments und des Rates zu Kryptowerten, die Markets in Crypto-Assets Regulation (MiCAR).

Auf meine Zeit als Wissenschaftlicher Mitarbeiter an der Professur für Bürgerliches Recht, Handels- und Wirtschaftsrecht, Deutsches und Europäisches Bank- und Kapitalmarktrecht blicke ich immer sehr gerne zurück. Während dieser Zeit ist diese Monographie entstanden. Ganz besonders bedanken möchte ich mich bei meinem Doktorvater, Herrn Professor Dr. Horst Hammen, dessen Tür während der gesamten Promotionszeit immer für wissenschaftliche Diskussionen offenstand. Zudem danke ich auch Herrn Professor Dr. Jens Ekkenga für die Erstellung des Zweitgutachtens.

Weiterer Dank gilt meinen Eltern, die mich während der Erstellung dieser Arbeit fortwährend unterstützt haben. Ohne ihre vielfältige Unterstützung und Entlastung wäre mir die Erstellung dieser Arbeit nicht möglich gewesen.

Frankfurt am Main, im März 2023

Julian Thomas Schulte

Inhaltsverzeichnis

Abkürzungsverzeichnis

a. A.	andere Ansicht
AcP	Archiv für die civilistische Praxis
AG	Aktiengesellschaft
AIF	Alternativer Investmentfonds
Am J Crim Just	American Journal of Criminal Justice
ASX	Australian Securities Exchange
BaFin	Bundesanstalt für Finanzdienstleistungsaufsicht
BB	Betriebs-Berater
BBankG	Gesetz über die Deutsche Bundesbank
BC	Zeitschrift für Bilanzierung, Rechnungswesen und Controlling
BFH	Bundesfinanzhof
BGB	Bürgerliches Gesetzbuch
BGH	Bundesgerichtshof
BinSchG	Binnenschifffahrtsgesetz
BKR	Zeitschrift für Bank- und Kapitalmarktrecht
BörsG	Börsengesetz
BSDEX	Börse Stuttgart Digital Exchange
CBDC	Central Bank Digital Currency
CCR	Capital Requirements Regulation
CCZ	Corporate Compliance Zeitschrift
CD	Compact Disc
CFTC	Commodity Futures Trading Commission
CR	Computer und Recht
DB	Der Betrieb
DGVZ	Deutsche Gerichtsvollzieher Zeitung
d. h.	das heißt
DIN	Deutsches Institut für Normierung
DLT	Distributed Ledger Technology
DNotZ	Deutsche Notar-Zeitschrift
DSGVO	Datenschutzgrundverordnung
DuD	Datenschutz und Datensicherheit
DVD	Digital Versatile Disc

ECU	European Currency Unit
EGV	Vertrag zur Gründung der Europäischen Gemeinschaft
ETH	Ether
EuroEinfG	Euro-Einführungsgesetz
EuZW	Europäische Zeitschrift für Wirtschaftsrecht
EWiR	Entscheidungen zum Wirtschaftsrecht
eWpG	Gesetz über elektronische Wertpapiere
EZB	Europäische Zentralbank
2. FiMaNoG	Zweites Gesetz zur Novellierung von Finanzmarktvorschriften aufgrund europäischer Rechtsakte
FG Berlin-Brandenburg	Finanzgericht Berlin-Brandenburg
FinTech	Finanztechnologie
FR	FinanzRundschau
GG	Grundgesetz
GmbH	Gesellschaft mit beschränkter Haftung
GmbHR	GmbH-Rundschau
GRUR	Gewerblicher Rechtsschutz und Urheberrecht
GWG	Geldwäschegesetz
HGB	Handelsgesetzbuch
IBAN	International Bank Account Number
ICO	Initial Coin Offering
IMF	Internationaler Währungsfonds
InsO	Insolvenzordnung
InvG	Investmentgesetz
i. S. d	im Sinne des
i. S. v.	im Sinne von
ITRB	IT-Rechtsberater
i. V. m.	in Verbindung mit
IWRZ	Zeitschrift für Internationales Wirtschaftsrecht
KAGB	Kapitalanlagegesetzbuch
KG Berlin	Kammergericht Berlin
KWG	Kreditwesengesetz
kWh	Kilowattstunde
LuftVG	Luftverkehrsgesetz
MiFID	Markets in Financial Instruments Directive

MiFID II	Markets in Financial Instruments Directive II
MMR	Zeitschrift für IT-Recht und Digitalisierung
Mrd.	Milliarden
MTF	Multilaterales Handelssystem
NFC	Near Field Communication
NJW	Neue Juristische Wochenschrift
NVwZ	Neue Zeitschrift für Verwaltungsrecht
NZG	Neue Zeitschrift für Gesellschaftsrecht
NZWiSt	Neue Zeitschrift für Wirtschafts-, Steuer-, und Unternehmensstrafrecht
OLG	Oberlandesgericht
OTC	Over the Counter
OTF	Organisiertes Handelssystem
P2P	Peer to Peer
RdF	Recht der Finanzinstrumente
RL	Richtlinie
RMX	Risk Management Exchange
sog.	sogenannt
StGB	Strafgesetzbuch
SZR	Sonderziehungsrecht
u. a.	und andere
UG	Unternehmergesellschaft (haftungsbeschränkt)
UrhG	Urheberrechtsgesetz
US	United States (Vereinigte Staaten von Amerika)
USB	Universal Serial Bus
USDT	Tether
VermAnlG	Vermögensanlagengesetz
v. Chr.	vor Christus
WuB	Wirtschafts- und Bankrecht
WM	Wertpapiermitteilungen
WpHG	Wertpapierhandelsgesetz
WpPG	Wertpapierprospektgesetz
VermAnlG	Vermögensanlagengesetz
VersR	Versicherungsrecht
XRP	Ripple
ZAG	Zahlungsdiensteaufsichtsgesetz
z. B.	zum Beispiel

ZBB	Zeitschrift für Bankrecht und Bankwirtschaft
ZD	Zeitschrift für Datenschutz
ZfPW	Zeitschrift für die gesamte Privatrechtswissenschaft
ZHR	Zeitschrift für das gesamte Handelsrecht und Wirtschaftsrecht
ZIP	Zeitschrift für Wirtschaftsrecht
ZVglRWiss	Zeitschrift für Vergleichende Rechtswissenschaft
ZZP	Zeitschrift für Zivilprozess

Erstes Kapitel: Einführung in die Welt der Kryptowerte

A. Staatenloses Geld – (K)ein vollkommen neues Phänomen?

Grundsätzlich ist die Idee eines gleichsam „staatenlosen" Geldes nicht als vollkommen neu zu betrachten. Bereits im Jahr 1977 äußerte der österreichische Ökonom *Friedrich August von Hayek* die Idee, dass eines Tages ein Wettbewerb vieler verschiedener Währungen herrschen sollte.[1] Darunter sollten auch solche sein, welche von Privatpersonen emittiert werden.[2] Den aufgrund der Vielzahl von parallel existierenden Währungen entstehenden Konkurrenzkampf sowie die Aufgabe des staatlichen Geldmonopols betrachtete *von Hayek* als Lösung für die Forderung nach einer stabilen Währung.[3] Die Idee der Schaffung eines von Privatpersonen emittierten Geldes wurde bereits im Jahr 1999 durch den Wirtschaftsnobelpreisträger *Milton Friedman* in detaillierter Form vorhergesagt.[4] Heute – 31 Jahre nach *von Hayeks* Tod im Jahr 1992 – sind die Einführung einer stabilen staatenlosen Währung und die damit verbundenen ökonomischen und rechtlichen Fragen aktueller als jemals zuvor. Dies zeigt sich insbesondere am neuartigen Phänomen der im Zuge der Digitalisierung entstandenen Kryptowährungen.[5]

Spätestens seit dem 17. Dezember 2017, dem Tag, als die bekannteste Kryptowährung, der Bitcoin, pro Einheit einen Wert von fast 20.000 US-Dollar, also von umgerechnet mehr als 17.000 € erreichte,[6] ist die virtuelle Währung auch der breiten Öffentlichkeit ein Begriff. Die ersten Bitcoins hatten noch einen

---

1 *F. A. v. Hayek*, Die Entnationalisierung des Geldes, S. 5, 29–34.

2 *F. A. v. Hayek*, Die Entnationalisierung des Geldes, S. 3.

3 *F. A. v. Hayek*, Die Entnationalisierung des Geldes, S. 126 f.; Die ZEIT No. 27/2019, S. 21.

4 *Ekkenga*, CR 2017, 762, 763; *Sixt*, S. 1.

5 Zu den bekanntesten Kryptowährungen zählen neben Bitcoin auch Ethereum und Ripple.

6 *Dörner*, Bitcoin durchbricht 20.000 Dollar Marke, 17.12.2017, https://www.handelsblatt.com/finanzen/maerkte/devisen-rohstoffe/krypto-und-kein-ende-bitcoin-durchbricht-20-000-dollar-marke/20734964.html?ticket=ST-81455-dLNImp0k7bx4nY4SWKn9-ap3, letzter Abruf: 29.10.2018.

erheblich niedrigeren Wert.[7] Charakteristisch für den Bitcoin sind neben dem erheblichen Wertzuwachs jedoch auch immer wieder stattfindende starke Schwankungen des Kursverlaufs.

Dieser ist in der nachfolgenden Abbildung dargestellt.

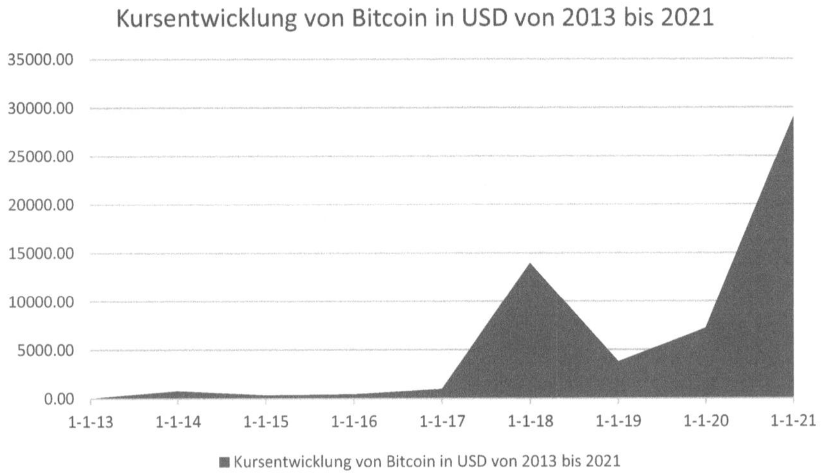

Abb. 1: Visuelle Darstellung des Bitcoin-Kurses für den Zeitraum vom 1. Januar 2013 bis 1. Januar 2021[8]

Das unter dem Pseudonym Satoshi Nakamoto[9] im Jahr 2009 entwickelte elektronische Bezahlsystem[10] erfreut sich seitdem wachsender Bekanntheit und zunehmender Beliebtheit. Trotzdem befindet sich die finanzmarkt- und börsenrechtliche Einordnung und Bewertung von virtuellen Währungen im

7 Die erste bekannte Bitcoin Transaktion war die Zusendung von 10 Bitcoin durch Satoshi Nakamoto an Hal Finney, vgl. *Bergmann*, Bitcoin, S. 84.

8 Datenquelle: Coinupdate.de, Jährliche Bitcoin Wertentwicklung in Prozent, https://coin-update.de/bitcoin-kurs/#entwicklung, letzter Abruf: 29.05.2023; Eigene Darstellung.

9 Kraemer/Nessel, S. 267; Muthig, in: Hüthig, S. 223; Auffenberg, NVwZ 2015, 1184; Sorge/Kron-Grimberghe, DuD 2012, 479; *Simmchen*, MMR 2017, 162 Fn. 7; Kethineni/Cao/Dodge, Am J Crim Just 2018, 43, 141.

10 Nakamoto, Bitcoin-A Peer-to-Peer Electronic Cash System, https://bitcoin.org/bitcoin.pdf, 19.12.2013, letzter Abruf: 29.10.2018, S. 1.

Allgemeinen in Deutschland noch am Anfang, und zahlreiche damit verbundene Grundsatzfragen sind bis dato ungeklärt. Der Gesetzgeber und auch die Bundesanstalt für Finanzdienstleistungsaufsicht (BaFin) haben reagiert und im Laufe der Jahre damit begonnen, in Deutschland einen Rechtsrahmen für Kryptowerte zu schaffen. Allerdings herrschte seit der Qualifizierung von Bitcoin als Rechnungseinheiten im Sinne des KWG durch die BaFin Ende des Jahres 2013[11] weitestgehend Stillstand im Hinblick auf die Weiterentwicklung eines Rechtsrahmens.

Die Bundesregierung hat zwar diesbezügliche Aktivitäten auch im Koalitionsvertrag 2018 fixiert.[12] Gleichwohl sind konkrete und umfassende gesetzliche Regelungen von Kryptowerten bis dato nicht erfolgt. Ein erster gesetzlicher Ansatz für die rechtliche Regulierung von Kryptowerten in Deutschland – zumindest aus aufsichtsrechtlicher Perspektive – gelang aber erst mit der Umsetzung der Fünften EU-Geldwäscherichtlinie[13] in deutsches Recht und den damit einhergehenden Änderungen im KWG.[14] Die hieraus resultierenden Konsequenzen werden ausführlich im 4. Kapitel dieser Arbeit beleuchtet.

11 BaFin, Bitcoin: Aufsichtliche Bewertung und Risiken für Nutzer, https://www.bafin.de/SharedDocs/Veroeffentlichungen/DE/Fachartikel/2014/fa_bj_1401_bitcoins.html;jsessionid=81EE5D32A366C5769B4946906CD1AE51.1_cid372?nn=7847010#doc7849756bodyText2, letzter Abruf: 29.10.2018.

12 Koalitionsvertrag zwischen CDU, CSU und SPD in der 19. Legislaturperiode, https://www.cdu.de/system/tdf/media/dokumente/koalitionsvertrag_2018.pdf?file=1, letzter Abruf: 29.10.2018, S. 44.

13 Richtlinie (EU) 2018/843 des Europäischen Parlaments und des Rates vom 30. Mai 2018. Zur Änderung der Richtlinie (EU) 2015/849 zur Verhinderung der Nutzung des Finanzsystems zum Zwecke der Geldwäsche und der Terrorismusfinanzierung und zur Änderung der Richtlinien 2009/138/EG und 2013/36/EU.

14 Seit dem 26.06.2021 gilt die neue Verordnung EU 2019/2033 über Aufsichtsanforderungen an Wertpapierfirmen, welche in Deutschland durch das Gesetz zur Umsetzung der Richtlinie (EU) 2019/2034 (IFD) über die Beaufsichtigung von Wertpapierinstituten (WpIG) umgesetzt wurde. Hierdurch werden neue Regelungen zur Regulierung von kleinen und mittleren Wertpapierinstituten geschaffen. Auf Große Wertpapierinstitute bleibt weiterhin das KWG anwendbar. Zukünftige Wertpapierinstitute können nicht das Kryptoverwahrgeschäft nach § 1 Abs. 1 S. 2 Nr. 6 KWG erbringen, da es nicht zu den in § 2 Absätze 2, 3 und 4 WpIG genannten Wertpapierdienstleistungen, Wertpapiernebendienstleistungen und Nebengeschäften zählt. Eine Erbringung des Kryptoverwahrgeschäfts ist für diese Unternehmen nur durch eine getrennte Gesellschaft möglich, die über eine Erlaubnis nach § 32 KWG verfügt, vgl. BaFin, Neue Vorgaben für Wertpapierinstitute, letzter Abruf: 06.02.2023, https://www.bafin.de/DE/

Gerade der rasante Kursanstieg und vor allem die hohe Volatilität des Bitcoins haben auch zahlreiche Spekulanten auf den Plan gerufen. Die lange Zeit nur in Teilen existente Regulierung virtueller Währungen führte zu einer erheblichen Rechtsunsicherheit – nicht nur für Investoren, die auf den Zug mit den virtuellen Währungen aufspringen wollten –, sondern auch für Betreiber von sogenannten „Kryptobörsen". Dies sind virtuelle Marktplätze, an denen Nutzer untereinander virtuelle Währungen wie Bitcoin tauschen können. Ebenso sind dort Kryptowerte in Fiatwährungen umtauschbar. Betreiber einer solchen Börse sehen sich beim Handel mit virtuellen Währungen einer Strafbarkeit nach § 54 KWG ausgesetzt, sofern sie nicht über eine Erlaubnis der BaFin nach § 32 I KWG zum Betrieb des Bank- und/oder Finanzdienstleistungsgeschäfts verfügen. Die lange Zeit bestehende Unsicherheit im Hinblick auf die Erlaubnispflichtigkeit von Geschäftsmodellen, welche den Handel mit Kryptowerten einschließen, wurde mit der Änderung des KWG durch die Umsetzung der Fünften EU-Geldwäscherichtlinie in deutsches Recht zum 1. Januar 2020 beseitigt.[15]

Von besonderem Interesse ist im Zusammenhang mit dem Handel von Kryptowährungen am Kapitalmarkt unter anderem der Plan der Stuttgarter Börse, neben einer App[16], die den Handel mit dieser Art von digitalen Vermögenswerten auch für den technisch nicht versierten Nutzer möglich macht[17], einen regulierten, multilateralen Handelsplatz für Kryptowährungen zu schaffen.[18] Mit dem Launch der App „Bison" am 31. Januar 2019[19] wurde zugleich auch der Plan der Einführung eines regulierten Handelsplatzes für Kryptowährungen mit

---

Aufsicht/BankenFinanzdienstleister/Neue_Vorgaben_Wertpapierinstitute.html;jsessionid=D5167FC9F34CD8D971AD8813BD1C618A.1_cid503?nn=7845884.

15 *Kirsch/Wieding*, IRZ 2018, 115; *Patz*, BKR 2019, 438 ff.; BT-Drucks. 19/13827, S. 43.

16 Der Begriff der App beschreibt eine Anwendungssoftware, welche auf mobilen Betriebssystemen Verwendung findet, vgl. *Buhl*, S. 7.

17 Börse Stuttgart, Ankündigung der BISON-App, https://www.boerse-stuttgart.de/de/unternehmen/aktuelles/social-media/bison-crypto-trading-app/, letzter Abruf: 29.10.2018.

18 Börse Stuttgart, Pressemitteilung vom 02.08.2018 („Gruppe Börse Stuttgart schafft durchgehende Infrastruktur für digitale Assets"), https://www.boerse-stuttgart.de/de-de/ueber-uns/pressemitteilungen/?SelectedDatePeriod=%3E1y&SelectedSortingOption=sort_date_s%20desc&query= (Archiv für Pressemitteilungen), letzter Abruf: 07.10.2019.

19 Börse Stuttgart, Pressemitteilung vom 31.01.2019 („BISON bietet einfachen, schnellen und sicheren Handel"), https://www.boerse-stuttgart.de/de-de/ueber-uns/pressemitteilungen/?SelectedDatePeriod=%3E1y&SelectedSortingOption=sort_date_s%20desc&query= (Archiv für Pressemitteilungen), letzter Abruf: 07.10.2019, S. 1.

Schaffung der Digital Exchange der Börse Stuttgart (BSDEX) in die Tat umgesetzt.[20] Damit stellte die BSDEX den ersten regulierten Marktplatz für Kryptowährungen in Deutschland dar.[21]

Dieser Handelsplatz sollte einerseits hinreichende Rechtssicherheit für den Anwender gewährleisten, andererseits sollte eine Überregulierung durch die staatlichen Behörden vermieden werden. Ziel dieses Ansatzes war es, die von der Digitalisierung des Wertpapierhandels und von FinTech-Unternehmen im Allgemeinen ausgehende Innovationskraft zu fördern und zu erhalten. Bei der Umsetzung der Idee eines digitalen Handelsplatzes für Kryptowährungen kam es der Börse Stuttgart vor allem darauf an, die Hürden, welche üblicherweise den Einstieg in die Welt des Handels mit Kryptowährungen erschweren, nach und nach abzubauen. Dazu zählt beispielsweise die Gewährleistung einer sicheren Verwahrmöglichkeit für die erworbenen Kryptowährungen ohne zwingende Notwendigkeit einer eigenen Wallet des Nutzers.[22]

Außerhalb Deutschlands setzten die Aktivitäten zur Schaffung eines regulierten Handelsplatzes für Kryptowährungen deutlich früher ein. So wurde bereits Ende November des Jahres 2018 die erste Blockchain-Exchange in Gibraltar eröffnet. Dabei handelt es sich um die erste vollumfänglich lizenzierte Kryptobörse weltweit.[23]

Bereits im Jahre 2016 hatte auch die Australian Securities Exchange (ASX) Pläne zur Umstrukturierung ihres Handelssystems gefasst. Das System sollte auf eine Blockchain-Infrastruktur umgestellt werden. Aufgrund der Verzögerung

---

20 Börse Stuttgart, Pressemitteilung vom 23.09.2019 („Börse Stuttgart startet ersten regulierten Handelsplatz für digitale Vermögenswerte in Deutschland"), https://www.boerse-stuttgart.de/de-de/ueber-uns/pressemitteilungen/190923_bsdex/, letzter Abruf: 07.10.2019, S. 1.

21 Börse Stuttgart, Pressemitteilung vom. 23.09.2019 („Börse Stuttgart startet ersten regulierten Handelsplatz für digitale Vermögenswerte in Deutschland"), https://www.boerse-stuttgart.de/de-de/ueber-uns/pressemitteilungen/190923_bsdex/, letzter Abruf: 07.10.2019, S. 1.

22 Börse Stuttgart, Pressemitteilung vom 31.01.2019 („BISON bietet einfachen, schnellen und sicheren Handel"), https://www.boerse-stuttgart.de/de-de/ueber-uns/pressemitteilungen/?SelectedDatePeriod=%3E1ySelectedSortingOption=sort_date_s%20desc&query= (Archiv für Pressemitteilungen), letzter Abruf: 07.10.2019, S. 1.

23 Gibraltar Blockchain Exchange, Pressemitteilung vom 21.11.2018, https://gbx.gi/news/gibraltar-blockchain-exchange-now-licensed-gibraltar-financial-services-commission-gfsc/, letzter Abruf: 26.11.2018; *Schneider*: Weltpremiere: Gibraltar Blockchain Exchange erhält Börsenlizenz, 23.11.2018, https://www.btc-echo.de/weltpremiere-gibraltar-blockchain-exchange-erhaelt-boersenlizenz/, letzter Abruf: 26.11.2018.

durch die Corona-Pandemie war ein Start des Börsensystems auf Basis von Blockchain-Technologie im April 2022 geplant. Zwischenzeitlich hat die ASX das Projekt nach mehrmaligen Verschiebungen des Starttermins jedoch aufgrund von technischen Schwierigkeiten eingestellt.[24] Die Gründung von Handelssystemen auf der Grundlage der Blockchain-Technologie und dem damit einhergehenden weltweiten Handel von Kryptowerten zeigen, dass die Regulierung von Bitcoin keineswegs ein rein nationales Thema ist, sondern vielmehr eines mit internationalem Bezug. So hat beispielsweise Bolivien Kryptowährungen gänzlich verboten, in China sind auch Initial Coin Offerings (ICOs)[25] von diesem Verbot erfasst.[26] Genauer gesagt ist es chinesischen Finanzinstitutionen untersagt, Dienstleistungen im Zusammenhang mit Bitcoin anzubieten. Ebenso ist die Nutzung von Bitcoin und anderen Kryptowerten als Geldersatz untersagt. Ebenfalls verboten sind Börsen, an denen mit Kryptowerten gehandelt werden kann.[27]

Eine Vorreiterrolle im Hinblick auf die Regulierung dieser neuartigen Technik nimmt Japan ein. Dort wurde erstmals weltweit ein gesetzlicher Rechtsrahmen geschaffen.[28] Auch im europäischen Ausland wurde die Notwendigkeit für ein gesetzgeberisches Handeln im Hinblick auf die Regulierung von Kryptowährungen und Initial Coin Offerings erkannt. So ist im Fürstentum Liechtenstein zum

24 Australian Securities Exchange, Pressemitteilung vom 30.06.2020, https://www2.asx.com.au/content/dam/asx/about/media-releases/2020/asx-consultation-on-new-implementation-date-for-chess-replacement-media-release.pdf, letzter Abruf: 06.07.2020, S. 1; Coindesk, Australian Securities Exchange Cancels Blockchain-based clearing system at $ 168M Cost, https://www.coindesk.com/business/2022/11/17/australian-securities-exchange-cancels-blockchain-based-clearing-system-at-168m-cost/, letzter Abruf: 06.02.2023.

25 Ein ICO bietet eine neue Möglichkeit der Kapitalgewinnung für junge Unternehmen auf Grundlage der Blockchain-Technologie, vgl. *Weitnauer*, BKR 2018, 231; BaFin, Merkblatt: Zweites Hinweisschreiben zu Prospekt- und Erlaubnispflichten im Zusammenhang mit der Ausgabe sog. Krypto-Token GZ:WA-51 WP 7100-2019/0011 und IF 1-AZB 1505 -2019/0003, 16.08.2019, https://www.bafin.de/SharedDocs/Downloads/DE/Merkblatt/WA/dl_wa_merkblatt_ICOs.html, letzter Abruf: 24.03.2020, S. 1.

26 Library of Congress, Regulation of Cryptocurrency Around the World, https://www.loc.gov/law/help/cryptocurrency/cryptocurrency-world-survey.pdf, letzter Abruf: 04.03.2019, S. 9, 106 f.

27 *Blacklock/Shi*: Blockchain & Cryptocurrency Regulation 2020 China, Kapitel 2, https://www.globallegalinsights.com/practice-areas/blockchain-laws-and-regulations/china#chaptercontent2, letzter Abruf: 04.05.2020.

28 Vgl. hierzu: *Danwerth*, ZVglRWiss 117 (2018), 117 ff.

1. Januar 2020 ein „Gesetz zur Schaffung von Rechtssicherheit und Vertrauen in die Token Ökonomie“ (TVTG) in Kraft getreten, welches am 3. Oktober 2019 vom liechtensteinischen Landtag beschlossen worden ist.[29]

Die Novellierung des Geldwäschegesetzes durch das Gesetz zur Umsetzung der Änderungsrichtlinie zur Vierten EU-Geldwäscherichtlinie, welches auf der Richtlinie (EU) 2018/843 basiert und die damit einhergehenden Änderungen im KWG[30] sowie die Schaffung der BSDEX zeigen, dass sich der deutsche Gesetzgeber den bestehenden Problemen bereits angenommen hat. Es bleibt jedoch abzuwarten, ob sich der deutsche Gesetzgeber die aktuellen Entwicklungen in anderen Jurisdiktionen zum Vorbild nimmt und in Anbetracht des bestehenden Handlungsbedarfs auch in Deutschland einen gesetzlich verankerten Rahmen für eine Börse schaffen wird, an welcher mit Kryptowerten Handel getrieben werden kann. Dabei ist zu berücksichtigen, dass die Einführung neuer gesetzlicher Regelungen nur notwendig wird, sofern sich eine Blockchain-Exchange nicht bereits in bestehende rechtliche Strukturen eingliedern lässt.

Zusammenfassend ist festzustellen, dass staatenloses Geld in Form von Kryptowährungen wie dem Bitcoin zunehmend an ökonomischer Bedeutung gewinnt. Dies wirft zahlreiche rechtliche Fragen auf. Hierbei ist insbesondere die Frage relevant, ob Kryptowährungen letztlich als Geld zu qualifizieren sind, wie sie an einem regulierten Markt gehandelt können und welche aufsichtsrechtlichen Problematiken in diesem Zusammenhang aufgeworfen werden. Zudem ergibt sich Klärungsbedarf im Hinblick auf die Erfüllung der mit Kryptowährungen getätigten Börsengeschäfte. In diesen übergeordneten Kontext ist die vorliegende Arbeit einzuordnen.

B. Aktueller Stand der Literatur

In der Forschung ist der Frage, wie Bitcoin aus immaterialgüterrechtlicher Perspektive einzuordnen sind, bereits nachgegangen worden. *Merih Erdem Kütük-Markendorf* geht dabei im Rahmen seiner Untersuchung der Frage nach, welche Rechte an Bitcoin-Werteinheiten *de lege lata*[31] bestehen und versucht,

29 Ministerium für Präsidiales und Finanzen der Regierung des Fürstentums Liechtenstein, Vernehmlassung Blockchaingesetz,https://impuls-liechtenstein.li/blockchain-gesetz/, letzter Abruf: 09.06.2020.

30 Siehe hierzu ausführlich Kapitel 4 A I 1 a) ee).

31 Vgl. hierzu *Kütük-Markendorf*, Rechtliche Einordnung von Internetwährungen im deutschen Rechtssystem am Beispiel des Bitcoin, S. 77–194.

ein eigenständiges absolutes Recht an konkreten Daten herzuleiten.[32] Ferner wurde die steuerrechtliche Einordnung von Bitcoin bereits intensiv monografisch bearbeitet. Neben den ökonomischen und steuerrechtlichen Grundlagen des Geldes beleuchtet *David Hötzel* das neue Phänomen der Kryptowährungen aus einkommens- und umsatzsteuerrechtlicher Perspektive.[33] Zudem setzt sich eine Dissertation mit der vertragsrechtlichen Seite von virtuellen Währungen auseinander. *Paulina Jo Pesch* beleuchtet im Rahmen ihrer Arbeit vor allem die vertragliche Haftung sowie die Risikoverteilung im Zusammenhang mit Cryptocoin-Schulden.[34]

Auch die im Zusammenhang mit Geldwäsche stehenden Aspekte von Bitcoin wurden bereits intensiv im Rahmen einer Dissertation bearbeitet. *Johanna Grzywotz* setzt sich dabei eingehend mit den geldwäscherechtlichen Fragestellen rund um virtuelle Währungen auseinander und nimmt eine „bitcoinspezifische" Untersuchung von § 261 StGB vor.[35] Schwerpunktmäßig mit allgemeinen zivilrechtlichen Fragestellungen im Bezug auf Bitcoin und einer rechtsvergleichenden Betrachtung ausgewählter Länder wie USA, China, UK sowie Frankreich und deren Umgang mit Kryptowährungen setzt sich *Alexandra Spiegel* auseinander.[36] Zudem wurde sich bereits mit der zivil- und verfassungsrechtlichen Behandlung von Bitcoin auseinandergesetzt. *Johannes Arndt* beschäftigt sich mit den eigentumsrechtlichen Aspekten von Kryptowerten.[37] Forschungsarbeiten zur aufsichtsrechtlichen sowie zur börsenrechtlichen Einordnung von Kryptowährungen in Deutschland, speziell Bitcoin, sind allenfalls in Ansätzen vorhanden. Diesen Forschungsbedarf soll die vorliegende Arbeit ein Stück weit ausfüllen.

C. Begriffserklärung

Vor der Erläuterung der inhaltlichen Schwerpunkte dieser Arbeit sollen zunächst die in diesem Zusammenhang gebräuchlichen Begriffe wie Kryptowerte, virtuelle Währungen, Kryptowährungen, Kryptogeld, digitale oder elektronische

---

32 Vgl. hierzu *Kütük-Markendorf*, Rechtliche Einordnung von Internetwährungen im deutschen Rechtssystem am Beispiel des Bitcoin, S. 195–212.

33 Vgl. hierzu *Hötzel*, Virtuelle Währungen im System des deutschen Steuerrechts, S. 123–310.

34 Vgl. hierzu *Pesch*, Cryptocoin-Schulden, S. 129–214.

35 *Grzywotz*, Virtuelle Kryptowährungen und Geldwäsche, Kapitel 5, S. 112–330.

36 Vgl. hierzu *Spiegel*, Blockchain-basiertes virtuelles Geld, S. 53–146.

37 Vgl. hierzu *Arndt*, Bitcoin Eigentum, S. 86–117.

Werteinheit sowie die Unterscheidung von Token und Coins geklärt und deren Verwendung im Rahmen der vorliegenden Arbeit festgelegt werden.[38] In der Literatur findet sich keine einheitliche Verwendung dieser Begriffe. Auch fehlt es an einer eindeutigen begrifflichen Hierarchie. Die Begriffe virtuelle Währung, Digitalwährung und Kryptowährung werden häufig synonym verwendet.[39] Die Übersetzung des aus der englischen Sprache stammenden Begriffs „Cryptocurrency" als Kryptowährung hat sich in der deutschen Sprache eingebürgert.[40]

Eine virtuelle Währung oder Kryptowährung ist eine digitale Darstellung von Werten, die weder von einer Zentralbank oder von einer anderen öffentlichen Stelle herausgegeben wird, noch notwendigerweise an eine Realwährung gekoppelt ist, aber von natürlichen oder juristischen Personen als Zahlungsmittel akzeptiert wird und elektronisch übertragen, gespeichert oder gehandelt werden kann.[41] Folglich existiert die Währung nur virtuell und nicht in physischer Form von Geldscheinen oder Münzen.[42] Daher würde sich der Einfachheit halber die Verwendung des Begriffspaares „Kryptowährung" oder „virtuelle Währung" für Bitcoin, Ether etc. anbieten. Allerdings ist in der Literatur nicht einheitlich entschieden, ob es sich bei Bitcoin um eine Währung im klassischen Sinne handelt.[43] Auf diesen Aspekt wird an anderer Stelle im Detail eingegangen.[44] Zusammenfassend bleibt jedoch festzuhalten, dass die Verwendung der Begriffe „Kryptowährung" und „virtuelle Währung" im juristischen Sprachgebrauch eher weniger hilfreich ist.

Im Wege der Umsetzung der Fünften EU-Geldwäscherichtlinie[45] wurde zum 1. Januar 2020 erstmalig eine Legaldefinition von virtuellen Währungen in Form

---

38 Vgl. hierzu auch: *Zöllner*, BKR 2020, 117, 121 f.

39 *Kerscher*, Bitcoin-Funktionsweise, Risiken und Chancen der digitalen Währung, S. 13.

40 *Kerscher*, Bitcoin-Funktionsweise, Risiken und Chancen der digitalen Währung, S. 13.

41 European Banking Authority, EBA Opinion on Virtual Currencies, https://www.eba.europa.eu/documents/10180/657547/EBA-Op-2014-08+Opinion+on+Virtual+Currencies.pdf, letzter Abruf: 30.10.2018, S. 5; BaFin, Virtuelle Währungen/Virtual Currencies (VC), 28.04.2016, https://www.bafin.de/DE/Aufsicht/FinTech/VirtualCurrency/virtual_currency_node.html, letzter Abruf: 30.10.2018.

42 *Antonopoulos*, Bitcoin & Blockchain, S. 1.

43 Siehe hierzu Kapitel 3.

44 Siehe hierzu Kapitel 3 B II.

45 Richtlinie (EU) 2018/843 des Europäischen Parlaments und des Rates vom 30. Mai 2018. Zur Änderung der Richtlinie (EU) 2015/849 zur Verhinderung der Nutzung des Finanzsystems zum Zwecke der Geldwäsche und der Terrorismusfinanzierung und zur Änderung der Richtlinien 2009/138/EG und 2013/36/EU.

des Tatbestandes der „Kryptowerte“ als neu geschaffene Form des Finanzinstruments in § 1 XI 3 KWG eingeführt. Die fristgerechte Umsetzung der Vierten EU-Geldwäscherichtlinie[46] erfolgte in Deutschland schon im Juni des Jahres 2017.[47] Im Rahmen der Abfassung des Gesetzestextes hat man sich bei der Auswahl eines geeigneten Begriffes für den deutschen Sprachgebrauch an dem international üblichen Begriff der „Crypto-Assets“ orientiert. Im internationalen Kontext umfasst dieser Begriff sämtliche Darstellungen von digitalen Werten, die teilweise auch als Token oder Coins bezeichnet werden. Daher fiel die Wahl auf den Begriff der Kryptowerte.[48]

Der deutsche Gesetzgeber definiert Kryptowerte im Sinne des KWG als *„eine digitale Darstellung eines Wertes, der von keiner Zentralbank oder öffentlichen Stelle emittiert wurde oder garantiert wird und nicht den gesetzlichen Status einer Währung oder von Geld besitzt, aber von natürlichen oder juristischen Personen aufgrund einer Vereinbarung oder tatsächlichen Übung als Tausch- oder Zahlungsmittel akzeptiert wird oder Anlagezwecken dient und der auf elektronischem Wege übertragen, gespeichert und gehandelt werden kann.“* Die weitgefasste Definition ermöglicht die Zuordnung der heute bereits bekannten Formen von Kryptowerten, wie Coins und Token einerseits, andererseits können jedoch auch zukünftige Entwicklungen in diesem Bereich unter den Begriff subsumiert werden, sodass letztlich sämtliche Fälle von virtuellen Werten von diesem Begriff erfasst werden.[49]

Vor diesem Hintergrund liegt der Schluss nahe, dass in Zukunft ein Wandel im allgemeinen Sprachgebrauch von der Verwendung des Begriffes „virtuelle Währung“ hin zur Nutzung des Begriffes „Kryptowerte“ stattfinden wird.[50] In

---

46 Richtlinie (EU) 2015/849 des Europäischen Parlaments und des Rates vom 20. Mai 2015 zur Verhinderung der Nutzung des Finanzsystems zum Zwecke der Geldwäsche und der Terrorismusfinanzierung, zur Änderung der Verordnung (EU) Nr. 648/2012 des Europäischen Parlaments und des Rates zur Aufhebung der Richtlinie 2005/60/EG des Europäischen Parlaments und des Rates und der Richtlinie 2006/70/EG der Kommission.

47 Bundesministerium der Finanzen, Gesetz zur Umsetzung der Änderungsrichtlinie zur Vierten EU-Geldwäscherichtlinie, https://www.bundesfinanzministerium.de/Content/DE/Gesetzestexte/Gesetze_Gesetzesvorhaben/Abteilungen/Abteilung_VII/19_Legislaturperiode/2019-12-19-Gesetz-4-EU-Geldwaescherichtlinie/0-Gesetz.html, letzter Abruf: 21.07.2020.

48 BT-Drucks. 19/13827, S. 48.

49 BT-Drucks. 19/13827, S. 110.

50 So auch *Rennig*, BKR 2020, 23, Fn. 9.

diesem Kontext gilt jedoch zu beachten, dass teilweise auch Begriffe wie „Coin“ und „Token“ im Zusammenhang mit virtuellen Währungen verwendet werden. Diese beiden Begriffe werden ebenfalls häufig synonym gebraucht. Da sie jedoch eine unterschiedliche Bedeutung haben, ist eine genauere Auseinandersetzung auch mit diesen beiden Begriffen notwendig. Der Begriff „Coin“ bezieht sich dabei auf sämtliche Kryptowährungen, welche über eine eigenständige Blockchain-Architektur verfügen, wie beispielsweise der Bitcoin.[51] Der Begriff „Token“ ist hingegen weitläufiger, denn es gibt ihn in verschiedenen Ausgestaltungen. Charakteristisch für einen Token ist, dass dieser nicht über eine eigene Blockchain-Struktur verfügt, sondern zwingend auf einer bereits vorhandenen Blockchain-Infrastruktur wie der Ethereum-Blockchain aufbaut. Da nicht erst die Schaffung einer neuen Blockchain-Infrastruktur notwendig ist, wird die Generierung von neuen Token enorm erleichtert.[52] Ein Token kann sozusagen als „digitaler Blankogutschein“[53] beschrieben werden. Der Inhalt des Tokens kann dabei durch den Emittenten beliebig angepasst werden. Im Grundsatz haben sich drei verschiedene Arten von Krypto Token herausgebildet: Utility Token, Investment Token und sog. Currency Token.[54] Die Utility Token werden auch als App Token oder Nutzungstoken bezeichnet. Charakteristisches Merkmal für diese Art von Token ist, dass sie dem Nutzer den Zugriff auf eine Dienstleistung oder ein bestimmtes Produkt gewähren.[55] Investment Token dagegen gewähren ihrem Inhaber einen schuldrechtlichen Anspruch mit vermögenswertem Inhalt oder mitgliedschaftliche Rechte. Dabei ist diese Tokenart aufgrund ihrer Ausgestaltung am ehesten mit einem Wertpapier zu vergleichen und wird auch

---

51 *Giese*: Token und Kryptowährungen – ein fundamentaler Unterschied, 15.01.2018, https://www.btc-echo.de/token-und-kryptowaehrungen-ein-fundamentaler-unterschied/, letzter Abruf: 06.07.2020; Cryptolist.de, („Was sind Kryptowährungen“), https://www.cryptolist.de/was-sind-kryptowaehrungen, letzter Abruf: 06.07.2020.

52 *Giese*: Token und Kryptowährungen – ein fundamentaler Unterschied, 15.01.2018, https://www.btc-echo.de/token-und-kryptowaehrungen-ein-fundamentaler-unterschied/, letzter Abruf: 06.07.2020; Cryptolist.de, („Was sind Kryptowährungen“), https://www.cryptolist.de/was-sind-kryptowaehrungen, letzter Abruf: 06.07.2020.

53 *Borkert*, ITRB 2018, 39, 41.

54 *Zickgraf*, AG 2018, 293, 295 ff.

55 BaFin, Merkblatt: Zweites Hinweisschreiben zu Prospekt- und Erlaubnispflichten im Zusammenhang mit der Ausgabe sog. Krypto-Token GZ:WA-51 WP 7100-2019/0011 und IF 1-AZB 1505-2019/0003, https://www.bafin.de/SharedDocs/Downloads/DE/Merkblatt/WA/dl_wa_merkblatt_ICOs.html, letzter Abruf: 24.03.2020, S. 5; *Zöllner*, BKR 2020, 117, 119.

als Equity-, Security- oder Asset Token bezeichnet.[56] Currency Token werden auch Payment Token, Zahlungstoken, virtuelle Währung oder Bare-Bone-Token genannt. Ihr zentrales Merkmal ist die Nutzung als alternatives Zahlungsmittel.[57] Zudem existieren auch hybride Formen der genannten Token-Arten. Diese kombinieren dann mehrere Token-Eigenschaften in einem einzigen Token.[58]

Teilweise wird in der Literatur noch von „Blockchain-basierten Zahlungsmitteln" gesprochen.[59] Dieser Begriff scheint aber ebenfalls ungeeignet, da er nicht sämtliche Arten von Token erfasst. Umfassender ist zwar der Begriff „Kryptotoken", der sich auf sämtliche Arten von Token bezieht, welche auf kryptografischer Technologie basieren, allerdings bleiben Coins unberücksichtigt.

Der Begriff der digitalen Werteinheit wird im internationalen Kontext als eine andere Bezeichnung für Token oder Coins verwandt.[60] Vor dem voranstehend geschilderten Hintergrund wird der Begriff der Kryptowerte als Oberbegriff[61] im Rahmen der vorliegenden Arbeit verwandt. Er umfasst neben allen Formen von Token auch Coins. Wenn im Rahmen dieser Arbeit auf einzelne Einheiten von Kryptowerten Bezug genommen wird, werden hierfür die Begriffe digitale oder elektronische Werteinheit benutzt.

Wird auf die einzelne Unterform im engeren Sinne Bezug genommen, so werden die in der nachfolgenden Abbildung aufgeführten Begriffe verwandt. Ein kurzer Überblick über die inhaltlichen Unterschiede wird in Kapitel 2 vermittelt.

---

56 BaFin, Merkblatt: Zweites Hinweisschreiben zu Prospekt- und Erlaubnispflichten im Zusammenhang mit der Ausgabe sog. Krypto-Token GZ:WA-51 WP 7100-2019/0011 und IF 1-AZB 1505-2019/0003, https://www.bafin.de/SharedDocs/Downloads/DE/Merkblatt/WA/dl_wa_merkblatt_ICOs.html, letzter Abruf: 24.03.2020, S. 6; *Zöllner*, BKR 2020, 117, 119.

57 BaFin, Merkblatt: Zweites Hinweisschreiben zu Prospekt- und Erlaubnispflichten im Zusammenhang mit der Ausgabe sog. Krypto-Token GZ:WA-51 WP 7100-2019/0011 und IF 1-AZB 1505-2019/0003, https://www.bafin.de/SharedDocs/Downloads/DE/Merkblatt/WA/dl_wa_merkblatt ICOs.html, letzter Abruf: 24.03.2020, S. 6; *Zöllner*, BKR 2020, 117, 119.

58 BaFin, Merkblatt: Zweites Hinweisschreiben zu Prospekt- und Erlaubnispflichten im Zusammenhang mit der Ausgabe sog. Krypto-Token GZ:WA-51 WP 7100-2019/0011 und IF 1-AZB 1505-2019/0003, https://www.bafin.de/SharedDocs/Downloads/DE/Merkblatt/WA/dl_wa_merkblatt ICOs.html, letzter Abruf: 24.03.2020, S. 6; *Weitnauer*, BKR 2018, 231, 232; *Zöllner*, BKR 2020, 117, 119.

59 *Omlor*, ZHR 183 (2019), 294, 308.

60 BT-Drucks. 19/13827, S. 49.

61 So auch Fromberger/Haffke/Zimmermann, BKR 2019, 377.

Die nachfolgende Grafik gibt einen Überblick über die verschiedenen Begriffe.

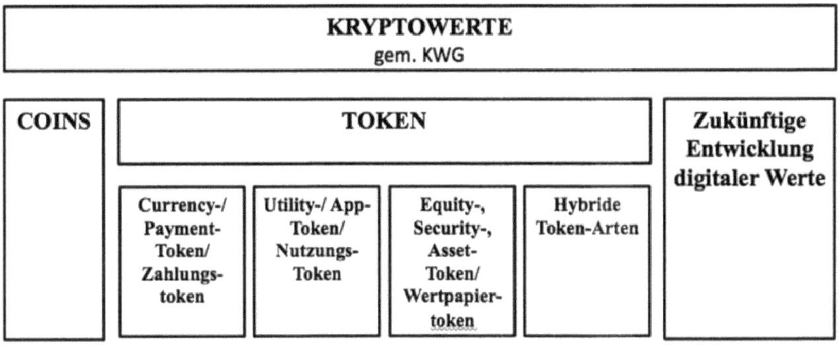

Abb. 2: Zuordnung der Instrumente der Kryptoökonomie zum Begriff der Kryptowerte gem. KWG[62]

In der technischen Literatur wird der Bitcoin der Gruppe der Coins zugeordnet, weil er auf einer eigenen Blockchain-Infrastruktur basiert.[63] In der juristischen Literatur hingegen wird der Bitcoin im Regelfall der Gruppe der Currency Token bzw. Bezahltoken zugeordnet.[64] Um in diesem Zusammenhang Missverständnisse zu vermeiden, wird im Rahmen der vorliegenden Arbeit die im juristischen Sprachgebrauch übliche Bezeichnung von Bitcoin als Currency Token bzw. Bezahltoken übernommen.

D. Inhaltliche Schwerpunkte der Bearbeitung und Eingrenzung des Themas

Ziel dieser Arbeit ist es, eine detaillierte aufsichts- und börsenrechtliche Einordnung von Kryptowerten am Beispiel der „Kryptowährung“ Bitcoin vorzunehmen. Konkret soll der Frage nachgegangen werden, ob die Möglichkeit des

62 KWG, BaFin, Merkblatt: Zweites Hinweisschreiben zu Prospekt- und Erlaubnispflichten im Zusammenhang mit der Ausgabe sog. Krypto-Token, Eigene Darstellung, 2020.

63 Cryptolist.de, („Was sind Kryptowährungen“), https://www.cryptolist.de/was-sind-kryptowaehrungen, letzter Abruf: 21.07.2020, ebenfalls zur Unterscheidung von Coins und Token: *Kumpan*, in: Schwark/Zimmer KMRK, § 2 WpHG, 5. Aufl. 2020, Rn. 83.

64 *Zöllner*, BKR 2020, 117, 119; *Klöhn/Parhofer/Resas*, ZBB 2018, 89, 92; *Kleinert/Mayer*, EuZW 2019, 857, 858 (Fn. 10).

Handels von Kryptowerten in Form von Bitcoin unter anderem an einer Börse im Sinne des BörsG besteht. Zudem soll untersucht werden, auf welche Art Börsengeschäfte mit Bitcoin oder anderen Kryptowerten erfüllt werden können. Zu diesem Zweck soll in dieser Arbeit zunächst ein Blick auf die technischen Grundlagen und Abläufe im Zusammenhang mit der Entstehung von Kryptowerten geworfen werden. Deren Kenntnis ist für das Verständnis der komplexen Problematik unerlässlich. Weil der Devisenhandel als Handel mit ausländischen Zahlungsmitteln[65] auch an einer Börse im Sinne des BörsG vollzogen werden kann[66], soll danach die Frage geklärt werden, ob Kryptowerte in Form von Bitcoins eine Währung darstellen, und ob sie aus juristischer Perspektive als Geld qualifiziert werden können.

In einem nächsten Schritt wird eine aufsichtsrechtliche Einordnung von Kryptowerten in Form von Bitcoin vorgenommen. Schließlich soll die börsenrechtliche Bewertung von Kryptowerten wie dem Bitcoin, also den einzelnen „Werteinheiten" an sich, untersucht werden. Dabei ist insbesondere zu beachten, dass zwischen Currency, Utility und Investment Token unterschieden wird.[67] Daneben existieren auch hybride Tokenformen, also solche Token, die mehrere der bereits genannten Tokenarten vermischen und in einem einzigen Token kombinieren.[68] Von Relevanz für diese Arbeit sind ausschließlich die Currency Token, im speziellen deren börsen- und wertpapierrechtliche Einordnung.[69] Currency Token ist eine andere Begriffsbezeichnung für Kryptowerte wie Bitcoin und Ether. Letztlich sind die Currency Token mit einzelnen Einheiten von Bitcoin gleichzustellen.[70]

---

65 Baumbach/Hopt/*Hopt*, HGB, 2. Teil, V. Bankgeschäfte, 4. Kap., Rn. N/1.

66 Gemäß § 2 II 2 BörsG lassen sich an einer Wertpapierbörse auch auf Wertpapiere beziehende Derivate nach § 2 III WpHG handeln. Basiswerte eines derivativen Geschäfts können nach § 2 III Nr. 1 b) WpHG auch Devisen sein.

67 Zu den verschiedenen Token-Arten vgl. *Veil*, ZHR 183 (2019), 346, 348 f.; *Fromberger/Haffke/Zimmermann*, BKR 2019, 378 f.

68 BaFin, Merkblatt: Zweites Hinweisschreiben zu Prospekt- und Erlaubnispflichten im Zusammenhang mit der Ausgabe sog. Krypto-Token GZ:WA-51 WP 7100-2019/0011 und IF 1-AZB 1505-2019/0003, https://www.bafin.de/SharedDocs/Downloads/DE/Merkblatt/WA/dl_wa_merkblatt_ICOs.html, letzter Abruf: 24.03.2020, S. 6; *Weitnauer*, Hdb. VC, Teil E Rn. 109.

69 Siehe hierzu Kapitel 5 B.

70 *Hoch*: Crowdfunding, Bitcoins, Initial Coin Offerings: Rechtliche Herausforderungen für den Gesetzgeber im Zeitalter der Digitalisierung, in: Husemann u. a.: Strukturwandel und Privatrecht, S. 233.

Im Rahmen der Untersuchung soll bewusst das Thema der Initial Coin Offerings (ICOs) und deren kapitalmarktrechtliche Einordnung – vor allem die mit diesem Thema in engem Zusammenhang stehende Prospektpflicht für Equity- oder Utilitytoken – ausgeklammert werden. Ein ICO ist eine neuartige Möglichkeit der Unternehmensfinanzierung unter Zuhilfenahme der Blockchain-/Distributed Ledger Technology (DLT).[71] Anknüpfend an die eventuell bestehende Prospektpflicht für Equity- und Utility Token, welche im Rahmen eines ICOs angeboten werden, stellt sich im Hinblick auf die börsenrechtliche Einordnung von Currency Token ebenfalls die Frage nach dem Bestehen einer solchen Pflicht. Diese Thematik wird im Anschluss an die Untersuchung der Wertpapiereigenschaft von Kryptowerten im Rahmen eines Exkurses erläutert, da auch Wertpapiere nach § 2 II 1 BörsG an einer Börse handelbar sind.

Ebenfalls außer Betracht gelassen werden sollen die mit der Zwangsvollstreckung in Kryptowerte verbundenen rechtlichen Fragen.[72] Grund dafür ist die Tatsache, dass diese Fragestellung nicht in direktem Zusammenhang mit der aufsichts- und börsenrechtlichen Einordnung von Kryptowerten steht, welche den Fokus dieser Arbeit bildet. Aufgrund der diesem Thema innewohnenden Komplexität bedarf die Frage danach, wie Kryptowerte in zwangsvollstreckungsrechtlicher Hinsicht zu behandeln sind, einer gesonderten Untersuchung.

Nach der Klärung der Frage, ob und in welcher Weise sich Kryptowerte an einer Börse im Sinne des BörsG handeln lassen, erfolgt eine Prüfung, inwieweit Erfüllungsmöglichkeiten für die gehandelten Werteinheiten bestehen. In einem Fazit werden die gewonnenen Erkenntnisse abschließend zusammengefasst und absehbare Rechtsentwicklungen in diesem Bereich skizziert.

E. Gang der Untersuchung

Die vorliegende Arbeit, welche insbesondere die im Unterkapitel C bereits formulierten Frage- und Problemstellungen klären soll, gliedert sich insgesamt in sieben Kapitel.

---

71 *Weitnauer*, Hdb. VC, Teil E Rn. 102.

72 Zu den mit der Zwangsvollstreckung in Kryptowährungen entstehenden Fragen siehe auch: *Badstuber*, DGVZ 2019, 246, 250 ff.; *Kütük/Sorge*, MMR 2014, 643; *Boehm/Bruns*, in: Bräutigam/Rücker, Hdb. E-Commerce Kap. 13 E Rn. 43–53; *Effer-Uhe*, ZZP 2018, 513; *Skauradszun*, WM 2020, 1229, 1231 ff.; *Strauch/Handke*, in: Maume/Maute Kryptowerte-Hdb, § 10, *Spiegel*, Blockchain-basiertes virtuelles Geld, S. 116–120; *Arndt*, Bitcoin-Eigentum, S. 36–39, 124–127.

Nach der Einleitung soll in einem zweiten Kapitel eine Darstellung der technischen Grundlagen und Abläufe von Kryptowerten im Allgemeinen und des Bitcoin-Systems im Besonderen erfolgen. Neben der historischen Einordnung verschiedenartiger Kryptowerte werden die Funktionsweise sowie die systemimmanenten technischen Aspekte von Kryptotoken und Kryptocoins in gebotener Kürze erläutert werden. Dies dient vor allem dem besseren Verständnis der folgenden aufsichts- und börsenrechtlichen Darstellung. Zudem erfolgt eine währungsrechtliche Einordnung des Bitcoins. Dies geschieht insbesondere vor dem Hintergrund der Tatsache, dass auch Geld bzw. Währungen in Form von Devisen an einer Börse gehandelt werden können.

Da es keinen einheitlichen Geldbegriff in der Rechtswissenschaft gibt, sollen auszugsweise verschiedene geldtheoretische Ansätze und Definitionen dargestellt werden. Weiterführend ist zu prüfen, inwieweit sich Kryptowerte den unterschiedlichen Geldbegriffen zuordnen lassen. Die Ergebnisse dieses ersten Kapitels werden dann im fünften Kapitel der Arbeit fruchtbar gemacht, um die Frage zu klären, ob Kryptowerte in Form von Bitcoin als Geld oder Währung an einer Börse gehandelt werden können.

Im vierten Kapitel dieser Arbeit wird untersucht, welche Folgen ein möglicher börslicher Handel von Kryptowerten in Form des Bitcoin in aufsichtsrechtlicher Hinsicht hat. Von zentraler Bedeutung ist hierbei die Frage, wann eine Erlaubnispflicht nach § 32 I KWG durch die BaFin besteht. Genauer gesagt soll untersucht werden, welche Tatbestände der erlaubnispflichtigen Finanzdienstleistungen und des Bankgeschäfts im Rahmen der zahlreichen am Markt angebotenen Geschäftsmodelle zur Durchführung des Handels mit Kryptowerten in Betracht kommen. Von Relevanz ist dabei in diesem Zusammenhang auch die Frage, ob Bitcoins als Rechnungseinheiten nach § 1 XI 1 Nr. 7 KWG eingeordnet werden können. Nach der Klärung der Problematik rund um das Bestehen einer Erlaubnispflicht gemäß § 32 I KWG werden auch die relevanten – eine Erlaubnispflicht auslösenden – Vorschriften aus dem KAGB sowie dem VermAnlG herangezogen.

Das fünfte Kapitel der Arbeit hat die börsenrechtlichen Aspekte von Kryptowerten in Form von Bitcoin zum Gegenstand. Nach einer Darstellung der derzeitigen Handelsmöglichkeiten für Kryptowerte am Sekundärmarkt sollen die zukünftigen Handelsmöglichkeiten für Kryptowerte am organisierten Kapitalmarkt untersucht werden. Dabei steht die Frage im Vordergrund, ob Kryptowerte in Form von Bitcoins an einer Börse im Sinne von § 2 BörsG gehandelt werden können. Die Klärung des Sachverhalts, in welcher Form und an welcher Art von Börse – Wertpapier- oder Warenbörse – sich Kryptowerte handeln lassen, soll unter Zuhilfenahme der juristischen Auslegungsmethoden erfolgen.

Ebenso sollen die Zulassungsmodalitäten für den Börsenhandel von Kryptowerten einer kurzen Betrachtung unterzogen werden.

Schließlich wird im sechsten Kapitel der Arbeit untersucht werden, wie die Erfüllung eines Börsengeschäfts, welches Kryptowerte involviert, vollzogen werden kann. Hierzu kommt neben einer direkten Anwendung der sachenrechtlichen Regelungen zur Eigentumsübertragung in den §§ 929 ff. BGB auch eine analoge Anwendung ebendieser Vorschriften in Betracht. Zudem ist möglicherweise an einen Rückgriff auf §§ 398, (413) BGB zu denken. In engem Zusammenhang mit diesen Vorschriften stellt sich auch die Frage, ob an Kryptowerten in Form von Currency Token absolute oder relative Rechte bestehen.

Den Abschluss dieser Arbeit bildet das siebte Kapitel, welches die erarbeiteten Ergebnisse dieser Untersuchung zusammenfasst, sowie einen Ausblick auf zukünftige Rechtsentwicklungen im Zusammenhang mit dem Börsenhandel von Kryptowerten in Form von Currency Token gibt. Einen zusammenfassenden Überblick über Aufbau und Struktur der Untersuchung vermittelt die nachfolgende Abbildung 3.

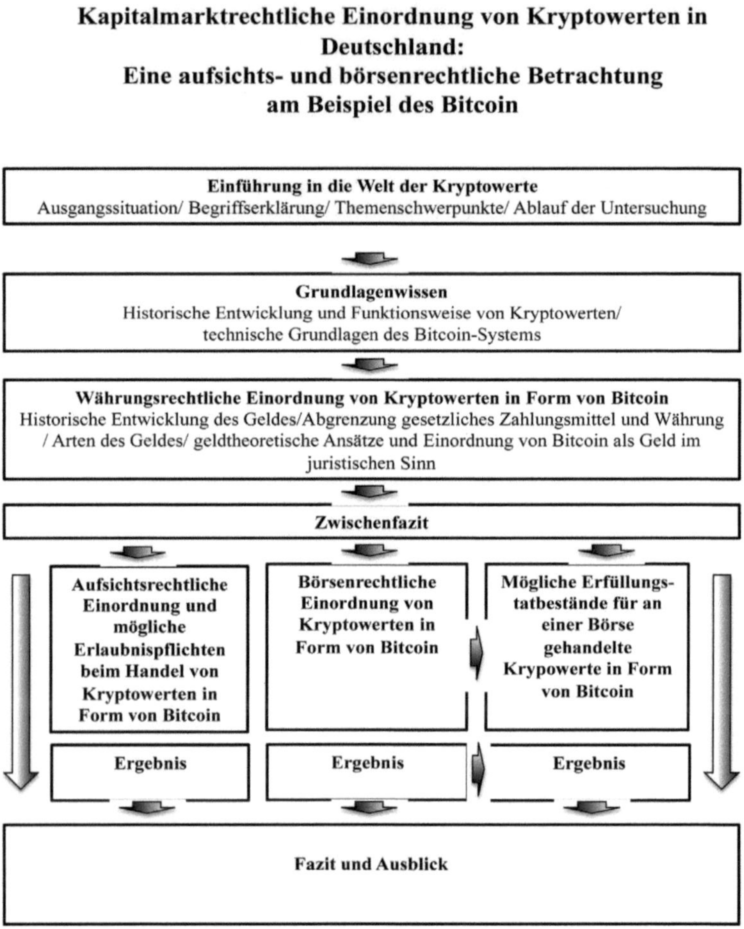

Abb. 3: Aufbau und Struktur der Untersuchung[73]

73 Eigene Darstellung, 2020.

Zweites Kapitel: Grundlagen

Im nun folgenden Kapitel wird zunächst die historische Entwicklung von Kryptowerten in gebotener Kürze dargestellt. Im Anschluss daran wird auf die technischen Grundlagen von Kryptowerten eingegangen, um das Basiswissen für das Verständnis der nachfolgenden Kapitel zu vermitteln. Zudem soll die Funktionsweise der Blockchain beispielhaft anhand des Bitcoin-Systems dargelegt werden. Abschließend sollen die mit Bitcoin einhergehenden Vor- und Nachteile einer näheren Betrachtung unterzogen werden.

A. Historische Entwicklung von Kryptowerten

Die hinter Bitcoin stehende Kernidee eines dezentralen Peer-to-Peer Netzwerks zur Abwicklung von Zahlungen ist grundsätzlich nicht neu. Bereits im Jahr 1988 entwickelten David Chaum, Amos Fiat und Moni Naor ein Verfahren, bei der eine Bank elektronische Münzen erschaffen kann, die später anonym ausgegeben werden können.[74] Das Konzept eines digitalen Kassenbuchs (Trusted/Linked Timestamping) wurde erstmalig 1990 von *Harber und Stornetta* erwähnt.[75] Die Entwicklung eines vollständig digitalen Zahlungssystems sah der Wirtschaftsnobelpreisträger Milton Friedman bereits im Jahr 1999 vorher.[76] In der nachfolgenden Rückschau soll ein kurzer Überblick über die verschiedenen Ansätze zur Entwicklung von Kryptowerten und ihrer praktischen Bedeutung vermittelt werden.

I. e-cash/DigiCash (David Chaum)

Basierend auf den Ideen von David Chaum wurde e-cash im Jahr 1982 entwickelt. Es handelt sich um eine Weiterentwicklung von DigiCash, welche sich auch für Offline-Transaktionen eignet.[77] Es war das erste digitale Bezahlsystem, welches aber

---

74 *Chaum/Fiat/Naor*: Untraceable Electronic Cash; *Sorge/Krohn-Grimberghe*, DuD 2012, 479.

75 Haber/Stornetta: How to Time-Stamp a Digital Document, in: Advances in Cryptology-Crypto '90, S. 440 ff., *Pesch*, Cryptocoin-Schulden, S. 16 f.

76 Sixt, S. 1; *Ekkenga*, CR 2017, 762, 763; *Dearing*: Nobel Laureate Milton Friedman Predicted Bitcoin Era 17 Years Ago, 07.07.2017, https://cointelegraph.com/news/nobel-laureate-milton-friedman-predicted-bitcoin-era-17-years-ago, letzter Abruf: 05.11.2018.

77 *Franco*, Understanding Bitcoin, S. 167; ausführlich zur Funktionsweise von Digicash: *Finney*: Detecting Double-Spending, 15.10.1993, https://nakamotoinstitute.org/detecting-double-spending/, letzter Abruf: 05.04.2020.

noch auf die Mithilfe eines Intermediärs zur Abwicklung der Transaktionen angewiesen war.[78] Grundlage dieses Vorläufers von Kyptowerten war die Idee, dass ein Zahlungssystem unter Zuhilfenahme von blinden Signaturen geschaffen werden sollte. Dabei war die Mithilfe einer Bank notwendig, welche anonyme Token gegen Zahlung eines bestimmten Geldbetrages ausstellte. Nach Zeichnung einer blinden Seriennummer durch die Bank, wobei diese zufällig ausgewählt und auch der Bank nicht bekannt ist, wird die dem Token zugeordnete Geldsumme vom Konto des Nutzers abgezogen. Die von der Bank signierte Seriennummer kann dann nach Abzug des Blindfaktors durch jede Person bei der zeichnenden Bank als Zahlungsmittel eingesetzt werden. Als problematisch erwies sich aber bei diesem Zahlungssystem das Fehlen eines effektiven Schutzes gegen Mehrfachausgaben. Der Inhaber eines Tokens konnte diesen bei zwei verschiedenen Händlern gleichzeitig als Zahlungsmittel einsetzen. Um einer Mehrfachausgabe desselben Tokens entgegenzuwirken, muss der Händler diesen bei der Bank einlösen, um sich seiner Gültigkeit zu versichern.[79] Seit dem Start von e-cash im Mai 1994 fand das System großen Zuspruch. Große Unternehmen wie Microsoft, die Deutsche Bank oder die Kreditkartenunternehmen Visa und Mastercard wollten Chaums Idee finanziell unterstützen.[80] Dennoch konnte sich das System nicht durchsetzen.[81]

II. b-money (Wei Dai)

Im November 1998 veröffentlichte Wei Dai seine Idee zu b-money.[82] Dieses System ermöglichte die Schaffung von virtuellen Währungseinheiten auf Grundlage eines Peer-to-Peer-Netzwerks.[83] Grundidee ist, dass öffentliche Schlüssel als Pseudonyme verwendet werden, um Werteinheiten zu transferieren. Die Legitimität der Transaktion wird durch die Signatur mit einem privaten Schlüssel garantiert. Ein separates Register, welches das Guthaben jedes am Netzwerk beteiligten Pseudonyms beinhaltet, wird bei allen oder bei einer zufällig ausgewählten Menge der Teilnehmer gespeichert. Als problematisch erweist sich bei b-money allerdings das Fehlen eines Vorschlags zur Erreichung eines Transaktionskonsenses. Die Erschaffung neuer Werteinheiten erfolgt durch die Lösung von numerischen Rätseln, deren Lösung

---

78 *Nian/Kuo Chuen, in:* Kuo Chuen, Handbook of Digital Currency, S. 9.

79 *Franco*, Understanding Bitcoin, S. 162 f.

80 *Bergmann*, Bitcoin, S. 55.

81 *Nian/Kuo Chuen,* in: Kuo Chuen, Handbook of Digital Currency, S. 9.

82 *Dai*, b-money, http://www.weidai.com/bmoney.txt, letzter Abruf: 31.10.2018.

83 *Sixt*, S. 7.

ausschließlich durch die Aufwendung von Rechenkraft gefunden werden kann.[84] B-money ist jedoch ein theoretisches Experiment geblieben, welches nicht in die Praxis umgesetzt worden ist.[85]

III. Bitgold (Nick Szabo)

Das ebenfalls 1998[86] von Nick Szabo entwickelte Bitgold wird als direkter gedanklicher Vorgänger zu Bitcoin gesehen, auch wenn dieses nie in die Realität umgesetzt wurde.[87] Die zentralen Ideen der Verwendung von Rechenkraft zur Lösung von kryptografischen Puzzles und die Verkettung der Lösungen in einer Blockkette wurden später beim Bitcoin verwendet.[88] Dabei ist die Verkettung der Lösungen der einzelnen Arbeitsbeweise mit der vorhergehenden Lösung das Unterscheidungsmerkmal zu Wei Dais b-money.[89] Aufgrund der Tatsache, dass das Bitcoin-System eine Vielzahl der für Bitgold charakteristischen Elemente aufweist, wird Nick Szabo auch die Erfindung des Bitcoins zugeschrieben, was dieser jedoch vehement bestreitet.[90]

IV. E-gold (Douglas Jackson)

E-gold existierte von 1996[91] bis 2008[92] und wurde vom ehemaligen Onkologen Douglas Jackson erfunden.[93] E-gold war wie ein Kryptowert, der durch echtes, in

---

84 Berentsen/Schär, S. 66.

85 *Franco*, Understanding Bitcoin, S. 165.

86 *Sixt*, S. 7.

87 *Franco*, Understanding Bitcoin, S. 165.

88 *Moskov*: What is Bitgold? The Brainchild of Blockchain Pioneer Nick Szabo, 22.05.2018, https://coincentral.com/what-is-bit-gold-the-brainchild-of-blockchain-pioneer-nick-szabo/, letzter Abruf: 31.10.2018; *Vogel*, S. 17.

89 *Franco*, Understanding Bitcoin, S. 164.

90 Wired, 6 Gründe, warum dieser nebulöse Computerwissenschaftler wohl Bitcoin erfunden hat, 23.05.2018, https://www.wired.de/collection/tech/x-gruende-warum-dieser-nebuloese-computerwissenschaftler-der-bitcoin-erfinder-sein-koennte, letzter Abruf: 31.10.2018; weiterführend zu der Frage, wer als Erfinder von Bitcoin in Betracht zu ziehen ist: *Bergmann*, Bitcoin, S. 104 ff.

91 *Jackson*, Welcome to the e-gold blog, 01.08.2007, https://blog.e-gold.com/2007/08/welcome-to-the-.html, letzter Abruf: 31.10.2018.

92 *Nian/Kuo Chuen*, in: Kuo Chuen, Handbook of Digital Currency, S. 9.

93 *Zetter*, E-Gold Founder Pleads Guilty To Money Laundering, 25.07.2008, https://www.wired.com/2008/07/e-gold-founder/#previouspost, letzter Abruf: 31.10.2018.

Banken lagerndes physisches Gold- und Silber abgesichert war.[94] 2007 wurde die Plattform allerdings im Zusammenhang mit Geldwäschevorwürfen und mangelnder Compliance vom Netz genommen.[95]

V. Auditable, Electronic Cash (Sander/Ta-Shma)

Im Jahr 1999 wurde ein weiteres virtuelles Bezahlsystem in der Form eines prüffähigen, elektronischen Geldes durch Tomas Sander und Amnon Ta-Shma entwickelt. Alleinstellungsmerkmal dieses Ansatzes war die Signaturfreiheit des Systems. Aber auch bei diesem Ansatz zur Schaffung eines digitalen Bezahlsystems war weiterhin eine dritte Partei in Form einer Bank involviert, welche bei diesem Entwurf die Integrität einer öffentlichen Datenbank sicherstellen sollte.[96]

VI. Hashcash (Adam Back) und dessen Weiterentwicklung Reusable Proof-of-Work (RPOW) (Hal Finney)

Im Mai 1997 entwickelte Adam Back Hashcash. Hierbei handelt es sich nicht um eine weitere Form eines elektronischen Bezahlsystems, sondern um eine mathematische Kostenfunktion, welche einen Token errechnet, der als Proof-of-Work eingesetzt werden kann.[97] Dabei ist die maßgebliche Neuerung dieses ursprünglich als Mittel gegen Spam E-Mails gedachten Programms die Einführung eines Arbeitsbeweises.[98] Im Jahr 2004 griff Hal Finney die von Adam Back erdachte Grundidee wieder auf und entwickelte sie in folgendem Maße weiter: Die Erzeugung eines Tokens ist nicht länger an eine E-Mailadresse oder ein bestimmtes Programm gebunden, sondern kann frei ausgegeben werden. Die RPOW-Server

---

94 *Zetter*, E-Gold Founder Pleads Guilty To Money Laundering, 25.07.2008, https://www.wired.com/2008/07/e-gold-founder/#previouspost, letzter Abruf: 31.10.2018.

95 *Zetter*, Bullion and Bandits: The Improbable Rise And Fall Of E-Gold, https://www.wired.com/2009/06/e-gold/, letzter Abruf: 31.10.2018, S. 1; *Nian/Kuo Chuen*, in: Kuo Chuen, Handbook of Digital Currency, S. 9.

96 *Sander/Ta-Shma*: Auditable, Anonymous Cash, https://www.cs.tau.ac.il/~amnon/Papers/ST.crypto99.pdf, letzter Abruf: 05.05.2020, zur genauen Funktionsweise dieses Ansatzes vgl. auch: *Franco*, Understanding Bitcoin, S. 165 ff.

97 *Back*: Hashcash – A Denial of Service Counter-Measure, 01.08.2002, http://www.hashcash.org/hashcash.pdf, letzter Abruf: 05.05.2020, S. 1.

98 *Franco*, Understanding Bitcoin, S. 163 f.

sind aber mittlerweile vom Netz genommen worden, so dass das System nicht mehr genutzt werden kann.[99]

VII. Zusammenfassung

Zusammenfassend kann festgestellt werden, dass seit den 1980er Jahren zahlreiche Ansätze zur Entwicklung von Kryptowerten in Form von elektronischen Bezahlsystemen entwickelt wurden. Allerdings konnte sich keines dieser Systeme dauerhaft am Markt etablieren. Dennoch wurden die technischen Grundlagen für die Entwicklung der aktuellen Kryptowerte im engeren Sinn bereits in dieser Zeit gelegt.

B. Funktionsweise ausgewählter Arten von Kryptocoins und Currency Token

Nachfolgend soll ein Überblick über verschiedene ausgewählte Kryptocoins und Currency Token bzw. Bezahltoken erfolgen. Es existierten Stand Mai 2020 über 2.400 Kryptocoins und -token weltweit.[100] Der Fokus dieser Arbeit soll aufgrund der höchsten Marktkapitalisierung[101] aller Coins und Currency Token auf Bitcoin liegen. Gleichwohl sollen auch Ether (ETH), Tether (USDT), Ripple (XRP) und Libra – stellvertretend für viele andere Systeme – kurz in ihrer Funktionsweise erläutert werden. Ziel ist es, maßgebliche Unterschiede zu Bitcoin herauszuarbeiten.

I. Ethereum (ETH)

Ethereum wurde im August 2014 von der Ethereum Foundation, einer schweizerischen Non-Profit Organisation, entwickelt.[102] Aufgrund der Marktkapitalisierung von ca. 15.68 Milliarden US-Dollar ist Ether als zweitgrößter Kryptocoin am Markt einzuordnen.[103] Ethereum ist eine eigene Blockchain, die größtenteils

---

99 *Franco*, Understanding Bitcoin, S. 167 f.; vgl. ausführlich zu RPOW: *Finney*, Reusable Proof of Work, https://nakamotoinstitute.org/finney/rpow/index.html, letzter Abruf: 05.05.2020.

100 Coinmarketcap.com, Alle Kryptowährungen, https://coinmarketcap.com/de/all/views/all/, letzter Abruf: 12.05.2020.

101 Coinmarketcap.com, Alle Kryptowährungen, https://coinmarketcap.com/de/all/views/all/, letzter Abruf: 08.01.2019.

102 Vgl. hierzu: Ethereum.org, https://www.ethereum.org, letzter Abruf: 08.01.2019.

103 Coinmarketcap.com, Alle Kryptowährungen, https://coinmarketcap.com/de/all/views/all/, letzter Abruf: 08.01.2019.

auch zur Ausführung von sogenannten „Smart Contracts“[104] verwendet wird, aber auch ein Kryptotoken, welcher „Ether“ genannt wird.[105]

II. Tether (USDT)

Die Kryptowährung Tether wurde ebenfalls im Jahr 2014 entwickelt.[106] Mit einer Marktkapitalisierung von ungefähr 9.19 Milliarden US-Dollar stellt Tether im Rahmen des Vergleichs den drittgrößten Currency Token dar.[107] Grundsätzlich soll Tether die Nutzung von Fiatwährungen auf digitalem Weg ermöglichen. Dabei wird die Blockchain-Technologie als Basis genutzt, um Transaktionen abzuwickeln. Zum Transport der einzelnen Werteinheiten werden die Blockchains von Bitcoin, Ethereum EOS und TRON genutzt. Die einzelnen Einheiten sind dabei im Verhältnis 1 zu 1 durch reale Währungen wie US-Dollar, Euro oder den chinesischen Yuan in Form von Reserven abgedeckt.[108]

III. Ripple (XRP)

Ripple[109] wurde im Jahr 2012 von Ripple Labs entwickelt.[110] Die Marktkapitalisierung liegt zum Zeitpunkt der Erstellung dieser Arbeit bei ungefähr 8.76 Milliarden US-Dollar, womit Ripple der viertgrößte Currency Token am Markt ist.[111] Auch Ripple basiert auf einem dezentralen Blockchain-System. Ein großer Unterschied und Vorteil gegenüber dem Bitcoin-System ist die schnelle Transaktionsbestätigung, welche innerhalb von nur vier Sekunden erfolgt. Die Bestätigung einer im Bitcoin-Netzwerk durchgeführten Transaktion dauert hingegen häufig mehr als eine Stunde.[112]

---

104 Vgl. zur zivil- und handelsrechtlichen Einordnung von Smart Contracts: *Möslein*, ZHR 183 (2019), S. 254.

105 Vgl. hierzu: Ethereum.org, https://www.ethereum.org, letzter Abruf: 08.01.2019; Coindesk Blockchain 101, „What is Ethereum?“, 30.03.2017, https://www.coindesk.com/information/what-is-ethereum, letzter Abruf: 12.05.2020.

106 Tether, Faqs, https://tether.to/faqs/, letzter Abruf: 15.06.2020.

107 Coinmarketcap.com, Alle Kryptowährungen, https://coinmarketcap.com/de/all/views/all/, https://coinmarketcap.com/currencies/tether/, letzter Abruf: 15.06.2020.

108 Tether, Faqs, https://tether.to/faqs/, letzter Abruf: 15.06.2020.

109 Ripple.com, https://ripple.com/xrp/, letzter Abruf: 12.05.2020; *Pesch*, Cryptocoin-Schulden, S. 48.

110 Ethereum.org, https://www.ethereum.org, letzter Abruf: 08.01.2019.

111 Coinmarketcap.com, Alle Kryptowährungen https://coinmarketcap.com/de/all/views/all/, Stand: 12.05.2020.

112 Ripple.com, https://ripple.com/xrp/, letzter Abruf: 12.05.2020.

IV. Libra

Mitte des Jahres 2019 gelangte überraschend die Nachricht an die Öffentlichkeit, dass das soziale Netzwerk Facebook bald einen eigenen Kryptotoken mit dem Namen „Libra“ herausbringen möchte.[113] Zu diesem Zweck hatte sich Facebook mit zahlreichen namhaften Unternehmen zu einem Konsortium zusammengeschlossen. Zu den Kooperationspartnern zählten neben den Kreditkartenanbietern Visa und Mastercard auch eBay, deren ehemaliges Tochterunternehmen PayPal[114] sowie die Fahrdienstleister Uber und Lyft. Zu den Gründungsmitgliedern gehörte auch der Kommunikationsanbieter Vodafone. Das mögliche Potential von 2,7 Milliarden Kunden – so viele Nutzer haben Facebook und die dazugehörigen Unternehmen Instagram und WhatsApp weltweit – war immens. Dieses Kundenpotenzial sollte Libra letztendlich zum Durchbruch unter den Coins und Currency Token verhelfen. Die hinter Libra stehende Idee war diejenige einer hundertprozentigen Deckung durch ein Währungspaket. Hierdurch sollte Vertrauen in das Konzept des staatenlosen Geldes fließen.

Freilich lassen sich an dem wohlklingenden Konzept des Libra auch Schattenseiten finden. Libra wurde unter anderem als Währungsalternative zu Euro und US-Dollar für weltweit über 1,7 Milliarden Menschen, die in Entwicklungsländern keinen Zugang zu Banken haben, konzipiert. Als problematisch erwiesen sich Wechselkurs-, Einlösungs-, und Liquiditätsrisiken. Das Liquiditätsrisiko hängt maßgeblich mit der Zahl der Akzeptanzstellen der neuen Währung zusammen, dürfte aber, sofern der Libra erfolgreich startet, zu vernachlässigen sein.[115] Das größte Risiko stellt das Wechselkursrisiko dar, weil sich der Wechselkurs, ebenso wie beim Bitcoin, nach Angebot und Nachfrage[116] richtet. Eine Einlösungsgarantie für Libra ist nicht existent, denn in Krisenzeiten oder bei technischen Problemen sind die von Drittanbietern betriebenen Handelsplattformen nicht verpflichtet, einen Tausch in Fiatgeld vorzunehmen.[117] Abschließend lässt

---

113 Ausführlich zu Libra und den damit zusammenhängenden Problemen aus geldpolitischer Perspektive: *Brauneck*, WM 2019, 1911. Zu Libra und den damit zusammenhängenden europarechtlichen Fragestellungen: *Ukrow*, EuZW 2019, 726 ff.; 763 ff. Ebenfalls zur Idee der Digitalisierung des Euro: *Brauneck*, WM 2019, 1918.

114 *Köndgen*, in: Beck OGK § 675c BGB Rn. 115.1, Stand: 15.11.2018.

115 Vgl. hierzu: *Nienhaus*, Operation Größenwahn, 26.06.2019, https://www.zeit.de/2019/27/digitalwaehrung-facebook-visa-mastercard-geld-notenbanken, letzter Abruf: 16.08.2020.

116 *Kütük-Markendorf*, Rechtliche Einordnung von Internetwährungen, S. 31.

117 Vgl. hierzu: *Nienhaus*, Operation Größenwahn, 26.06.2019, https://www.zeit.de/2019/27/digitalwaehrung-facebook-visa-mastercard-geld-notenbanken, letzter Abruf: 16.08.2020.

sich sagen, dass dieses neue Bezahlsystem noch mit vielen Unsicherheiten verbunden ist. Gerade für die Menschen aus Ländern mit einer stabilen staatlichen Währung wie dem Euro- oder Dollarraum überwiegt das mit der Verwendung von Libra einhergehende Risiko mögliche Vorteile.[118]

Bereits vor dem Start von Libra wurde in den Vereinigten Staaten von Amerika vielfältig Kritik laut.[119] Unter anderem hatte der US-Finanzminister die Befürchtung geäußert, dass Libra vor allem für Geldwäsche und Terrorismusfinanzierung genutzt werden könnte.[120] Letztendlich führte die Tatsache, dass Facebook vollmundige Ankündigungen machte, ein Zahlungssystem für etwa ein Drittel der Weltbevölkerung zu schaffen, ohne jedoch vorher die Rechtslage zu sondieren und mögliche Kompromisse mit den entsprechenden Verantwortlichen auszuhandeln, zum vorläufigen Scheitern des Projekts. Bereits Mitte Oktober 2019, nach einem Treffen der Finanzminister und Notenbankchefs der führenden Wirtschaftsnationen in Washington, wurde klar, dass Libra nicht mit den bestehenden währungsrechtlichen Grundlagen vereinbar ist und somit die hinter dem Projekt stehende Idee zum Scheitern verurteilt war. Einige der namhaften Kooperationspartner wie MasterCard, Visa und eBay kehrten dem Projekt im Zuge dieses Ergebnisses den Rücken. Für die Notenbanken muss dieses Ergebnis allerdings ein Weckruf sein. Denn diese mussten erkennen, dass die Digitalisierung auch vor den klassischen staatlichen Währungen nicht Halt macht. Zeitgemäße Lösungen müssen auch in diesem Bereich schnellstmöglich gefunden werden, um den Anschluss nicht zu verpassen.[121]

---

118 Vgl. hierzu: *Nienhaus*, Operation Größenwahn, 26.06.2019, https://www.zeit.de/2019/27/digitalwaehrung-facebook-visa-mastercard-geld-notenbanken, letzter Abruf: 16.08.2020.

119 *Schäfer/Lindner*, Neue Warnungen vor Facebooks Digitalwährung Libra, 17.07.2019, https://www.faz.net/aktuell/finanzen/digital-bezahlen/neue-warnungen-vor-facebooks-digitalwaehrung-libra-16288180.html, letzter Abruf: 16.08.2020; Zeit Online, USA warnen vor Sicherheitsproblemen bei Facebooks Kryptowährung, 16.07.2019, https://www.zeit.de/digital/internet/2019-07/libra-facebook-kryptowaehrung-steven-mnuchin, letzter Abruf: 16.08.2020.

120 *Rooney*, Mnuchin: US has "very serious concerns" that Facebook's Libra could be misused by terroroists, 15.07.2019, https://www.cnbc.com/2019/07/15/treasury-secretary-mnuchin-will-hold-a-news-conference-on-cryptocurrencies-at-2-pm-et.html, letzter Abruf: 13.05.2020.

121 Vgl. hierzu: *Schieritz*, Die eigene Währung ist gescheitert, 23.10.2019, https://www.zeit.de/2019/44/facebook-libra-waehrung-soziales-netzwerk-mark-zuckerberg, letzter Abruf: 16.08.2020.

Im April 2020 wurde ein zweites Whitepaper der Libra Association veröffentlicht,[122] welches den weiteren Werdegang des Libra Projekts schildert. Die wichtigste darin enthaltene Änderung war, dass es zukünftig nicht mehr darum ging, mit Libra einen eigenen Cryptocoin zu schaffen, sondern lediglich ein Zahlungssystem. Dabei sollte die Blockchain-Technologie als Basis für dieses neue Zahlungssystem genutzt werden. Auf der Libra-Blockchain sollten dann sog „Libra-Coins" ausgegeben werden, deren Wert durch die Libra Reserve garantiert wird. Die unabhängige Libra Association und ihre Tochtergesellschaft Libra Networks führen den Betrieb des Zahlungssystems durch.[123] Schlussendlich bleibt abzuwarten, ob sich Libra in Zukunft als Zahlungssystem neben den bekannten Anbietern wie PayPal und AliPay etablieren kann. Dies kann jedoch nur die Zeit zeigen.[124]

C. Funktionsweise von Bitcoin und technische Grundlagen des Systems

Um das Verständnis des Hauptteils der Arbeit zu erleichtern, welcher den Currency Token Bitcoin zum Gegenstand hat, bedarf es zu Beginn einer Einführung in die Arbeitsweise des Bitcoin-Netzwerks. Dabei sollen nicht die technischen Details im Vordergrund stehen. Vielmehr geht es darum, ein gewisses Grundverständnis der Abläufe und Funktionen zu vermitteln. Im folgenden Abschnitt sollen somit nur ausgewählte zentrale Begriffe des Bitcoin-Systems definiert bzw. erläutert werden, die für die aufsichts- und börsenrechtliche Betrachtung von Bitcoin als unerlässlich zu bezeichnen sind. In diesem Zusammenhang sind neben der Differenzierung zwischen offenen und geschlossenen Blockchains vor allem die asymmetrische Kryptografie/Public Key Kryptografie sowie die Rolle der Hashfunktionen anzuführen. Ebenso bedarf es einer Erläuterung der Funktion der Schlüsselpaare, welche aus einem privaten und einem öffentlichen Schlüssel bestehen. Anschließend soll auf die Funktionsweise der Wallets und

122 *Libra Association*, Libra Whitepaper No. 2, https://libra.org/en-US/white-paper/, letzter Abruf: 13.05.2020.

123 *Libra Association*, Libra Whitepaper No. 2, https://libra.org/en-US/white-paper/, letzter Abruf: 13.05.2020, S. 5.

124 Anfang des Jahres 2022 hat Meta (vormals Facebook) die Einstellung des Diem Projects (ehemals Libra) bekanntgegeben, vgl. *Frohn*: Facebook-Coin Diem ist Geschichte – profitiert jetzt PayPal?, 01.02.2022, https://www.wiwo.de/finanzen/boerse/kryptoof fensive-stablecoin-facebook-coin-diem-ist-geschichte-profitiert-jetzt-paypal/27964 446.html, letzter Abruf: 07.02.2023.

deren verschiedenartige Ausgestaltungen eingegangen werden. Von entscheidender Bedeutung für das Funktionieren des Bitcoin-Netzwerks sind die Miner. Ihre Rolle soll im Zusammenhang mit der Erläuterung des Proof-of-Work-Konzepts und dem „Prinzip der längsten Kette“ dargelegt werden.

Kennzeichnend für das Bitcoin-Netzwerk ist, dass es erstmalig in der Geschichte der Kryptobezahlsysteme eine Lösung für das sog. Double-Spending-Problem findet.[125] Dies ist eine Maßnahme, um das mehrfache Ausgeben von digitalen Werteinheiten durch einen technischen Schutzmechanismus zu verhindern.[126] Anderen Bezahlsystemen war dies bisher nicht gelungen. Bevor der Ablauf einer Transaktion im Bitcoin-System erläutert wird, soll zuvor noch auf die Begriffe Hard-/Soft-Fork und die bei Bitcoin gebräuchlichen Maßeinheiten eingegangen werden.

I. Was ist Bitcoin?

Bitcoin ist ein dezentrales Peer-to-Peer Bezahlsystem, welches auf asymmetrischer Kryptographie basiert.[127] Hauptunterscheidungskriterium zu herkömmlichen Bezahlmethoden wie Banküberweisung, EC-Karten- und Kreditkartenzahlung ist das Fehlen einer vertrauenswürdigen dritten Partei, welche die anfallenden Transaktionen abwickelt und kontrolliert.[128] Durch die Nutzung von kryptographischen Nachweisen bei der Zahlungsabwicklung wird das sonst einem Intermediär geschenkte Vertrauen ersetzt durch das Vertrauen in einen Computeralgorithmus[129] („Disintermediation“). Das Whitepaper von Satoshi Nakamoto, welches das Konzept der Bitcoins erstmalig der Öffentlichkeit präsentierte, wurde Ende Oktober 2008 veröffentlicht.[130]

Der Zeitpunkt inmitten der Finanzkrise, deren Auslöser das Platzen der Immobilienpreisblase in den USA im Sommer 2007 war[131], erscheint in Anbetracht

---

125 *Halaburda/Savary*, Beyond Bitcoin, S. 103.

126 *Nakamoto*, A Peer-to-Peer Electronic Cash System, https://bitcoin.org/bitcoin.pdf, letzter Abruf: 05.05.2020, S. 2.

127 *Kerscher*, S. 11 f., 14 f., 20; *Nakamoto*, A Peer-to-Peer Electronic Cash System, https://bitcoin.org/bitcoin.pdf, letzter Abruf: 05.05.2020, S. 1.

128 *Kerscher*, S. 14.

129 *Nakamoto*, A Peer-to-Peer Electronic Cash System, https://bitcoin.org/bitcoin.pdf, letzter Abruf: 05.05.2020, S. 1.

130 *Nakamoto*, Bitcoin: A Peer to Peer Electronic Cash System, 2008, https://bitcoin.org/bitcoin.pdf, letzter Abruf: 05.05.2020.

131 *Rudolph*, S. 479.

der Tatsache, dass Dezentralität der Kernaspekt des neuartigen Zahlungssystems ist, nicht zufällig gewählt. Die Finanzkrise führte zu einem massiven Vertrauensverlust der Öffentlichkeit in das bestehende internationale Bankensystem.[132] Untermauert wird diese These durch die von Nakamoto im ersten geschaffenen Block („Genesis Block") hinterlegte Schlagzeile der Times of London mit dem Titel „Chancellor on brink of second bailout for banks" („Kanzler kurz vor zweitem Rettungspaket für Banken").[133] Die Wahl dieser Schlagzeile zeigt das sinkende Vertrauen von Nakamoto in das globale Bankensystem und die daraus resultierende Notwendigkeit, ein alternatives dezentrales und damit für Spekulationen weniger anfälliges Währungssystem zu etablieren.

Im Anschluss sollen die in der Einführung zu diesem Kapitel genannten Begriffe, welche maßgeblich für das Verständnis von Bitcoin und der dahinterstehenden Blockchain sind, definiert und – sofern erforderlich – voneinander abgegrenzt werden. Anhand der dadurch gewonnen Erkenntnisse wird der Ablauf einer Bitcoin-Transaktion aufgezeigt.

II. Unterscheidung zwischen den Begriffen „Blockchain" und „Bitcoin"

Bei der Auseinandersetzung mit dem Thema Bitcoin muss klar zwischen der Blockchain und dem Bitcoin-System differenziert werden. Im Bitcoin-Whitepaper wurde die Formulierung „Blockchain" nicht verwendet. *Satoshi Nakamoto* sprach im Rahmen der Erläuterung des hinter Bitcoin stehenden technologischen Konzepts ausschließlich von einer Kette von Blöcken („Chain of Blocks")[134] oder einer Verkettung von Blöcken („Blocks are chained")[135], um die Funktionsweise des neu erdachten Konzepts zu erläutern. Die Bank of England erkannte als eine der ersten Institutionen bereits Ende des Jahres 2014, dass nicht der Bitcoin an sich, sondern die dahinterstehende

132 *Rudolph*, S. 487 f.; *Kirsch/von Wieding*, BB 2017, 2731; EY: The customer takes control: Global Consumer Banking Survey 2012, https://www.ey.com/Publication/vwLUAssets/ey-global-consumer-banking-survey-2012/$FILE/ey-global-consumer-banking-survey-2012.pdf, letzter Abruf: 05.05.2020, S. 2.

133 Sixt, S. 29, 62; *Antonopoulos*, Bitcoin & Blockchain, S. 201; Narayanan/Bonneau/Felten/Miller/Goldfeder, S. 66.

134 *Nakamoto*, A Peer-to-Peer Electronic Cash System, https://bitcoin.org/bitcoin.pdf, letzter Abruf: 05.05.2020, S. 7.

135 *Nakamoto*, A Peer-to-Peer Electronic Cash System, https://bitcoin.org/bitcoin.pdf, letzter Abruf: 05.05.2020, S. 3.

neue Technologie eines „verteilten Kontenbuchs" („Distributed Ledger") das eigentlich Bahnbrechende an dieser Erfindung war.[136]

Im Laufe der Zeit bildete sich die Nutzung des Begriffs „Blockchain" unabhängig vom Bitcoin-System heraus. Dies wurde unter anderem durch einen Zeitungsartikel von Bloomberg Markets[137] verursacht.[138] In diesem Artikel plädierte die Autorin für eine Loslösung der hinter Bitcoin stehenden Idee eines geteilten Kassenbuchs („Distributed Ledger"), welches zur Validierung von Transaktionen eingesetzt wird, von dem ursprünglichen Einsatzzweck als staatenloses Geld.[139]

Die auch hinter dem Bitcoin-System stehende Technologie der Blockchain wird in der heutigen Zeit nicht nur bei Kryptowerten verwendet, sondern findet auch in zahlreichen anderen Branchen Verwendung. Neben dem Einsatz für digitale Bezahlsysteme gibt es zahlreiche weitere Anwendungsbeispiele: So wird die Blockchain-Technologie zur Nachverfolgung der Wertschöpfungskette von Produkten[140] wie Diamanten[141] oder zur Digitalisierung des Grundbuchs eingesetzt[142]. Zudem findet die Blockchain-Technologie Einsatz in Wahlautomaten.[143] Darüber hinaus darf im Rahmen der Diskussion von Einsatzzwecken für die Blockchain abseits von Kryptoökonomie das in Estland eingeführte Konzept der e-citizenship[144] nicht unerwähnt bleiben.

---

136 Bank of England, Quarterly Bulletin Q3/2014, https://www.bankofengland.co.uk/-/media/boe/files/quarterly-bulletin/2014/innovations-in-payment-technologies-and-the-emergence-of-digital-currencies.pdf, letzter Abruf: 07.05.2020, S. 262; *Burniske/Tatar*, Crypto-Assets, S. 23.

137 *Robinson/Leising*, Blythe Masters Tells Banks the Blockchain Changes Everything, 01.11.2015, https://www.bloomberg.com/news/features/2015-09-01/blythe-masters-tells-banks-the-blockchain-changes-everything, letzter Abruf: 07.05.2020.

138 *Burniske/Tatar*, Crypto-Assets, S. 24.

139 *Robinson/Leising*, Blythe Masters and the End of a Blockchain Era, 01.11.2015, https://www.bloomberg.com/opinion/articles/2018-12-19/blythe-masters-marks-the-end-of-the-blockchain-bubble, letzter Abruf: 07.05.2020.

140 Düring/Fisbeck, S. 458 f.

141 Everledger Diamonds, https://www.everledger.io/industry-solutions/diamonds, letz ter Abruf: 07.05.2020.

142 *Wilsch*, DNotZ 2017, 761 ff.

143 *Noizat*, in: Kuo Chen, Handbook of Digital Currency, S. 453, 460; *Roots/Dumbrava*, S. 50 f.

144 *Roots/Dumbrava*, S. 50 f.; *Noizat*, in: Kuo Chen, Handbook of Digital Currency, S. 453 ff.; der Begriff der „e-citizenship" beschreibt dabei die Verlagerung von Rechten und Privilegien eines Bürgers vom physischen in den digitalen Raum, *Roots/Dumbrava*, S. 46.

Sogar eine Nutzung der Blockchain-Technologie zur Führung des Handelsregisters wird aktuell in der juristischen Literatur diskutiert.[145]

III. Offene und geschlossene Blockchains

Von besonderer Wichtigkeit ist im Rahmen der Auseinandersetzung mit den Grundlagen der Blockchain-Technologie die Differenzierung zwischen öffentlichen und privaten bzw. offenen und geschlossenen Blockchains. In der englischen Sprache wird von Permissioned bzw. Permissionless Ledger gesprochen.[146] Charakteristisches Merkmal für eine Öffentliche (Permissionless) Blockchain ist, dass die Teilnahme im Grundsatz jeder Person offensteht und keiner Erlaubnis bedarf. Die Teilnehmer befinden sich alle auf einer Ebene und sind rechtlich gleichgestellt. Beispielhaft ist hierfür die dem Bitcoin zugrundeliegende Blockchain zu nennen.[147]

Demgegenüber zeichnet sich eine Geschlossene (Permissioned) Blockchain gerade dadurch aus, dass hier nur bestimmte Teilnehmer zugelassen sind, was im Ergebnis zur Notwendigkeit einer zentralen Instanz führt, die zumindest den Teilnehmerkreis bestimmt.[148] Eine Private Blockchain ist vor allem für private Unternehmen/Institutionen sinnvoll, da hier durch den eingeschränkten Teilnehmerkreis die Risiken eines Hackerangriffs auf ein Minimum reduziert werden und das ganze System effizienter in der Konsensfindung ist.[149]

Wesentlicher Nachteil einer Geschlossenen Blockchain ist auf der anderen Seite aber der höhere Aufwand bei Entwicklung, Konfiguration und Betrieb.[150] Als Beispiel für diese Art von Blockchain sind neben Ripple ein mit Bitcoin vergleichbarer Kryptocoin[151], die vom IT-Unternehmen IBM

---

145 Vertiefend zu diesem Vorschlag: *Knaier/Wolff*, BB 2018, 2253, 2256 ff.

146 *Bussac*, Bitcoin, S. 49.

147 Meier, Blockchain, S. 237; *Zetsche/Buckley/Arner*: The Distributed Liability of Distributed Ledgers: Legal Risks of Blockchain, EBI Working Paper No. 14/2017, https://papers.ssrn.com/sol3/papers.cfm?abstract_id=3018214, letzter Abruf: 07.05.2020, S. 12.

148 *Zetsche/Buckley/Arner*: The Distributed Liability of Distributed Ledgers: Legal Risks of Blockchain, EBI Working Paper No. 14/2017, https://papers.ssrn.com/sol3/papers.cfm?abstract_id=3018214, letzter Abruf: 07.05.2020, S. 11 f.; *Gyr*, S. 15.

149 *Bussac*, Bitcoin, S. 50.

150 Meier, Blockchain, S. 81.

151 *Zetsche/Buckley/Arner*: The Distributed Liability of Distributed Ledgers: Legal Risks of Blockchain, EBI Working Paper No. 14/2017, https://papers.ssrn.com/sol3/pap

entwickelte Blockchain Hyperledger Fabric[152] sowie Quorum von JP Morgan anzuführen.[153]

IV. Technische Grundlagen und Begriffserklärungen

Im nun folgenden Abschnitt sollen die technischen Grundlagen von Bitcoin und zentrale Abläufe erläutert werden, die notwendig sind, um das dahinterstehende System zu verstehen und die Möglichkeiten dieser neuen Technik greifbar zu machen. Grundlage der Blockchain ist die Distributed-Ledger-Technologie (DLT)[154]. Die Blockchain ist am ehesten mit einer dezentralen Datenbank oder einem dezentralen Kassenbuch vergleichbar.[155] Die dort vorhandenen Blöcke, welche Transaktionsdaten enthalten, werden unter Verwendung einer kryptographischen Signatur aneinandergereiht.[156] Die sog. „Miner" erzeugen dabei die einzelnen Blöcke. Auf ihre Rolle wird in Kapitel 2 C IV. 4 näher eingegangen.[157]

Die Transaktionsdaten werden in Blockform miteinander verbunden, um eine Transaktionshistorie zu schaffen, welche nachträglich nicht mehr geändert werden kann. Dabei ist die Verbindung zwischen den einzelnen Blöcken verschlüsselt und kann nur unter Zuhilfenahme einer immensen Rechenleistung geändert werden. Ein neuer Block wird etwa alle zehn Minuten geschaffen.[158] Dabei ist die Besonderheit, dass jeder Computer, also jeder Netzwerkteilnehmer

---

ers.cfm?abstract_id=3018214, letzter Abruf: 07.05.2020, S. 11 f.; vgl. zu Ripple auch Abschnitt C dieses Kapitels.

152 Weiterführende Informationen zu Hyperledger Fabric finden sich unter: https://www.ibm.com/blockchain/hyperledger, letzter Abruf: 08.06.2020.

153 Meier, Blockchain, S. 70; Zu Quorum siehe auch: https://www.goquorum.com, letzter Abruf: 11.05.2020.

154 *Zetsche/Buckley/Arner*: The Distributed Liability of Distributed Ledgers: Legal Risks of Blockchain, EBI Working Paper No. 14/2017, https://papers.ssrn.com/sol3/papers.cfm?abstract_id=3018214, letzter Abruf: 07.05.2020, S. 3.

155 *Simmchen*, MMR 2017, 162; *Bhaskar/Kuo Chuen*, in: Kuo Chuen, Handbook of Digital Currency, S. 46; *Schrey/Thalhofer*, NJW 2017, 1431, 1432.

156 *Walport*, Distributed Ledger Technology: beyond blockchain, https://assets.publishing.service.gov.uk/government/uploads/system/uploads/attachment_data/file/492972/gs-16-1-distributed-ledger-technology.pdf, letzter Abruf: 27.11.2018, S. 17; *Bogart/Rice*, The Blockchain Report: Welcome to the Internet of Value, https://www.weusecoins.com/assets/pdf/library/The%20Blockchain%20Report%20-%20Needham%20(Huge%20report).pdf, letzter Abruf: 27.11.2018, S. 3.

157 Vgl. zur Rolle der Miner Teil 2 C IV. 4.

158 *Swan*, S. 10.

(Node/Knoten), alle Informationen der Datenbank lokal speichert, was Manipulationen nahezu unmöglich macht.[159] Jeder Block enthält einen Block-Header mit Metadaten, welcher neben einer Liste vorheriger Transaktionen auch die Nonce („Number used once“) enthält.[160] Bei der Nonce handelt es sich um einen variablen Wert, der im Zusammenhang mit der Erbringung des Arbeitsbeweises Bedeutung erlangt. Zudem enthält jeder Block noch einen Zeitstempel („Timestamp“) und den „Root Hash“, in welchem die noch laufenden, nicht bestätigten Transaktionen enthalten sind.[161] Der Zeitstempel dient der Fälschungssicherheit eines jeden Blocks und ermöglicht zugleich den Nachweis, dass ein bestimmter Block zu einem bestimmten Zeitpunkt existiert hat.[162] Nachfolgend findet sich zur Verdeutlichung der Zusammensetzung der einzelnen Blöcke eine grafische Darstellung der Blockchain.

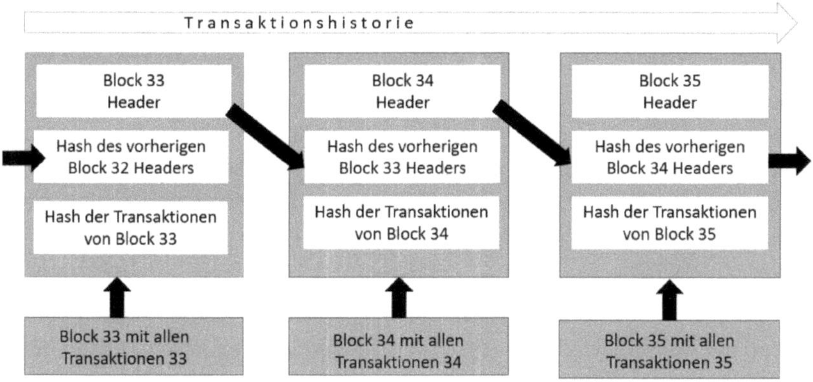

Abb. 4: Visuelle Darstellung der Blockchain[163]

---

159 *Schrey/Thalhofer*, NJW 2017, 1431, 1432; *Bogart/Rice*, The Blockchain Report: Welcome to the Internet of Value, https://www.weusecoins.com/assets/pdf/library/The%20Blockchain%20Report%20-%20Needham%20(Huge%20report).pdf, letzter Abruf: 27.11.2018, S. 3; Kritisch zur Möglichkeit einer 51%-Attacke: *Courtois*, S. 105 ff.

160 *Antonopoulos*, Bitcoin & Blockchain, S. 198 f.

161 *Hummler*, Blockchain – der nächste Wohlstandsschock, 03.05.2016, https://www.nzz.ch/finanzen/private-finanzen/herausforderung-fuer-banken-und-den-staat-blockchain-der-naechste-wohlstandsschock-ld.17609, letzter Abruf: 19.12.2018.

162 *Nakamoto*, A Peer-to-Peer Electronic Cash System, https://bitcoin.org/bitcoin.pdf, letzter Abruf: 05.05.2020, S. 2; *Franco*, Understanding Bitcoin, S. 99.

163 Eigene Darstellung, Aufbau in Anlehnung an *Omlor*, ZRP 2018, 85, 86 und *Schrey/Thalhofer*, NJW 2017, 1431, 1432.

Im Rahmen der Bitcoin-Blockchain wird zwischen sogenannten Full-Nodes und SPV-Nodes (Simple Payment Verification/leichtgewichtigen Nodes) differenziert.[164] Ein Full-Node speichert dabei die vollständige Historie aller Bitcoin Transaktionen – also die vollständige Blockchain – lokal ab, verwaltet Wallets und initiiert Transaktionen.[165] Die leichtgewichtigen Nodes können dieselben Aufgaben wie ein Full-Node erfüllen. Allerdings speichern sie nicht eine lokale Kopie der gesamten Blockchain auf dem genutzten Endgerät ab, sondern nur einen Teil der Blockchain in Form der Block-Header. Dadurch wird erheblich weniger Speicherplatz benötigt und ein Bitcoin-Client kann auch auf Smartphones oder Tablets verwendet werden, die gegenüber Desktopcomputern oder Laptops grundsätzlich über weniger Speicherplatz verfügen.[166]

1. Asymmetrische Kryptografie

Der Begriff der Asymmetrischen Kryptografie bezeichnet eine Verschlüsselungstechnik, die auf das Vorhandensein von zwei Schlüsselpaaren und somit insgesamt vier Schlüsseln pro Teilnehmer gestützt wird. Es gibt dabei pro Teilnehmer jeweils einen öffentlichen und einen privaten Schlüssel.[167] Dieses Konzept wurde bereits im Jahr 1976 von *W. Diffie* und *M. Hellman* entwickelt.[168] Im Gegensatz hierzu sind bei der symmetrischen Kryptografie insgesamt zwei Schlüssel notwendig, also pro Teilnehmer nur einer.[169]

2. Die Rolle von Hashfunktionen im Bitcoin-System

Neben der asymmetrischen Kryptografie spielen im Bitcoin-System sog. Hashfunktionen eine wichtige Rolle. Eine Hashfunktion ist ein Algorithmus, der Daten von zufälliger Länge als Input in einen Output von fixer Länge, den sogenannten Hashwert, umwandelt.[170] Die beim Bitcoin-System verwendeten Hashfunktionen zeichnen sich dabei durch zweierlei Dinge aus: Zum einen handelt

---

164 *Antonopoulos*, Bitcoin & Blockchain, S. 174.

165 *Antonopoulos*, Bitcoin & Blockchain, S. 8; Narayanan/Bonneau/Felten/Miller/Goldfeder, S. 71.

166 *Antonopoulos*, Bitcoin & Blockchain, S. 184 f.; Narayanan/Bonneau/Felten/Miller/Goldfeder, S. 71.

167 Beutelspacher/Neumann/Schwarzpaul, S. 4, 105; *Eckert*, S. 649, vgl. zu Schlüsselpaaren Kapitel 2 C IV 3.

168 Beutelspacher/Neumann/Schwarzpaul, S. 4, 105.

169 Beutelspacher/Neumann/Schwarzpaul, S. 105.

170 *Franco*, Understanding Bitcoin, S. 95; Beutelspacher/Neumann/Schwarzpaul, S. 176 f.

es sich dabei um Einweg-Funktionen („Preimage resistance"), zum anderen sind die Funktionen stark kollisionsresistent.[171] Letzteres bedeutet, dass es technisch nicht möglich ist, zwei Eingabewerte zu finden, welche denselben Hashwert ergeben.[172] Der Begriff der Einweg-Funktion beschreibt dabei solche Funktionen, bei denen es nicht möglich ist, vom Ausgabewert auf den Eingabewert zu schließen.[173] Durch den Hashwert kann somit ein diesem zugeordnetes Objekt eindeutig charakterisiert und dadurch die Überprüfung der Integrität von Daten ermöglicht werden.[174] Solche Funktionen werden auch als kryptographische Hashfunktionen bezeichnet.[175] Im Allgemeinen gilt ein SHA-256 Bit Hashalgorithmus als sicher.[176] Das Bitcoin-Netzwerk verwendet selbigen Algorithmus zur Verschlüsselung der Transaktionen und zur Durchführung des Proof-of-Work (Arbeitsbeweises).[177] Das Hashverfahren wird häufig auch zur Verschlüsselung von Passwörtern auf Webseiten verwendet.[178] So können Angreifer lediglich eine Hash-Funktion erbeuten, die jedoch keinen Rückschluss auf den dahinterstehenden Eingabewert ermöglicht.[179] Der Zugriff auf die bloße Hashfunktion ist also praktisch wertlos. Folglich kommt der Hashfunktion auch eine Schutzaufgabe zu.[180] Daneben dienen Hashfunktionen im Wesentlichen der Reduzierung der im Netzwerk anfallenden Datenmenge.[181]

3. *Schlüsselpaare (Private und Öffentliche)*

Um Transaktionen durchführen und Bitcoins empfangen zu können, benötigt jeder Netzwerkteilnehmer ein Schlüsselpaar (vgl. hierzu die voranstehenden Ausführungen), welches aus einem privaten und einem öffentlichen Schlüssel

---

171 *Franco*, Understanding Bitcoin, S. 96.

172 *Franco*, Understanding Bitcoin, S. 96.

173 *Eckert*, S. 731; *Franco*, Understanding Bitcoin, S. 96; *Pesch*, Cryptocoin-Schulden, S. 10.

174 *Eckert*, S. 799.

175 Beutelspacher/Neumann/Schwarzpaul, S. 177.

176 *Eckert*, S. 799.

177 *Franco*, Understanding Bitcoin, S. 96.

178 *Dixon/Krämer*: Blockchain: Mehr als Bitcoin, https://research.commerzbank.com/delegate/publication?params=2m7%2BDQO2CMQNGR2L0PoBvLF9l3Hf2b6yTTLDsi%2BvIrG9dLM6sGJ1smz5YSY6etBo, letzter Abruf: 27.11.2018, S. 3; *Franco*, Understanding Bitcoin, S. 98.

179 *Pesch*, Cryptocoin-Schulden, S. 10.

180 *Hötzel*, S. 23.

181 *Pesch*, Cryptocoin-Schulden, S. 10.

besteht.[182] Der öffentliche Schlüssel, die Bitcoin-Adresse, dient dabei dem Empfang einer bestimmten Anzahl von Bitcoins und ist mit einer Kontonummer bzw. IBAN[183] oder E-Mailadresse[184] vergleichbar. Zum Vollzug einer Transaktion muss diese mit dem privaten Schlüssel signiert werden.[185] Ohne den privaten Schlüssel ist zudem ein Zugriff auf die Bitcoins nicht mehr möglich. Die unter dieser Adresse gespeicherten Bitcoins bleiben allerdings noch existent, auch wenn der Zugriff auf diese unmöglich geworden ist.[186]

4. *Arten von Wallets und ihre Funktion*

Jeder Nutzer, der eine Transaktion im Bitcoin-Netzwerk durchführen möchte, benötigt dafür eine Wallet. Diese ist am ehesten mit einer digitalen Geldbörse zu vergleichen.[187] Es wird im Grundsatz zwischen Software- und Hardware-Wallets bzw. „Hot Storage“ und „Cold Storage“ differenziert.[188] Bei Ersterem werden die Bitcoins auf einem Computer oder einem anderen Endgerät gespeichert. Bei Letzterem erfolgt die Speicherung offline z. B. auf einem externen Datenträger, der keine Verbindung zum Internet hat. Folglich ist diese Form der Speicherung zwar weniger anfällig gegen Angriffe, aber auch weniger komfortabel.[189] Zudem ist zu beachten, dass die Wallets keine Bitcoins enthalten, sondern bloß die Schlüssel, welche den Zugriff auf die einzelnen Bitcoin-Einheiten ermöglichen.

Bei den Verwahrmöglichkeiten ist grundsätzlich zwischen sechs verschiedenen Arten von Wallets zu unterscheiden:

a) *Web Wallets*

Diese Wallet Art wird auch „Hosted Wallet“, „Cloud Wallet“[190] oder auch „Exchange Wallet“[191] genannt. Für die Speicherung in einer „Web Wallet“ ist

---

182 *Eckert*, S. 649; *Kuhlmann*, CR 2014, 691, 693; *Pesch*, Cryptocoin-Schulden, S. 8; *Hötzel*, S. 20.

183 *Ammann*, CR 2018, 379; *Koch*, ZBB 2018, 359 f.; *Spindler/Bille*, WM 2014, 1357, 1358; *Kleinert/Mayer*, EuZW 2019, 857, 858.

184 *Kuhlmann*, CR 2014, 691, 693.

185 *Börner*, NZWiSt 2018, 48.

186 *Kütük-Markendorf*, Rechtliche Einordnung von Internetwährungen, S. 25.

187 *Hildner*, BKR 2016, 485, 488; *Lerch*, ZBB 2015, 190, 193.

188 Narayanan/Bonneau/Felten/Miller/Goldfeder, S. 79.

189 Narayanan/Bonneau/Felten/Miller/Goldfeder, S. 79.

190 *Franco*, Understanding Bitcoin, S. 132.

191 *Bussac*, Bitcoin, S. 90.

charakteristisch, dass es gerade nicht um die Kontrolle des privaten Schlüssels durch den Nutzer geht, sondern, dass durch den Anbieter öffentliche Schlüssel generiert werden.[192] Diese Art der Wallet bietet den Vorteil, dass sie relativ einfach in der Nutzung ist, wodurch der Zugang für neue Nutzer erleichtert wird.[193] Zudem ist durch die Online-Speicherung ein Zugriff von überall möglich.[194] Als problematisch erweist sich bei dieser Art der Wallet hingegen die Abhängigkeit des Nutzers vom Walletbetreiber sowie die Gefahr des Verlustes der Kryptowerteinheiten, sofern die „Börse" keine entsprechenden Sicherheitsmechanismen implementiert hat.

Teilweise bieten Web Wallets auch einen sog. *Vault* an. Hierbei wird die Auszahlung von Kryptowerteinheiten zeitverzögert vollzogen, um auf diese Weise dem Nutzer die Möglichkeit zu geben, den Auszahlungsprozess noch zu unterbinden. Hierdurch soll ein Schutz vor Hackern gegeben sein. Angeboten wird dieser Schutzmechanismus beispielsweise von der Internetseite Coinbase.[195]

b) Hardware Wallets

Charakteristisches Merkmal für diese Art der Wallet ist die durch ein Passwort geschützte Speicherung des privaten Schlüssels auf einem externen Gerät, welches über ein Display verfügt und per USB mit dem Computer verbunden wird. Abhängig vom Modell ermöglicht ein Hardware Wallet neben der Signierung von Transaktionen auch die Generierung von neuen Schlüsseln.[196] Beispielhaft zu nennen sind dabei die Modelle Trezor, Ledger Nano S und KeepKey.[197]

Großer Vorteil dieser Art von Wallet ist der durch die Speicherung des privaten Schlüssels auf einem externen Gerät gegebene Schutz vor Hackerangriffen. Selbst für den Fall, dass der Nutzer einmal das Passwort zur Signierung einer Transaktion vergessen sollte, sind seine in der Hardware Wallet gespeicherten Kryptowerte nicht für immer unwiederbringlich verloren. Denn der Nutzer muss das Passwort, welches den Zugang zur Hardware Wallet ermöglicht, in einer anderen Form, beispielsweise auf Papier, an einem anderen sicheren Ort aufbewahren.[198]

---

192 *Bussac*, Bitcoin, S. 90.

193 *Franco*, Understanding Bitcoin, S. 132.

194 *Burniske/Tatar*, Crypto-Assets, S. 222.

195 *Burniske/Tatar*, Crypto-Assets, S. 222.

196 Franco, Understanding Bitcoin, S. 130; *Bussac*, Bitcoin, S. 90; *Burniske/Tatar*, Crypto-Assets, S. 224.

197 *Burniske/Tatar*, Crypto-Assets, S. 224

198 *Burniske/Tatar*, Crypto-Assets, S. 225; *Bussac*, Bitcoin, S. 90.

c) Desktop Wallets

Bei dieser Möglichkeit zur Speicherung des privaten Schlüssels erfolgt die Speicherung direkt auf der Festplatte des eigenen Computers, auf den die Wallet Software heruntergeladen wird. Dabei ist zwischen Full-Nodes und einem Lightweight Client zu differenzieren. Ersterer lädt die gesamte Blockchain vollständig auf den eigenen Rechner herunter und dient der Verifikation von Transaktionen. Letzterer speichert ebenfalls den privaten Schlüssel des Nutzers auf dem Computer, stellt dabei aber lediglich transaktionsbezogene Daten zur Verfügung und ist nicht dazu in der Lage, neue Transaktionen zu verifizieren.[199]

d) Paper Wallets

Paper Wallets sind der einfachste Weg zur Speicherung des privaten Schlüssels, zugleich aber auch der unsicherste, denn hierzu wird keine technische Ausrüstung in irgendeiner Form benötigt. Es reichen Stift und ein Blatt Papier, um den privaten sowie den öffentlichen Schlüssel in Form einer alphanumerischen Zeichenfolge dort zu notieren.[200] Dabei können die Schlüssel auch in verschiedenen Formaten gespeichert werden. Es ist ebenfalls möglich, diese unter Zuhilfenahme der Internetseite bitadress.org in Form eines QR-Codes auszudrucken.[201] Aufgrund des hohen Wertes des privaten Schlüssels bewahren viele Nutzer diesen Schlüssel außerhalb der eigenen Wohnung in einem Bankschließfach auf.[202]

e) Brain Wallets

Diese Art der Speicherung von Schlüsselpaaren ist dadurch gekennzeichnet, dass ein privater Schlüssel durch das Hashen eines langen Passwortes erzeugt wird. Dabei bedarf es keiner Speicherung des Passwortes auf einem Gerät, sondern der Nutzer prägt sich dieses Passwort ein. Als problematisch erweist es sich jedoch, wenn der Nutzer dieses Passwort vergisst. Ebenso stellen sog. Brute-Force-Attacken ein Problem dar. Bei einer solchen Attacke werden nach und nach verschiedene Passwörter durchprobiert. Bei Erfolg kann eine solche Attacke zu einem vollständigen Verlust der in der Wallet befindlichen Kryptowerte führen.[203]

---

199 *Burniske/Tatar*, Crypto-Assets, S. 223.

200 *Burniske/Tatar*, Crypto-Assets, S. 225.

201 *Franco*, Understanding Bitcoin, S. 127 f.; hierzu auch: *Antonopoulos*, Bitcoin & Blockchain S. 91 ff.

202 *Bussac*, Bitcoin, S. 90.

203 *Franco*, Understanding Bitcoin, S. 132.

f) Mobile Wallets

Hier wird der private Schlüssel auf einem externen Gerät gespeichert, beispielsweise auf einem USB-Stick oder einem Smartphone. Beispiele hierfür sind Airbitz und Breadwallet.[204]

Hinsichtlich der aktuell zur Verfügung stehenden Wallets ist festzustellen, dass die Speicherung von Schlüsseln in Hardware Wallets oder in einem Paper Wallet erheblich zur Sicherheit des zum Teil äußerst wertvollen Inhalts beitragen kann. Dies ist auf die Tatsache zurückzuführen, dass durch die Offline-Speicherung zumindest das Risiko des vollständigen Verlustes der Kryptowerte, welches bei sämtlichen Arten von Wallets mit Online-Speicherung durch einen eventuellen Hackerangriff immanent ist, fast vollständig eliminiert wird. Deswegen ist die Nutzung dieser Arten von Wallets immer dann anzuraten, wenn die Sicherheit des Schlüssels im Fokus des Nutzers steht. Hingegen bieten Desktop, Mobile und Web Wallets einen größeren Komfort bei der Nutzung bei zeitgleicher Erhöhung des Risikos, Opfer eines Hackerangriffes zu werden. Insgesamt ist unter Sicherheitsgesichtspunkten also eher dazu zu raten, einen Offline-Speicherort für den privaten Schlüssel zu wählen.

5. Die Rolle der Miner

Wie voranstehend bereits erwähnt, ist bei Bitcoin der Verzicht auf eine zentrale Instanz charakteristisch, der das notwendige Vertrauen entgegengebracht wird, die Zahlung der Teilnehmer abzuwickeln. Trotzdem muss ein Konsens im System gefunden werden, welche Transaktion als wahr und welche als falsch zu betrachten ist, damit die Blockchain fortgeschrieben werden kann. Die Lösung dieser Problematik im Bitcoin-Netzwerk zeigt, wie in einem dezentralen System mit vielen Teilnehmern ein gemeinsamer Konsens gefunden werden kann und somit ein funktionsfähiges dezentrales Zahlungssystem entsteht.[205]

Die Miner spielen bei der Fortschreibung der Blockchain eine zentrale Rolle. Oftmals wird der Begriff des Minings im Bitcoin-System als Synonym für die Erschaffung von neuen Werteinheiten verwendet. Die Bezeichnung des Minings wurde vor dem Hintergrund der Vergleichbarkeit des Prozesses mit dem

204 *Burniske/Tatar*, Crypto-Assets, S. 224.

205 *Dixon/Krämer*: Blockchain: Mehr als Bitcoin, https://research.commerzbank.com/delegate/publication?params=2m7%2BDQO2CMQNGR2L0PoBvLF9l3Hf2b6yTTLDsi%2BvIrG9dLM6sGJ1smz5YSY6etBo, letzter Abruf: 27.11.2018, S. 4; *Berentsen/Schär* S. 41 f.

Schürfen von Gold gewählt.[206] Eigentlich dient dieser Prozess aber der Sicherheit des dezentralisierten Systems.[207] Ein neuer Block innerhalb der Blockchain wird geschaffen, wenn der Proof-of-Work (Arbeitsbeweis) erbracht worden ist. Dies geschieht, indem ein Hash Puzzle unter Einsatz von Rechenkraft gelöst wird.[208] Dabei muss der Knoten, der den nächsten Block schürfen will, den richtigen Wert für die Nonce („Number Used Once")[209] finden. Die Nonce ist neben dem Hash des vorhergehenden Blocks ein Bestandteil jedes neuen Blocks.[210] Die einzige Möglichkeit, um den richtigen Wert dafür zu finden, besteht in einem Trial-and-Error-Verfahren.[211] Dabei müssen verschiedene Werte nach und nach ausprobiert werden, bis schließlich der „richtige" Wert gefunden wird. Die Schwierigkeit der Lösung dieser Rechenaufgabe steigt immer weiter an (sog. Mining Difficulty), um eine zu schnelle Schürfung von neuen Bitcoin-Werteinheiten zu verhindern.[212]

a) Der Proof-of-Work (Arbeitsbeweis)

Der Proof-of-Work (Arbeitsbeweis) sorgt dafür, dass nur legitime Transaktionen der Blockchain hinzugefügt werden können.[213] Durch die Lösung eines mathematischen Problems unter Einsatz von Rechenkraft erbringen die Netzwerkteilnehmer (Miner) einen Arbeitsaufwand. Derjenige Miner, welcher das mathematische Problem als Erster löst, erbringt den Arbeitsbeweis und wird in Form von neuen Bitcoins belohnt, welche als Kompensation für den eingesetzten Rechenaufwand dienen.[214] Die Ausschüttung der Bitcoins als Belohnung für den Miner bildet die erste Transaktion eines jeden neu geschaffenen Blocks und wird aus diesem Grund auch Coinbase-Transaktion genannt.[215]

Dabei nimmt die Anzahl der Bitcoins, die ein Miner für die Erbringung des Arbeitsbeweises als Belohnung erhält, kontinuierlich ab. Beim Start des Bitcoin-Systems im Januar 2009 erhielt jeder Miner noch 50 Bitcoins als Vergütung für

---

206 *Kerscher*, S. 80; *Lerch*, ZBB 2015, 190, 194.

207 *Antonopolous*, Bitcoin & Blockchain, S. 215.

208 *Narayanan/Bonneau/Felten/Miller/Goldfeder*, S. 41; *Bhaskar/Kuo Chuen*, in: Kuo Chuen, Handbook of Digital Currency, S. 47.

209 Düring/Fisbeck, S. 454.

210 Vgl. hierzu auch Abb. 4.

211 Narayanan/Bonneau/Felten/Miller/Goldfeder, S. 41.

212 *Kerscher*, S. 83.

213 *Nian/Kuo Chuen*, in: Kuo Chuen, Handbook of Digital Currency, S. 19.

214 *Berentsen/Schär*, S. 214; *Bussac*, Bitcoin, S. 70.

215 Sixt, S. 41.

den erbrachten Rechenaufwand. Die Anzahl der als Vergütung ausgegebenen Bitcoins halbiert sich immer nach 210.000 erschaffenen Blöcken, also etwa alle vier Jahre.[216] Im November 2012 halbierte sich die Vergütung auf 25 Bitcoin pro Block, die nächste Halbierung auf 12,5 Bitcoin je Block erfolgte im Juli 2016. Sobald Block 630.000 errechnet worden war, fand die nächste Halbierung der Belohnung statt.[217] Die Reduzierung auf 6,5 Bitcoin ereignete sich bereits Mitte Mai 2020.[218]

b) Das „Prinzip der längsten Kette" („Longest-Chain-Principle")

Nach diesem Prinzip wird bei der Bitcoin-Blockchain nur diejenige Kette als gültig anerkannt, welche am längsten ist, damit die Blockchain bei allen Nutzern identisch ist.[219] Der Sinn hinter diesem Prinzip wird durch einen genaueren Blick auf die Fortschreibung der Blockchain durch die Miner deutlich: Die Miner erweitern die Blockchain durch die Verifikation von Transaktionen aus der persönlichen Warteschlange, welche in einen Block umgewandelt werden. Dabei ist jedoch zu berücksichtigen, dass jeder Miner dies vornimmt und so letztendlich verschiedene potenzielle Blöcke entstehen, die zur Fortschreibung der Blockchain geeignet sind, sog. Blockkandidaten.[220]

Fraglich ist nun, wie das Netzwerk einen gemeinsamen Konsens findet, um die Blockchain mit einem der Blockkandidaten fortzusetzen, den alle Teilnehmer akzeptieren. Dies geschieht durch den Proof-of-Work. Es kann allerdings ebenso passieren, dass zwei Miner zeitgleich eine Lösung für den Arbeitsbeweis finden. Dann kommt es zu einem „Fork" und die Blockchain teilt sich auf, da es zwei potenzielle Kandidaten für die Fortschreibung der Blockchain gibt. Durch die Übermittlung im Netzwerk setzen die Miner die Blockchain an verschiedenen Enden fort. Zur Fortschreibung der Blockchain wird immer der Block verwendet, welcher die größte kumulierte Arbeitsleistung aufweist. Dies führt dazu,

216 Berentsen/Schär S. 215; Franco, Understanding Bitcoin, S. 107; Narayanan/Bonneau/Felten/Miller/Goldfeder, S. 39.

217 *Antonopoulos*, Bitcoin & Blockchain, S. 216 f.

218 BTC-Echo, Bitcoin Halving 2020 – Was Krypto-Einsteiger jetzt wissen müssen, 27.04.2020, https://www.btc-echo.de/was-krypto-einsteiger-jetzt-wissen-muessen/, letzter Abruf: 27.04.2020.

219 *Sixt*, S. 40.

220 Berentsen/Schär, S. 205 f.

dass die „falsche" Gabelung der Blockchain verwaist („Orphan Blocks") und alle Miner am richtigen Block weiterarbeiten und die Blockchain dort fortsetzen.[221]

6. *Verhinderung von Double Spending im Bitcoin-System*

Das zentrale Problem von digitalen Bezahlsystemen war – bis zur Entwicklung der Blockchain – das des Double Spending[222], d. h. die Gefahr einer Mehrfachausgabe von Kryptowerten. Letztlich konnte nicht effektiv kontrolliert werden, ob eine Werteinheit bereits einmal ausgegeben worden war oder nicht.[223] Das Problem liegt sowohl in der Dezentralität des Systems, als auch in der ausschließlich virtuellen Existenz der Werteinheiten begründet. Werteinheiten in einem digitalen Bezahlsystem können beliebig oft reproduziert werden, ohne dass der Empfänger einer Zahlung nachprüfen kann, ob dieselbe Werteinheit nicht schon einmal ausgegeben wurde. Satoshi Nakamoto gelang es als Erstem, dieses – den digitalen Bezahlsystemen immanente Problem – einer befriedigenden Lösung zuzuführen.[224]

In der Literatur wird das Problem des Double Spending auch als „Problem der byzantinischen Generäle"[225] beschrieben. Danach soll eine Gruppe von mehreren Generälen eine Stadt angreifen und einnehmen. Jeder General befehligt jeweils eine Armee. Ihnen ist zudem bekannt, dass eine Einnahme nur gelingen kann, wenn wenigstens die Hälfte der Generäle zeitgleich einen Angriff ausführt. Die Kommunikation zwischen den Generälen erfolgt durch Boten. Dabei stellt sich die Frage, wie eine Kommunikation zwischen den einzelnen Generälen stattfinden kann, um einen gemeinsamen Angriff zu koordinieren. Weiterhin stehen die Generäle vor den Problemen, dass sie nicht wissen, ob ihre Nachrichten überhaupt ankommen und sie sich darüber hinaus nicht sicher sein können, dass ankommende Nachrichten nicht gefälscht sind. Zudem müssen sie eine Bestätigung empfangen, dass der vorgeschlagene Plan von den anderen Generälen akzeptiert worden ist.[226]

---

221 *Antonopoulos*, Bitcoin & Blockchain, S. 243 ff., *Bussac*, Bitcoin, S. 70 f.; *Franco*, Understanding Bitcoin, S. 108 f.

222 Vgl. hierzu auch: *Grzywotz*, Virtuelle Kryptowährungen und Geldwäsche, S. 49 f.

223 *Bussac*, Bitcoin, S. 200.

224 *Franco*, Understanding Bitcoin, S. 6.

225 *Grzywotz*, Virtuelle Kryptowährungen, S. 49.

226 *Dixon/Krämer*: Blockchain: Mehr als Bitcoin, https://research.commerzbank.com/delegate/publication?params=2m7%2BDQO2CMQNGR2L0PoBvLF9l3Hf2b6yTTLDsi%2BvIrG9dLM6sGJ1smz5YSY6etBo, letzter Abruf: 27.11.2018, S. 4; *Antonopoulos*, Bitcoin & Blockchain, S. 5.

Auch das Bitcoin-System steht vor ähnlichen Schwierigkeiten im Hinblick auf die Fälschungs- und Transaktionssicherheit, ohne die der Betrieb eines Zahlungssystems schlicht unmöglich ist. Eine Lösung war mit Hilfe der Nutzung der Blockchain möglich. Die Übermittlung von Nachrichten wird durch die Nutzung eines Peer-to-Peer Netzes sichergestellt. Alle Teilnehmer des Netzwerkes erhalten die Nachrichten. Die Bestätigung von Transaktionen erfolgt durch die Validierung der Änderung des zentralen Kassenbuchs durch die anderen Netzteilnehmer.[227]

Wichtigster Punkt ist jedoch die Bestätigung der Echtheit der mitgeteilten Informationen. Das Bitcoin-System erreicht diese Validierung durch die Blockchain, wo alle Informationen für jeden Teilnehmer öffentlich einsehbar sind.[228] Zudem ist auch eine sehr hohe Fälschungssicherheit gegeben, denn einen falschen Block in die Blockchain einzuschleusen wäre nur mit extrem hohen Rechenaufwand möglich.[229] Dieser Arbeitsaufwand ist höher als jener, der für die Erschaffung des aktuellen und aller vorhergehenden Blöcke bereits angefallen ist.[230] Demnach schafft es das Bitcoin-System, durch Nutzung der Blockchain-Technologie eine Lösung für das Problem des Double Spendings zu finden und gewährleistet auf diese Art sichere Transaktionen.

7. *Die verschiedenen Arten von Forks*

a) *Soft Fork*

Ein Fork entsteht, wenn die Blockchain durch Lösung des hinter dem Proof-of-Work Algorithmus stehenden Puzzles durch zwei Knoten zeitgleich gelöst wird. Jeder Knoten wählt immer die Kette mit der größten kumulierten Arbeitsleistung zur Erweiterung aus[231], wenn er versucht, diese zu erweitern. Eine solche Inkonsistenz der Blockchain wird aber innerhalb des normalen Betriebs aufgelöst.[232] Eine solche Konstellation wird auch Soft-Fork genannt,

---

227 *Dixon/Krämer*: Blockchain: Mehr als Bitcoin, https://research.commerzbank.com/delegate/publication?params=2m7%2BDQO2CMQNGR2L0PoBvLF9l3Hf2b6yTTLDsi%2BvIrG9dLM6sGJ1smz5YSY6etBo, letzter Abruf: 27.11.2018, S. 4.

228 *Franco*, Understanding Bitcoin, S. 9.

229 *Mas/Kuo Chuen*, in: Kuo Chuen, Handbook of Digital Currency S. 422.

230 *Mas/Kuo Chuen*, in: Kuo Chuen, Handbook of Digital Currency S. 422.

231 Dies wird auch „Prinzip der längsten Kette“ genannt, vgl. hierzu auch Abschnitt 5b) in diesem Kapitel.

232 *Antonopolous*, Bitcoin & Blockchain, S. 243 f.

da das Netzwerk nach einer gewissen Zeit, meistens schon bei der Schürfung des nächsten Blocks, zu einer gemeinsamen Blockkette zurückfindet.[233]

b) *Hard Fork*

Bei einem Hard-Fork teilt sich das Netzwerk in zwei unterschiedliche Blockketten, was beispielsweise durch eine Änderung der Konsensregeln zustande kommt. Eine Rückkehr zu einer einzigen, gemeinsamen Kette findet hierbei – im Gegensatz zum Soft-Fork – nicht mehr statt. Stattdessen entstehen zwei Blockketten.[234] Bedingt wird diese Spaltung letztendlich durch eine Inkompatibilität mit den alten Knoten.[235]

Grund für die im August 2017 vollzogene Spaltung, welche zur Entstehung von „Bitcoin Cash“[236] führte, ist ein Streit um die Skalierung der einzelnen Werteinheiten. Genauer gesagt, sollte die Speicherkapazität der einzelnen Blöcke von einem auf zwei Megabyte erhöht werden.[237] Dabei sollte die „Segwit2x“ genannte Änderung des Programmcodes, welche die oben angesprochene Änderung implementiert, auch dazu dienen, die Konkurrenzfähigkeit des Bitcoin-Systems gegenüber herkömmlichen Zahlungsarten zu erhöhen. Dies sollte durch eine Steigerung der nach dem alten Protokoll möglichen Anzahl von sieben Transaktionen pro Sekunde auf 50 pro Sekunde bei einer Blockgröße von 8 Megabyte erreicht werden.[238] Seit der Schürfung des Blocks mit der Nummer 478558 sind sämtliche Bitcoin Inhaber also auch Eigentümer von Bitcoin Cash Einheiten.[239]

---

233 *Antonopolous*, Bitcoin & Blockchain, S. 247.

234 *Antonopolous*, Bitcoin & Blockchain, S. 261 f.

235 *Bergmann*, Bitcoin, S. 366 f.

236 Zu Bitcoin Cash vgl. Bitcoin Gold, https://www.bitcoincash.org, letzter Abruf: 11.05.2020.

237 *Grundlehner*, Bitcoin eilt zum nächsten Rekord – aber Abspaltungen verunsichern Investoren, 01.11.2017, https://www.nzz.ch/finanzen/bitcoin-rekord-aber-abspaltungen-verunsichern-die-investoren-ld.1325385, letzter Abruf: 27.04.2020.

238 *Holtermann*, Heute kommt die Bitcon-Spaltung, 01.08.2017, https://www.handelsblatt.com/finanzen/maerkte/devisen-rohstoffe/neue-waehrung-bitcoin-cash-heute-kommt-die-bitcoin-spaltung/20132148-all.html, letzter Abruf: 27.04.2020.

239 Bitcoincash.org, https://www.bitcoincash.org, letzter Abruf: 27.04.2020.

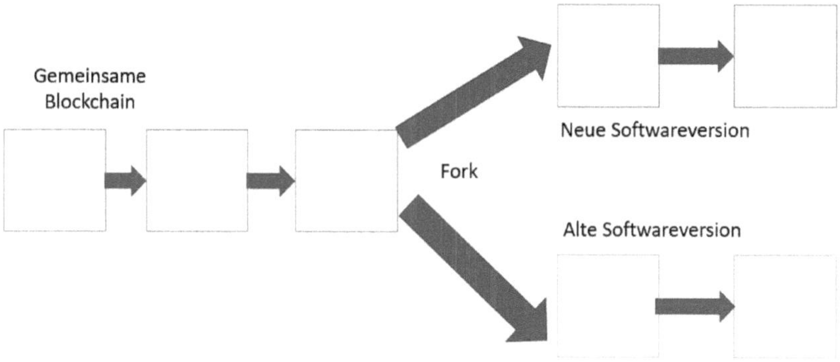

Abb. 5: Forks in der Blockchain[240]

Zudem kann ein Hard Fork auch dann entstehen, wenn eine neue Hash-Funktion eingeführt wird, wie es bei der Abspaltung von Bitcoin Gold[241] im Oktober 2017 geschehen ist. Im Vergleich zu Bitcoin Core, welches das SHA 256-Hashverfahren nutzt, verwendet Bitcoin Gold einen Equihash.[242]

8. Werteinheiten im Bitcoin-System

In der folgenden Tabelle sind die einzelnen Werteinheiten im Bitcoin-System aufgelistet. Die größte Einheit ist ein Bitcoin, die kleinste ein Satoshi.[243]

240 Eigene Darstellung nach *Maddrey*, Blockchain Forks Explained, https://medium.com/digitalassetresearch/blockchain-forks-explained-8ccf304b97c8, letzter Abruf: 11.08.2020.

241 Zu Bitcoin Gold vgl. auch: Bitcoingold.org, https://bitcoingold.org, letzter Abruf: 11.05.2020.

242 BitcoinMag, Was ist Bitcoin Gold?, https://www.bitcoinmag.de/bitcoin-gold, letzter Abruf: 27.04.2020.

243 Berentsen/Schär, S. 273.

Tab. 1: Die unterschiedlichen Bitcoin-Maßeinheiten[244]

Einheit	**in Bitcoin**
1 Bitcoin	1 Bitcoin
1 Deci-Bitcoin	0,1 Bitcoin
1 Centi-Bitcoin	0,01 Bitcoin
1 Milli-Bitcoin	0,001 Bitcoin
1 Bit (Microbitcoin)	0,000001 Bitcoin
1 Satoshi	0,00000001 Bitcoin

9. Aufbau und Ablauf einer Transaktion im Bitcoin-Netzwerk

Zum Verständnis des Bitcoin-Netzwerks ist weiterhin ein Verständnis der Transaktionsvorgänge als unerlässlich anzusehen. Die für eine Übertragung von Bitcoins notwendige Existenz von Schlüsselpaaren und deren Funktion wurden bereits vorstehend erläutert. Daher soll der Schwerpunkt in diesem Abschnitt auf der Darstellung des Transaktionsvorgangs selbst liegen.

Zu Beginn sei folgendes Beispiel zum groben Ablauf einer Transaktion genannt: A möchte an B eine bestimmte Summe an Bitcoins überweisen, da er zwei Brötchen bei Bäcker B kaufen will. Der Bäcker akzeptiert Zahlungen in Bitcoin. Die beiden Brötchen haben einen Preis von 0,010 BTC. Die Kasse beim Bäcker zeigt den fälligen Betrag in Euro und Bitcoin an. A entscheidet sich zur Zahlung in Bitcoin. Damit A eine Zahlung in Bitcoin an B vornehmen kann, benötigt dieser zunächst dessen öffentlichen Schlüssel, um zu wissen, wohin die Werteinheiten übertragen werden sollen. Das Kassensystem des Bäckers erzeugt einen QR-Code, der eine Zahlungsanforderung enthält. Den Code scannt A mit der Kamera seines Smartphones ein, woraufhin dieses in der Wallet-App den Betrag, eine Beschreibung der Transaktion und den öffentlichen Schlüssel des B, also die Zieladresse, enthält. A bestätigt die Transaktion mit einem Druck auf die „Senden"-Taste in der Wallet-App. Innerhalb kurzer Zeit erhält B auf dem

244 Eigene Darstellung, Aufbau in Anlehnung an Berentsen/Schär, S. 273.

Bildschirm der Kasse eine Zahlungsbestätigung, womit die Transaktion abgeschlossen ist.[245]

Im Detail gliedert sich eine Transaktion in mindestens einen Input und mindestens einen Output.[246] Hierbei können die Inputs als Bitcoins verstanden werden, die verbraucht werden, und die Outputs als Münzen, die erschaffen werden.[247] Vereinfacht gesehen, können die In- und Outputs auch mit Gutschriften und Belastungen verglichen werden.[248] Die Summe der Inputs muss insgesamt der der Outputs entsprechen.[249]

Transaktionsgebühren im Bitcoin-Netzwerk sind derzeit freiwillig. Allerdings fügen immer mehr Teilnehmer einer Transaktion eine Gebühr hinzu. Der Grund hierfür liegt darin, dass dies zu einer Priorisierung bei der Verarbeitung der Transaktion durch die Miner führt. Die Berechnung der Höhe der Transaktionsgebühr richtet sich nach der Größe der Transaktion (Datenvolumen) und nicht nach deren Bitcoin-Wert. Es kann passieren, dass eine Transaktion ohne Gebühr nur stark verspätet verarbeitet oder sogar verworfen wird.[250] Wenn einmal alle 21 Millionen Bitcoins[251] geschöpft worden sind, was ungefähr im Jahr 2140[252] der Fall sein wird, kommt den Transaktionsgebühren eine andere Rolle als derzeit zu. Stand Januar 2019 sind etwa 17,5 Millionen Bitcoins geschöpft worden.[253] Die Limitierung der maximal erzeugbaren Menge an Bitcoins dient der Inflationsbekämpfung.[254]

Wie bereits gesagt, dienen die Transaktionsgebühren aktuell als Anreiz dazu, eine Transaktion schneller zu verarbeiten. Nach der Schöpfung aller verfügbaren Bitcoins ist anzunehmen, dass Transaktionsgebühren obligatorisch werden, da der einstige Anreiz für die Miner, Transaktionen zu verarbeiten, um Bitcoins als Belohnung zu erlangen, nun weggefallen ist. Ohne eine Entlohnung durch die

---

245 Grundlegend zum Transaktionsablauf: *Antonopoulos*, Bitcoin & Blockchain, S. 16 ff.; Berentsen/Schär, S. 193 ff.

246 *Berentsen/Schär*, S. 170; *Antonopoulos*, Bitcoin & Blockchain, S. 18.

247 Narayanan/Bonneau/Felten/Miller/Goldfeder, S. 52.

248 Berentsen/Schär, S. 170.

249 Berentsen/Schär, S. 170.

250 *Antonopoulos*, Bitcoin & Blockchain, S. 129.

251 *Fiedler/Gern/Stolzenburg*, Wirtschaftsdienst 2018, 752; *Yermack*, in: Kuo Chuen, Handbook of Digital Currency, S. 35.

252 *Shcherbak*, Europ. Journ. Leg Stud 2014, 45, 49; *Hoegner*, S. 9 f.

253 Blockchain.com, https://www.blockchain.com/de/charts/total-bitcoins?, letzter Abruf: 19.01.2019.

254 *Sixt*, S. 108.

Nutzer des Netzwerks gibt es keinen Anreiz mehr, die Transaktionen überhaupt zu verarbeiten und weiterhin Teil des Bitcoin-Netzwerks zu sein. Folglich wird nach Abschluss der Schürfphase, also dann, wenn alle existenten Bitcoins von den Minern errechnet worden sind, die Transaktionsgebühr der Motor, der das Bitcoin-Netzwerk am Laufen erhält.

D. Vor- und Nachteile von Bitcoin

Mit dem Bitcoin-System gehen neben den bereits angesprochenen Vorteilen aber auch einige Nachteile einher, welche im folgenden Abschnitt überblicksartig beleuchtet werden sollen.[255]

I. Nachteile

Nachfolgend soll überblicksartig auf die Nachteile des Bitcoin-Systems eingegangen werden.

1. Sicherheitsrisiken: Unterschätzung der dem System innewohnenden Bedrohungen

Teilweise werden die dem System innewohnenden Bedrohungen unterschätzt, was vor allem für die sog. 51 %-Attacke gilt. Diese Attacke richtet sich gegen den Konsensmechanismus. Der Angreifer bemächtigt sich dabei mehr als 50 % der Hashing-Leistung, was dazu führt, dass er Werteinheiten doppelt ausgeben kann.[256] Dabei kann im Wege dieses Angriffs aber lediglich die Aufnahme einer Transaktion in die Blockchain rückgängig gemacht werden[257], es können jedoch keine neuen Transaktionen im Namen von fremden Personen durchgeführt oder Werteinheiten beschlagnahmt werden.[258] Freilich ist diese Gefahr nicht nur

255 Vgl. hierzu ausführllich: *Courtois*: Features or Bugs: The Seven Sins of Current Bitcoin, in: Tasca/Aste/Peliza/Perony: Banking Beyond Banks and Money, S. 97–120.

256 *Antonopoulos*, Bitcoin & Blockchain, S. 256; zu anderen Angriffsmethoden auf das Bitcoin-System (Race Attack, Finney Attack) vgl. *Franco*, Understanding Bitcoin, S. 115 f.

257 Zu dieser Art von Angriff vgl. auch *Courtois*: Features or Bugs: The Seven Sins of Current Bitcoin, in: Tasca/Aste/Peliza/Perony: Banking Beyond Banks and Money, S. 110 f.

258 Berentsen/Schär, S. 235.

theoretischer Natur.[259] Zurückzuführen ist dies auf die Tatsache, dass es von maßgeblicher Bedeutung ist, ob dem Angreifer 51 % der Hashpower gehören oder er diese besitzt. Denn der Besitz von einer solch immensen Rechenkraft lässt sich auch nur auf Zeit durch Miete entsprechend vieler Computer erreichen.[260] Dabei ist jedoch festzuhalten, dass sich solche Attacken zwar mit relativ geringem Aufwand durchführen lassen, da mehr als die Hälfte der gesamten Hashpower in der Hand der vier Miningpools[261] F2Pool, Poolin, AntPool und BTC.com liegen.[262] Allerdings ist eine solche Attacke im Bitcoin-System aufgrund der Tatsache, dass die Anbieter der Mining Pools jeden Tag mehr als 1,44 Millionen US-Dollar erwirtschaften, als sehr unwahrscheinlich anzusehen.[263]

Anders stellt sich die Gefahr einer solchen Attacke dagegen bei Bitcoin Gold dar: Dort kam es Ende Januar des Jahres 2020 bereits zur zweiten 51 %-Attacke innerhalb von nur zwei Jahren, wobei Kryptowerteinheiten im Gegenwert von 70.000 US-Dollar doppelt ausgegeben wurden.[264] Der Vorfall zeigt, dass beim weniger beliebten Bitcoin Gold erhebliche Sicherheitslücken bestehen und dort in dieser Hinsicht dringend Handlungsbedarf gegeben ist. Ansonsten besteht die Gefahr, dass die Nutzer aus Angst vor Verlust ihrer Werteinheiten durch einen erneuten Angriff zur Nutzung anderer Bezahlsysteme mit geringerem Risiko einer solchen Attacke übergehen.

2. Hoher Stromverbrauch

Als ein besonderer Nachteil im Zusammenhang mit Bitcoin erweist sich die immense Strommenge, welche zum Betrieb des Systems notwendig ist.

---

259 *Antonopoulos*, Bitcoin & Blockchain, S. 256; *Courtois*: Features or Bugs: The Seven Sins of Current Bitcoin: in: Tasca/Aste/Peliza/Perony: Banking Beyond Banks and Money, S. 105; *Halaburda/Savary*, Beyond Bitcoin, S. 118.

260 *Courtois*: Features or Bugs: The Seven Sins of Current Bitcoin, in: Tasca/Aste/Peliza/Perony: Banking Beyond Banks and Money, S. 106 f.

261 Ein Miningpool ist ein Zusammenschluss mehrerer Entitäten zum Zweck des gemeinsamen „Schürfens“ von Kryptowährungen. Durch die Bündelung der verfügbaren Rechenleistung erhöht sich die Chance, den nächsten Block zu errechnen und die entsprechende Belohnung zu erhalten, vgl. BTC Academy, https://www.btc-echo.de/academy/bibliothek/mining-pool/, letzter Abruf: 22.07.2020.

262 Blockchain.com, https://www.blockchain.com/de/pools, letzter Abruf: 12.05.2020.

263 *Bussac*, Bitcoin, S. 47 f.

264 *Martin*, Bitcoin Gold Hit by 51 % Attack Leading To $70K Double Spend, 27.01.2020, https://cointelegraph.com/news/bitcoin-gold-blockchain-hit-by-51-attack-leading-to-70k-double-spend, letzter Abruf: 12.05.2020.

Anfang des Jahres 2016 belief sich der Stromverbrauch des Bitcoin-Netzwerks auf 500.000 kWh, was selbst bei einem vergleichsweise günstigen Strompreis Gesamtkosten von 40.000 US-Dollar pro Betriebsstunde bedeutet.[265] Seit 2016 ist die Größe des Netzwerks und damit der zum Betrieb benötigte Strom noch einmal immens angestiegen. Für das Jahr 2020 wird ein Stromverbrauch für den Betrieb des gesamten Bitcoin-Netzwerks von 77,78 Terrawattstunden prognostiziert, was in etwa dem jährlichen Stromverbrauch des südamerikanischen Landes Chile gleichkommt. Eine einzige Transaktion benötigt dabei 679,42 kWh an Strom, was nahezu der Menge an Strom entspricht, die ein durchschnittlicher amerikanischer Haushalt in knapp 23 Tagen verbraucht.[266] Für eine herkömmliche Banküberweisung fällt hingegen nur eine Strommenge von 1 bis 2 kWh an.[267] Gerade im Hinblick auf die immer lauter werdende politische Diskussion rund um die Energiewende erscheint eine Nutzung des Bitcoin-Systems durch die breite Bevölkerung – vor allem unter Umweltgesichtspunkten – mehr als fragwürdig.

3. *Nachteile im Vergleich zu Staatlichen Währungen*

Kryptowerte sind mittlerweile der breiten Öffentlichkeit ein Begriff und erfreuen sich einer immer größeren Beliebtheit. Folglich können Kryptowerte nicht mehr als bloßes vorübergehendes Phänomen betrachtet werden, was auch Einfluss auf die Geldpolitik der Zentralbanken hat. Diese sehen in Bitcoin und anderen Currency Token eine Gefahr für die staatlichen Währungssysteme.[268] Die Europäische Zentralbank (EZB) hat bereits im Jahr 2015 zahlreiche Risiken für die Finanzmärkte ausgemacht und analysiert, welche sich durch die Einführung von Kryptowerten ergeben könnten. Beispielhaft sind hier neben der Finanzstabilität und der Zahlungssystemstabilität auch die Integrität des Finanzsystems zu nennen.[269] Dabei ist die Europäische Zentralbank bei den oben genannten Faktoren

---

265 Berentsen/Schär, S. 213.

266 Vgl. hierzu: https://digiconomist.net/bitcoin-energy-consumption, letzter Abruf: 11.05.2020.

267 *Drösser*, Verbraucht der Zahlungsverkehr mit Bitcoin so viel Energie wie ein ganzes Land? 31.07.2019, https://www.zeit.de/2019/32/bitcoin-kryptowaehrung-energieverbrauch-kilowatt-stimmts, letzter Abruf: 12.05.2020.

268 *Hanl/Michaelis*, Kryptowährungen – ein Problem für die Geldpolitik?, WD 2017, 363, 370.

269 European Central Bank – Eurosystem, Virtual currency schemes – a further analysis, https://www.ecb.europa.eu/pub/pdf/other/virtualcurrencyschemesen.pdf, letzter Abruf: 28.07.2020, S. 29.

zu dem Ergebnis gekommen, dass diese zum Zeitpunkt der Veröffentlichung des Berichts keine immanente Bedrohung für das Bankensystem darstellen, was sich jedoch ändern kann, sofern es zu einer breiter gefächerten Akzeptanz von Kryptowerten wie Bitcoin im Euroraum kommt.[270]

Häufig wird im Zusammenhang mit Kryptowerten deren extrem hohe Volatilität angeführt.[271] Daher werden Bitcoins teilweise eher mit einem Spekulationsobjekt gleichgesetzt als mit einem Zahlungsmittel verglichen.[272] Der Kurs von Kryptowerten wie dem Bitcoin unterlag in den letzten Jahren extrem starken Schwankungen. Von einer Zentralbank emittiertes Geld – wie beispielsweise der Euro – unterlag in den Jahren 2009 bis 2019 lediglich Währungsschwankungen zwischen 0,3 % und maximal 2,1 % pro Jahr.[273] Folglich stellen die erheblichen Kursschwankungen einen beträchtlichen Nachteil im Vergleich zu traditionellem Zentralbankgeld dar.

Ein weiterer Faktor, welchem Beachtung geschenkt werden muss, ist die Geldmenge. Im Bitcoin-System ist die Menge des Geldes, welches im Umlauf befindlich sein kann, auf 21 Millionen Einheiten beschränkt, was zu einer gewissen Stabilität des Systems führt. Beim Euro als Zentralbankwährung existiert hingegen keine Beschränkung der Geldmenge. Dies führt dazu, dass im Falle eines Engpasses bei der Geldversorgung eine Förderung der Wirtschaft durch die Schöpfung neuen Geldes möglich ist.[274] Bei Kryptowerten wie dem Bitcoin ist dies dagegen nicht der Fall, was nicht zuletzt auf die dezentrale Organisationsstruktur des Netzwerks zurückzuführen ist.[275]

---

270 European Central Bank – Eurosystem, Virtual currency schemes – a further analysis, https://www.ecb.europa.eu/pub/pdf/other/virtualcurrencyschemesen.pdf, letzter Abruf: 28.07.2020, S. 26 ff.

271 Vgl. hierzu Abb. 1.

272 European Central Bank – Eurosystem, Virtual currency schemes – a further analysis, https://www.ecb.europa.eu/pub/pdf/other/virtualcurrencyschemesen.pdf, letzter Abruf: 28.07.2020, S. 23.

273 Statista.com, Inflationsrate in Deutschland von 1992 bis 2019, https://de.statista.com/statistik/daten/studie/1046/umfrage/inflationsrate-veraenderung-des-verbraucherpreisindexes-zum-vorjahr/, letzter Abruf: 26.08.2020.

274 In einer Krise kommt den staatlichen Zentralbanken eine Rolle als „lender of last resort“ zu, vgl. *Görgens/Ruckriegel/Seitz*, Europäische Geldpolitik, S. 84.

275 *Kuhlmann,* Im Vergleich: Die Geldschöpfung von Bitcoin und Euro, BTC Echo, 29.07.2018, https://www.btc-echo.de/im-vergleich-die-geldschoepfung-von-bitcoin-und-euro/, letzter Abruf: 28.07.2020.

Nicht zuletzt zeigen sich die Nachteile von staatlichen Währungssystemen an der Inflation. Im Jahr 2019 lag diese bei ca. 1,4 %, im Jahr 2008 – im Jahr der Finanzkrise – bei 2,6 % und im Jahr 1992 noch bei 5 %.[276] Zwar nahm die Inflationsrate in Deutschland zum Zeitpunkt der Erstellung der Arbeit tendenziell eher ab, jedoch unterliegt sie deutlichen Schwankungen. Damit besteht langfristig gesehen die Gefahr, dass Anleger vermehrt in Kryptowerte investieren, um ein mögliches Inflationsrisiko zu verringern. Das bestehende Ungleichgewicht zwischen Bitcoin-System und staatlichem Währungssystem im Hinblick auf Wertstabilität könnte schlussendlich zur Folge haben, dass aus Anlegersicht das staatliche Währungssystem an Attraktivität verliert. Ob dies wirklich so ist, und Kryptowerte letztlich staatliches Zentralbankgeld vollständig ersetzen können, kann nur die Zukunft zeigen.

II. Vorteile

1. Dezentralität

Einer der nicht zu unterschätzenden Vorteile des Bitcoin-Systems ist dessen Dezentralität. Das System basiert auf einem dezentralen Konsensalgorithmus. Im Gegensatz zu traditionellem Geld, wie es heute genutzt wird, bedarf es bei dem von Satoshi Nakamoto erdachten Bezahlsystem gerade keines Bankensystems oder einer Zentralbank, welche die Geldversorgung je nach Angebot und Nachfrage anpassen kann.[277]

Es besteht also eine Unabhängigkeit vom Bankensystem, da es keine Notwendigkeit mehr für einen Finanzdienstleister gibt, der die Zahlungen abwickelt.[278] Somit ist es möglich, dass System überall dort zu nutzen, wo es einen Zugang zum Internet gibt. Die Dezentralität hat aber zugleich eine große Kehrseite in rechtlicher Hinsicht: Mangels zentraler Autorität, welche das System kontrolliert, gestaltet sich eine rechtliche Regulierung als äußerst schwierig. Diese kann nur auf mittelbarem Weg, also durch eine Erfassung von Personen, die das System nutzen, oder bestimmten Handlungen, welche im System vorgenommen werden, umgesetzt werden. Hingegen scheidet eine unmittelbare Regulierung aufgrund der Dezentralität des Systems aus.[279]

---

276 Statista.com, Inflationsrate in Deutschland von 1992 bis 2019, https://de.statista.com/statistik/daten/studie/1046/umfrage/inflationsrate-veraenderung-des-verbraucherpreisindexes-zum-vorjahr/, letzter Abruf: 26.08.2020.

277 *Masatci/Ertugrul*, in: *Darici/Ayhan*: Cryptocurrencies in All Aspects, S. 21.

278 *Sixt*, S. 77.

279 *Kütük-Markendorf*, Rechtliche Einordnung von Internetwährungen, S. 31.

Ein weiterer Aspekt, welcher sich als problematisch erweist, ist die Frage der Rechtsdurchsetzung, genauer gesagt, der von Zwangsvollstreckungsmaßnahmen in einem dezentralen System. Solche Maßnahmen lassen sich nur dann vollziehen, wenn einem Systemteilnehmer eine Mitwirkungspflicht auferlegt wird.[280]

2. *Transparenz und Fälschungssicherheit*

Ein weiterer positiver Aspekt bei Bitcoin ist die Transparenz sowie die Fälschungssicherheit des Netzwerks dadurch, dass das Bitcoin-Netzwerk auf der Distributed-Ledger-Technologie basiert.[281] Alle Transaktionen finden öffentlich und unter Kontrolle sämtlicher Netzwerkteilnehmer statt. Aufgrund dieser Öffentlichkeit besteht nur eine eingeschränkte Gefahr des Missbrauchs. Die Miner haben kein Interesse daran, einen gefälschten Block, der zum Beispiel 100 Bitcoins als Belohnung ausschüttet, in die Blockchain einzuschleusen, da ein solcher Block von den anderen Teilnehmern nicht validiert und als falsch abgewiesen werden würde.[282] Die Belohnung, welche für die Schürfung eines neuen Blocks ausgeschüttet wird, würden die Miner nicht erhalten. Somit besteht für die Miner kein Interesse daran, sich an einer Fälschung der Blockchain zu beteiligen. Um die Blockchain verändern zu können, müsste ein Angreifer zudem sämtliche Informationen auf allen Computern ändern, was eine immense Rechenkraft erfordern würde und aus diesem Grund als für nahezu unmöglich erachtet wird.[283]

3. *Globale Verfügbarkeit und geringe Transaktionskosten*

Ein weiterer Vorteil des digitalen Zahlungssystems ist dessen weltweite Verfügbarkeit. Ein Zugriff auf das Bitcoin-Netzwerk ist von überall dort möglich, wo ein Internetanschluss zur Verfügung steht.[284] Bei Bitcoin sind die geringen Transaktionskosten für die Nutzung des Systems im Vergleich zur Nutzung von traditionellen Kreditkarten ebenfalls als Vorteil anzusehen.[285] Zudem können Transaktionen dort jederzeit durchgeführt werden.[286] Es besteht keine

280 *Kütük-Markendorf*, Rechtliche Einordnung von Internetwährungen S. 31 f.

281 *Sixt*, S. 10.

282 *Antonopoulos*, Bitcoin & Blockchain, S. 241.

283 *Bussac*, Bitcoin, S. 43.

284 *Sixt*, S. 77.

285 *Franco*, Understanding Bitcoin, S. 25; *Masatci/Ertugrul*, in: *Darici/Ayhan*: Cryptocurrencies in All Aspects, S. 20.

286 *Daver/Yucesan*, in: *Darici/Ayhan*: Cryptocurrencies in All Aspects, S. 35.

Abhängigkeit von Finanz- oder Zahlungsdienstleistern und deren Arbeitszeiten. Da außer einem Internetzugang nichts zur Nutzung von Bitcoin notwendig ist, eignet sich das digitale Bezahlsystem auch für Menschen, die in ihrem Heimatland keinen Zugang zu Banken haben und infolgedessen auch kein Bankkonto besitzen (sog. „Unbanked People").[287] In dieser Klientel ist ein großes Potential von digitalen Bezahlsystemen zu sehen, da weltweit über 1,7 Milliarden Menschen keinen Zugang zum Bankensystem haben.[288]

Ein weiterer Vorteil für diese Bevölkerungsgruppe ist auch die im Vergleich zu einer herkömmlichen Banküberweisung schnelle Transaktionsgeschwindigkeit. Bis zur Bestätigung einer Transaktion vergehen in der Regel nur knapp 11 Minuten.[289] Im Vergleich dazu dauert eine Überweisung z. B. via Western Union zwischen ein und zwei Werktagen.[290]

E. Zusammenfassung

Bereits in den 1980er-Jahren wurden die technischen Voraussetzungen für die Entwicklung der aktuellen Kryptowerte geschaffen. Coins bzw. Currency Token – wie Bitcoin – können als eine der bedeutendsten technischen Errungenschaften der heutigen Zeit angesehen werden. Die Idee der Schaffung eines von Banken unabhängigen Bezahlsystems ist dabei keine grundsätzlich neue Idee. Wie bereits herausgearbeitet wurde,[291] sind schon zu Beginn der 80er-Jahre des vergangenen Jahrhunderts erste Ideen entwickelt worden, welche als frühe Vorläufer der heutigen Kryptobezahlsysteme angesehen werden können. Mit der Entwicklung und Anwendung der Blockchain-Technologie gelingt es, sämtliche in diesem Netzwerk getätigten Transaktionen erstmalig öffentlich nachvollziehbar zu machen und somit das Problem des „Double Spending" einer zufriedenstellenden Lösung zuzuführen. Hieran waren die Vorläufer von Bitcoin stets gescheitert. Schlussendlich hat auch die flächendeckende Verbreitung des Internets die finale Umsetzung der Kryptobezahlsysteme erst in der vorliegenden Art

---

287 *Sixt*, S. 78.

288 World Bank, Global Findex Database 2017, https://globalfindex.worldbank.org, letzter Abruf: 12.05.2020, S. 35.

289 Statista.com, Average confirmation time of Bitcointransactions from January 2017 to July 2020, https://www.statista.com/statistics/793539/bitcoin-transaction-confirmat ion-time/, letzter Abruf: 16.08.2020.

290 Western Union, Häufig gestellte Fragen, https://www.westernunion.com/de/de/faq-send-money.html#Q6, letzter Abruf: 12.05.2020.

291 Vgl. hierzu Abschnitt A in diesem Kapitel.

und Weise möglich gemacht. Heute ist eine Vielzahl von Coins und Currency Token global verfügbar und nutzbar.

Der Bitcoin weist die höchste Marktkapitalisierung aller Coins und Currency Token auf und nimmt somit einen besonderen Stellenwert unter den Kryptowerten insgesamt ein. Bitcoin ist ein staatenloses, dezentrales Bezahlsystem, für das neben dem Aspekt der Transparenz insbesondere die Fälschungssicherheit des Systems charakteristisch ist. Letzteres wird durch die Verwendung von Hashfunktionen und Schlüsselpaaren gewährleistet. Die Schlüsselpaare können zudem auf verschiedenen gängigen Walletformen gespeichert werden. Somit steht das Bitcoin-System für einen breiten Nutzerkreis offen. Eine zentrale Rolle innerhalb des Systems übernehmen die Miner. Diese stellen Rechenkapazität zur Verfügung und erhalten dafür eine Vergütung in Form von Bitcoin Werteinheiten, sofern sie den Arbeitsbeweis erbringen. Diese Vergütung fällt jedoch ungefähr im Jahr 2140 weg, wenn alle 21 Millionen Bitcoin Werteinheiten geschürft sind. Dann besteht die einzige Rolle der Miner in der Abwicklung der Transaktionen.

Die Transaktionen im Bitcoin System basieren auf einem In- und Outputsystem, unter Verwendung von privaten und öffentlichen Schlüsseln. Bemerkenswert ist zudem die kurze Transaktionsgeschwindigkeit. Derzeit sind die bei einzelnen Bitcoin-Transaktionen anfallenden Kosten noch zu vernachlässigen. Dies könnte sich jedoch nach Schürfung sämtlicher Werteinheiten ändern, da in diesem Moment der Anreiz für die Miner zur Teilnahme am System wegfällt. Auf Grundlage der gewonnenen Erkenntnisse im Hinblick auf die technische Ausformung und die Funktionsweise des Bitcoin-Systems soll nachfolgend eine währungs-, aufsichts-, und börsenrechtliche Einordnung erfolgen.

Drittes Kapitel: Währungsrechtliche Einordnung von Kryptowerten in Form von Bitcoin

Um letztlich Kryptowerte im Allgemeinen und Bitcoins im Besonderen in das System des Börsenrechts einordnen zu können, spielt die Frage, ob es sich bei Coins und Currency Token um Geld im Rechtssinn handelt, eine maßgebliche Rolle. Die Einordnung von Bitcoin als Geld steht auch in engem Zusammenhang mit der Frage, an welcher Art von Börse[292] ein Kryptowert gehandelt werden kann. Zu Beginn soll ein kurzer Einblick in die geldgeschichtliche Entwicklung erfolgen, um wesentliche Merkmale und Eigenschaften des Geldes darzulegen. Anschließend werden die verschiedenen Geldarten definiert. Aufbauend darauf soll eine klare Abgrenzung zwischen den Begriffen „gesetzliches Zahlungsmittel" sowie „Währung" erfolgen. Weiterführend soll untersucht werden, ob sich Bitcoins aus juristischer Perspektive als Geld qualifizieren lassen. Da es sich bei der vorliegenden Arbeit nicht um eine geldphilosophische Betrachtung handelt, soll der Fokus auf die in der juristischen Literatur vertretenen Ansätze gelegt werden.

In einem letzten Schritt erfolgt eine Prüfung, ob der Currency Token Bitcoin als Geld im Rechtssinn gelten kann. Die rechtlichen Konsequenzen, welche sich aus dieser Qualifikation von Bitcoin als Geld im juristischen Sinn im Hinblick auf die börsenrechtliche Einordnung ergeben würden, sollen in Kapitel 5 dieser Arbeit einer detaillierten Betrachtung unterzogen werden.

A. Historische Entwicklung des Geldes

In einem kurzen Überblick soll die Entwicklung des Geldes nachvollzogen werden, um letztlich auf die mit der Entsubstantialisierung des Geldes und die damit einhergehenden Probleme der Neuzeit einzugehen. Zentrale Ausgangspunkte der Geldgeschichte waren neben der Entmaterialisierung des Geldes in der

292 Grundsätzlich ist im Rahmen des Börsenhandels an einer Börse i. S. d. BörsG zwischen dem Handel an einer Wertpapierbörse (auch Kassahandel genannt) sowie dem Terminhandel zu unterscheiden; vgl. *Seiffert*, in: Kümpel/Mülbert/Früh/Seyfried, Bank- und Kapitalmarktrecht, 5. Aufl., Börsen- und andere Handelssysteme, Rn. 14.281, 14.351.

heutigen Zeit die Anerkennung des Privateigentums[293] sowie das Aufkommen der Arbeitsteilung.[294] Prägend für die Geldgeschichte ist ebenso die Tatsache, dass sich Geld mit dem technologischen Wandel immer weiter fortentwickelte, von der Münze über das Papiergeld bis hin zur weitergehenden Ent- oder Dematerialisierung in der heutigen Zeit.[295] Das Einhergehen von technologischem Fortschritt und der Fortentwicklung des Geldes zeigt bereits zum jetzigen Zeitpunkt, dass es keinen statischen Geldbegriff geben kann.

Der Begriff des Geldes muss interpretationsoffen sein, um die Möglichkeit der Erfassung von neuen Geldformen zu bieten. Dabei müssen sich auch neue Geldformen unter gesetzliche Regelungen einordnen lassen, um für den Zahlungsverkehr einen stets verlässlichen Rechtsrahmen zu gewährleisten. Neben Vorformen des Geldes, wie beispielsweise Muscheln, entwickelte sich im Laufe der Zeit zuerst Metallgeld, bevor das Papiergeld hinzutrat. Metall- und Papiergeld bestehen dabei parallel. Der nächste Entwicklungsschritt ging hin zum immateriellen Geld. Insgesamt lässt sich die Evolutionsgeschichte des Geldes in drei Stufen gliedern, sofern die Vorformen ausgeklammert bleiben.[296]

Die Entwicklungsgeschichte des Geldes ist zugleich auch als Technikgeschichte anzusehen.[297] Vor allem für die Formen des immateriellen Geldes waren die zunehmende Technisierung, insbesondere die Massenverfügbarkeit von Computern, sowie die Entwicklung und weite Verbreitung von Smartphones Grundvoraussetzungen. Dies führte dazu, dass in der heutigen Zeit immer mehr Zahlungen über das Internet abgewickelt werden.

Auch in der Bundesrepublik Deutschland stoßen moderne Zahlungsmittel, vor allem Internetbezahlverfahren, neben der zunehmenden Nutzung von Debit-, Kreditkarten und kontaktlosen Bezahlverfahren, in weiten Kreisen der Bevölkerung – insbesondere bei jüngeren Menschen – auf erhöhte Akzeptanz. Nichtsdestotrotz war das beliebteste Zahlungsmittel der Deutschen im Jahr 2017 noch immer das Bargeld. Dies wird sich in naher Zukunft mit großer Wahrscheinlichkeit auch nicht ändern.[298]

---

293 Der Begriff des Privateigentums meint dabei bürgerlich-rechtliches Eigentum nach § 903 BGB, *Fritzsche*, in: BeckOK BGB § 903 Rn. 132, 53. Ed., Stand: 01.02.2020.

294 *Omlor*, Geldprivatrecht, S. 10 ff., 42 ff., *Omlor*, ZIP 2017, 1836, 1837 f.

295 *Hötzel*, S. 35; *Ohler*, JZ 2008, 317, 318; *Omlor*, WM 2015, 2297 ff.

296 *Harlandt*, S. 7.

297 *Omlor*, Geldprivatrecht S. 46.

298 Bundesbank, Zahlungsverhalten in Deutschland 2017, https://www.bundesbank.de/resource/blob/634056/8e22ddcd69de76ff40078b31119704db/mL/zahlungsverhalten-in-deutschland-2017-data.pdf, letzter Abruf: 13.08.2019, S. 8 ff.

I. Vorformen/Urformen des Geldes/Aufkommen von Primitivgeld

Bereits bei den Naturvölkern gab es eine eigene Form von Primitivgeld, was den Beginn der Geldgeschichte markiert. Dabei war dies von dem, was heute vom allgemeinen Verständnis her dem Begriff des Geldes unterfällt, noch sehr weit entfernt. Die verschiedenen Völker und Stämme benutzten Gegenstände, die sich für sie in der gegebenen Lage und Region als nützlich erwiesen als Geldersatz im Rahmen von Tauschgeschäften.[299]

Grundlage für die Entwicklung von Primitivgeld war unter anderem die Entstehung des Privateigentums.[300] Prominentestes Beispiel für das Primitivgeld ist das auf diversen Pazifikinseln verwendete Muschelgeld in Form der Kauri-Muschel.[301] Daneben wurde in Amerika, Afrika und Südostasien Schmuck als Geldersatz verwendet. Ebenso war Ring- und Zahngeld sowie Stein- und Federgeld existent.[302] Ein Beispiel für die Verwendung von Steingeld aus Aragonit, genannt Pálan, findet sich auf den mikronesischen Karolineninseln.[303] Ein weiterer Entwicklungsschritt bei den Primitivgeldern fand bei der Verwendung von Kleidern als Geld statt, beispielsweise in Sibirien. Auch Tiere, vor allem Rinder, fanden vorwiegend im antiken Griechenland häufig Verwendung als primitive Form des Geldes.[304] Bei diesen Formen des Primitivgeldes handelt es sich noch um sog. Binnengeld, da dieses Geld ausschließlich im Einflussbereich eines Volkes oder Stammes Verwendung fand. Die Nutzung des Primitivgeldes auch als „Außengeld“ vollzog sich erst mit dem Aufkommen des Außenhandels.[305]

II. Metallgeld: Die erstmalige Schaffung von Münzen

Den nächsten Schritt in der Entwicklungsgeschichte des Geldes stellt die Nutzung von Metallgeld dar. Bevor die ersten Münzen geprägt wurden, ist bei jeder Transaktion die entsprechende Menge Gold oder Silber mühsam abgewogen worden („Wägegeld“). Mithin war die Verwendung von Münzen weitestgehend auf Praktikabilitätserwägungen zurückzuführen.[306] Münzen zeichneten

---

299 *Harlandt*, S. 16.

300 *Omlor*, Geldprivatrecht S. 46.

301 *Omlor*, JZ 2015, 754.

302 *Harlandt*, S. 17.

303 *Omlor*, Geldprivatrecht, S. 11. *Kubary*, Ethnographische Beiträge zur Kenntnis der Karolinischen Inselgruppe, Bd. 1, S. 4.

304 *Harlandt*, S. 17 f.

305 *Omlor*, Geldprivatrecht S. 11 f.

306 *Harlandt*, S. 20 f.

sich durch Haltbarkeit, physische Beständigkeit gegen Abnutzungen, vereinfachte Transportabilität und eine leichte Stückelung der einzelnen Geldeinheiten aus.[307] Deren Ursprung wird zum einen im Kleinasien des ausgehenden siebten Jahrhunderts vor Christus gesehen.[308] Zum anderen werden auch Griechenland sowie der mittlere Osten als Ursprungsort der ersten Münzen betrachtet.[309]

Einige Jahrhunderte später gelangte der Prozess der Münzprägung dann nach Mitteleuropa und somit auch in das Römische Reich. Die Münzgeschichte im Römischen Reich dient als Blaupause für die Entwicklungsgeschichte der Münzen in Europa bis hin zum Nominalismus.[310] Zur Zeit der römischen Republik wurden vorrangig Kupfer und Silber zur Münzprägung verwendet. Gold existierte vorwiegend in der Form von Barren und wurde als Repräsentationsobjekt des Reichtums verwendet. Erst mit Beginn der Kaiserzeit änderte sich dies und im Römischen Imperium gerieten vermehrt Goldmünzen in Umlauf.[311] Kaiser Augustus reformierte das römische Recht dahingehend, dass das Monopol der Münzprägung ausschließlich dem Kaiser zustand und nicht länger, wie es vorher der Fall war, dem Senat.[312] Später verringerte Kaiser Nero den Münzfuß. Als Münzfuß wird der Gehalt eines Edelmetalls bezeichnet, welches in einer bestimmten Münze vorhanden sein muss.[313] Diese Veränderungen zugunsten der Staatskasse führten zu einer nicht geringen Inflation und endeten letztlich in einem Zusammenbruch des Währungssystems.[314]

Vom Mittelalter bis hin in das 16. Jahrhundert hinein wurden weiterhin Münzen aus Silber, später solche aus Gold verwendet. Aufgrund der geringen Goldförderungsmenge von 1500 bis 1700 wurden in dieser Zeit primär Münzen aus Silber in Umlauf gebracht. Im 17. Jahrhundert trat erneut – wie bereits zur Zeit des römischen Reichs – eine Entkoppelung von Geld- und Substanzwert auf.[315] So fanden im Rahmen des Dreißigjährigen Kriegs (1618–1648) im großen Stil Eingriffe in den Feingehalt bzw. den Münzfuß statt. Es wurden infolgedessen viele Münzen geprägt, die nur einen geringen Feingehalt und damit

307 *Harlandt*, S. 20 f.; *Omlor*, Geldprivatrecht S. 12 f.
308 *Nau*, Epochen der Geldgeschichte (1972), S. 6; *Omlor*, WM 2015, 2298.
309 *Harlandt*, S. 22; *Hahn/Häde*, S. 3; *Nau*, Epochen der Geldgeschichte (1972), S. 6.
310 *Omlor*, in: Staudinger, Vor. §§ 244-288 BGB, Rn. A 14.
311 *Harlandt*, S. 22 f.
312 *Beyer*, Geldpolitik in der römischen Kaiserzeit, S. 38; *Omlor*, Geldprivatrecht, S. 13.
313 *Omlor*, Geldprivatrecht, S. 13.
314 *Beyer*, Geldpolitik in der römischen Kaiserzeit, S. 125.
315 *Harlandt*, S. 31 ff.

einen geringeren Wert aufwiesen.[316] Hauptgrund für diese Entwicklung war die weltweit rückläufige Siberproduktion.[317] Problematisch an dieser Entwicklung war, dass sich immer mehr „schlechte" Münzen, also Münzen mit geringerem Feingehalt, als „gute" Münzen, vorrangig solche mit ausreichendem Feingehalt, im Umlauf befanden.[318] In der Folge kauften Händler – sog. „Kipper und Wipper"[319] vermehrt Münzen mit vollwertigem Feingehalt zum Einschmelzen auf.[320]

Die voranstehend beschriebene Entwicklung wird auch als das „Gresham-sche Gesetz" bezeichnet. Der Begriff wird einem Finanzberater der englischen Königin Elizabeth I. desselben Namens zugeschrieben.[321] Danach kommt es zu einer Verdrängung des guten Geldes durch das sich im Umlauf befindliche Geld mit geringerem Feingehalt. Die „guten Münzen" – mit vollwertigem Feingehalt – werden von Händlern aufgekauft und eingeschmolzen, um an das dort enthaltene Edelmetall zu gelangen und dieses sodann als Geldersatz zu gebrauchen. Wird diese Praxis über einen längeren Zeitraum hinweg betrieben, bleiben immer mehr „schlechte" Münzen, die nur einen geringen Edelmetallgehalt aufweisen, im Geldkreislauf.[322] Konkret bedeutet dies, dass immer mehr Münzen mit höherem Kupferanteil geprägt wurden, was schlussendlich zu einer Inflation führte.[323]

Anhand der oben geschilderten Entwicklungen und Zusammenhänge erweist sich – über alle Zeitepochen hinweg – als ein wesentlicher Nachteil des Münzgeldes, dass dessen tatsächlicher Geldwert stets vom Substanzwert bestimmt wird. Als Konsequenz dieser Koppelung kommt es zu Einbußen im Geldwert, sobald der Staat, welcher die Münzen ausgegeben hat, eine Substanzwertverschlechterung in Form der Verringerung des Feingehaltes herbeiführt. Die Auflösung dieser Koppelung fand mit der Abkehr vom Metallismus statt.[324] Der Begriff des Metallismus bezeichnet dabei die Koppelung vom Geldwert an den Stoffwert. Nach dieser Auffassung kommt nur bei einer solchen Bindung ein reeller Wert

---

316 *Hahn/Häde*, S. 4; *Harlandt*, S. 33.

317 *North*, Kleine Geschichte des Geldes, S. 95.

318 *Omlor*, Geldprivatrecht, S. 15.

319 Dieser Begriff leitet sich von der Auf- und Abbewegung der Münzwaagen ab, vgl. *Hahn/Häde*, S. 4.

320 *Hahn/Häde*, S. 4.

321 Meyer, Geldbewußtsein und Münzpolitik, (1957), S. 61 ff.

322 *Omlor*, Geldprivatrecht, S. 15.

323 *North*, Kleine Geschichte des Geldes, S. 95; *Harlandt*, S. 34.

324 *Omlor*, in: Staudinger, Vor. §§ 244–248 BGB, Rn. A 15.

des Geldes zustande. Berühmte Vertreter dieser Ansicht waren zum Beispiel Adam Smith (1723–1790) oder Karl Marx (1818–1883).[325]

Im Kontrast hierzu steht die nominalistische Geldtheorie, wonach nicht der Stoffwert das entscheidende Wertbestimmungskriterium für Münzgeld, sondern die Akzeptanz des Stoffes als Zahlungsmittel durch verschiedene Wirtschaftsteilnehmer ist. Die Akzeptanz kann sich beispielsweise durch staatliche Anerkennung oder Konvention zwischen den verschiedenen Marktteilnehmern ergeben. Einer der bekanntesten Vertreter der nominalistischen Geldtheorie war Georg Friedrich Knapp (1842–1926)[326]. Mit seiner Aussage „Geld ist ein Geschöpf der Rechtsordnung" prägte er den Geldbegriff maßgeblich.[327] Heute handelt es sich bei Münzen nur noch um Repräsentativ- oder auch Scheidegeld, da sich der Wert einer Münze nicht mehr nach ihrem Metallwert richtet.[328]

III. Einführung des Papiergeldes/Anfänge der Entmaterialisierung

Das Papiergeld markiert in der Entwicklungsgeschichte des Geldes den Zeitpunkt der Trennung von Geldwert und Stoffwert. Der Nennwert des Geldes wurde ab jetzt von einem beinahe wertlosen Stück Papier verkörpert. Zurückzuführen ist dies auf die von Georg Friedrich Knapp (1842–1926) geprägte Staatliche Theorie des Geldes, wonach Geld seine Werthaltigkeit und Geltungskraft durch einen hoheitlichen Akt erlangt.[329]

Die Ursprünge des Papiergeldes lassen sich bereits im alten China finden. Allerdings kam Papiergeld in seiner heutigen Form in Europa erst im 18. Jahrhundert in Frankreich auf. Die späte Verbreitung in Europa ist dem Selbstverständnis der Chinesen als „Reich der Mitte" geschuldet. Dort bereits im Vergleich zu Europa frühzeitig gemachte Erfindungen – wie zum Beispiel das Schießpulver oder Porzellan – fanden aufgrund der Zentralisierung und der geografischen Lage Chinas erst Jahrhunderte später ihren Weg nach Europa.[330]

Eine Frühform von Papiergeld findet sich im 17. Jahrhundert in Frankreich. Nach dem Tod des „Sonnenkönigs" Ludwig XIV. (1638–1715) drohte Frankreich im Jahr 1715 ein Staatsbankrott. Zur Hilfe gerufen wurde der Schotte John

---

325 *Borchert*, S. 22.

326 *Borchert*, S. 24.

327 *Knapp*, Staatliche Theorie des Geldes, S. 1.

328 *Hahn/Häde*, S. 4.

329 *Omlor*, Geldprivatrecht, S. 18.

330 *Harlandt*, S. 53.

Law (1671–1729). Dieser wollte die Beweglichkeit des französischen Grund und Bodens gewährleisten, in dem er Papierscheine darauf bezog.[331] Law gründete im Jahr 1716 die Banque Générale und 1717 die Handelskompanie Compagnie d'Occident. 1719 entstand die Compagnie des Indes als Überseehandelskompanie. Letztlich aber scheiterten die Projekte von John Law. Dies ist auf falsche Spekulationen Laws zurückzuführen, die zu einer Kapitalflucht nach England und in die Niederlande führten.[332]

Auch in Deutschland gab es zu Beginn des 18. Jahrhunderts erste Versuche zur Einführung von Papiergeld. Im Jahr 1705 gründete Johann Wilhelm II., pfälzischer Kurfürst und Herzog von Jülich-Berg (1658–1716) in Köln die „Banco di gyro d'affrancatione". Dieses Institut gab ab 1706 in inflationärer Weise Zettel aus, die auf den Namen der Bank ausgestellt wurden und durch Giro übertragbar waren. Die Zettel stellten eine Art Anleihe dar und sollten am Verfallstag von der Bank mit einem kleinen Aufschlag eingelöst werden. Die Ausgabe der hohen Stückzahlen führte aber letztlich zu einer Entwertung der Zettel bei der Einlösung. Ab 1750 fand eine Einlösung zu einem Drittel des Nennbetrages statt.[333] Im Jahr 1794 wurde die Bank schließlich aufgelöst.[334] Mithin lässt sich der Versuch, eine frühe Form des Papiergeldes in Deutschland einzuführen, als gescheitertes Experiment bezeichnen.

In England stellte sich die Lage anders dar. Die dort im Umlauf befindlichen sog. „Goldsmith Notes" können durchaus als Vorläufer des Papiergeldes angesehen werden. Da London im 17. Jahrhundert eine sehr unsichere Stadt war, boten Goldschmiede eine sichere Aufbewahrungsmöglichkeit für die Goldreserven ihrer Kunden an. Diese hinterlegten ihre Goldvorräte bei einem Goldschmied. Im Gegenzug dafür erhielten sie einen Depotschein. Am nächsten Tag konnte der Depotschein wieder abgegeben werden und der Kunde erhielt sein Gold zurück. Mit der Zeit kam es dazu, dass die Kunden ihr Gold länger bei einem Goldschmied eingelagert ließen und ihnen dafür eine Quittung ausgestellt wurde. Die Depotquittung konnte dann als Zahlungsmittel verwendet werden und dem Zahlungsempfänger war es möglich, diese bei dem Goldschmied wieder in Gold zu tauschen. So entwickelte sich die erste Art des Papiergeldes.[335] Eine ähnliche Konstruktion, wie die Aufbewahrung von Gold bei Goldschmieden, findet sich

331 *Omlor*, Geldprivatrecht, S. 19.

332 *North*, Kleine Geschichte des Geldes, S. 132 ff. Ausführlich hierzu: *Schlichting*, S. 34 ff.

333 *Sprenger*, S. 150 f.

334 *Hahn/Häde*, S. 15.

335 *Harlandt*, S. 61 ff.; *Schlichting*, S. 32 ff.

aktuell in der Form von Xetra-Gold®. Dabei handelt es sich um eine Inhaberschuldverschreibung, bei welcher der Emittent dem Inhaber die Lieferung von einem Gramm Gold pro Anteilsschein gewährt. Alternativ ist die Auszahlung in Form von Bargeld möglich. Letzteres gilt jedoch nur für den Fall, dass der Inhaber aus rechtlichen Gründen an der Entgegennahme von physischem Gold gehindert ist.[336] Faktisch handelte es sich also bei den oben angesprochenen Depotscheinen um Banknoten. Die ersten richtigen Banknoten wurden von der Bank of England testweise 1797 ausgegeben.[337] 1833 schließlich wurden die von der Bank of England ausgegebenen Banknoten zu gesetzlichen Zahlungsmitteln erklärt.[338] In Deutschland wurden Banknoten im Jahr 1910 als gesetzliches Zahlungsmittel anerkannt. Die Bank of England erklärte die von ihr ausgegebenen Banknoten im Jahr 1928 zum alleinigen gesetzlichen Zahlungsmittel („legal tender").[339]

IV. Goldwährungen/Epoche des internationalen Goldstandards

Im Anschluss daran begann die Epoche des internationalen Goldstandards. Dies führte zu einer Vereinheitlichung der Währungen und einer Etablierung von Banknoten als dauerhaft anerkanntes Zahlungsmittel.[340] Es kam zu einer Wandlung von einer Goldumlaufwährung zu einer Goldkernwährung. Ersteres bedeutet, dass sich physisches Gold im Umlauf befindet. Bei einer Goldkernwährung befindet sich das Gold, welches die ausgegebenen Banknoten absichert, nicht mehr im Umlauf, sondern wird bei einer Zentralbank aufbewahrt.[341] Dieser Goldstandard etablierte sich international und führte zu einer Vereinheitlichung der Währungen.[342] Zudem kam es zu einer dauerhaften Etablierung von Banknoten. Die endgültige Durchsetzung von Papiergeld als Zahlungsmittel besiegelte der Ausbruch des Ersten Weltkriegs. Die Finanzierung der immensen Rüstungskosten war ausschließlich durch Kriegsanleihen in Papiergeldform möglich. Hierdurch befanden sich immer größere Mengen Papiergeld im Umlauf, was im Ergebnis zur Obsoleszenz der Deckungsvorschriften der Goldkernwährung führte.[343]

---

336 https://www.xetra-gold.com/produkt/, letzter Abruf: 14.02.2023.
337 *Vilar*, Gold und Geld in der Geschichte, S. 283 ff.
338 *North*, Kleine Geschichte des Geldes, S. 155 f., *Schlichting*, S. 36.
339 *Harlandt*, S. 74 f.
340 *North*, Kleine Geschichte des Geldes, S. 145 f.
341 *Omlor*, in: Staudinger, Vor. §§ 244–248 BGB, Rn. A 19.
342 *North*, Kleine Geschichte des Geldes, S. 145.
343 *Harlandt*, S. 72.

Nach dem Ende des Ersten Weltkriegs im Jahr 1918 kam es in Deutschland zu einer massiven Inflation. Erst 1924 begannen sich die Zustände wieder zu normalisieren.[344] Ursachenforschung zu betreiben, was die Inflationskrise letztlich ausgelöst hat, erweist sich als schwierig. Einerseits werden die von Deutschland zu tätigenden Reparationszahlungen als Hauptgrund für die immense Geldentwertung angesehen.[345] Andererseits wird ursächlich auf die Überforderung der deutschen Politiker zur damaligen Zeit verwiesen.[346] Am plausibelsten erscheint allerdings die Erklärung, dass die unbegrenzte Ausgabe von Banknoten durch den Staat die Inflation verursacht hat.[347]

Eine Stabilisierung der Lage erfolgte 1923 durch die Einführung der sog. Rentenmark. Diese basierte auf dem von Karl Helfferich (1872–1924) entwickelten Konzept der Roggenmark[348]. Zu einem Ende der Hyperinflation im Jahr 1924 führten die Währungsgesetze vom 30. April 1924, mit denen die Reichsmark eingeführt wurde. Diese galt somit als neues gesetzliches Zahlungsmittel und stellte eine Goldkernwährung dar. Folglich hatte der Eigentümer einer Banknote nicht länger einen Anspruch auf Umtausch der Banknote in Gold.[349]

Den nächsten Höhepunkt der Währungsgeschichte markierte die Weltwirtschaftskrise im Jahr 1929. Der 24. Oktober 1929 ging als sog. „Black Thursday" in die Geschichtsbücher ein. Dieses Datum bildete den Startpunkt der ersten weltweiten Wirtschaftskrise. Die bereits seit dem Frühjahr 1928 existente Spekulationsblase an den amerikanischen Aktienmärkten war geplatzt. Folge der Krise war unter anderem eine sinkende Nachfrage an Importen von amerikanischer Seite und ein starker Preisverfall bei Agrarprodukten. Von den USA und anderen Ländern betriebene protektionistische Maßnahmen führten zu einem Zusammenbruch des Welthandels.[350]

Im Juli 1944 wurde das Weltwährungssystem der Nachkriegszeit ausgehandelt, benannt nach dem Ort Bretton Woods im US-Bundesstaat New Hampshire,

---

344 *Harlandt*, S. 73.

345 *Omlor*, Geldprivatrecht, S. 25; *Gaettens*, Inflationen, S. 269 f.; *Born*, Deutsche Bankengeschichte III, S. 42 f.

346 *Born*, Deutsche Bankengeschichte III, S. 43 f.

347 *Sprenger*, S. 217 f.

348 Bei einer Roggenmark handelt es sich um ein von Helfferich entwickeltes Konzept zur Deckung der Mark durch Roggen, anstatt durch Gold. Vgl. *Strobl*, Von der Gold- über die Roggen- zur Rentenmark, 19.08.2009, https://blogs.faz.net/chaos/2009/08/19/von-der-gold-ueber-die-roggen-zur-rentenmark-50/, letzter Abruf: 28.02.2023.

349 *Sprenger*, S. 219, S. 224 f.

350 *North*, Kleine Geschichte des Geldes, S. 194 ff.

an dem 44 Vertreter der am Abkommen beteiligten Staaten einen Konsens erzielten. Kernaspekt dieses Abkommens war die Abkehr vom alten Goldstandard zu einem System der festen Wechselkurse. Der US-Dollar wurde zur Weltleitwährung (Ankerwährung) erhoben. Auf Anfrage waren die nationalen Zentralbanken dazu verpflichtet, 35 US-Dollar in eine Unze Feingold umzutauschen.[351]

Wichtiger Teil des Abkommens von Bretton Woods ist auch die Gründung des Internationalen Währungsfonds (IWF). Diesem kommt die Aufgabe eines Stabilitätsankers im Währungssystem zu.[352] Die Aufhebung der Goldkonvertibilität („Nixon-Schock")[353] am 15. August 1971 markierte den Übergangszeitpunkt zu einem flexiblen Wechselkurssystem.[354] Vorangegangen waren dieser Maßnahme eine expansive Geldpolitik der Vereinigen Staaten, bedingt durch hohe Staatsausgaben im Zuge des Vietnamkriegs und Projekten zur Bekämpfung der Arbeitslosigkeit.[355] Deutschland hatte die Bindung der Deutschen Mark an den US-Dollar bereits im Mai 1971 aufgehoben.[356]

Schließlich kam es auf dem gesamten Globus zu einer Auflösung der Bindung von Lokalwährungen an den US-Dollar und auch an Gold („Demonetisierung des Goldes"). In Konsequenz dessen fand in den folgenden Jahren weltweit nach und nach die Einführung von Währungssystemen mit flexiblen Wechselkursen (sog. „Floating") statt. Die Aufgabe des Goldstandards führte zudem dazu, dass erstmalig die Möglichkeit einer quasi unbegrenzten Geldemission bestand, der US-Dollar wurde so zur Hauptwährung.[357]

---

351 *Holtemöller*, S. 367 f.; *Omlor*, Geldprivatrecht, S. 30; *North*, Kleine Geschichte des Geldes, S. 194 ff.

352 Vgl. hierzu auch Art. 1 IWF-Abkommen.

353 Der Terminus „Nixon-Schock" bezeichnet die von US-Präsident Richard Nixon am 5. August 1971 verkündete Aufhebung der Konvertierbarkeit von US-Dollar in Gold, was letztendlich zum Ende des Bretton Woods Systems fester Wechselkurse führte, vgl. hierzu: *Armbruster*, Trump und der Nixon Schock, 08.06.2018, https://www.faz.net/aktuell/wirtschaft/der-handelsstreit/g7-treffen-donald-trump-und-der-nixon-schock-15629194-p2.html, letzter Abruf: 18.08.2020, S. 2.

354 *Kaskaldo*, S. 139; *Omlor*, Geldprivatrecht, S. 30 f.

355 *Holtemöller*, S. 368; *Harlandt*, S. 80.

356 *Harlandt*, S. 80.

357 *Harlandt*, S. 81 f.; *Kaskaldo*, S. 139.

V. Die Einführung des bargeldlosen Zahlungsverkehrs: Der Weg zum immateriellen Geld durch Schaffung moderner Instrumente des Zahlungsverkehrs

Der Wandel hin zum bargeldlosen Zahlungsverkehr entwickelte sich simultan mit dem Fortschritt der Digitalisierung und der modernen Computertechnik. Zum bargeldlosen Zahlungsverkehr zählen Scheckverkehr, Überweisung, Lastschriftverfahren, Kreditkartenzahlung und auch Online-Zahlungsdienstleister. Im Jahr 2017 war das beliebteste elektronische Zahlungsmittel der Deutschen mit 10,3 Mrd. Transaktionen eindeutig das Lastschriftverfahren. Auf dem zweiten Platz folgt mit 6,3 Mrd. Transaktionen die Überweisung. Dahinter ordnet sich mit einem Transaktionsvolumen von 4,5 Mrd. die Kartenzahlung ein.[358] Dies verdeutlicht bereits im Ansatz die abnehmende Bedeutung von Bargeld. Ein Großteil der Bundesbürger verwendet bei Transaktionen Buchgeld zur Schuldentilgung. Aufgrund der Einstellung der Eurocheque-Garantie zum 31. Dezember 2001[359] sollen dieser Teil des bargeldlosen Zahlungsverkehrs und auch die oben angeführten „klassischen" Zahlungsmodalitäten hier mangels Relevanz außer Betracht bleiben.

Einen breiten Nutzerkreis sprechen auch Online-Zahlungsdienstleister an. Gerade der zunehmende Online-Versandhandel hat zu einem großen Wachstum bei neuen Instrumenten des digitalen Zahlungsverkehrs geführt.[360] Diese neuen Instrumente des Zahlungsverkehrs sollen im Folgenden überblicksartig dargestellt werden. Grundsätzlich bietet sich eine Unterteilung in drei große Kategorien an. Zu unterscheiden ist dabei zwischen Electronic Payments (E-Payments),

---

358 Deutsche Bundesbank, Zahlungsverkehrsstatistik 2017, https://www.bundesbank.de/de/statistiken/geld-und-kapitalmaerkte/zahlungsverkehr/zahlungsverkehr-in-deutschland-760246, letzter Abruf: 11.03.2019.

359 *Touissant*, Rn. 538.

360 So hat sich bspw. der Umsatz im interaktiven Handel mit Waren von 50,19 Mrd. Euro im Jahr 2014 auf 74,4 Mrd. Euro im Jahr 2019 gesteigert, vgl. hierzu: Statista.de, https://de-statista-com.ezproxy.uni-giessen.de/statistik/daten/studie/77761/umfrage/ausgaben-der-deutschen-verbraucher-im-b2c-e-commerce/, letzter Abruf: 18.08.2020; ebenso hat sich die Anzahl der Transaktionen im bargeldlosen Zahlungsverkehr von 388,9 Mrd. Transaktionen im Jahr 2014 auf 684,1 Mrd. Transaktionen im Jahr 2019 erhöht, vgl. hierzu: Statista.de, https://de-statista-com.ezproxy.uni-giessen.de/statistik/daten/studie/71256/umfrage/anzahl-bargeldloser-transaktionen-weltweit/, letzter Abruf: 18.08.2020.

Mobile Payments (M-Payments) und Kryptotoken[361] als neueste Entwicklung im Bereich des digitalen Zahlungsverkehrs.

Da Gegenstand der Arbeit der Bitcoin ist, ist vor allem der Prozess der Entmaterialisierung des Geldes von Belang. Diese Entwicklung hat vor allem die Digitalisierung des Zahlungsverkehrs beschleunigt. Insofern konzentrieren sich die nachfolgenden Ausführungen auf die digitalen Zahlungsmethoden und -systeme.

1. Electronic-Payments

In diese Kategorie sind jegliche Bezahlvorgänge einzuordnen, die zur Abwicklung des Zahlungsvorgangs auf die Nutzung des Internets angewiesen sind.[362] Beispielhaft anzuführen sind für diese Kategorie der elektronischen Zahlungsmittel die elektronische Lastschrift, die Online-Überweisung und die Kreditkartenzahlung. Neben diesen klassischen Zahlungsmodalitäten existieren seit geraumer Zeit auch weitere Alternativen in Form von auf E-Geld-Konten basierten Zahlungssystemen und Direktüberweisungssystemen.[363] Als Beispiel für auf E-Geld-Konten basierenden Zahlungssystemen sei hier – aufgrund des Bekanntheitsgrades im Onlinehandel – die ursprüngliche Ebay Tochtergesellschaft PayPal genannt.[364] PayPal unterfällt dem E-Geld-Begriff.[365] Dieses Bezahlsystem ermöglicht den direkten Transfer von Guthaben auf das virtuelle Konto des Empfängers.[366]

Des Weiteren existieren seit einiger Zeit die sog. Direktüberweisungssysteme. Zu den in diesem Geschäftszweig etablierten Anbietern zählen das Giropay-System und der Onlinedienst „Sofortüberweisung", welcher von der Sofort AG betrieben wird. Hierbei ist keine vorherige Registrierung beim Zahlungsanbieter, sondern nur ein funktionierender Online-Bankingzugang zur Nutzung

361 *Harman*, BKR 2018, 457, 458; *Steinacker/Krauß*, in: Bräutigam/Rücker, Hdb. E-Commerce Kap. 13.

362 *Steinacker/Krauß*, in: Bräutigam/Rücker, Hdb. E-Commerce Kap. 13 A Rn. 2.

363 *Steinacker/Krauß*, in: Bräutigam/Rücker, Hdb. E-Commerce Kap. 13 A Rn. 2.

364 Vgl. grundlegend zur Funktionsweise von PayPal: *Meder/Grabe*, BKR 2005, 467, 469 ff.

365 *Köndgen*, in: Beck OGK § 675c BGB Rn. 119, Stand: 15.06.2020; *Schlichting*, S. 47 m. w. N.; Siehe zu der Frage, ob Bitcoins dem E-Geld Begriff unterfallen im Detail Abschnitt C 7 in diesem Kapitel.

366 Zum Ablauf des Transaktionsvorgangs vgl. *Fetzer*, in: MüKo/BGB § 362 Rn. 32; *Köndgen*, in: Beck OGK § 675c BGB Rn. 120–123, Stand: 15.06.2020; Auer-Reinsdorff/Conrad/*Kociok* § 27 Rn. 65–69.

des Systems notwendig. Gerade aufgrund dieser Tatsache ergibt sich einer der grössten Kritikpunkte an dieser Zahlungsmethode: Der Nutzer muss sämtliche Authentifizierungsdaten für das Online-Banking einem Dritten offenbaren, da er sich über die Webpräsenz der Sofort AG bei seinem Onlinebanking einloggen muss, um die Zahlung durchzuführen zu können.[367]

2. *Mobile Payments*

Im Bereich des Mobile Payments ist zwischen mobilen Nah- und mobilen Fernzahlungen zu unterscheiden. Bei Ersteren wird die Zahlung mobil vor Ort am Point-Of-Sales Terminal vorgenommen, bei Letzterem sind die an dem Zahlungsvorgang beteiligten Parteien räumlich voneinander getrennt.[368] Paradebeispiel für mobile Nahzahlungen, die mittels NFC als Kommunikationstechnik abgewickelt werden, sind Zahlungsdienste wie Apple Pay, Samsung oder Google Pay. Hierbei werden die Zahlungsdaten einer Kreditkarte auf einem Smartphone gespeichert und via NFC an das Lesegerät des Händlers übertragen. Die Signatur des Zahlungsvorgangs erfolgt dabei mit dem eigenen Fingerabdruck. Weltmarktführer in diesem Bereich ist der chinesische Anbieter AliPay.[369] Mobile Fernzahlungen können aber auch ohne das Internet durchgeführt werden. In Afrika hat sich hierfür der in Kooperation von Safaricom und Vodafone entwickelte SMS-Bezahldienst M-Pesa etabliert.[370]

3. *Kryptowerte*

Stellvertretend für die aktuellen Entwicklungen im digitalen Zahlungsverkehr stehen die Kryptocoins- und token. Den ersten und daher bekanntesten Vertreter dieser Kategorie stellt der 2009 erfundene Bitcoin dar.[371] Die steigende Bedeutung von Kryptocoins- und token sowie die damit verbundenen Risiken belegen zwei Aussagen des Vorstandsmitglieds der Deutschen Bundesbank, Carl-Ludwig Thiele. Während er noch im Jahr 2014 Kryptowerte als „Nischenphänomen"

---

367 Auer-Reinsdorff/Conrad/*Kociok* § 27 Rn. 83 ff.

368 *Danwerth*, BKR 2015, 119, 121.

369 *Harman*, BKR 2018, 457, 459.

370 *Wohlfarth*, Afrika zeigt der Welt, wie mobiles Bezahlen geht, 09.03.2017, https://www.welt.de/wirtschaft/bilanz/article162694583/Afrika-zeigt-der-Welt-wie-mobiles-Bezahlen-geht.html, letzter Abruf: 18.08.2020.

371 *Serif*, Geschichte des Bitcoin – So wurde die Kryptowährung zur beliebtesten auf dem Markt, 08.05.2020, https://www.fr.de/wirtschaft/bitcoin-geschichte-satoshi-nakamoto-krypto-mining-13750661.html, letzter Abruf: 18.08.2020.

betitelte[372], warnte er 2017 bereits vor dem diesem neuen Phänomen innewohnenden Risiko eines rasanten Verlustes des eingesetzten Kapitals.[373] Auf die im Verlauf der Arbeit anzusprechenden Regulierungsaktivitäten des Gesetzgebers sei an dieser Stelle verwiesen.

VI. Zukünftige Entwicklungen – Der Weg in eine bargeldlose Gesellschaft: Vollständige Entmaterialisierung

Mit der Erfindung der Kryptowerte hat die im vorigen Abschnitt dargestellte Entwicklung digitaler Instrumente des Zahlungsverkehrs vorerst ihren Höhepunkt erreicht. Durch die immer weiter fortschreitenden technischen Möglichkeiten und Vereinfachungen für Nutzer könnten nicht nur die Verwendung, sondern auch der Akzeptanzzwang für Bargeld in bereits nicht allzu weit entfernter Zukunft obsolet werden. Erste Konzepte für eine Gesellschaft, die häufig anfallende Geschäfte des täglichen Lebens vollständig bargeldlos abwickelt, gibt es bereits heute.

Die Vorreiterrolle bei der Entwicklung hin zur bargeldlosen Gesellschaft kommt hier Schweden zu. Das skandinavische Land ist im Hinblick auf die Möglichkeit bargeldloser Zahlungen so weit entwickelt wie kein anderes Land auf der Welt. Bereits Ende März 2023 könnte Schweden das erste bargeldlose Land der Welt sein.[374] Die neuesten Bestrebungen der schwedischen Regierung gehen in die Richtung, dass die Schwedische Notenbank als erste Zentralbank auf der gesamten Welt eine eigene digitale Werteinheit in Form der E-Krone einführen wird.[375] Realisiert wird der bargeldlose Zahlungsverkehr in Schweden zu großen Teilen über die App „Swish", welche von schwedischen Kreditinstituten

372 Handelsblatt.de, Bundesbank warnt vor Bitcoins, 06.01.2014, https://www.handelsblatt.com/finanzen/maerkte/devisen-rohstoffe/internetwaehrung-bundesbank-warnt-vor-bitcoins/9294940.html?ticket=ST-380427-U1pjd2v54x9krHYRfsfa-ap6, letzter Abruf: 14.08.2019.

373 Handelsblatt.de, Bundesbank-Vorstand warnt vor Investitionen in Bitcoin, 23.12.2017, https://www.handelsblatt.com/finanzen/maerkte/devisen-rohstoffe/carl-ludwig-thiele-bundesbank-vorstand-warnt-vor-investitionen-in-bitcoins/20788590.html, letzter Abruf: 14.08.2019.

374 *Bigalke*, So entsteht die erste Gesellschaft ohne Bargeld, 06.06.2018, https://www.sueddeutsche.de/wirtschaft/schweden-so-entsteht-die-erste-gesellschaft-ohne-bargeld-1.4003789, letzter Abruf: 18.08.2020.

375 *Baltzer*, Schweden erfindet das Geld neu, 16.07.2018, https://www.faz.net/aktuell/finanzen/digital-bezahlen/die-schwedische-notenbank-will-eigene-digitalwaehrung-einfuehren-15691368.html, letzter Abruf: 18.08.2020.

entwickelt worden ist.[376] Schon heute werden dort lediglich noch 19 % aller Bezahlvorgänge mit Bargeld realisiert.[377]

Im Vergleich dazu wickeln die Deutschen Transaktionen wesentlich häufiger mit Bargeld ab, mittlerweile noch in 50 % aller Fälle.[378] Nur etwa vier Prozent der Bundesbürger verwendeten im Jahr 2018 Kryptowerte zur Bezahlung von digitalen Inhalten.[379] Allerdings hat die weltweite Ausbreitung des Corona-Virus dazu geführt, dass Kunden im Einzelhandel wesentlich häufiger Gebrauch von der Möglichkeit der Kartenzahlung oder anderen mobilen Bezahlverfahren machen.[380]

Die Meinungen im Hinblick auf eine komplette Abschaffung des Bargeldes gehen jedoch auseinander. Einerseits wird davon ausgegangen, dass eine Welt ohne Bargeld zu einer sinkenden Kriminalitätsrate führt, andererseits steigt gerade die Anzahl an Verbrechen mit gestohlenen oder kopierten Kreditkarten im Darknet. Vorzugsweise ältere Menschen, die oft nicht über derartige technische Fähigkeiten und das notwendige Knowhow verfügen wie die jüngere Generation, würden durch eine Abschaffung des Bargeldsystems massiv benachteiligt werden. Selbiges gilt für Menschen, die in entlegenen Gebieten ohne Internetverbindung leben.[381]

---

376 *Hecking*, Wenn das WC-Geld nur noch per App bezahlt wird, 27.10.2018, http://www.spiegel.de/wirtschaft/soziales/schweden-das-land-in-dem-das-bargeld-zunehmend-abgeschafft-wird-a-1231216.html, letzter Abruf: 18.08.2020.

377 *Hecking*, Wenn das WC-Geld nur noch per App bezahlt wird, 27.10.2018, http://www.spiegel.de/wirtschaft/soziales/schweden-das-land-in-dem-das-bargeld-zunehmend-abgeschafft-wird-a-1231216.html, letzter Abruf: 18.08.2020.

378 *Keese*, Bargeld und EC-Karte haben auch in Deutschland bald ausgedient, 22.10.2018, https://www.handelsblatt.com/meinung/kolumnen/expertenrat/keese/expertenrat-arnulf-keese-bargeld-und-ec-karte-haben-auch-in-deutschland-bald-ausgedient/23205856.html?ticket=ST-1878389-isFSRP1iflnpYvS0YLUz-ap2, letzter Abruf: 18.08.2020.

379 Statista.de, Dossier zur virtuellen Währung Bitcoin, https://de.statista.com/statistik/studie/id/22944/dokument/bitcoin-statista-dossier/, letzter Abruf: 22.07.2020, S. 25.

380 Bankenverband, Die Evolution des digitalen Kunden: Corona und die Folgen für das Digital Banking, https://bankenverband.de/blog/evolution-digitalen-kunden-corona-folgen-digital-banking/, letzter Abruf: 16.06.2020.

381 *Hecking*, Wenn das WC-Geld nur noch per App bezahlt wird, 27.10.2018, http://www.spiegel.de/wirtschaft/soziales/schweden-das-land-in-dem-das-bargeld-zunehmend-abgeschafft-wird-a-1231216.html, letzter Abruf: 18.08.2020.

VII. Zusammenfassung

Im Verlauf der letzten Dekade hat der bargeldlose Zahlungsverkehr einen erheblichen Bedeutungszuwachs verzeichnet. Ursächlich ist in diesem Zusammenhang auf die sich dynamisch weiterentwickelnden technischen Möglichkeiten im Rahmen der Digitalisierung und nicht zuletzt die erfolgreiche Einführung von Kryptowerten zu verweisen. Ob sich der vollkommen bargeldfreie Zahlungsverkehr in Zukunft weltweit durchsetzen wird, kann nur die Zeit zeigen. Der Grundstein für eine derartige Entwicklung ist mit den digitalen Zahlungsmitteln jedenfalls bereits gelegt. Umso wichtiger erscheint es daher, auch, wie bereits zu Anfang dieses Kapitels betont wurde, für neuartige Zahlungsmittel einen verlässlichen Rechtsrahmen zu schaffen.

Eine Abschaffung des Bargeldes wäre nach derzeitigem Rechtsstand auch in Deutschland grundsätzlich möglich, da diesem weder die deutsche Privatrechtsordnung noch das Primärrecht der Europäischen Union entgegenstehen würde.[382] Dass sich bereits in der heutigen Zeit ein deutlicher Trend hin zu bargeldlosen Zahlungsmethoden entwickelt, beispielsweise in Form von Kryptowerten, zeigt einmal mehr die Aktualität und Praxisrelevanz des Themas.

B. Begriffsabgrenzung: Unterscheidung der Begriffe „gesetzliches Zahlungsmittel" und „Währung"

Die Einordnung von Bitcoins als Geld im Rechtssinne ist in der juristischen Literatur seit dem Aufkommen des neuartigen Phänomens der Kryptowerte umstritten.[383] Dies steht in engem Zusammenhang mit dem seit geraumer Zeit geführten Streit im Hinblick auf eine einheitliche Definition des juristischen Geldbegriffs über sämtliche Rechtsgebiete hinweg. Hierbei ist eine klare inhaltliche Abgrenzung der mit dem Begriff des Geldes in untrennbarem Zusammenhang stehenden Begriffe des gesetzlichen Zahlungsmittels sowie der Währung notwendig. Dies dient der Vermeidung einer fehlerhaften Einordnung von Kryptowerten durch Unklarheiten in diesem Bereich, da im allgemeinen Sprachgebrauch die Begriffe „gesetzliches Zahlungsmittel" und „Währung" vielfach synonym verwendet werden.

---

382 Vertiefend hierzu: *Omlor*, WM 2015, 2297, 2303.

383 Dafür: *Köndgen*, in: BeckOGK § 675c Rn. 136, Stand: 15.06.2020; *Beck*, NJW 2015, 580, 585.; *Lerch* ZBB 2015, 199 f.; Dagegen: *Engelhardt/Klein*, MMR 2014, 355; BT-Drucks. 17/14530, S. 41, *Kütük/Sorge*, MMR 2014, 643 f.; *Schlichting*, S. 50; *Eckert*, DB 2013, 2108; *Shmatenko/Möllenkamp*, MMR 2018, S. 495 f.

I. Gesetzliches Zahlungsmittel

Art. 128 I S. 3 AEUV und § 14 I BBankG formulieren, dass die Euro-Banknoten, welche von den nationalen Notenbanken der Eurozone mit Genehmigung der EZB emittiert werden, die einzigen in der europäischen Union anerkannten gesetzlichen Zahlungsmittel sind.[384] Im Allgemeinen unterfallen dem Begriff des gesetzlichen Zahlungsmittels alle durch Gesetz anerkannten Banknoten und Münzen, für die bei Zahlungen ein Annahmezwang besteht.[385] Aus diesem Grund werden gesetzliche Zahlungsmittel auch als „Zwangsgeld" bezeichnet. Die rechtliche Konsequenz dieses Annahmezwangs besteht darin, dass der Gläubiger einer Geldschuld zur Annahme eines ihm offerierten gesetzlichen Zahlungsmittels verpflichtet ist. Ansonsten gerät der Gläubiger in Annahmeverzug (§§ 293 ff. BGB).[386] Der Grund für diese Annahmeverpflichtung liegt im Schutz der Funktionsfähigkeit des staatlichen Geldverkehrs.[387] Auch für Euro-Münzen besteht ein solcher Annahmezwang, welcher sich aus Art. 11 S. 3 der Verordnung EG 974/98 ergibt, wenn auch nur in eingeschränkter Form. Pro Transaktionsvorgang müssen nur maximal 50 Euromünzen angenommen werden.[388] Somit ist zusammenfassend festzuhalten, dass ein Zahlungsmittel nur dann als gesetzliches Zahlungsmittel einzuordnen ist, wenn ein gesetzlich angeordneter Annahmezwang besteht.

Im Euroraum ist der Euro das alleinig anerkannte gesetzliche Zahlungsmittel. Erste Ansätze, Kryptowährungen als gesetzliches Zahlungsmittel einzusetzen, fanden in Venezuela mit der Einführung des sog. „Petro" statt[389], um der dortigen krisenbedingten Inflation entgegenzuwirken.[390] Der „Petro" soll durch Rohöl abgesichert sein. Ein Petro entspricht dabei ungefähr 60 US-Dollar.

---

384 *Freitag*, in: BeckOGK § 244 Rn. 13, Stand: 01.04.2020.

385 *Sademach*, S. 122.

386 *Nussbaum*, S. 22.

387 *Hahn/Häde*, S. 21.

388 Verordnung EG 974/98 vom 03.05.1998 über die Einführung des Euro, *Grundmann*, in: MüKo/BGB § 245 Rn. 50 f.

389 FAZ.net, https://www.faz.net/aktuell/finanzen/finanzmarkt/venezuela-fuehrt-eigene-kryptowaehrung-petro-offiziell-ein-15746633.html, letzter Abruf: 18.08.2020; die offizielle Internetseite der venezolanischen Regierung zur Kryptowährung Petro findet sich unter: www.petro.gob.ve, letzter Abruf: 29.04.2020.

390 Beim Petro handelt es sich um die staatliche Kryptowährung Venezuelas, vgl. hierzu: *Khubbeeeva*, Maduros Kryptowährung Petro wird für halben Preis gehandelt, 24.01.2020, https://www.btc-echo.de/maduros-kryptowaehrung-petro-wird-fuer-halben-preis-gehandelt/, letzter Abruf: 18.08.2020.

Die Ausgabe der neuen Kryptowerte erfolgt dabei ausschließlich durch staatliche Stellen.[391] Allerdings unterscheiden zwei wesentliche Kriterien den Petro von anderen Kryptowerten wie dem Bitcoin. Einerseits ist der Petro rohstoffgesichert, andererseits erfolgt die Ausgabe durch den venezolanischen Staat und damit zentral.[392] Der Bitcoin hingegen ist ungesichert und wird zudem dezentral geschürft. Deswegen scheidet eine unmittelbare Vergleichbarkeit aus. Mittlerweile sind Bitcoin lediglich in El Salvador, Panama und der Zentralafrikanischen Republik als gesetzliches Zahlungsmittel anerkannt.[393] In Deutschland stellen Kryptowerte in Form von Bitcoins daher kein gesetzliches Zahlungsmittel dar.[394]

II. Währung

Nachfolgend soll der Begriff der Währung inhaltlich geklärt werden, um spätere Missverständnisse zu vermeiden. Der Begriff der Währung findet beispielsweise in Art. 73 Nr. 4 GG Erwähnung. Dort wird die ausschließliche Gesetzgebungskompetenz des Bundes für das „Währungs-, Geld- und Münzwesen" festgelegt. Durch diese Wortwahl wird bereits deutlich, dass der Gesetzgeber die Begriffe „Währung" und „Geld" voneinander unterscheidet. Der Währungsbegriff ist im Laufe der Zeit einem Bedeutungswandel unterlegen[395]. Ursprünglich hat der Begriff der Währung die staatliche Garantie des Feingehalts von Münzen bezeichnet.[396] Nach heutiger Auffassung ist unter dem Begriff der Währung das Geldsystem allgemein[397] bzw. eines Staates[398] oder die Geldverfassung zu verstehen, also die Ausgestaltung einer nationalen Geldeinheit in konkreter Form.[399]

391 FAZ.net, https://www.faz.net/aktuell/finanzen/finanzmarkt/venezuela-fuehrt-eigene-kryptowaehrung-petro-offiziell-ein-15746633.html, letzter Abruf: 18.02.2019.

392 *Busch*, Venezuelas Petro ist ein verzweifelter Versuch an ausländische Gelder zu kommen, 21.02.2018, https://www.nzz.ch/wirtschaft/potemkinscher-petro-ld.1359430, letzter Abruf: 18.08.2020.

393 *Spinnler*, Das verspricht sich Panama vom Bitcoin, 29.04.2022, https://www.tagesschau.de/wirtschaft/weltwirtschaft/bitcoin-kryptowaehrungen-regulierung-el-salvador-panama-zahlungsmittel-101.html, letzter Abruf: 07.02.2023.

394 *Spiegel*, Blockchain-basiertes virtuelles Geld, S. 24.

395 *K. Schmidt*, in: Staudinger, Vor. § 244 BGB, Rn. A 40, 13. Aufl. 1997.

396 *Nussbaum*, S. 43.

397 *Nussbaum*, S. 44.

398 *Vischer*, S. 29.

399 *Borchert*, S. 1.

Die Währungshoheit, also das Recht zur Ausgabe neuer Geldscheine, liegt seit der Schaffung der europäischen Wirtschaftsunion im Jahr 2002 bei der EZB.[400] Bis zum heutigen Tage hat die Europäische Zentralbank Kryptowerten nicht den Status einer Währung zugesprochen.[401] Selbiges gilt vor allem für die Mitgliedstaaten der Europäischen Union.[402]

Eine zunehmende Verbreitung von Kryptowerten als Zahlungsmittel lässt sich hingegen nicht leugnen. Beispielsweise werden im Schweizer Kanton Zug digitale Werteinheiten selbst von staatlichen Behörden als Zahlungsmittel angenommen.[403] Mexiko und ebenfalls die Isle of Man erlauben neben der Zahlung in der Landeswährung die Zahlung mit Kryptowerten.[404] Allerdings bedeutet die Akzeptanzmöglichkeit einer Zahlung in Kryptowerten aber nicht, dass Kryptotoken in diesen Ländern den rechtlichen Status einer Währung innehaben.[405] Hinsichtlich des Bitcoin ist somit festzustellen, dass es sich dabei nicht um ein von hoheitlicher Stelle emittiertes Zahlungsmittel handelt, sondern um ein solches, das von Privatpersonen mittels Einsatz von Rechenleistung eines Computers geschaffen wird. Folglich ist eine Einordnung als Währung im Rechtssinn nicht möglich.[406] Dies gilt sowohl für Deutschland als auch für die Mitgliedstaaten der Europäischen Union.

---

400 *Borchert*, S. 50; *Herrmann*, S. 116 ff.

401 European Banking Authority (EBA), Report with Advice for the European Commission on Cryptoassets, 09.01.2019, https://eba.europa.eu/documents/10180/2545547/EBA+Report+on+crypto+assets.pdf, letzter Abruf: 05.09.2019, S. 12.

402 European Banking Authority (EBA), Report with Advice for the European Commission on Cryptoassets, 09.01.2019, https://eba.europa.eu/documents/10180/2545547/EBA+Report+on+crypto+assets.pdf, letzter Abruf: 05.09.2019, S. 12.

403 The Law Library of Congress, Regulation of Cryptocurrency Around the World (June 2018), https://www.loc.gov/law/help/cryptocurrency/cryptocurrency-world-survey.pdf, letzter Abruf: 05.09.2019, S. 3.

404 The Law Library of Congress, Regulation of Cryptocurrency Around the World (June 2018), https://www.loc.gov/law/help/cryptocurrency/cryptocurrency-world-survey.pdf, letzter Abruf: 05.09.2019, S. 3.

405 The Law Library of Congress, Regulation of Cryptocurrency Around the World (June 2018), https://www.loc.gov/law/help/cryptocurrency/cryptocurrency-world-survey.pdf, letzter Abruf: 05.09.2019, S. 17.

406 *Beck/König*, AcP 215 (2015), 655, 663; *Omlor/Spiegel*, in: FinTech-Hdb, Kapitel 7, § 19 Rn. 12; *Köndgen*, in: BeckOGK BGB § 675c Rn. 136, Stand: 15.06.2020; Schimansky/Bunte/Lwowski BankR-HdB/*Schefold* § 115 Rn. 30; *Sorge/Krohn-Grimberghe*, Wirtschaftsdienst 2013, 720; *Lorenz*, ZIP 2019, 1699, 1700.

In diesem Zusammenhang ist allerdings zu berücksichtigen, dass eine Ablehnung der Währungseigenschaft bei von Privatpersonen emittierten Kryptowerten einer Einordnung als Geld im juristischen Sinn nicht entgegensteht. Folglich stehen diese beiden Begriffe juristisch unabhängig nebeneinander, auch wenn sie häufig – im allgemeinen Sprachgebrauch – synonym verwendet werden.[407] Nachfolgend ist nunmehr zu klären, ob sich Kryptowerte in Form von Bitcoin unter den Begriff des Geldes im juristischen Sinn einordnen lassen.

C. Die verschiedenen Arten des Geldes

Im folgenden Abschnitt sollen die verschiedenen heute existierenden Formen des Geldes dargestellt und erläutert werden. Darauf aufbauend soll bei jeder Art des Geldes überprüft werden, ob Kryptowerte im Allgemeinen und in Form von Bitcoins im Besonderen in eine dieser bereits bekannten Arten von Geld eingeordnet werden können.

I. Komplementärgeld: Naturalgeld/Warengeld/Privatgeld

Das Natural- oder auch Warengeld ist die älteste Form des Geldes.[408] Als Zwischentauschmittel finden Güter Verwendung, deren Geldwert durch den Warenwert gedeckt ist.[409] Beispiele für Warengeld sind Salz, Vieh, Tierfelle, Sklaven oder Metalle wie Silber und Gold. Ebenso sind Schmuckgeld in Form von Muscheln und Perlen sowie Steingeld in der Gestalt von durchbohrten Steinscheiben dem Warengeld zuzuordnen.[410] In der heutigen Zeit ist die Bedeutung solcher Komplementärwährungen als eher gering einzustufen. Wenn es aber zu einem Vertrauensverlust in das Währungssystem kommt, kann sich dies schnell ändern. Ein historisches Beispiel für eine derartige „Flucht" in Sachgüter ist die Verwendung von Zigaretten als Zwischentauschmittel nach dem Zweiten Weltkrieg.[411]

Häufig werden Komplementärwährungen auf regionaler Ebene auch als „Schwundgeld" oder „Rostgeld" bezeichnet. Dies ist auf die Tatsache zurückzuführen, dass der inkorporierte Wertverlust ein Wesensmerkmal dieser Währungsart ist. Er dient dazu, die Umlaufgeschwindigkeit der Währung zu erhöhen.

---

407 *Omlor*, JuS 2019, 289, 290.

408 Siehe hierzu Kapitel 3 A I.

409 *Moritz*, S. 8.

410 Gerdesmeier, S. 3.

411 *Moritz*, S. 8.

Nutzer der Regionalwährung werden so zum Kauf von Waren und Dienstleistungen animiert.[412] Charakteristisch für diese Art des Geldes ist, dass den einzelnen Gegenständen an sich keine Geldfunktionen zukommen, sondern dass diese erst im Wege praktischer Akzeptanz durch die Systemteilnehmer entstehen.[413]

Ein prominentes Beispiel für eine Regionalwährung, die eine Sonderform der Komplementärwährung[414] darstellt, ist das in Bayern verwendete Chiemgauer Regiogeld („Chiemgauer"). Die Idee dahinter ist die Förderung von lokalen sozialen Projekten durch die Schaffung und Nutzung einer Ersatzwährung. Der Verbraucher wählt dabei aus über 300 verschiedenen Förderprojekten aus und das gewählte Projekt wird durch jede Zahlung mit dem Chiemgauer mit 3 % des Einkaufswertes gefördert. Dies geschieht ganz ohne Mehrkosten für den Verbraucher. Die Zahlung kann dabei durch Chiemgauer-Scheine erfolgen, die durch den Eintausch von Bargeld erworben werden können, oder aber mit der Regiocard, die eine Funktionsweise vergleichbar mit einer Girocard hat. Für Unternehmer bietet die Verwendung des Chiemgauers ebenfalls Vorteile: Er kann zur Kundenbindung, Kundenneugewinnung oder zum Vereinssponsoring eingesetzt werden. Der oben erwähnte Wertverlust bei Komplementärwährungen in Höhe von ungefähr 2 % tritt beim Chiemgauer aber nur ein, wenn die durch Eintausch erlangten Einheiten nicht innerhalb von zwei Monaten ausgegeben werden. Auf diese Art erfolgt eine Erhöhung der Umlaufgeschwindigkeit des Regionalgeldes.[415]

II. Bitcoins als Komplementärgeld?

Nach der Erläuterung der charakteristischen Merkmale der Regionalwährungen als eine Sonderform von Komplementärgeld ist nunmehr der Frage nachzugehen, ob sich in diese Geldkategorie auch Kryptowerte einordnen lassen. Bitcoins könnten als konsequente Übertragung der dem Warengeld (Zigarettenwährung) innewohnenden Idee eines Privatgeldes ohne staatliche Intervention in das Informationszeitalter angesehen werden. Voraussetzung hierfür ist aber, dass auch bloß virtuell existierende Werteinheiten vom Begriff des Komplementärgeldes erfasst werden. Der Begriff des Privatgeldes erfasst neben physisch

412 *Hafke*, S. 110.

413 *Freitag*, in: BeckOGK BGB, § 244 Rn. 18, Stand: 01.04.2020.

414 *Sademach*, S. 38.

415 *Gelleri*, Der Chiemgauer in der Praxis, 28.02.2018, https://www.chiemgauer.info/fileadmin/user_upload/Basisinfo/Chiemgauer_praktisch.pdf, letzter Abruf: 18.08.2020, S. 2 f.

existierenden auch elektronische Zahlungsmittel, beispielsweise die Bezahlung von digitalen Gegenständen in Online-Spielen mittels einer spieleigenen Währung, die der Entwickler eingeführt hat oder auch Bitcoins in Form eines Kryptowerts.[416] Somit sind Bitcoins als Werterecht mit Zahlungsfunktion anzusehen.[417]

Bitcoins können zwar als privates, komplementäres Geld eingeordnet werden[418], allerdings ist damit jedoch noch nichts über den Status von Bitcoins als Geld im Rechtssinn ausgesagt. Denn Geld im Rechtssinn setzt voraus, dass ein gesetzlicher Annahmezwang besteht.[419] Dieser ist bei Bitcoins als privatem, komplementärem Geld gerade nicht gegeben. Hierbei findet lediglich eine Akzeptanz auf freiwilliger Basis innerhalb eines bestimmten, eng abgegrenzten Personenkreises oder Gebietes statt.[420]

Im Ergebnis sind Bitcoins somit auch nicht kraft ihrer Funktion als privates, komplementäres Geld als Geld im juristischen Sinn zu qualifizieren.

III. Bargeld (Münz- und Papiergeld)

Begrifflich erfasst das Bargeld sowohl Münz- als auch Papiergeld.[421] Bei dieser Art von Geld wird auch von Geldzeichen gesprochen. Geldzeichen erlangen

---

416 *Freitag*, in: BeckOGK BGB, § 244 Rn. 18, Stand: 01.04.2020.

417 *Köndgen*, in: BeckOGK BGB § 675c Rn. 135, Stand: 15.06.2020.

418 *Lerch*, ZBB 2015, 190, 199 f.; *Freitag*, in: BeckOGK BGB, § 244 Rn. 28, Stand: 01.04.2020; *Hoch*, Crowdfunding, Bitcoins, Initial Coin Offerings: Rechtliche Herausforderungen für den Gesetzgeber im Zeitalter der Digitalisierung, in: Husemann u. a.: Strukturwandel und Privatrecht, S. 218; Ellenberger/Findeisen/Nobbe/*Findeisen* ZAG § 1a Rn. 58.

419 So eine weit verbreitete Ansicht, die letztlich aus dem Streit zwischen staatlicher und gesellschaftlicher Theorie des Geldes resultiert. Für den Annahmezwang als konstitutives Merkmal des Geldbegriffs: *Herrmann*, S. 70 ff.; *Fögen*, S. 6 f.; *Nussbaum*, S. 22; *Schlichting*, S. 103; Dagegen: *Eckert*, DB 2013, 2108, 2109; *Schaub*, in: Erman, BGB, § 244 BGB Rn. 2c.

420 *Vischer*, S. 25; für die Einordnung von Komplementärwährungen als Geld im juristischen Sinn mit dem Argument, dass diese nicht eine Allgemeinakzeptanz für die Qualifikation als Geld im Rechtssinne voraussetzen, sondern lediglich eine Funktion als Meta-Tauschmittel als ausreichend zu erachten ist: *Freitag*, in BeckOGK BGB § 244 Rn. 28, Stand: 01.04.2020; ebenso *Schaub*, in: Erman, BGB, § 244 BGB Rn. 2c, mit der Begründung, dass eine Akzeptanz in bestimmten Wirtschaftskreisen als Wertspeichermittel ausreichend für eine Einordnung als Geldschuld ist; wohl auch *Beck*, NJW 2015, 580, 581 ff.

421 Schimansky/Bunte/Lwowski, BankR-HdB/*Haug* § 123 Rn. 48; siehe hierzu auch Kap. 3 A II, III.

durch einen Hoheitsakt (Widmung) ihren Status als gesetzliches Zahlungsmittel. Dieser Prozess wird Monetisierung oder Begeltung genannt.[422] Mit der Eigenschaft als gesetzliches Zahlungsmittel ist zugleich auch ein Annahmezwang verbunden.[423]

IV. Bitcoins als Bargeld

Zu klären ist, ob Bitcoins dem Begriff des Bargeldes unterfallen. Bargeld im Sinne des BGB ist nicht legal definiert. Als Bargeld anzusehen sind „bewegliche Sachen, die in eine Rechnungseinheit gestückelt sind, einen Nominalwert aufweisen und als Zahlungsmittel staatlich anerkannt sind".[424] Auf Geld findet § 935 I BGB, welcher den gutgläubigen Erwerb von beweglichen Sachen regelt, nach § 935 II BGB gerade keine Anwendung. Die dort geregelte Ausnahme findet ihren Grund in dem Wunsch nach einer gesteigerten Umlauffähigkeit, welcher vorrangiger Schutz vor den Interessen des Eigentümers zukommt.[425] Im strafrechtlichen Sinne ist nach Ansicht des BGH unter Geld „jedes vom Staat oder von einer anderen durch ihn ermächtigten Stelle als Wertträger beglaubigte und zum Umlauf im öffentlichen Verkehr bestimmte Zahlungsmittel ohne Rücksicht auf einen allgemeinen Annahmezwang" zu verstehen.[426]

Im Bezug auf Bitcoin ist jedoch festzustellen, dass bisher kein Staat in Europa diese als gesetzliches Zahlungsmittel anerkannt hat.[427]

Als Bargeld werden in der Literatur nur körperliche Sachen im Sinne des § 90 BGB angesehen.[428] Bitcoins existieren nur virtuell, eine Verkörperung ist bei diesen nicht vorhanden, auch nicht bei einer Speicherung auf einem externen Datenträger.[429] Mithin scheitert die Klassifizierung von Bitcoin als Bargeld ebenso

422 *Mössner*, in: BeckOGK BGB § 90 Rn. 104. 1, Stand: 01.04.2020.

423 *Sademach*, S. 122.

424 *Spindler/Bille*, WM 2014, 1357, 1360; *Hahn/Häde*, S. 20.

425 *C. Heinze*, in: Staudinger, § 935 BGB Rn. A 24.

426 *Sternberg-Lieben*, in: Schönke/Schröder § 146 Rn. 2.; BGH, Urt. v. 17.03.1970, 1 StR 491/69, (LG Heidelberg) = NJW 1970, 1331; BGH, Beschluss v. 08.12.1983, 1 StR 274–275/83 (LG München I) = NJW 1984, 1311.

427 European Banking Authority, EBA Opinion on Virtual Currencies, https://www.eba.europa.eu/documents/10180/657547/EBA-Op-2014-08+Opinion+on+Virtual+Currencies.pdf, letzter Abruf: 30.10.2018, S. 13 Rn. 27.

428 *K. Schmidt*, in: Staudinger, Vor. § 244 BGB, Rn. A 19, 13. Aufl. 1997.

429 *Shmatenko/Möllenkamp*, MMR 2018, 495; *Spindler/Bille*, WM 2014, 1357, 1360.

an der mangelnden Körperlichkeit.[430] Zusammenfassend ist festzustellen, dass Bitcoins mangels der Eigenschaft als gesetzliches Zahlungsmittel und darüber hinaus aufgrund fehlender Verkörperung nicht als Bargeld einzuordnen sind.

V. Buchgeld

Neben dem Bargeld existiert bereits seit geraumer Zeit das Buchgeld. Der Begriff des Buchgeldes ist darauf zurückzuführen, dass die Zahlungen alleine durch eine buchmäßige Abrechnung getätigt werden. Eine Hingabe von Geldzeichen unterbleibt vollständig.[431] Die erste Erscheinungsform des Buchgeldes wird auf die Ptolemäerzeit in Ägypten, – 323 bis 30 v. Chr. – datiert. Auf Basis eines Korndepositums wurden Zahlungen durch Ab- und Zubuchung auf Konten geschrieben. Es existierte eine Art „Korngiroverkehr".[432] Die ersten modernen Formen des Buchgeldes entstanden im 17. Jahrhundert mit dem Entstehen von Girobanken, welche bargeldlosen Zahlungsverkehr abwickelten.[433]

In juristischer Hinsicht stellt Buchgeld eine Geldforderung dar, welche aus einem Guthaben besteht, das jederzeit zu Zahlungszwecken eingesetzt werden kann.[434] Die Schaffung von Buchgeld erfolgt durch Einzahlung auf ein Konto, eine Überweisungsgutschrift, die Gutschrift eines Wechsels oder durch die Gewährung eines Kredits.[435] Die Bank erteilt dem Kontoinhaber also eine Gutschrift, welche auf ein Schuldversprechen gemäß § 780 BGB zurückzuführen ist und folglich eine Forderung gegen die Bank darstellt.[436] Buchgeld ist also als ein Gegenstand des bargeldlosen Zahlungsverkehrs anzusehen, da Zahlungen über Konten geleistet werden. Aufgrund der höheren Praktikabilität, die der bargeldlose Zahlungsverkehr ermöglicht, lässt sich festhalten, dass Buchgeld die wirtschaftliche Funktionsweise des Bargeldes größtenteils übernommen hat.[437] Da es sich bei Buchgeld, wie auch bei Bitcoin, um ein physisch nicht existentes

---

430 *Lerch*, ZBB 2015, 190,199; *Kütük/Sorge*, MMR 2014, 643,644; *Pesch*, Cryptocoin-Schulden, S. 72; *Danwerth/Hildner*, BKR 2019, 57, 61; *Spindler/Bille*, WM 2014, 1357, 1360; *Danwerth*, S. 183.

431 *Hahn/Häde*, S. 5.

432 *Hahn/Häde*, S. 5.; *Preisigke*, Girowesen im griechischen Ägypten, 1910, S. 62 f.

433 *Hahn/Häde*, S. 6; *Sademach*, S. 120.

434 *Omlor*, in: Staudinger, Vorbem. § 244–248 BGB, Rn. A 149.

435 *Sademach*, S. 119; *North*, Von Aktie bis Zoll, S. 65.

436 Schimansky/Bunte/Lwowski BankR-HdB/*Haug* § 123 Rn. 52.

437 Schimansky/Bunte/Lwowski BankR-HdB/*Haug* § 123 Rn. 52 f.

Zahlungsmittel handelt, erscheint es geboten, genauer zu untersuchen, ob Bitcoins gegebenenfalls dem Buchgeldbegriff unterfallen.

VI. Bitcoins als Buchgeld

Ausgangspunkt bei der Klärung der Frage, ob Bitcoins unter den Begriff des Buchgeldes zu fassen sind, ist das Bestehen einer Forderung. Buchgeld erfasst Forderungen aus Guthaben bei Kreditinstituten, die nicht in Wertpapieren oder ähnlichen Verbriefungen verkörpert sind und jederzeit zu Zahlungszwecken zur Verfügung stehen.[438] Dabei richtet sich die bestehende Forderung regelmäßig gegen das Kreditinstitut.[439]

Bitcoins werden jedoch durch die Netzwerkteilnehmer selbst geschaffen, wobei keine Forderung gegen andere Personen oder ein Kreditinstitut begründet wird. Es fehlt an einer emittierenden Stelle und damit an einem Forderungsgegner.[440] Von manchen werden als potenzielle Forderungsgegner noch die einzelnen Netzwerkteilnehmer untereinander in Form der Miner betrachtet, was jedoch aufgrund des fehlenden Rechtsbindungswillens zwischen den einzelnen Teilnehmern abzulehnen ist.[441] Zudem ist zu bedenken, dass die Forderung beim Buchgeld erst durch die Umwandlung aus einem gesetzlichen Zahlungsmittel entsteht.[442] Begrifflich sind vom Terminus „gesetzliches Zahlungsmittel" allerdings lediglich Banknoten und Münzen, also Bargeld,[443] und – wie bereits voranstehend festgestellt – keine Kryptowerte wie Bitcoins erfasst. Damit sind Bitcoins nicht als Buchgeld zu qualifizieren.[444]

---

438 Schimansky/Bunte/Lwowski BankR-HdB/*Haug* § 123 Rn. 52.

439 *Grundmann*, in MüKo/BGB § 245 Rn. 6; Schimansky/Bunte/Lwowski BankR-HdB/*Haug* § 123 Rn. 52; *Thywissen*, BB 1971, 1347, 1349; *Olzen*, in: Staudinger, Vorbem. § 362 BGB, Rn. 21.

440 *Spindler/Bille*, WM 2014, 1357, 1359 f.

441 *Spindler/Bille*, WM 2014, 1357, 1359 f.; *Grzywotz*, S. 55; *Kütük-Markendorf*, Rechtliche Einordnung von Internetwährungen, S. 53 f., setzt sich ausführlich mit potenziellen Forderungsgegnern auseinander, bspw. dem Begünstigten der Transaktion, lehnt im Ergebnis jedoch alle Möglichkeiten ab und lässt die Einordnung von Bitcoins als Buchgeld ebenfalls am Bestehen eines Forderungsgegners scheitern.

442 *Kütük-Markendorf*, Rechtliche Einordnung von Internetwährungen, S. 53; *Grzywotz*, S. 55, Schimansky/Bunte/Lwowski BankR-HdB/*Haug* § 123 Rn. 52.

443 *Sademach*, S. 122.

444 *Eckert*, DB 2013, 2108, 2109; *Grzywotz*, S. 55; *Lerch*, ZBB 2015, 190,199; *Spindler/Bille*, WM 2014, 1357, 1360; *Omlor*, JZ 2017, 754, 758; *Kütük-Markendorf*, Rechtliche Einordnung von Internetwährungen, S. 53 ff.; *Paulus/Matzke*, ZfPW 2018, 431, 450; *Schlund/Pongratz*, DStR 2018, 598, 599.

VII. Neuartige Geldformen: Virtuelles Geld/E-Geld

Als vierte Form des Geldes hat sich das virtuelle Geld entwickelt. Etabliert hat sich hierbei vor allem das E-Geld.[445]. E-Geld ist Buchgeld mit elektronischer Speicherung.[446] Die im deutschen Recht existierenden Regelungen über E-Geld wurden mit der Umsetzung der Zweiten Zahlungsdiensterichtlinie[447] in deutsches Recht durch eine vollständige Neufassung des Zahlungsdiensteaufsichtsgesetzes (ZAG) und den punktuellen Änderungen in den §§ 675c–676c BGB zum Anfang des Jahres 2018 modifiziert.[448]

Der ursprünglich aus dem europäischen Recht stammende Begriff des E-Geldes ist im Wege der Umsetzung der Richtlinie 2009/110 EG[449] in § 1a III ZAG im Jahr 2009 in das deutsche Recht eingeführt worden.[450] Nach Art. 2 Nr. 2 dieser Richtlinie bezeichnet der Begriff des E-Geldes *jeden elektronisch – darunter auch magnetisch – gespeicherten monetären Wert in Form einer Forderung gegenüber dem Emittenten, der gegen Zahlung eines Geldbetrags ausgestellt wird, um damit Zahlungsvorgänge im Sinne des Artikels 4 Nummer 5 der Richtlinie 2007/64/EG durchzuführen und der auch von anderen natürlichen oder juristischen Personen als dem E-Geld Emittenten angenommen wird.*[451] Seinen Niederschlag im deutschen Recht findet der Begriff des E-Geldes im ZAG, genauer gesagt in § 1 II 3. Danach fällt unter den Begriff des E-Geldes *jeder elektronisch, darunter auch magnetisch, gespeicherte monetäre Wert (a) in Form einer Forderung an den Emittenten, (b) der gegen Zahlung eines Geldbetrages ausgestellt wird, um damit Zahlungsvorgänge im Sinne des § 675 f IV 1 BGB durchzuführen und der auch von anderen natürlichen oder juristischen Personen als dem Emittenten angenommen wird.*

Folglich sind der europäische und der deutsche Begriff des E-Geldes beinahe deckungsgleich. Nicht dem Begriff des E-Geldes unterfallen nach

---

445 Vgl. hierzu grundlegend Schimansky/Bunte/Lwowski BankR-HdB/*Terlau* § 55a.

446 *Omlor*, in: Staudinger, Vorbem. §§ 244–248 BGB, Rn. A 152.

447 Richtlinie (EU) 2015/2366, in Deutschland umgesetzt durch das Gesetz zur Umsetzung der Zweiten Zahlungsdiensterichtlinie vom 17. Juli 2017 (BGBl. I S. 2446).

448 *Omlor*, ZIP 2017, 1836.

449 Richtlinie 2009/110/EG des Europäischen Parlaments und des Rates v. 16.09.2009 über die Aufnahme, Ausübung und Beaufsichtigung der Tätigkeit von E-Geld-Instituten, zur Änderung der RL 2005/60/EG und 2006/48/EG sowie zur Aufhebung der RL 2000/46 EG, ABl. L 267.7.

450 *Freitag*, in BeckOGK § 244 BGB Rn. 17, Stand: 01.04.2020.

451 Richtlinie 2009/110/EG des Europäischen Parlaments und des Rates v. 16.09.2009.

dem Ausnahmetatbestand des § 1 II 4 Nrn. 1, 2 ZAG hingegen monetäre Werte nach § 2 I Nrn. 10, 11 ZAG. Bei den in den Ausnahmeregelungen des § 2 I Nrn. 10, 11 ZAG verwendeten Formulierungen „*eines sehr begrenzten Waren- oder Dienstleistungsspektrums*" sowie „*begrenztes Netz von Dienstleistern*" handelt es sich um unbestimmte Rechtsbegriffe. Vor diesem Hintergrund hat die BaFin klar konturierte Fallgruppen geschaffen.[452] Dies dient zur Konkretisierung der Tatbestände, die von dieser Ausnahmeregelung erfasst sind.

VIII. Bitcoins als E-Geld

Vor dem Hintergrund der voranstehenden Ausführungen ist nunmehr zu klären, ob sich Bitcoins unter den Begriff des E-Geldes subsumieren lassen. E-Geld ist gemäß § 1 II S. 3 ZAG *jeder elektronisch, darunter auch magnetisch, gespeicherte monetäre Wert in Form einer Forderung gegenüber dem Emittenten, der gegen Zahlung eines Geldbetrages ausgestellt wird, um damit Zahlungsvorgänge nach § 675 f IV 1 BGB durchzuführen und der auch von anderen natürlichen oder juristischen Personen als dem Emittenten angenommen wird.*

1. Monetärer Wert

Um unter die E-Geld Definition zu fallen, müssten Kryptowerte in Form von Bitcoins zunächst als monetärer Wert im Sinne von § 1 II S. 3 ZAG einzuordnen sein.[453] Nach Ansicht der BaFin sind die Anforderungen, welche an das Vorliegen dieses Merkmals geknüpft werden, eher gering zu halten. Dem Begriff des monetären Werts unterfällt jede Art von Zahlungsmittel und jede Art von Tauschmittel.[454] Dem Bitcoin selber kommt kein in einer etablierten Währung festgesetzter Wert zu. Der Umrechnungskurs bei den einschlägigen Tauschbörsen, welche die Möglichkeit bieten, Bitcoins in die Fiatwährungen (Euro, US-Dollar, oder Pfund-Sterling) umzutauschen, wird durch Angebot und Nachfrage bestimmt.[455] Allerdings ist es als ausreichend anzusehen, dass die Bitcoins auf

452 Casper/Terlau/*Terlau*, § 1 ZAG, Rn. 246 f.

453 Schimansky/Bunte/Lwowski BankR-HdB/*Terlau* § 55a Rn. 147; *Sorge/Krohn-Grimberghe*, DuD 2012, 479, 483.

454 BaFin, Hinweise zum Zahlungsdiensteaufsichtsgesetz (ZAG) vom 22.12.2011, Stand: 29.11.2017, https://www.bafin.de/SharedDocs/Veroeffentlichungen/DE/Merkblatt/mb_111222_zag.html, letzter Abruf: 19.09.2019, Kapitel 4 aa).

455 *Eckert*, DB 2009, 2108; Ebenso für Kryptowährungen im Allgemeinen: *Kaulartz/Matzke*, CR 2018, 3278; *Hafke*, S. 169.

diesen Tauschbörsen als Tausch- und Zahlungsmittel fungieren, womit ihnen ein Wert zu eigen ist.[456] Somit haben Bitcoins einen monetären Wert inne.[457]

2. Elektronische Speicherung

Im Hinblick auf die bloß virtuelle Existenz der Bitcoins stellt auch die Frage der elektronischen Speicherung ein Problem dar.[458] Von zentraler Bedeutung ist in diesem Zusammenhang die Auslegung des Begriffs der Speicherung. „Speichern" bedeutet dem eigentlichen Wortsinn nach die Aufbewahrung von Daten in einem elektronischen Speicher.[459] Die BaFin versteht unter diesem Begriff das Bestehen eines Anspruchs des Kunden oder des Wertinhabers auf eine bestimmte Leistung gegen den Emittenten. Dabei ist die Form der Speicherung nicht von gesteigerter Relevanz, selbiges gilt auch für den Ort der Speicherung. Der monetäre Wert kann also beispielsweise auf einem elektronischen Speichermedium in Form einer Magnet- oder Chipkarte, einer Festplatte oder auf einem zentralen Server gespeichert sein. Die Speicherung kann auf dem Rechner des Emittenten selber erfolgen oder aber bei einem externen Dienstleister.[460]

Für die Beurteilung ist im Fall von Bitcoin auf die Speicherung des privaten Schlüssels abzustellen, da dieser den Zugriff auf die Bitcoin-Dateien erst ermöglicht.[461] Weiterführend ist zu berücksichtigen, dass es sich bei Bitcoin gerade nicht um digitale Münzen handelt, denn es wird lediglich die Transaktion in der Blockchain gespeichert.[462] Die E-Geld Definition wurde technologieneutral gehalten, um einen möglichst weiten Anwendungsbereich zu schaffen, welcher auch erst in der Zukunft erscheinende Produkte erfasst.[463] Letztlich kann es nicht entscheidend darauf ankommen, ob ein monetärer Wert selbst oder ein

---

456 *Sorge/Krohn-Grimberghe*, DuD 2012, 481, 483; Schimansky/Bunte/Lwowski BankR-HdB/*Terlau* § 55a Rn. 148.

457 Ebenso *Spiegel*, Blockchain-basiertes virtuelles Geld, S. 42.

458 *Eckert*, DB 2009, 2108, 2109; *Spindler/Bille*, WM 2014, 1357, 1361.

459 Duden, https://www.duden.de/rechtschreibung/speichern#Bedeutung2, letzter Abruf: 23.01.2019.

460 BaFin, Hinweise zum Zahlungsdiensteaufsichtsgesetz (ZAG) vom 22.12.2011, Stand: 29.11.2017, https://www.bafin.de/SharedDocs/Veroeffentlichungen/DE/Merkblatt/mb_111222_zag.html, Kapitel 4 aa), letzter Abruf: 18.05.2020.

461 Siehe hierzu Kapitel 2 C IV 3.

462 *Sorge/Krohn-Grimberghe*, DuD 2012, 481, 483.

463 BT-Drucks. 17/3023, S. 40; *Hahn/Häde*, S. 7; Derleder/Knops/Bamberger/*Borges* § 11 Rn. 225.

bloßes Zugriffsrecht auf einem Datenträger gespeichert wird. Also handelt es sich bei Bitcoins um einen monetären, elektronisch gespeicherten Wert.[464]

3. *Bestehen einer Forderung gegen den Emittenten*

Es ist ebenfalls umstritten, was unter dem Terminus „*Forderung gegen den Emittenten*" genau zu fassen ist. Das Bestehen einer solchen Forderung wird von § 1 II 3 ZAG ausdrücklich vorausgesetzt. Bitcoins und andere Kryptowerte werden aber gerade nicht durch eine zentrale Stelle emittiert[465]. Vielmehr werden die Bitcoin-Werteinheiten durch die Netzwerkteilnehmer selbst unter Einsatz von Rechenkraft erschaffen. Einen zentralen Emittenten, wie beispielsweise beim Euro die Europäische Zentralbank oder die Deutsche Bundesbank, gibt es beim Bitcoin nicht. Gäbe es diesen zentralen Emittenten, würde mit der Dezentralität ein das Bitcoin-System auszeichnender Faktor entfallen. Es existiert somit im Bitcoin-Netzwerk keine Partei, welche die für die Einordnung als E-Geld notwendige Forderung des Inhabers begründet und gegebenenfalls für einen Rücktausch in ein gesetzliches Zahlungsmittel verantwortlich wäre.[466] Mithin lassen sich Bitcoins nicht als E-Geld im Sinne von § 1 II 3 ZAG einordnen.[467]

Etwas anderes könnte sich jedoch für den Fall des Sekundärerwerbs[468] von Bitcoins ergeben. Dieser Begriff beschreibt den Fall, dass ein Nutzer seine Bitcoins auf einer Onlineplattform gegen eine Fiatwährung seiner Wahl, beispielsweise Euro oder US-Dollar, eintauschen möchte. Dabei wird dem Erwerber zugesichert, dass er durch die Hingabe von Bitcoins mit befreiender Leistung an den Gläubiger leisten kann.[469] Den Kunden wird zwar keine Eintauschgarantie

---

464 Im Ergebnis ebenso: *Sorge/Krohn-Grimberghe*, DuD 2012, 481,483, *Kütük-Markendorf*, Rechtliche Einordnung von Internetwährungen, S. 55 f.

465 *Reiter/Nolte*, BB 2018, 1179, 1180.

466 *Omlor*, ZIP 2017, 1836, 1838; *Beck*, NJW 2015, 580, 581 f.

467 *Auffenberg*, BKR 2019, 341, 343; KG, Urteil vom 25.09.2018, (4) 161 Ss 28/18 (35/18) = NJW 2018, 3734, 3736 Rn. 23; *Güldü*, GmbHR 2019, 565, 566; *Köndgen*, in: BeckOGK § 675 c Rn. 135, Stand: 15.06.2020; *Omlor*, ZHR 183 (2019), 294, 309, 344; *Shmatenko/Möllenkamp*, MMR 2018, 495 f.; *Sprengnether/Wächter*, RdF 2014, 114, 120; *Pesch*, Cryptocoin-Schulden, S. 74 ff.; *Kütük*-Markendorf, S. 59 ff.; *Omlor*, ZIP 2017, 1836, 1838; *Hötzel*, S. 88; noch zum alten, weitgehend identischen § 1a II 3 ZAG (2009): *Beck/König* JZ 2015, 130, 136; *Djazayeri*, jurisPR-BKR 6/2014 Anm. 1, S. 4; *Richter/Augel*, FR 2017, 937, 930; *Spiegel*, Blockchain-basiertes virtuelles Geld, S. 47; *Spindler/Bille*, WM 2014, 1357, 1361; *Sorge/Krohn-Grimberge*, DuD 2012, 479, 483; Casper/Terlau/*Terlau*, § 1 ZAG Rn. 224.

468 Vgl. hierzu auch *Pesch*, Cryptocoin-Schulden, S. 75 f.

469 *Köndgen*, in: BeckOGK § 675 c Rn. 139, Stand: 15.06.2020.

für einen Wechsel der Bitcoins in eine Fiatwährung gegeben, allerdings wird ein allgemein und jederzeit nutzbares Konvertierungsverfahren auf organisierten Sekundärmärkten über die Plattform zur Verfügung gestellt.[470] Schließlich mag dies Grundlage für die Annahme sein, dass Bitcoins im Falle des Sekundärerwerbs doch eine Forderungsposition im Sinne von § 1 II 3 ZAG gewähren.

Allerdings spricht jedoch § 33 I ZAG dagegen. Denn hiernach ist E-Geld stets zum Nennwert des entgegengenommenen Geldbetrags auszugeben und auf Verlangen des Inhabers jederzeit zum Nennwert in ein gesetzliches Zahlungsmittel zurückzutauschen. Dies belegt zwar die Konvertibilität von Bitcoin in Fiatwährung, allerdings fehlt es an einer rechtlich garantierten Möglichkeit zur Einlösung, also einer Forderung.[471] Mithin sind Bitcoins auch im Falle des Sekundärerwerbs mangels bestehender Forderung gegen den Emittenten nicht als E-Geld im Sinne des § 1 II 3 ZAG zu qualifizieren. Gegen die Einordnung von Bitcoins als E-Geld spricht darüber hinaus, dass jedermann die Annahme freigestellt ist und somit kein Annahmezwang besteht[472].

Allerdings gibt es durchaus Bestrebungen, E-Geld auf Grundlage der Blockchain auszugeben.[473] Hierbei soll die Ausgabe von E-Geld direkt über die Blockchain erfolgen und nicht erst durch den Tausch von Fiatgeld in E-Geld. Der oben dargestellten Problematik, dass Bitcoin mangels Bestehens einer Forderung gegenüber einem Emittenten und aufgrund der Tatsache, dass sie dezentral geschaffen werden und deshalb nicht der E-Geld-Definition unterfallen, kann jedoch entgegengewirkt werden. Dies soll durch die Nutzung von Smart-Contracts realisiert werden, wobei die E-Geldeinheiten auf der Blockchain dann unter Zuhilfenahme einer Zentralinstanz, welcher die Programmierung sowie die Ausführung des Smart Contracts obliegt, emittiert werden sollen. Hierdurch wäre dann das Hauptproblem, das Fehlen eines Emittenten, aufgrund dessen „klassische" Kryptocoins und Currency Token wie Bitcoin nicht von der E-Geld-Definition erfasst werden, behoben. Damit wäre – zumindest aus

470 *Köndgen*, in: BeckOGK § 675 c Rn. 139, Stand: 15.06.2020.

471 *Köndgen*, in: BeckOGK § 675 c Rn. 139, Stand: 15.06.2020; European Banking Authority, EBA Opinion on Virtual Currencies, https://www.eba.europa.eu/documents/10180/657547/EBA-Op-2014-08+Opinion+on+Virtual+Currencies.pdf, letzter Abruf: 18.08.2020, S. 13; *Terlau*, in: FinTech-Hdb, § 20 Rn. 32; *Danwerth/Hildner* BKR 2019, 57, 59 Fn. 37; *Wettlaufer/Patz*, in: Maume/Maute Kryptowerte-HdB, § 13 Rn. 42. Ausführlich zur Ausgabe von E-Geld auf Blockchain-Basis: *Auffenberg*, BKR 19, 341, 342 ff.

472 Schimansky/Bunte/Lwowski BankR-HdB/*Terlau* § 55a Rn. 23.

473 *Auffenberg*, BKR 2019, 341, 343.

aufsichtsrechtlicher Perspektive – der Weg frei für die Ausgabe von E-Geld auf Basis der Blockchain-Technologie. Zusätzlich wäre noch eine Verpflichtung des Emittenten gemäß § 33 I 2 ZAG notwendig, wonach dieser zu einem jederzeitigen Rücktausch der E-Geldeinheiten in ein gesetzliches Zahlungsmittel verpflichtet wäre.[474]

Pläne zur Einführung von „staatlichen" Kryptowerten sind in China bereits sehr weit fortgeschritten. Ende des Jahres 2019 wurde bekannt, dass China schon seit dem Jahr 2014 an einer eigenen, staatlichen Digitalwährung arbeitet, deren Entwicklung bereits kurz vor dem Abschluss stehen soll.[475] Anfang des Jahres 2020 wurde ein erster Testlauf mit der digitalen Zentralbankwährung (CBDC) namens „E-Yuan" – welche als digitale Version der Staatswährung des Landes gesehen werden kann – in den Provinzen Shenzen, Suzhou, Chengdu und Xiong'an durchgeführt.[476] Im Gegensatz zu Bitcoin ist der E-Yuan rückverfolgbar.[477] Bei den olympischen Winterspielen 2022 konnten erstmals auch ausländische Nutzer den E-Yuan verwenden.[478]

Auch in Deutschland gibt es bereits Stimmen in der Politik, welche sich für die Einführung eines digitalen Euros nach dem Vorbild von Kryptocoins und Currency Token wie Bitcoin aussprechen.[479] Ursprünglich sollte diese „staatliche Kryptowährung" auf die Nutzung zum Handel im Interbankenverkehr beschränkt sein, um zu verhindern, dass die Bürger die Banken im Krisenfall

---

474 *Auffenberg*, BKR 2019, 341, 342 ff.

475 *Hein*, China „kurz vor Ausgabe" eigener Digitalwährung, 13.08.2019, https://www.faz.net/aktuell/wirtschaft/digitec/china-kurz-vor-ausgabe-eigener-digitalwaehrung-16331541.html, letzter Abruf: 18.08.2020; *Giesen*, China öffnet sich für den Bitcoin, 05.01.2020, https://www.sueddeutsche.de/wirtschaft/china-bitcoin-regulation-1.4744115, letzter Abruf: 18.08.2020; *Wurzel*, China plant staatliches Kryptogeld, https://www.tagesschau.de/ausland/digitalwaehrung-china-101.html, letzter Abruf: 05.02.2020.

476 *Horch*, China zündet die wirtschaftspolitische Bombe, 27.07.2020, https://www.btc-echo.de/china-zuendet-die-wirtschaftspolitische-bombe/, letzter Abruf: 28.07.2020.

477 *Wang*, E-Yuan oder Bitcoin: Wie China seine Kryptowährung vorantreibt, 03.05.2020, https://www.tagesspiegel.de/wirtschaft/e-yuan-oder-bitcoin-wie-china-seine-kryptowaehrung-vorantreibt/25795398.html, letzter Abruf: 18.08.2020.

478 *Müller*, Was bedeutet der E-Yuan für die Chinesen? 04.08.2022, https://www.btc-echo.de/news/was-bedeutet-der-e-yuan-fuer-die-chinesen-147722/, letzter Abruf: 07.02.2023.

479 Tagesspiegel.de, Unionsfraktion fordert digitalen Euro, 24.06.2019, https://www.tagesspiegel.de/wirtschaft/staatliche-kryptowaehrung-unionsfraktion-fordert-digitalen-euro/24488610.html, letzter Abruf: 18.08.2020.

digital stürmen.[480] Zwischenzeitlich gibt es Bestrebungen, den digitalen Euro auch für den privaten Zahlungsverkehr zu nutzen.[481]

D. Bitcoins als Geld im juristischen Sinn?

Die Definition des Geldbegriffs ist seit geraumer Zeit umstritten. Der Begriff des Geldes spielt sowohl im Bereich der Volkswirtschaftslehre als auch im Bereich der Rechtswissenschaften eine tragende Rolle, was nicht zuletzt darauf zurückzuführen ist, dass das BGB in zahlreichen Vorschriften die Existenz von Geld rein begrifflich voraussetzt.[482] Trotz der zahlreichen Nennungen im Gesetzestext existiert für den juristischen Geldbegriff keine einheitliche Definition.[483] Auch im BGB bleibt die Suche nach einer Legaldefinition vergeblich. Der Begriff des Geldes wird in zahlreichen Vorschriften gebraucht, beispielhaft seien hier die §§ 244, 245, 251, 253, 270, 288, 291, 488 sowie 935 BGB genannt. Allerdings wird in den Vorschriften im BGB der Begriff des Geldes in uneinheitlicher Weise benutzt.[484] Aus der Verwendung des Geldbegriffs lässt sich aber schließen, dass der Gesetzgeber die Existenz von Geld bei der Schaffung der Vorschriften des BGB vorausgesetzt hat.

Grundsätzlich definiert der BGH Geld als *„jedes von einem in- oder ausländischen Staat oder einer durch ihn ermächtigten Stelle als Wertträger beglaubigte, zum Umlauf im öffentlichen Verkehr bestimmte Zahlungsmittel ohne Rücksicht auf einen allgemeinen Annahmezwang“*.[485] Durch die Normgeprägtheit des juristischen Geldbegriffs muss dieser aber stets unter Berücksichtigung des entsprechenden Telos und Kontext der zu interpretierenden Vorschrift betrachtet

---

480 Handelsblatt.de, CDU-Experte: Staatliche Kryptowährung wird wohl nur für Interbankenhandel kommen, 10.02.2020, https://www.handelsblatt.com/politik/deutschland/digitalgeld-cdu-experte-staatliche-kryptowaehrung-wird-wohl-nur-fuer-interbankenhandel-kommen/25530080.html?ticket=ST-4947911-21OzUHVPzdDBPWZibhgV-ap3, letzter Abruf: 18.05.2020.

481 Informationsdienst des Instituts der deutschen Wirtschaft, EZB plant digitalen Euro für Privatkunden, 17.06.2021, https://www.iwd.de/artikel/ezb-plant-digitales-geld-fuer-privatkunden-512098/, letzter Abruf: 07.02.2023.

482 Vgl. hierzu etwa §§ 244, 935 BGB.

483 *Hahn/Häde*, S. 19; *Nussbaum*, S. 3; *K. Schmidt*, in: Staudinger, Vor. § 244 BGB, Rn. A 12, 13. Aufl. 1997; *Pesch*, Cryptocoin-Schulden, S. 76; *Simitis*, AcP 159 (1960) 406, 408; *Spindler/Bille*, WM 2014, 1357, 1360.

484 *K. Schmidt*, in: Staudinger, Vor. § 244 BGB, Rn. A 12, 13. Aufl. 1997.

485 BGH, Urteil v. 14.06.2013, V ZR 108/12 = NJW 2013, 2888 Rn. 8, BGH, Beschluss v. 08.12.1983, 1 StR 274/-275/83 = BGH NJW 1984, 1311.

und gegebenenfalls angepasst werden.[486] Diese Relativität des Geldbegriffs[487] bedeutet in Konsequenz der vorangegangenen Feststellung, dass die im Zusammenhang mit Bitcoins in anderen Rechtsgebieten ergangenen Urteile nur eine beschränkte Aussagekraft für deren rechtliche Einordnung in den Kontext des Bank- und Kapitalmarktrechts, speziell für die relevanten aufsichts- und börsenrechtlichen Vorschriften, haben.[488]

Am häufigsten wird der Geldbegriff unter Rückgriff auf dessen drei maßgebliche Funktionen in der Ökonomie bestimmt. Geld fungiert als Tausch- und Zahlungsmittel, als Recheneinheit sowie als Wertaufbewahrungsmittel.[489] Diese „Funktionstrias" des Geldes geht auf Aristoteles und Thomas von Aquin zurück.[490] Die Ökonomie will dabei alles, was Geldfunktionen übernimmt, als Geld ansehen.[491] Zahlreiche Autoren plädieren jedoch aus unterschiedlichen Gründen für eine Reduktion der Geldfunktionen.[492] Allerdings erweist sich der in der Ökonomie gewählte Ansatz für die Findung eines juristischen Geldbegriffs aus mehreren Gründen als untauglich.[493] Dies ist nicht nur auf die mangelnde Präzision des ökonomischen Geldbegriffs zurückzuführen, sondern auch auf die fehlende Angemessenheit im Hinblick auf die wirtschaftliche Relevanz des Geldes.[494]

Beim Versuch eine juristische Definition des Geldbegriffs zu entwickeln, ist sowohl den rechtswissenschaftlichen als auch den wirtschaftswissenschaftlichen Aspekten entsprechend Rechnung zu tragen.[495] Eine Definition des juristischen

---

486 *Omlor*, Geldprivatrecht, S. 96.

487 *Omlor*, Geldprivatrecht, S. 96, *Schlichting*, S. 105; *Forstmann*, S. 65 ff.; *Simitis*, AcP 159 (1960), 406, 408; *Hötzel*, S. 77, 90; Schimansky/Bunte/Lwowski BankR-HdB *Terlau* § 55a Rn. 143.

488 Vgl. hierzu etwa folgendes Urteil: EuGH, Urteil vom 22.10.2015, C-264/14, MMR 2016, 201, 203.

489 *Anderegg*, S. 20; *Bal*, Taxation of Virtual Currency, S. 61; *Bülow*, in: Derleder/Knops/Bamberger, Hdb. BankR, 2.A § 1 Rn. 8; *Borchert*, S. 27 ff.; *Kasper*, Bitcoins as Legal Tender, S. 17 ff.; *Issing*, Geldtheorie, S. 1.

490 *Wittreck*, S. 218 ff., 369 ff.; *Czada/Tolksdorf/Yenal*, S. 7; *Kirchhof*, in: FS Walter Leisner, 640; *Ebenroth/Bacher*, BB 1990, 2053, 2056; *Jarchow*, S. 15 ff.

491 *Herrmann*, Währungshoheit, S. 44.

492 Überblicksartig zu den im Zusammenhang mit den Geldfunktionen stehenden Ansichten und den dahinterstehenden Argumenten: *Omlor*, in: Staudinger Vorbem. § 244 BGB, Rn. A 43.

493 Schimansky/Bunte/Lwowski BankR-HdB/*Schefold* § 115 Rn. 9.

494 *Grundmann*, in: MüKo/BGB § 244 Rn. 113.

495 *Omlor*, in: Staudinger, Vorbem. § 244 BGB, Rn. A 62; *Omlor*, Geldprivatrecht, S. 97.

Geldbegriffs, welche ausschließlich auf den ökonomischen Geldfunktionen basiert, wäre also zu einseitig und würde der Normenspezifität des juristischen Geldbegriffs nicht in hinreichendem Maße gerecht werden. Wichtig bei einer Definitionsfindung ist außerdem, dass nicht der Versuch unternommen wird, einen statischen Geldbegriff zu finden, welcher für alle geldbezogenen Vorschriften in sämtlichen Gesetzen gilt, folglich Allgemeingültigkeit besitzt.[496] Ausgangspunkt soll vorliegend § 244 BGB sein, da diese Norm systematisch betrachtet den Anfang der geldrechtlichen Regelungen im BGB bildet.[497] Demnach ist zu klären, ob Kryptowerte als Geld im Sinne dieser Norm betrachtet werden können. Konkret stellt sich die Frage, ob Geldschulden mit Bitcoins erfüllt werden können. Hierfür wäre eine Einordnung von Kryptowerten als Geld im juristischen Sinne notwendig. Diese Frage wird in der juristischen Literatur kontrovers diskutiert.[498]

---

496 *Hahn/Häde*, Währungsrecht, S. 19; *Herrmann*, S. 60; *Nussbaum*, S. 3; *Sademach*, S. 116.

497 So auch *Grundmann*, in: MüKo/BGB § 244 Rn. 11.

498 Ablehnend: Mangels staatlicher Anerkennung wird die Einordnung als Geld im juristischen Sinn verneint, so *Boehm/Bruns*, in: Bräutigam/Rücker, Hdb. E-Commerce Kap. 13 A Rn. 10; wohl auch *Hanten/Stump*, RdF 2019, 124, 125 f.; ebenso *Shmatenko/Möllenkamp*, MMR 2018, 495, 496; *Kütük/Sorge*, MMR 2014, 643, 644; auch *Spindler/Bille*, WM 2014, 1357, 1361, die aber aufgrund der Relativität des Geldbegriffs eine Erfassung von Bitcoins durch bestimmte Normen durchaus für möglich ansehen; ablehnend mit dem Argument, dass Bitcoins mangels Erfüllung der Wertaufbewahrungsfunktion und Recheneinheitsfunktion nicht als Geld im ökonomischen Sinn betrachtet werden können: *Bal*, Taxation of Virtual Currency, S. 61 ff.; auch die Charakterisierung als Geld im juristischen Sinn wird unter Zugrundelegung der in Sec. 1.201 (24) UCC enthaltenen Gelddefintion mit dem Argument abgelehnt, dass Bitcoins nicht von einer zentralen Stelle ausgegeben werden und nicht körperlich darstellbar sind, vgl. *Bal*, S. 63 f.; ebenfalls gegen eine Einordnung als Geld im juristischen Sinn, aber mit den Argument des fehlenden Status als gesetzlichen Zahlungsmittels: *Barsan, Iris M.*: Legal Challenges of Initial Coin Offerings (ICO), Revue Trimestrielle de Droit Financier (RTDF), No. 3, 2017, S. 57; in Ermangelung einer zentralen Ausgabestellte handelt es sich nicht um Geld im Sinne des BGB, so *Baier*, CCZ 2019, 123, 125 f.; ebenfalls ablehnend *Yermack*, in: Kuo Chuen, Handbook of Digital Currency, S. 42 f., der die Erfüllung sämtlicher der drei ökonomischen Geldfunktionen anzweifelt, ebenso IMF, IMF Staff Discussion Note January 2016 SDN 16/03: Virtual Currencies and Beyond: Initial Considerations, S. 17; die Geldeigenschaft aus juristischer Sicht ablehnend mit den Argumenten, dass es keine Ausgabestelle und damit keinen Rechtsrahmen gibt: IMF, IMF Staff Discussion Note January 2016 SDN 16/03: Virtual Currencies and Beyond: Initial Considerations, S. 16. Für eine Erfüllung der ökonomischen Geldfunktionen, aber aufgrund der fehlenden

I. Bisherige Definitionsansätze zur Findung eines juristischen Geldbegriffs (Überblick)

Die Suche nach einer geeigneten Definition für den juristischen Geldbegriff ist eine Frage, welche die rechtswissenschaftliche Literatur bereits seit geraumer Zeit beschäftigt.[499] Im Folgenden soll überblicksartig auf die bereits vorhandenen Definitionsversuche des juristischen Geldbegriffs[500], welche sich im Laufe der Zeit in der rechtswissenschaftlichen Literatur herausgebildet haben, eingegangen werden. Anschließend soll überprüft werden, ob sich Kryptowerte wie Bitcoins unter eine dieser vorhandenen Definitionen fassen und sich damit als Geld im juristischen Sinn einordnen lassen.

Zugehörigkeit zum Banken- und Zahlungssystem abzulehnende Einordnung als Geld im Rechtssinne: *Lerch*, ZBB 2015, 190, 199; ebenfalls gegen die Einordnung als Geld im juristischen Sinn aufgrund nur unzureichender normativer und empirischer Anerkennung: *Omlor*, ZHR 183 (2019), 294, 313 ff.; auch ablehnend aufgrund nur eingeschränkter Eignung als Recheneinheit und Wertaufbewahrungsmittel: *Omlor/Spiegel*, in: Fintech-HdB, Kapitel 7, § 19 Rn. 8 ff.; ablehnend, mit dem Argument der fehlenden Absicherung der Fungibilität von Bitcoins: *Pesch*, Cryptocoin-Schulden, S. 95; ablehnend ohne nähere Begründung: *Paulus/Matzke*, ZfPW 2018, 431, 45. Befürwortend: Für eine Qualifikation als Geld im Rechtssinne: *Hötzel*, S. 90; allerdings mit der Einschränkung, dass Kryptowährungen nur dem juristischen Geldbegriff unterfallen, sofern die infrage stehende Norm Geld im ökonomischen Sinn versteht und die Anerkennung in einem bestimmbaren Verwenderkreis als ausreichend erachtet wird; auch bejahend: *Köndgen*, in: BeckOK BGB § 675c Rn. 136, Stand: 15.06.2020; ebenso bejahend, allerdings mit der Einschränkung, dass die Erfüllung der ökonomischen Geldfunktionen nur bei Betrachtung eines eingeschränkten Nutzerkreises in Form der Teilnehmer des Bitcoin-Netzwerks gegeben ist, nicht jedoch für die breite Masse; ähnlich: *Kasper*, Bitcoins as Legal Tender, S. 37, *Hötzel*, S. 67; für die Erfüllung von ökonomischen Geldfunktionen: Schimansky/Bunte/Lwowski BankR-HdB *Terlau* § 55a Rn. 162; *Sorge/Krohn-Grimberghe*, DuD 2012, 479, 484; ebenfalls bejahend, mit der Begründung, dass Bitcoins dann Leistungsgegenstand einer Geldschuld sein können, wenn diese nach subjektiver Parteiabrede dazu geeignet sind, dem Leistungsempfänger abstrakte Vermögensmacht zu vermitteln, *Beck*, NJW 2015, 580, 585, ähnlich, aber mit der Feststellung, dass Bitcoins die ökonomischen Geldfunktionen erfüllen: *Kuhlmann*, CR 2014, 691, 695.

499 Überblicksartig zu den verschiedenen Definitionsversuchen eines juristischen Geldbegriffs: *Hahn*, Währungsrecht, S. 15–30; *Omlor*, Geldprivatrecht, S. 64–69.

500 Die Literatur plädiert nahezu einstimmig für eine staatliche Grundlage des Geldes, zur gegenläufigen gesellschaftlichen Theorie, nach welcher alles als Geld anzusehen ist, was die Allgemeinheit als Geld anerkennt: Hötzel, S. 73; *Herrmann*, S. 62 ff.

1. Staatliche Theorie des Geldes (Georg Friedrich Knapp)

Einer der ersten Definitionsversuche des Geldbegriffs wurde bereits im Jahr 1923 von *Georg Friedrich Knapp* (1842–1926) in seinem Buch mit dem Titel *„Staatliche Theorie des Geldes"* vorgenommen. Aus Sicht von *Knapp* ist Geld als ein *„Geschöpf der Rechtsordnung"* zu betrachten.[501] Jegliche Form des Geldes stellt dabei einen Sonderfall des Zahlungsmittels dar.[502] Hauptpunkte dieser Theorie sind die Geldkreation durch den Staat sowie der Annahmezwang.[503] Es muss möglich sein, mit einem Zahlungsmittel Schulden zu tilgen, um es als Geld bezeichnen können. *Knapp* bezeichnet Geld dabei als *„chartales"* Zahlungsmittel,[504] wobei diese Begrifflichkeit auf das lateinische Wort für Zeichen zurück geht.[505] Fraglich ist allerdings, ob sich das neuartige Phänomen der Kryptowerte ohne weitere Modifikation der Theorie *Knapps* unterordnen lässt. Dabei erweist sich ein Umstand, welcher mit dieser Definition im Zusammenhang steht, als hochproblematisch. *Knapps* Theorie ist auf Gegenstände beschränkt.[506] Buchgeld ist von dieser Ansicht also nicht erfasst.[507] Mangels Gegenständlichkeit sind auch Kryptowerte in Gestalt von Bitcoins nicht als Geld im Sinne von Knapps Theorie anzusehen.[508]

2. Währungsrechtlicher Ansatz

Teilweise wird der juristische Geldbegriff aus einer währungsrechtlichen Perspektive definiert. Konkret bedeutet dies, dass dem Geld eine staatliche Herkunft zugrunde gelegt wird. Dabei wird nach Ansicht von *Hans Gerber* Geld als rechtliches Zahlungsmittel eingeordnet, was gleichbedeutend mit einem gesetzlichen Zahlungsmittel ist.[509] Es sind also nur solche Sachen als Geld zu betrachten, die

---

501 *Knapp*, Staatliche Theorie des Geldes, S. 1.

502 *Knapp*, Staatliche Theorie des Geldes, S. 2.

503 *Omlor*, ZHR 183 (2019), 294, 303.

504 *Knapp*, Staatliche Theorie des Geldes, S. 27, 31.

505 Schlichting, S. 91.

506 *Knapp*, Staatliche Theorie des Geldes, S. 6.

507 *K. Schmidt*, in: Staudinger, Vor. § 244 BGB, Rn. A 4, 13. Aufl. 1997; *Omlor*, ZHR 183 (2019), 294, 303; *Schlichting*, S. 99.

508 *Omlor*, ZHR 183 (2019), 294, 303, ebenso, aber mit dem Argument, Bitcoins seien mangels Verleihung ihrer Geldeigenschaft durch staatlichen Hoheitsakt nicht als Geld im Sinne der staatlichen Theorie zu betrachten: *Hötzel*, S. 59; Allgemeiner: *Schlichting*, S. 95.

509 *Gerber*, S. 90.

vom Staat kraft Gesetzes in die Position eines Zahlungsmittels erhoben worden sind. Ebenfalls eine Einschränkung auf gesetzliche Zahlungsmittel vertritt *Erich Jung*. Dieser sieht allerdings den Annahmezwang nicht gesetzlich, sondern in einer privatautonomen Parteivereinbarung begründet[510]. Diese Regelung steht aber in offenem Konflikt mit den geltenden gesetzlichen Regelungen, die im Währungsrecht verankert sind.[511] Folglich kann dieser Ansicht nicht gefolgt werden. Da es für Kryptowerte wie Bitcoins in Deutschland bisher keine Anerkennung als gesetzliches Zahlungsmittel gibt,[512] fallen sie nicht unter die Definition des juristischen Geldbegriffs durch *Gerber*.

Zu diesem währungsrechtlich geprägten Definitionsversuch des juristischen Geldbegriffs, dessen Kern die Beschränkung auf gesetzliche Zahlungsmittel ist, wird jedoch vereinzelt angemerkt, eine solche Beschränkung führe zu einer nicht mehr angemessenen Verengung des Geldbegriffs.[513] Hierzu ist anzumerken, dass der Geldbegriff von *Gerber* bereits in den 1920er Jahren entwickelt wurde und daher Entwicklungen, wie sie sich aktuell im Bereich der Kryptowerte darstellen, nicht vorhersehbar waren. Gleichwohl ist der Gerbersche Geldbegriff aus heutiger Perspektive als zu statisch anzusehen.

3. Der Geldbegriff von Ernst Wolf

Der Ansicht von *Ernst Wolf* (1914–2008) zufolge sind all jene vertretbaren Sachen als Geld anzusehen, welchen innerhalb eines Gebietes eine bestimmte Menge an allgemeinem Tauschwert aufgrund einer Währung zugewiesen ist.[514] *Wolf* will zwischen zwei Arten von Geld differenzieren. Auf der einen Seite steht das staatliche Geld, auf der anderen Seite das Verkehrsgeld.[515] Bei einem Gegenstand handelt es sich um staatliches Geld, wenn der Tauschwert aufgeprägt oder aufgedruckt ist und seinen Ausdruck in einer staatlichen Währung findet.[516] Verkehrsgeld zeichnet sich nach der Ansicht von *Wolf* dadurch aus, dass es sich dabei gerade nicht um staatliches Geld, sondern um Gegenstände handelt, welche in einem bestimmten Verkehrsgebiet üblicherweise zur Erfüllung von Geldschulden eingesetzt werden.[517]

---

510 *Jung*, Das privatrechtliche Wesen des Geldes, S. 5, 21.
511 *Omlor*, Geldprivatrecht, S. 65.
512 BT-Drucks. 17/14530, S. 41.
513 *Omlor*, ZHR 183 (2019), 294, 304.
514 *Wolf*, Lehrbuch Schuldrecht Bd. 1, S. 148.
515 *Wolf*, Lehrbuch Schuldrecht Bd. 1, S. 152.
516 *Wolf*, Lehrbuch Schuldrecht Bd. 1, S. 153.
517 *Wolf*, Lehrbuch Schuldrecht Bd. 1, S. 155.

Bei näherer Betrachtung stellt sich das Erfordernis der Sacheigenschaft im Hinblick auf Bitcoins als Problem heraus. Mangels Sacheigenschaft lassen sich Kryptowerte im Allgemeinen und Bitcoins im Besonderen nicht unter die von *Ernst Wolf* vorgeschlagene Definition des juristischen Geldbegriffs fassen.

4. *Der dreigliedrige Geldbegriff (Karsten Schmidt)*

Karsten Schmidt verfolgt mit seinem dreigliedrigen Geldbegriff einen Kombinationsansatz, der die bisher in der Diskussion um den juristischen Geldbegriff vertretenen Ansätze aufgreift. Genauer gesagt plädiert Schmidt für einen funktionalen Geldbegriff.[518] Dabei ist seiner Ansicht nach zwischen einem institutionellen, einem gegenständlichen und einem konkret-funktionellen Geldbegriff zu differenzieren, um neben einer Berücksichtigung der wirtschaftlichen Geldfunktionen auch eine Einbeziehung von Buchgeld in den juristischen Geldbegriff zu ermöglichen.[519] Der institutionelle Geldbegriff, gleichbedeutend mit dem abstrakten Geldbegriff anderer Autoren, erfasst dabei Geld in einer Form, die nicht an körperliche Gegenstände gebunden ist, aber allgemein einer geldrechtlichen Norm zuzuordnen ist.[520] Münzen, Papiere, aber auch Forderungen werden durch den gegenständlichen Geldbegriff erfasst.[521] Der konkret-funktionelle Geldbegriff soll alle Mittel erfassen, die dazu geeignet sind, Geldfunktionen zu erfüllen. Er erfasst neben Sachgeld auch das Buchgeld, welches eine unkörperliche Form aufweist.[522]

Fraglich ist jedoch, ob sich Kryptowerte in Form von Bitcoins hierunter fassen lassen. Teilweise wird in der Literatur davon ausgegangen, dass Bitcoins durch die institutionelle sowie die konkret-funktionelle Ausprägung des Geldbegriffs von *Karsten Schmidt* erfasst werden[523]. Im Umkehrschluss bedeutet dies, dass der gegenständliche Geldbegriff für Bitcoin nicht in Betracht kommt. Die institutionelle Ausprägung dieses Geldbegriffs setzt für die Einordnung als Geld die Fähigkeit der Verkörperung in Geldzeichen voraus. Dabei muss diese

518 *K. Schmidt*, in: Staudinger, Vor. § 244 BGB, Rn. A 13, 13. Aufl. 1997.
519 *K. Schmidt*, in: Staudinger, Vor. § 244 BGB, Rn. A 14, 13. Aufl. 1997.
520 *K. Schmidt*, in: Staudinger, Vor. § 244 BGB, Rn. A 15, 13. Aufl. 1997.
521 *K. Schmidt*, in: Staudinger, Vor. § 244 BGB, Rn. A 16, 13. Aufl. 1997.
522 *K. Schmidt*, in: Staudinger, Vor. § 244 BGB, Rn. A 17, 13. Aufl. 1997.
523 So *Schlichting*, S. 139 ff., die aber auch eine Erfassung durch die institutionelle Ausprägung des Geldbegriffs von *Karsten Schmidt* erwägt, vgl. S. 139 Fn. 474, letzteres mit dem Argument, da durch die Übertragung von Bitcoins abstrakte Vermögensmacht vermittelt wird.

Möglichkeit aber nur potenziell bestehen und noch nicht in die Realität umgesetzt worden sein.[524] Selbst eine theoretische Möglichkeit der Ausgabe von Bitcoin-Münzen erscheint unvereinbar mit der technisch-funktionalen Grundkonzeption des Bitcoin-Systems.[525] Somit sind Bitcoins auch nicht dem institutionellen Geldbegriff von *Karsten Schmidt* zuzuordnen.

Für eine Erfassung von Kryptowerten durch den konkret-funktionellen Geldbegriff von Karsten Schmidt spricht jedoch die Tatsache, dass durch diese Ausprägung des Geldbegriffs auch „ungegenständliche Liquidität“[526] wie Buchgeld erfasst wird. Dabei stellt Karsten Schmidt aber darauf ab, dass Buchgeld erst im Falle seiner Verwendung zu Geld wird und vorher in Form einer Forderung existiert. Übertragen auf Kryptowerte wie Bitcoins bedeutet dies, dass diese aufgrund ihrer nur virtuellen Existenz im Grundsatz durch diese Ausprägung des Geldbegriffs erfasst sein könnten. Dagegen spricht jedoch deren mangelnde Vergleichbarkeit mit Buchgeld. Der Begriff des Buchgeldes erfasst Geldforderungen gegen Kreditinstitute.[527] Denn gerade die Nichtexistenz einer zentralen Stelle und damit eines Emittenten/Forderungsgegners ist charakteristisches Merkmal des Bitcoin-Systems.[528] Mithin werden Kryptowerte auch nicht von der konkret-institutionellen Ausprägung des Geldbegriffs und damit auch nicht von dem dreigliedrigen Geldbegriff von Karsten Schmidt erfasst.

5. Der zweigliedrige Geldbegriff (Sebastian Omlor)

Nach der Ansicht von *Sebastian Omlor* ist der Geldbegriff auf zwei Hauptfunktionen zu reduzieren. Es bedarf lediglich einer Unterscheidung zwischen Geld im abstrakten und Geld im konkreten Sinn.[529] Sofern Geld als messbare Vermögensmacht und als Universaltauschmittel mit Wertmaßcharakter, ohne Rücksicht auf eine Verkörperung oder einen gesetzlichen Annahmezwang eingesetzt wird, handelt es sich um Geld im abstrakten Sinn.[530] Darüber hinaus bedarf es einer normativen Anerkennung.[531] Als Gegenpart fungiert der konkrete

524 *K. Schmidt*, in: Staudinger, Vor. § 244 BGB, Rn. A 18, 13. Aufl. 1997.
525 Vgl. hierzu Kapitel 2 C.
526 *K. Schmidt*, in: Staudinger, Vor. § 244 BGB, Rn. A 17, 13. Aufl. 1997.
527 *Grundmann*, in: MüKo/BGB § 245 Rn. 6.
528 *Richter/Augel*, FR 2017, 938, 940; *Spindler/Bille*, WM 2014, 1357, 1361.
529 *Omlor*, Geldprivatrecht, S. 98 ff.
530 *Omlor*, Geldprivatrecht, S. 98; *Omlor*, ZHR 183 (2019), 294, 306.
531 *Omlor*, in: Staudinger, Vor. § 244 BGB Rn. A 67 (Neubearbeitung 2021).

Geldbegriff. Dieser erfasst ausschließlich verkörperte Gegenstände als Geld und ist auf gesetzliche Zahlungsmittel beschränkt.[532]

Mit Inkrafttreten des Gesetzes zur Umsetzung der Änderungsrichtlinie zur Vierten EU-Geldwäscherichtlinie wurde der Tatbestand der Kryptowerte in § 1 XI 1 Nr. 10 KWG eingeführt. Bitcoin fallen unter den Begriff der Kryptowerte und werden somit normativ im KWG erwähnt. Allerdings ist diese normative Anerkennung alleine nicht als ausreichend zu erachten, um Kryptowährungen als Geld im abstrakten Sinn von Omlors Definition anzusehen.[533] Als weitere Voraussetzungen müssten Kryptowerte eine messbare Vermögensmacht aufweisen und darüber hinaus als Universaltauschmittel anerkannt sein. Zwar wohnt Kryptowerten eine messbare Vermögensmacht inne. Allerdings kommt Kryptowerten keine Funktion als Universaltauschmittel zu, da eine Akzeptanz nicht überall stattfindet, sondern nur bei einer bestimmten Anzahl von Händlern[534]. Somit unterfallen Kryptowerte nicht dem abstrakten Geldbegriff Omlors. Selbiges gilt auch für die Einordnung von Kryptowerten als Geld im konkreten Sinn mangels der Eigenschaft als gesetzliches Zahlungsmittel sowie der nicht vorhandenen Verkörperung.[535] Im Ergebnis stellen Kryptowerte wie der Bitcoin also auch auf Grundlage des von *Omlor* vertretenen zweigliedrigen Geldbegriffs kein Geld im juristischen Sinne dar.

6. *Geld als Träger abstrakter Vermögensmacht (Savigny/Simitis)*

Die Grundlage für diese Definition des juristischen Geldbegriffs legte *Friedrich Carl von Savigny (1779–1861).* Ausgangspunkt ist *Savignys* Definition des Vermögens. Seinem Verständnis nach ist darunter die *„privatrechtliche Macht oder Herrschaft der einzelnen Person über Stücke der äußeren Welt“*[536] zu verstehen. Folglich ist der Geldbegriff von *Savigny* auf körperliche Sachen beschränkt. Dabei kommt dem Geld neben einer Funktion als Wertmesser auch eine solche als Wertspeicher zu.[537] *Savigny* zufolge gewährt Geld dem Eigentümer *„eine*

532 *Omlor*, Geldprivatrecht, S. 100; *Omlor*, ZHR 183 (2019), 294, 306.

533 *Omlor/Spiegel*, in: Fintech-HdB, Kapitel 7, § 19 Rn. 8, *Omlor*, ZHR 183 (2019), 294, 313 f.

534 Für eine vorsichtige Bejahung der Universaltauschmittelfunktion von Bitcoins: *Spiegel*, Blockchainbasiertes-virtuelles Geld, S. 29.

535 *Omlor/Spiegel*, in: Fintech-HdB, Kapitel 7, § 19 Rn. 8.

536 *Savigny*, Das Obligathionenrecht als Theil des heutigen Römischen Rechts, Bd. I, S. 404.

537 *Savigny*, Das Obligathionenrecht als Theil des heutigen Römischen Rechts, Bd. I, S. 405.

allgemeine, auf alle Gegenstände des freien privatrechtlichen Verkehrs anwendbare Vermögensmacht".[538] Seine Geltung erlangt Geld durch eine allgemeine Anerkennung[539] und nicht, wie nach *Knapp*, durch staatlichen Widmungsakt. Die bei Bitcoin bereits mehrfach festgestellte, fehlende Sacheigenschaft führt im Ergebnis dazu, dass sich Bitcoins nicht unter den juristischen Begriff des Geldes in der von *Savigny* vertretenen Form fassen lassen.

Martin Wolff entwickelte den Ansatz von *Savigny* dergestalt weiter, dass unter Geld all das zu verstehen war, was eine unkörperliche Vermögensmacht vermittelt[540]. Im Jahr 1960 definierte *Spiros Simitis* auf dieser Grundlage einen weiteren juristischen Geldbegriff. Danach ist unter Geld all das zu verstehen, was abstrakte, unkörperliche Vermögensmacht vermittelt.[541] Dabei soll der Begriff des Geldes losgelöst von seiner Bindung an einen Gegenstand betrachtet werden.[542] *Simitis* sieht Geld als Funktion, nicht als Gegenstand.[543] Diese Definition des Geldbegriffs erfasst sowohl Bar- als auch Buchgeld.[544] Unter Zugrundelegung dieses Geldbegriffs sollen sich auch unkörperliche Gegenstände unter den juristischen Geldbegriff fassen lassen. Folglich lassen sich auch technisch neue Phänomene, somit also auch Kryptowerte in Form von Bitcoins, als Geld im juristischen Sinn betrachten.

II. Zwischenfazit

Insgesamt ist festzuhalten, dass sich die Entwicklung des Geldes über lange Zeit hinweg von Vorformen über Scheine und Münzen bis hin zu elektronischen Zahlungsmitteln vollzogen hat. In der heutigen Zeit kommt gerade den letztgenannten Zahlungsmitteln – nicht zuletzt durch die immer weiter zunehmende Digitalisierung – eine tragende Rolle zu. Aufgrund ihres dezentralen Ansatzes und dem damit im Zusammenhang stehenden Fehlen eines Forderungsgegners werden Kryptocoins und -token wie der Bitcoin von den derzeit bekannten

538 *Savigny*, Das Obligathionenrecht als Theil des heutigen Römischen Rechts, Bd. I, S. 406.

539 *Savigny*, Das Obligathionenrecht als Theil des heutigen Römischen Rechts, Bd. I, S. 407.

540 *Martin Wolff*, in: Ehrenberg, Hdb. d. Handelsrechts, Bd. 4 I, S. 569, 577; *Simitis*, AcP 159 (1960), 406, 428.

541 *Simitis*, AcP 159 (1960), 406, 465.

542 *Simitis*, AcP 159 (1960), 406, 430, 465.

543 *Simitis*, AcP 159 (1960), 406, 465.

544 *Simitis*, AcP 159 (1960), 406, 431 ff.

Geldformen nicht erfasst. Kryptowerte werden zwar vom Begriff des Komplementärgeldes erfasst, stellen jedoch mangels allgemeiner Akzeptanz kein Geld im juristischen Sinn dar. Zudem werden Kryptowerte nicht vom Begriff des Bargeldes erfasst. Darüber hinaus sind sie auch nicht als Buchgeld zu qualifizieren. Weiterhin sind Kryptowerte wie Bitcoins auch nicht als E-Geld einzuordnen.

Aufgrund der Entwicklungen im Hinblick auf elektronische Bezahlsysteme und den damit einhergehenden Wegfall körperlicher Trägermedien gestaltet sich die Suche nach einem zeitgemäßen juristischen Geldbegriff als äußerst schwierig. Mangels hoheitlicher Emission lassen sich Kryptowerte wie der Bitcoin nicht als Geld im Sinne der von *Knapp* vertretenen staatlichen Theorie des Geldes einordnen. Selbiges gilt für die währungsrechtlich geprägten Ansätze eines juristischen Geldbegriffs. Auch der von *Ernst Wolf* vertretene Geldbegriff erfasst Bitcoins mangels Beschränkung auf körperliche Sachen nicht. Auch unter den dreigliedrigen Geldbegriff von *Karsten Schmidt* lassen sich Kryptowerte nicht subsumieren. Schließlich lassen sich Kryptowerte in Form von Bitcoin ausschließlich auf Grundlage der von *Spiros Simitis* vertretenen Theorie, welche Geld als abstrakte, unkörperliche Vermögensmacht definiert, als Geld im juristischen Sinn einordnen. Dies erscheint sachgerecht, da hierdurch auch den mit dem technischen Fortschritt einhergehenden Entwicklungen im Bereich der Zahlungsmittel Rechnung getragen werden kann. Die Begriffsoffenheit dieser Definition ermöglicht es, auch zukünftige Entwicklungen rechtlich zu erfassen, ohne dass ein Tätigwerden des Gesetzgebers erforderlich ist.

Mithin lassen sich Bitcoins unter Zugrundelegung des von *Spiros Simitis* vertretenen Geldbegriffs als Geld im juristischen Sinne einordnen, welches zur Erfüllung einer Schuld im Sinne des § 244 BGB eingesetzt werden kann.[545] Dazu bedarf es aber einer Parteivereinbarung, denn es handelt sich bei Kryptowerten wie dem Bitcoin nicht um ein gesetzliches Zahlungsmittel.[546] Die Einordnung von Bitcoin als Geld im juristischen Sinne[547] bildet die Grundlage für die nachfolgende aufsichts- und börsenrechtliche Untersuchung.

545 Ebenfalls für eine Einordnung von Schulden in Kryptowerten als Geldschulden im zivilrechtlichen Sinn: *Weiss*, JuS 2019, 1050, 1056 f.

546 *Weiss*, JuS 2019, 1050, 1056.

547 Alexandra Spiegel kommt in ihrer Dissertation „Blockchain-basiertes virtuelles Geld“ unter Bezug auf geldenstehungs- und geldfunktionstheoretische Ansätze ebenfalls zu dieser Feststellung, vgl. *Spiegel*, Blockchain-basiertes virtuelles Geld, S. 17–47.

Viertes Kapitel: Aufsichtsrechtliche Einordnung und mögliche Erlaubnispflichten beim Handel von Kryptowerten in Form von Bitcoin

Nachdem die Frage der Geldeigenschaft von Kryptowerten im vorherigen Kapitel einer detaillierten Betrachtung unterzogen wurde, stellt sich im Anschluss die Frage, ob Kryptowerte in Form von Bitcoin – wenn mit diesen Handel getrieben wird – einer Erlaubnispflicht durch die BaFin unterliegen und wie sie aufsichtsrechtlich zu bewerten sind. Grundsätzlich ist die bloße Nutzung von Kryptowerten als Geldersatz im Rahmen einer Transaktion durch Privatpersonen nicht erlaubnispflichtig. Selbiges gilt auch für das Mining mangels Emission oder Platzierung durch den bzw. die Miner selbst. Etwas anderes kann sich aber bei gewerblichem Handel mit Kryptowerten ergeben.[548]

In diesem Zusammenhang ist die exakte Ausgestaltung der Handelsplattform für die Beantwortung der Frage, ob deren Bertreiber einer Erlaubnispflicht durch die BaFin unterliegt, von essenzieller Bedeutung. Darüber hinaus soll die aufsichtsrechtliche Einordnung von Bitcoin-Handelsplattformen in diesem Teil der Arbeit im Hinblick auf das Aufsichtsregime von KWG und ZAG näher betrachtet werden. Zum besseren Verständnis der einzelnen aufsichtsrechtlichen Entwicklungsschritte bietet es sich an, die Einordnung in das Aufsichtsregime des KWG aus historischer Perspektive vorzunehmen. Der Vollständigkeit halber wird in gebotener Kürze auch auf erlaubnisfreie Geschäftsmodelle des Handels mit Kryptowerten wie Bitcoin eingegangen werden.

A. Erlaubnispflicht nach § 32 I 1 KWG

Nach § 32 I 1 KWG bedarf derjenige, der *im Inland gewerbsmäßig oder in einem Umfang, der einen in kaufmännischer Weise eingerichteten Geschäftsbetrieb erfordert, Bankgeschäfte betreiben oder Finanzdienstleistungen erbringen will, der schriftlichen Erlaubnis der Aufsichtsbehörde.*

Die Bankenaufsicht fällt in Deutschland in den Zuständigkeitsbereich der Bundesanstalt für Finanzdienstleistungsaufsicht und umfasst unter anderem neben

548 BaFin, Merkblatt Virtuelle Währungen/Virtual Currencies (VC), Änderungsfassung vom 28.04.2016, letzter Abruf: 19.06.2019, S. 1.

der Zulassung der einzelnen Kreditinstitute auch deren fortlaufende Überwachung im Hinblick auf die jeweilige wirtschaftliche Situation. Ihren gesetzlichen Niederschlag finden die Aufgaben der BaFin in § 4 FinDAG.[549] Die einzelnen Tatbestandsalternativen des Bankgeschäfts sind in § 1 I 2 Nr. 1–12 KWG gesetzlich verankert. Die Tatbestandsalternativen der Finanzdienstleistungen in § 1 Ia 2 Nr. 1-12 KWG. Der Katalog der Bankgeschäfte ist als abschließend zu betrachten.[550] Selbiges gilt für den Katalog der Finanzdienstleistungen in § 1 Ia 2 Nr. 1-12 KWG.[551] Letzterem kommt nur subsidiärer Charakter zu.[552] Die Qualifikation als Kreditinstitut schließt die Qualifikation als Finanzdienstleistungsinstitut aus.[553]

Sollten Kryptowerte im Allgemeinen und Bitcoins im Besonderen unter eine Tatbestandsalternative in den oben genannten Katalogen zu fassen sein, hätte dies eine Erlaubnispflicht nach § 32 I KWG zur Folge. In Betracht kommen grundsätzlich das Finanzkommissionsgeschäft, § 1 I 2 Nr. 4 KWG (I.), die Anlagevermittlung, § 1 Ia 2 Nr. 1 KWG (II.), der Betrieb eines multilateralen Handelssystems, § 1 Ia 2 Nr. 1b KWG die Abschlussvermittlung, § 1 Ia 2 Nr. 2 KWG (IV.), sowie der Tatbestand des Eigenhandels, § 1 Ia 2 Nr. 4 KWG und die neu eingefügte Tatbestandsalternative des Kryptoverwahrgeschäfts (VI.)[554]. Zudem ist die mögliche Einordnung als Finanzinstrument im Sinne von § 1 XI 1 Nr. 1–10 KWG[555] zunächst von Relevanz. Sofern es sich bei Bitcoins um Finanzinstrumente handelt, ist die Möglichkeit für die Einordnung in einen

549 *Rothenhöfer*, in: Kümpel/Mülbert/Früh/Seyfried, Bank- und Kapitalmarktrecht, 5. Aufl., Bundesanstalt für Finanzdienstleistungsaufsicht (BaFin), Rn. 11.119.

550 Schwennicke/Auerbach, § 1 KWG Rn. 9; BT-Drucks. 3/1114, S. 27.

551 Schwennicke/Auerbach, § 1 KWG Rn. 9; BT-Drucks. 13/7142, S. 65.

552 Schwennicke/Auerbach, § 1 KWG Rn. 78.

553 *Fischer*, in: Boos/Fischer/Schulte-Mattler, § 1 KWG Rn. 129.

554 Zur Einordnung von Bitcoin unter die verschiedenen KWG-Tatbestandsalternativen vgl. auch *Hildner*, BKR 2016, 485, 490; *Patz*, BKR 2019, 437–440; Ausführlich zum neu geschaffenen Tatbestand des Kryptoverwahrgeschäfts: *Resas/Ulrich/Geest*, ZBB 2020, 22 ff.

555 Vgl. zu den verschiedenen Tatbeständen auch: Freis-Janik, in: Kümpel/Mülbert/Früh/Seyfried, Bank- und Kapitalmarktrecht, 5. Aufl. 2019, Bankaufsichtsrecht Rn. 2.114–2.133. Zu den Tatbeständen, die zu einer Einordnung als Kreditinstitut führen vgl. Rn. 2.73–2.99.

erlaubnispflichtigen Tatbestand des Bankgeschäfts nach § 1 I 2 Nr. 1–12 KWG oder der Finanzdienstleistung gemäß § 1 Ia 2 Nr. 1-12 KWG eröffnet.[556]

Die Qualifikation einer Tätigkeit als Bankgeschäft- oder Finanzdienstleistung ist für den Betreiber einer solchen Plattform von zentraler Bedeutung, nicht zuletzt vor dem Hintergrund der drohenden Sanktionen, wenn ein derartiges Geschäft ohne die notwendige Erlaubnis betrieben wird. Verstößt eine Vertriebsplattform gegen die Lizenzpflicht, besteht nach § 37 I KWG die Möglichkeit der Anordnung der Geschäftseinstellung oder -abwicklung. Schließlich stellt das erlaubnislose Anbieten von Bank- oder Finanzdienstleistungen nach § 54 I Nr. 2 KWG eine Straftat dar, für die eine Freiheitsstrafe von bis zu fünf Jahren ausgesetzt ist.[557]

I. Finanzkommissionsgeschäft, § 1 I 2 Nr. 4 KWG

Im Zusammenhang mit den klassischen Bankgeschäften des § 1 I 2 Nr. 1–12 KWG ist im Hinblick auf Bitcoins ausschließlich der Tatbestand des Finanzkommissionsgeschäfts gemäß § 1 I 2 Nr. 4 KWG von Relevanz. Mittlerweile erstreckt sich der Tatbestand nicht mehr nur auf Wertpapiere und Wertpapierderivate, sondern auf sämtliche Finanzinstrumente, was auf die Umsetzung der EU-Wertpapierdienstleistungsrichtlinie in das deutsche Recht zurückzuführen ist.[558] Ein Bankgeschäft in Form des Finanzkommissionsgeschäfts betreibt, wer im Sinne von § 1 I 2 Nr. 4 KWG *Finanzinstrumente im eigenen Namen auf fremde Rechnung anschafft oder veräußert.* Gekennzeichnet ist diese Art des Bankgeschäfts durch das Vorliegen der Voraussetzungen der verdeckten Stellvertretung nach §§ 383 ff. HGB.[559]

1. *Finanzinstrumente*

Damit Bitcoins dem Tatbestand des Finanzkommissionsgeschäfts nach § 1 I 2 Nr. 4 KWG unterfallen, müssten sie als Finanzinstrumente im Sinne von § 1 XI KWG zu qualifizieren sein. Vom Begriff der Finanzinstrumente sind nach

---

556 *Brocker/Klebeck*, RdF 2018, 288 f. sprechen in Bezug auf die Einordnung von virtuellen Währungen als Finanzinstrument nach § 1 XI KWG von einem „Türöffner“, *Hanten/Stump*, RdF 2018, 189 von einem „Gateway“.

557 *Brocker/Klebeck*, RdF 2018, 288, 289.

558 Anh. 1 Absch. A Nr. 1 lit. B Wertpapierdienstleistungsrichtlinie, RL 93/22 EWG vom 10. Mai 1993.

559 *Schäfer*, in: Boos/Fischer/Schulte-Mattler, § 1 KWG Rn. 69; Schwennicke/Auerbach, § 1 KWG Rn. 44.

§ 1 XI 1 Nr. 1–9 KWG Aktien, Vermögensanlagen im Sinne des § 1 II VermAnlG, Schuldtitel, sonstige Rechte, Anteile an Investmentvermögen im Sinne des § 1 I Kapitalanlagegesetzbuchs, Geldmarktinstrumente, Devisen oder Rechnungseinheiten, Derivate und Emissionszertifikate erfasst.

Den Grundstein für § 1 XI KWG bildete die EU-Wertpapierdienstleistungsrichtlinie.[560] Eine deutliche Erweiterung erfuhr der Katalog der Finanzinstrumente dann durch die Umsetzung der Markets in Financial Instruments Directive (MiFID[561]). Dabei ging der deutsche Gesetzgeber wesentlich über die umzusetzenden Vorgaben hinaus, in dem er Devisen und Rechnungseinheiten ebenfalls als Finanzinstrumente in das KWG implementierte. Die letzten Änderungen am Tatbestand der Finanzinstrumente erfolgten aufgrund der in der Market in Financial Instruments Directive II (MiFID II[562]) festgesetzten Vorgaben. Umgesetzt wurden diese Vorgaben im deutschen Recht durch das zweite Finanzmarktnovellierungsgesetz (2. FiMaNoG).[563]

a) *Bitcoins als Finanzinstrumente im Sinne des KWG*

Von vorrangigem Interesse war bei der Einordnung von Kryptowerten in Form von Bitcoins unter den Begriff des Finanzinstruments der Tatbestand der Rechnungseinheit. Sollten Bitcoins als Rechnungseinheit und infolgedessen auch als Finanzinstrument nach § 1 XI 1 Nr. 7 KWG zu qualifizieren sein, wäre der Weg in die Beaufsichtigung durch die BaFin eröffnet. Seitdem Kryptowerte in den Fokus der Öffentlichkeit gerückt sind, ist es stark umstritten, ob dies der Fall ist oder nicht. Die verschiedenen Standpunkte sollen im Folgenden kurz zusammengefasst und anschließend einer Analyse unterzogen werden. Zum Zeitpunkt der Abfassung der Arbeit war die Frage, ob Bitcoins als Rechnungseinheiten im Sinne des KWG einzuordnen sind, höchst umstritten. Der sich hieran aufhängende Diskurs soll nun im Anschluss in gebotener Kürze dargestellt werden, um das Erfordernis einer klaren gesetzlichen Regelung zu verdeutlichen. Zwischenzeitlich ist mit Inkrafttreten des Gesetzes zur Umsetzung der Änderungsrichtlinie

---

560 Art. 1 Nr. 4, 5 RL 93/22 EWG.

561 RL 2004/39 EG.

562 Richtlinie 2014/65 EU.

563 BaFin, Hinweise zu Finanzinstrumenten nach § 1 Abs. 11 Sätze 1 bis 3 KWG (Aktien, Vermögensanlagen, Schuldtitel, sonstige Rechte, Anteile an Investmentvermögen, Geldmarktinstrumente, Devisen, Rechnungseinheiten und Emissionszertifikate), Änderungsfassung vom 26.07.2018, https://www.bafin.de/SharedDocs/Veroeffentlichungen/DE/Merkblatt/mb_111220_finanzinstrumente.html, letzter Abruf: 20.06.2019, Abschnitt 1.

zur Vierten EU-Geldwäscherichtlinie zum 1. Januar 2020 eine Änderung der Rechtslage in Bezug auf die Einordnung von Kryptowerten in Form von Bitcoins als Finanzinstrument im Sinne des KWG eingetreten. Diese neue Regelung wird ebenfalls einer Betrachtung unterzogen.

aa) Standpunkt der BaFin: Bitcoins sind Finanzinstrumente in Form der Rechnungseinheit nach § 1 XI 1 Nr. 7 KWG

Die BaFin hatte sich bereits im Jahr 2013 mit der bankenaufsichtsrechtlichen Qualifizierung von Kryptowerten im Allgemeinen und Currency Token wie Bitcoins im Besonderen auseinandergesetzt. Zunächst stellte sich die Frage, was unter dem Begriff der Rechnungseinheit zu verstehen ist. Hierunter sind solche Einheiten zu fassen, welche eine Vergleichbarkeit mit Devisen aufweisen und nicht auf gesetzliche Zahlungsmittel lauten.[564] Beispielhaft zu nennen sind dabei die ECU, der Vorläufer des Euro, sowie die Sonderziehungsrechte des Internationalen Währungsfonds.[565]

Bei der ECU handelte es sich nicht um eine eigenständige Währung, sondern um einen Währungskorb.[566] Deren Wert bestimmte sich aus dem prozentualen Anteil der jeweiligen Währung am Bruttoinlandsprodukt der einzelnen Mitgliedstaaten.[567] Leitwährung war die Deutsche Mark. Im Rahmen des Europäischen Währungssystems diente die ECU als Vergleichsgröße zu den teilnehmenden Währungen, außerdem kam ihr die Rolle als Recheneinheit der Europäischen Gemeinschaften sowie internationalen Organisationen zu.[568]

---

564 BaFin, Bitcoins: Aufsichtliche Bewertung und Risiken für Nutzer, Stand: 19.12.2013, https://www.bafin.de/SharedDocs/Veroeffentlichungen/DE/Fachartikel/2014/fa_bj_1401_bitcoins.html, letzter Abruf: 20.06.2019, Abschnitt Aufsichtliche Einordnung.

565 BaFin, Hinweise zu Finanzinstrumenten nach § 1 Abs. 11 Sätze 1 bis 3 KWG (Aktien, Vermögensanlagen, Schuldtitel, sonstige Rechte, Anteile an Investmentvermögen, Geldmarktinstrumente, Devisen, Rechnungseinheiten und Emissionszertifikate), Änderungsfassung vom 26.07.2018, https://www.bafin.de/SharedDocs/Veroeffentlichungen/DE/Merkblatt/mb_111220_finanzinstrumente.html, letzter Abruf: 20.06.2019, Abschnitt 2 (c) gg); *Schäfer*, in: Boos/Fischer/Schulte-Mattler, § 1 KWG Rn. 287; Schwennicke/Auerbach, § 1 KWG Rn. 249, ausführlich zum ECU: *Siebelt/Häde*, NJW 1992, 10.

566 *Hahn/Häde*, S. 118 f.; Eu.info Deutschland, http://www.eu-info.de/euro-waehrungsunion/5009/5280/5283/, letzter Abruf: 22.06.2019.

567 *Magiera*, in: Grabitz/Hilf Art. 277 EGV Rn. 4.

568 *Hahn/Häde*, S. 119.

Das „Sonderziehungsrecht" des IWF wurde im Jahr 1969 als internationales Reserveguthaben geschaffen. Dabei handelt es sich um einen Währungskorb auf Basis von vier internationalen Währungen, dem Euro, dem japanischen Yen, dem Pfund Sterling und dem US-Dollar. Diese Währungen gehören zum Korb, weil die Länder Deutschland, Frankreich, Japan, Großbritannien und die Vereinigten Staaten von Amerika seit 1981 unter Nutzung dieser Währung die größte Exportkraft besitzen. Der Wert des SZR wird jeden Tag in US-Dollar als Ausdruck der Werte der vier enthaltenen Währungen auf Basis der Wechselkurse an der London Stock Exchange berechnet. Dem SZR kommt in eingeschränktem Umfang eine Geldfunktion zu, es kann als Währungsreserve sowie als Zahlungsmittel betrachtet werden.[569]

Weiterhin erfasst der Begriff der Rechnungseinheiten auch solche Werteinheiten, denen bei Ringtauschgeschäften die Funktion von privaten Zahlungsmitteln zukommt sowie sämtliche andere Ersatzwährungen, welche in multilateralen Verrechnungskreisen aufgrund von Vereinbarungen privatrechtlicher Natur eingesetzt werden.[570] Kurz gesagt, werden also auch Regional- oder Komplementärwährungen vom Begriff der Rechnungseinheit erfasst. Somit legt die BaFin den Begriff der Rechnungseinheit sehr weit aus.[571] Schließlich waren nach Ansicht der BaFin Kryptowerte, also auch Bitcoins, als Rechnungseinheiten und damit als Finanzinstrumente nach § 1 XI 1 Nr. 7 KWG einzuordnen.[572]

In Folge dieser Einordnung war der Weg frei für die Tatbestände in § 1 I 2 Nr. 1–12 KWG und § 1 Ia 2 Nr. 1-12 KWG und eine sich daraus möglicherweise ergebende Bankerlaubnispflicht nach § 32 I KWG. An der Verwaltungspraxis der BaFin hatte sich auch durch ein Urteil des KG Berlin[573], welches im September 2018 ergangen war und für reichlich Diskussionsstoff im Zusammenhang mit der aufsichtsrechtlichen Qualifizierung von Kryptowerten gesorgt

569 International Monetary Fund (IMF), Informationsblatt über Sonderziehungsrechte vom 31.07.2000, https://www.imf.org/external/np/exr/facts/deu/sdrd.htm, letzter Abruf: 22.06.2019; *Hahn/Häde*, S. 336.

570 BaFin, Bitcoins: Aufsichtliche Bewertung und Risiken für Nutzer, Stand: 19.12.2013, https://www.bafin.de/SharedDocs/Veroeffentlichungen/DE/Fachartikel/2014/fa_bj_1401_bitcoins.html, letzter Abruf: 20.06.2019, Abschnitt Aufsichtliche Einordnung.

571 *Schäfer*, in: Boos/Fischer/Schulte-Mattler, § 1 KWG Rn. 287.

572 BaFin, Bitcoins: Aufsichtliche Bewertung und Risiken für Nutzer, Stand: 19.12.2013, https://www.bafin.de/SharedDocs/Veroeffentlichungen/DE/Fachartikel/2014/fa_bj_1401_bitcoins.html, letzter Abruf: 20.06.2019, Abschnitt Aufsichtliche Einordnung.

573 KG Berlin, Urteil vom 25.09.2018, Az. (4) 161 Ss 28/18 (35/18) = NJW 2018, 3734.

hatte, nichts geändert. Das Urteil und die sich daraus zunächst ergebenden Folgen sollen an anderer Stelle noch im Detail untersucht werden.[574]

bb) Standpunkt der Literatur: Kryptowerte stellten keine Rechnungseinheit dar

Die voranstehend dargestellte Praxis der BaFin, welche Kryptowerte als Rechnungseinheiten im Sinne des § 1 XI 1 Nr. 7 KWG einordnete, hatte in der juristischen Literatur Kritik hervorgerufen.[575] Anknüpfungspunkt für die unterschiedliche Auslegung des Begriffs der Rechnungseinheit in § 1 XI 1 Nr. 7 KWG und die daraus resultierende Qualifikation auch von Kryptowerten wie Bitcoins als Finanzinstrument im Sinne des KWG waren dabei einerseits die nähere Betrachtung der von der BaFin genannten Beispiele für Rechnungseinheiten und andererseits auch die Motive des Gesetzgebers bei der Implementierung der entsprechenden Tatbestandsalternative im KWG.

Wie bereits oben dargestellt, legt die BaFin ihrer Einordnung von Kryptowerten eine weite Definition des Begriffs der Rechnungseinheit zugrunde.[576] Beispielhaft wurden für Rechnungseinheiten Sonderziehungsrechte des Internationalen Währungsfonds und die ECU angeführt.[577] Da das KWG keine Definition des Begriffs der Rechnungseinheit enthält, bot sich unter Rückgriff auf die beispielhaft genannten Einheiten und die Motive des Gesetzgebers bei der Aufnahme des Begriffs der Rechnungseinheiten in das KWG die Entwicklung einer allgemeinen Definition an. Das KWG ist nicht das erste Spezialgesetz, welches den Begriff der Rechnungseinheit enthält. § 505 HGB enthält diesen bereits in seiner amtlichen Überschrift. Weitere Erwähnung findet der Begriff ebenfalls in § 431 I HGB, § 544 HGB, § 49 b LuftVG sowie § 5 I BinSchG. In diesen Gesetzen ist mit dem Begriff der Rechnungseinheit vor allem das Sonderziehungsrecht des IWF gemeint, womit dieses als Prototyp der Rechnungseinheit

---

574 Vgl. hierzu den nachfolgenden Abschnitt cc) in diesem Kapitel.

575 *Auffenberg*, NVwZ 2015, 1184.

576 *Schäfer*, in: Boos/Fischer/Schulte-Mattler, § 1 KWG Rn. 287.

577 BaFin, Hinweise zu Finanzinstrumenten nach § 1 Abs. 11 Sätze 1 bis 3 KWG (Aktien, Vermögensanlagen, Schuldtitel, sonstige Rechte, Anteile an Investmentvermögen, Geldmarktinstrumente, Devisen, Rechnungseinheiten und Emissionszertifikate), Änderungsfassung vom 26.07.2018, https://www.bafin.de/SharedDocs/Veroeffentlichungen/DE/Merkblatt/mb_111220_finanzinstrumente.html, letzter Abruf: 20.06.2019, Abschnitt 2 (c) gg); *Schäfer*, in: Boos/Fischer/Schulte-Mattler, § 1 KWG Rn. 287; Schwennicke/Auerbach, § 1 KWG Rn. 249.

aus der gesetzgeberischen Perspektive anzusehen ist.[578] Zudem wird der Begriff in § 45 S. 2 InsO verwendet. Die Vorschrift beschäftigt sich mit der Umrechnung von Forderungen. Aus der Stellungnahme des Bundesrates zu dieser Norm ergibt sich, dass der Grund für die Aufnahme des Begriffes der Rechnungseinheit in § 45 S. 2 InsO die zunehmende Nutzung von Rechnungseinheiten im Wege des internationalen Wirtschaftsverkehrs war. Auch hier erfasste der Begriff der Rechnungseinheit vor allem die Sonderziehungsrechte des IWF, daneben aber auch die ECU.[579]

In der einschlägigen Kommentarliteratur wird die Rechnungseinheit als *„Wertmesser für die Höhe einer in einer bestimmten Schuldwährung zu tilgenden Geldschuld angesehen, welche eine bestimmte Menge an Gold oder die Summe bestimmter Anteile verschiedener Währungen repräsentiert und hierdurch für die Errechnung von Geldsummen einen gemeinsamen Nenner schafft“*.[580] Die Rechnungseinheit zeichnet sich dadurch aus, dass sie zwar einen Vergleichsmaßstab für eine bestehende Schuld bilden kann, jedoch nicht zur Begleichung der selbigen geeignet ist.[581] Dies ist ursächlich darauf zurückzuführen, dass der Rechnungseinheit nur im Ausnahmefall durch eine besondere Anordnung die Funktion als Zahlungsmittel zukommt.[582]

Der deutsche Gesetzgeber wollte Devisen und vergleichbare Rechnungseinheiten, denen keine Eigenschaft als gesetzliches Zahlungsmittel zukommt, in das KWG aufnehmen, obwohl dies nicht von der EU-Wertpapierdienstleistungsrichtlinie vorgegeben wurde. Leitmotiv bei der Aufnahme von Rechnungseinheiten in das Beaufsichtigungsregime des KWG war die Tatsache, dass die Beaufsichtigung von Devisenhandel, Devisenkassageschäften und vergleichbaren Rechnungseinheiten internationalem Standard entspricht.[583]

Nach diesem ersten Ansatz, den Begriff der Rechnungseinheit inhaltlich auszudifferenzieren, waren weiterführend die in der Literatur vertretenen Begründungen für die Auffassung zu diskutieren, dass Kryptowerte – im Speziellen Bitcoins – keine Rechnungseinheit im Sinne des KWG und damit auch kein

578 So auch *Auffenberg*, NVwZ 2015, 1184, 1186.

579 BT-Drucks. 12/2443, S. 250; vgl. hierzu auch *Knof*, in: Uhlenbruck, InsO, § 45 InsO Rn. 17; *Bitter*, in MüKo/InsO § 45 Rn. 18.

580 *Martiny*, in: MüKo/BGB Anh. I Art. 9 Rom I-VO: Währungsrecht, Art. 9 Rom I-VO Rn. 35.

581 *Hahn/Häde*, S. 28.

582 *Martiny*, in: MüKo/BGB Anh. I Art. 9 Rom I-VO: Währungsrecht, Art. 9 Rom I-VO Rn. 35.

583 BT-Drucks. 13/7142, S. 69.

Finanzinstrument darstellen. Hauptargument der Literatur, die Bitcoins nicht als Finanzinstrument in Form der Rechnungseinheit qualifizieren wollte, war die fehlende Vergleichbarkeit mit Devisen[584]. Letzteres ist allerdings zwingende Voraussetzung.[585] Begrifflich ist zwischen „Devisen im engeren Sinn“ und „Devisen im weiteren Sinn“ zu differenzieren. Zu den „Devisen im engeren Sinn“ zählen gesetzliche Zahlungsmittel in ausländischer Währung. Als „Devisen im weiteren Sinn“ sind jegliche Werte zu betrachten, durch welche eine Beschaffung gesetzlicher Zahlungsmittel in ausländischer Währung ermöglicht wird. Deswegen können beispielsweise auch Grundstücke als Devisen klassifiziert werden.[586] Sorten, also ausländisches Bargeld, sind nicht zu den Devisen zu zählen.[587] Devisen zeichnen sich gerade dadurch aus, dass deren Wert jederzeit in eine nationale Währung umgerechnet werden kann und dass aufgrund des regen Handels mit Devisen mehrere anerkannte Umrechnungsmethoden existieren.[588]

Die voranstehend genannten Beispiele für Rechnungseinheiten, sowohl die Sonderziehungsrechte des IWF, als auch die ECU, bieten zu jeder Zeit die Möglichkeit der Umrechnung in eine nationale Währung, da beide Rechnungseinheiten täglich nach einem vorher festgelegten Berechnungssystem ermittelt werden können. Zudem ist es möglich, beide Rechnungseinheiten durch eine hinter diesen stehende Zentralinstanz in währungspolitischer Hinsicht zu beeinflussen.[589]

Bei Bitcoins stellt sich die Situation anders dar: Diese werden ausschließlich durch die Nutzer des Bitcoin-Netzwerks selbst geschaffen. Hierbei steht gerade keine – wie beim Euro als Fiatwährung – Zentralinstanz in Form der EZB dahinter, die Einfluss auf den Währungskurs ausüben kann.[590] Des Weiteren stellt sich die Frage, ob der Kurs von Bitcoin einheitlich bestimmt werden kann. Hier könnte einerseits ins Feld geführt werden, dass auf zahlreichen Plattformen ein tagesaktueller Umrechnungskurs von Bitcoin dargestellt wird[591]. Andererseits

---

584 *Auffenberg*, NVwZ 2015, 1184, 1187; *Hanten/Stump*, RdF 2018, 189, 193.

585 BaFin, Bitcoins: Aufsichtliche Bewertung und Risiken für Nutzer, https://www.bafin.de/SharedDocs/Veroeffentlichungen/DE/Fachartikel/2014/fa_bj_1401_bitcoins.html;jsessionid=81EE5D32A366C5769B4946906CD1AE51.1_cid372?nn=7847010#doc7849756bodyText2, letzter Abruf: 29.10.2018, Abschnitt Aufsichtliche Einordnung; BT-Drucks. 13/7142, S. 69.

586 Schimansky/Bunte/Lwowski BankR-HdB *Schefold* § 117 Rn. 2; *Hahn/Häde*, S. 13.

587 *Schäfer*, in: Boos/Fischer/Schulte-Mattler, § 1 KWG Rn. 287.

588 *Auffenberg*, NVwZ 2015, 1184, 1187; *Hanten/Stump*, RdF 2018, 189, 193.

589 *Auffenberg*, NVwZ 2015, 1184, 1187.

590 Siehe hierzu Kapitel 2 C 1.

591 Bspw. auf der Handelsplattform bitcoin.de.

spricht aber dagegen, dass hinter dem Bitcoin keine Zentralinstanz steht, die den Kurs beeinflussen kann. Der Wert des Bitcoin ergibt sich aus Angebot und Nachfrage der einzelnen Nutzer.[592]

Dies führt zu Divergenzen hinsichtlich des Kurswertes von Bitcoin zwischen den einzelnen Handelsplattformen. Eine Repräsentationsfunktion kommt den angezeigten Kurswerten allerdings nicht zu, was auf die Tatsache zurückzuführen ist, dass die Kursermittlung auf Basis vergangener, über die entsprechende Plattform getätigter Transaktionen erfolgt. Demnach ist eine einheitliche Kursermittlung mangels einer Zentralinstanz, die einen Leitwert ausgibt, nicht möglich.[593]

Nach den in der Literatur vertretenen Auffassungen mangelt es somit dem Bitcoin an einer einheitlichen Wertbestimmungsgrundlage und an einer Vergleichbarkeit mit Devisen. Dies führte letztlich dazu, dass eine Subsumtion von Bitcoin unter den Begriff der Rechnungseinheit dieser Ansicht zufolge nicht möglich war. Weitere Konsequenz dieser Ansicht war auch, dass Bitcoins keine Finanzinstrumente gemäß § 1 XI 1 Nr. 7 KWG darstellten.[594] Dies wiederum hatte zur Folge, dass die Tür zu den bankenaufsichtspflichtigen Tatbeständen des Bankgeschäfts und der Finanzdienstleistungen verschlossen blieb und eine Erlaubnispflicht gemäß § 32 KWG abzulehnen war. Dies galt allerdings nur bis zur Einführung des Tatbestandes des Kryptowerts in § 1 XI 1 Nr. 10 KWG durch Umsetzung der Fünften EU-Geldwäscherichtlinie in deutsches Recht zum 1. Januar 2020. Hierauf wird in diesem Kapitel noch im Detail eingegangen.

cc) Standpunkt KG Berlin: Urteil vom 25.09.2018 (4) 161 Ss 28/18 (35/18) – Bitcoins sind keine Finanzinstrumente in Form der Rechnungseinheit im Sinne des KWG

Im September 2018 setzte sich das KG Berlin in einem strafrechtlichen Kontext mit Bitcoins auseinander.[595] Es kam zu der Feststellung, dass Bitcoins kein Finanzinstrument im Sinne von § 1 KWG darstellen, vor allem keine Rechnungseinheiten gemäß § 1 XI 1 Nr. 7 KWG. Dem strafrechtlichen Urteil lag folgender Sachverhalt zugrunde: Der Betreiber einer Online-Plattform, auf

---

592 *Effer-Uhe*, ZZP 2018, 513, 515.

593 *Auffenberg*, NVwZ 2015, 1184, 1187.

594 So im Ergebnis *Auffenberg*, NVwZ 2015, 1184, 1187; *Hanten/Stump*, RdF 2018, 189, 193.

595 Für eine ausführliche Auseinandersetzung mit den vom KG vorgebrachten Argumenten vgl. *Lorenz*, ZIP 2019, 1699.

welcher Bitcoins ge- und verkauft werden konnten, sah sich dem Vorwurf des fahrlässigen Verstoßes gegen § 54 I Nr. 2, II KWG ausgesetzt. Ihm wurde also vorgeworfen, durch den Betrieb der Plattform ohne notwendige Bankerlaubnis (§ 32 I KWG) ein Bankgeschäft oder eine Finanzdienstleistung erbracht zu haben, da Bitcoins nach Ansicht der BaFin als Rechnungseinheiten und infolgedessen als Finanzinstrument zu qualifizieren waren.[596]

Bereits am 29. Februar 2016 wurde der Angeklagte durch das Amtsgericht Berlin-Tiergarten aufgrund fahrlässigen Verstoßes gegen § 54 I Nr. 2, II KWG zu einer Geldstrafe verurteilt. In der Berufungsverhandlung hat das KG Berlin den Angeklagten jedoch freigesprochen. Zurückzuführen war dies auf die Tatsache, dass nach Ansicht des KG Berlin Bitcoins keine Rechnungseinheiten und somit auch kein Finanzinstrument im Sinne des KWG darstellten.[597] Nach Auffassung des KG Berlin entfiel beim Betrieb einer Online-Plattform für den Handel mit Bitcoin die Notwendigkeit der Einholung einer Bankerlaubnis nach § 32 I KWG.[598]

Begründet hatte das KG Berlin dies weitgehend mit der Auslegung des Begriffs der Rechnungseinheit in § 1 XI 1 Nr. 7 KWG. Der Gesetzgeber habe bei der Aufnahme des Tatbestandes der Rechnungseinheit in das KWG eine technische Neuheit wie den Bitcoin nicht voraussehen können.[599] Bitcoins seien kein allgemein anerkanntes Zahlungsmittel, sondern nur in einem bestimmten Kreis von Wirtschaftsteilnehmern als solches anerkannt. Der Kurswert bestimme sich durch die Netzwerkteilnehmer und werde nicht durch eine Zentralinstanz überwacht und, sofern notwendig, gestützt. Zusammengenommen führte dies dazu, dass Bitcoins nicht mit Devisen vergleichbar sein und daher nicht als Rechnungseinheit einzuordnen sein.[600] Weiterhin stellte das KG Berlin in seinem Urteil fest, dass die weite Ausdehnung des Begriffs der Rechnungseinheiten nach § 1 XI 1 Nr. 7 KWG der BaFin nicht zustünde, da es sich um einen rechtsgestaltenden Eingriff in Strafgesetze handele und dies einen Verstoß gegen das in

---

596 KG Berlin, Urteil vom 25.09.2018, Az. (4) 161 Ss 28/18 (35/18) = NJW 2018, 3734.

597 KG Berlin, Urteil vom 25.09.2018, Az. (4) 161 Ss 28/18 (35/18) = NJW 2018, 3734.

598 KG Berlin, Urteil vom 25.09.2018, Az. (4) 161 Ss 28/18 (35/18) = NJW 2018, 3734; *Kunz*, KG Berlin: Bitcoins – doch kein Finanzinstrument?, RdF 2018, 87.

599 KG Berlin, Urteil vom 25.09.2018, Az. (4) 161 Ss 28/18 (35/18) = NJW 2018, 3734, 3735 Rn. 10.

600 KG Berlin, Urteil vom 25.09.2018, Az. (4) 161 Ss 28/18 (35/18) = NJW 2018, 3734, 3735 Rn. 11, 12.

Art. 103 II GG verankerte Bestimmtheitsgebot darstelle. Die BaFin habe den ihr zugewiesenen Kompetenzrahmen in dieser Hinsicht überschritten.[601]

dd) Folgen des Urteils des KG Berlin für die Einordnung von Bitcoins als Finanzinstrument (Rechnungseinheit nach § 1 XI 1 Nr. 7 KWG)

Infolge des Urteils des KG Berlin entbrannte eine lebhafte Diskussion darüber, ob diesem hinsichtlich der Ansicht, dass Bitcoins keine Rechnungseinheiten im Sinne des KWG darstellen und der dafür gelieferten Begründung ohne weiteres gefolgt werden könne.[602] Als problematisch erweist sich vor allem die „gespaltene Auslegung" des Begriffs der Rechnungseinheit. „Gespaltene Auslegung" meint die verschiedenartige Auslegung einer Norm, abhängig davon, ob es sich um verwaltungsrechtliches Handeln oder strafrechtlich relevantes Verhalten handelt.[603] Andere Begriffe hierfür sind Normspaltung oder Normambivalenz.[604]

Die Zulässigkeit der gespaltenen Auslegung ist seit geraumer Zeit ein Streitthema in der juristischen Literatur.[605] *Poelzig* setzt sich in ihrem Aufsatz[606] ausführlich mit der Frage auseinander, ob eine solche gespaltene Auslegung im Hinblick auf die Kollision von Strafrecht in Form des § 54 I Nr. 2 KWG und Aufsichtsrecht nach den §§ 6 ff., 37 f. KWG, die an § 32 KWG anknüpfen, zulässig

601 KG Berlin, Urteil vom 25.09.2018, Az. (4) 161 Ss 28/18 (35/18) = NJW 2018, 3734, 3735 f. Rn. 13 ff.

602 Für eine Einordnung von Bitcoins als Rechnungseinheiten i. S. d. KWG: *Danwerth/Hildner*, BKR 2019, 57, 58 f., 65; Im Einklang mit dem KG Berlin gegen eine Einordnung von Bitcoins als Rechnungseinheiten i. S. d. KWG: *Lehmann*, NJW 2018, 3734, 3737; *Froitzheim*, BKR 2018, 475 ff., aber mit der Begründung, dass Rechnungseinheiten ausschließlich eine Wertdarstellungsfunktion, aber keine Tauschmittelfunktion zukommt. Da Bitcoins jedoch zumindest in einem kleinen Kreis von Marktteilnehmern als Tauschmittel akzeptiert werden, geht deren Funktion über die einer bloßen Rechnungseinheit hinaus; ebenso ablehnend: *Peter*, NStZ-RR 2019, 19, 21, mit der Begründung, dass Devisen als Buchgeld oder verbriefte Rechte dem Inhaber einen direkten Auszahlungsanspruch gegen Dritte gewähren, was bei Bitcoins nicht der Fall ist, denn hier ist erst die Suche nach einem zahlungswilligen Erwerber notwendig. Ebenso *Büch*, EWiR 2018, 705, 706.

603 *Danwerth/Hildner*, BKR 2019, 57, 60.

604 Argumente für und gegen eine gespaltene Auslegung: *Danwerth*, Finanztransfergeschäft, S. 82 ff.; *Bülte*, JuS 2015, 769, 771 (Normspaltung).

605 Zur Problematik der einheitlichen oder gespaltenen Auslegung von Normen im Bank- und Kapitalmarktrecht: *Buck-Heeb*, WM 2020, 157,159 ff.

606 *Poelzig*, ZBB 2019, 1.

ist. Die gespaltene Auslegung von § 32 KWG durch dessen analoge Anwendung im Aufsichtsrecht wird als zulässig erachtet.[607]

Das Hauptproblem in dieser Entscheidung ist die unterschiedliche Auslegung einer öffentlich-rechtlichen Verhaltensnorm durch Gerichte und Behörden. Diese „gespaltene Auslegung" ist maßgeblich durch das Nebeneinander von Aufsichts- und Strafrecht bedingt. Die Verhaltensnorm, im hier betrachteten Fall handelt es sich dabei um § 32 KWG, regelt, welches Verhalten erlaubt und welches untersagt ist. Die Sanktionsnormen legen unter Bezugnahme der Verhaltensnorm dasjenige Verhalten fest, welches sanktioniert werden soll. Für den konkreten Fall bedeutet dies, dass der Frage nachgegangen werden muss, ob die analoge Anwendung einer strafrechtlichen Norm im Hinblick auf die aufsichtsrechtlichen Folgen möglich ist.[608]

Als Quelle für die gespaltene Auslegung wird das Art. 103 II GG innewohnende Analogieverbot angeführt, welches aber grundsätzlich im Aufsichtsrecht keine Wirkung entfaltet. Eine Erweiterung des Anwendungsrahmens kommt für den Anwendungsbereich des § 32 KWG allerdings nicht in Betracht. Zwar war der Rückgriff des KG auf den strafrechtlichen Bestimmtheitsgrundsatz im Wege der Auslegung als richtig anzusehen, jedoch blieb zu beachten, dass bei einer aufsichtsrechtlichen Auslegung einer Verhaltensnorm keine Bindungswirkung hinsichtlich des Auslegungsergebnisses für die BaFin bestand, es sei denn, der Gesetzgeber hätte einen abweichenden Willen zum Ausdruck gebracht. Eine solche Abweichung ist jedoch in den relevanten Vorschriften der § 6 ff., § 37 I KWG nicht zu finden.[609]

Weitergehend waren die sich aus dem Urteil ergebenden Praxisfolgen in den Blick zu nehmen. Hierbei war vor allem die Tatsache nicht von der Hand zu weisen, dass es sich um ein im strafrechtlichen Kontext ergangenes Urteil handelte. Dies bedeutete – wie voranstehend bereits festgestellt – dass sich daraus keine Bindungswirkung für die BaFin ergab, denn diese befasst sich mit dem Aufsichtsrecht und damit mit der verwaltungsrechtlichen Seite von Kryptowerten. Vor diesem Hintergrund war davon auszugehen, dass die BaFin in Folge des durch das KG Berlin erlassenen Urteils ihre Verwaltungspraxis, Bitcoins als Rechnungseinheiten im Sinne von § 1 XI 1 Nr. 7 KWG und folglich als Finanzinstrumente zu qualifizieren, was eine Erlaubnisbedürftigkeit nach § 32 KWG zur Folge hat, nicht ändern wird.[610]

607 *Poelzig*, ZBB 2019, 1, 8.

608 Hierzu ausführlich: *Poelzig*, ZBB 2019, 1, 4 ff.

609 *Poelzig*, ZBB 2019, 1, 9 f.

610 *Danwerth/Hildner*, BKR 2019, 57, 59, 65.

Nicht zuletzt war dies auch darauf zurückzuführen, dass eine höchstrichterliche Entscheidung zur rechtlichen Qualifizierung von Kryptowerten bisher noch nicht ergangen ist und aller Wahrscheinlichkeit nach auch noch lange Zeit auf sich warten lässt.[611] Dabei ist allerdings im Hinterkopf zu behalten, dass den von der BaFin in Richtlinien, Mitteilungen, Rundschreiben sowie Merkblättern vertretenen Ansichten generell keine rechtliche Bindungswirkung zukommt.[612] Selbiges galt auch im Hinblick auf die Qualifizierung von Kryptowerten wie Bitcoins als Rechnungseinheiten im Sinne von § 1 XI 1 Nr. 7 KWG. Es blieb somit zunächst abzuwarten, ob sich die Auffassung des KG Berlin auch in der verwaltungsgerichtlichen Rechtsprechung durchsetzen würde oder ob der Gesetzgeber sich der Problematik annimmt.

ee) *Gesetz zur Umsetzung der Änderungsrichtlinie zur Vierten EU-Geldwäscherichtlinie [Richtlinie (EU) 2018/843]*

Nach dem vorstehend besprochenen Urteil des KG Berlin, welches die Einordnung von Bitcoins als Rechnungseinheit im Sinne des KWG zum Gegenstand hatte, wurden in der Literatur zahlreiche Stimmen laut, die ein Tätigwerden des europäischen bzw. nationalen Gesetzgebers forderten.[613] Ziel sollte hierbei eine einheitliche Regelung und damit die Schaffung von Rechtssicherheit für die in den Bitcoinhandel involvierten Parteien sein. Ausschließlich über eine klare gesetzliche Regelung ließe sich ein hinreichender Schutz von Märkten und Anlegern realisieren.[614] Ansonsten bestünde weiterhin die Gefahr, dass durch einzelne nationale Regelungen ein uneinheitliches Schutzniveau in der EU entsteht.

Zwischenzeitlich hat die Streitfrage, ob Bitcoins als Rechnungseinheiten im Sinne von § 1 XI 1 Nr. 7 KWG und damit gemäß § 32 I KWG als

---

611 Ebenso: *Kunz*, RdF 2019, 87.

612 *Schäfer*, in: Boos/Fischer/Schulte-Mattler, § 6 KWG Rn. 22; a. A.: *Weber-Rey/Baltzer*, in: Hopt/Wohlmannstetter, Hdb. Corporate Governance von Banken, Teil 3 I C I 1, sprechen insofern von einer faktischen Bindungswirkung.

613 *Büch*, EWiR 2018, 705, 706; *Danwerth/Hildner*, BKR 2019, 57, 66; *Froitzheim*, BKR 2018, 477, *Hoch*, Crowdfunding, Bitcoins, Initial Coin Offerings: Rechtliche Herausforderungen für den Gesetzgeber im Zeitalter der Digitalisierung, in: Husemann u. a.: Strukturwandel und Privatrecht, S. 247, *Peter*, NStZ-RR 2019, 19, 21; *Zwirner*, BC 2019, 61, 63.

614 *Hoch*, Crowdfunding, Bitcoins, Initial Coin Offerings: Rechtliche Herausforderungen für den Gesetzgeber im Zeitalter der Digitalisierung, in: Husemann u. a.: Strukturwandel und Privatrecht, S. 247.

bankerlaubnispflichtiges Finanzinstrument zu qualifizieren sind, erheblich an Brisanz verloren und ist letztlich sogar gänzlich obsolet geworden. Zurückzuführen ist dies auf den Referentenentwurf eines Gesetzes zur Umsetzung der Änderungsrichtlinie zur Vierten EU-Geldwäscherichtlinie[615], welcher am 20. Mai 2019 vom Bundesministerium der Finanzen veröffentlicht worden ist. Die Fünfte EU-Geldwäscherichtlinie war bis zum 10. Januar 2020 von den Mitgliedstaaten in nationales Recht umzusetzen.[616] Diese Gesetzesänderung ist zum 1. Januar 2020 in Kraft getreten und damit rechtzeitig in nationales Recht umgesetzt worden.[617] Diese schafft unter anderem Klarheit im Hinblick auf die voranstehend angeführte Streitfrage. Hierin bestätigt der Gesetzgeber im Einklang mit der BaFin, dass Kryptowerte im Allgemeinen und Bitcoins im Speziellen als Rechnungseinheiten gemäß § 1 XI 1 Nr. 7 KWG und damit als Finanzinstrumente anzusehen sind.[618]

ff) Bitcoins als Finanzinstrumente in Form von Kryptowerten, § 1 XI 1 Nr. 10 KWG

Eine weitere Modifikation durch die Gesetzesänderung betrifft ebenso den Tatbestand des Finanzinstruments nach § 1 XI 1 Nr. 1–9 KWG. Der bestehende Katalog der Finanzinstrumente wird hierdurch um den "Kryptowert" als neue Nr.10 erweitert. Auch hat der Gesetzgeber eine Legaldefinition des Begriffs des Kryptowerts in § 1 XI 4 KWG eingeführt. Hiernach sind Kryptowerte im Sinne des KWG *„eine digitale Darstellung, eines Wertes, der von keiner Zentralbank oder öffentlichen Stelle emittiert wurde oder garantiert wird und nicht den gesetzlichen Status einer Währung oder von Geld besitzt, aber von natürlichen oder juristischen Personen aufgrund einer Vereinbarung oder tatsächlichen Übung als Tausch- oder Zahlungsmittel akzeptiert wird oder*

615 Referentenentwurf des Bundesministeriums der Finanzen zur Umsetzung der Änderungsrichtlinie zur Vierten EU-Geldwäscherichtlinie [Richtlinie (EU) 2018/843] vom 20.05.2019, https://www.bundesfinanzministerium.de/Content/DE/Gesetzestexte/Gesetze_Gesetzesvorhaben/Abteilungen/Abteilung_VII/19_Legislaturperiode/2019-05-24-Gesetz-4-EU-Geldwaescherichtlinie/1-Referentenewurf.pdf;jsessionid=801E438CEB56ADCBF35485DC0E51CAD0?__blob=publicationFile&v=4, letzter Abruf: 01.07.2019.

616 Referentenentwurf des Bundesministeriums der Finanzen zur Umsetzung der Änderungsrichtlinie zur Vierten EU-Geldwäscherichtlinie [Richtlinie (EU) 2018/843] vom 20.05.2019, S. 1.

617 BT-Drucks. 19/13827, S. 48.

618 *Behrens/Schadtle*, WM 2019, 2099, 2103; BT-Drucks. 19/13827, S. 49.

Anlagezwecken dient und der auf elektronischem Wege übertragen, gespeichert und gehandelt werden kann."[619] Ausgenommen vom Begriff des Kryptowerts im Sinne des KWG ist jedoch E-Geld nach § 1 II 3 ZAG. Selbiges gilt für monetäre Werte, welche auf Instrumenten im Sinne des § 2 I Nr. 10 ZAG gespeichert sind oder nur für Zahlungsvorgänge gemäß § 2 I Nr. 11 ZAG verwendet werden.[620]

Neben der Einordnung von Kryptowerten als Rechnungseinheit ermöglicht die weit gefasste Definition des Kryptowerts eine Erfassung von sämtlichen bis dato bekannten Verwendungsformen von Kryptocoins und -token, sofern diese nicht schon den gegebenenfalls einschlägigen Tatbeständen des Bankgeschäfts oder der Finanzdienstleistungen nach dem KWG unterfallen.[621] Somit gelingt auch die Erfassung von digitalen Werten, die sonst aufgrund der Tatsache, dass sie weder als Forderung gegen einen Emittenten, noch als E-Geld einzuordnen sind, nicht dem Regime der Bankenaufsicht unterworfen wären.[622]

b) Ergebnis: Kryptowerte sind Finanzinstrumente im Sinne des KWG

Zusammenfassend ist festzuhalten, dass aufgrund der Gesetzesänderungen Kryptowerte als Finanzinstrumente im Sinne von § 1 XI 1 KWG einzuordnen sind. Dabei kommen neben dem Tatbestand der Rechnungseinheit nach § 1 XI 1 Nr. 7 KWG nun auch der Tatbestand des Kryptowertes gemäß § 1 XI 1 Nr. 10 KWG in Betracht. Darauf aufbauend ist nunmehr im Hinblick auf eine aufsichtsrechtliche Einordnung zu klären, ob Kryptowerte auch die weiteren Tatbestandsmerkmale des Finanzkommissionsgeschäfts nach § 1 I 2 Nr. 4 KWG erfüllen. Alternativ können Handelsaktivitäten mit Kryptowerten auch dem neuen Tatbestand des Kryptoverwahrgeschäfts als Finanzdienstleistung nach § 1 Ia Nr. 6 KWG n. F. unterfallen. Ob dies der Fall ist, wird an anderer Stelle in diesem Kapitel einer genaueren Untersuchung unterzogen.

---

619 Referentenentwurf des Bundesministeriums der Finanzen zur Umsetzung der Änderungsrichtlinie zur Vierten EU-Geldwäscherichtlinie [Richtlinie (EU) 2018/843] vom 20.05.2019, S. 38.

620 Referentenentwurf des Bundesministeriums der Finanzen zur Umsetzung der Änderungsrichtlinie zur Vierten EU-Geldwäscherichtlinie [Richtlinie (EU) 2018/843] vom 20.05.2019, S. 38.

621 Referentenentwurf des Bundesministeriums der Finanzen zur Umsetzung der Änderungsrichtlinie zur Vierten EU-Geldwäscherichtlinie [Richtlinie (EU) 2018/843] vom 20.05.2019, S. 50.

622 *Resch*, BKR 2020, 23, 24.

2. Anschaffung und Veräußerung im eigenen Namen für fremde Rechnung, § 1 I 2 Nr. 4 KWG

Weiteres Tatbestandsmerkmal, welches für das Vorliegen des Finanzkommissionsgeschäfts neben dem Vorliegen eines Finanzinstruments nach § 1 I 2 Nr. 4 KWG erfüllt sein muss, ist die Anschaffung und Veräußerung. Hierunter ist jedes Rechtsgeschäft unter Lebenden zu fassen, welches auf einen abgeleiteten entgeltlichen Erwerb von Eigentum gerichtet ist. In Bezug auf Finanzinstrumente ist vor allem der Kauf oder der Abschluss von kaufähnlichen Verträgen gemeint. Zwingend ist bei dieser Art des Bankgeschäfts zudem, dass die Anschaffung oder Veräußerung im eigenen Namen für fremde Rechnung erfolgt. Dies ist der Fall, sofern die Vor- und Nachteile aus dem besagten Geschäft den Auftraggeber treffen.[623] Zudem wird eine hinreichende Vergleichbarkeit mit dem Kommissionsgeschäft nach dem Handelsgesetzbuch verlangt.[624] Eine Abweichung einzelner Rechte und Pflichten ist aber durchaus möglich.[625] Zentrales Handlungsmotiv des Finanzkommissionärs ist der Provisionsertrag.[626]

Damit ein Geschäftsmodell, welches den Handel mit Bitcoin durch einen Kommissionär in Form einer Plattform zum Gegenstand hat, unter den Tatbestand des Finanzkommissionsgeschäfts gefasst werden kann, müssen mehrere Voraussetzungen erfüllt sein. Zunächst muss eine Order des Käufers gegenüber der Plattform durch Vorgabe von Zahl und Preis der Geschäfte bzw. Anzahl und Preis der zu erwerbenden Kryptowerteinheiten erfolgen. Käufer und Verkäufer kennen sich dabei jeweils nicht. Die Plattform, auf der die Bitcoins gehandelt werden, tritt im Rahmen des Geschäfts, im eigenen Namen und nicht in Vertretung von Käufer oder Verkäufer auf. Die mit den Geschäften verbundenen Vor- und Nachteile wirtschaftlicher Natur betreffen Käufer und Verkäufer, welche Geld auf die Konten der Plattform überweisen bzw. Bitcoins auf die Plattformadressen

623 BaFin, Merkblatt Finanzkommissionsgeschäft vom 18.03.2010, geändert am 04.05.2017, https://www.bafin.de/SharedDocs/Veroeffentlichungen/DE/Merkblatt/mb_100318_tatbestand_finanzkommgeschaeft.html, letzter Abruf: 03.07.2019, Abschnitt 1 a)–d).

624 Vgl. zu den Voraussetzungen § 383 HGB; im Detail zu den einzelnen Voraussetzungen: Baumbach/Hopt/*Hopt*, HGB, § 383 Rn. 1–32.

625 BaFin, Bitcoins: Aufsichtliche Bewertung und Risiken für Nutzer, Stand: 19.12.2013, https://www.bafin.de/SharedDocs/Veroeffentlichungen/DE/Fachartikel/2014/fa_bj_1401_bitcoins.html, letzter Abruf: 20.06.2019, Abschnitt Finanzkommissionsgeschäft; Schwennicke/Auerbach, § 1 KWG Rn. 44.

626 *Schäfer*, in: Boos/Fischer/Schulte-Mattler, § 1 KWG Rn. 69.

übertragen. Zuletzt besteht eine Rechenschaftspflicht der Plattform gegenüber den Käufern und Erwerbern im Bezug auf die Geschäftsausführung und eine Pflicht, die angeschafften Bitcoins auf den Erwerber zu übertragen.[627]

Ein Beispiel für ein Geschäftsmodell, welches unter diese oben genannten Merkmale des Bankgeschäfts fällt, ist das der VPE Wertpapierhandelsbank AG. Als erste Bank in Deutschland bot die VPE Wertpapierhandelsbank AG den Handel mit Kryptowerten an. Dabei erfolgt dieser in der Form des Finanzkommissionsgeschäfts nach § 1 I 2 Nr. 4 KWG. Allerdings richtete sich das Handelsangebot der VPE Wertpapierhandelsbank AG ausschließlich an institutionelle und professionelle Kunden. Eine Einstufung von Privatkunden als professionelle Kunden ist nur in Ausnahmefällen unter besonderen Voraussetzungen möglich.[628] Zusammenfassend ist festzustellen, dass sich der Handel mit Kryptowerten wie Bitcoin in Form des Finanzkommissionsgeschäfts nach § 1 I 2 Nr. 4 KWG vollziehen kann.

3. *Abgrenzung des Finanzkommissionsgeschäfts zu Abschlussvermittlung und Eigenhandel*

Zur deutlichen Unterscheidung der einzelnen Tatbestände des Bankgeschäfts nach § 1 I 2 Nr. 1–12 KWG und der Finanzdienstleistungen nach § 1 Ia 2 Nr. 1–12 KWG bedarf es bestimmter Kriterien, die eine trennscharfe Abgrenzung der einzelnen Tatbestände untereinander ermöglichen. Das Finanzkommissionsgeschäft in § 1 I 2 Nr. 4 KWG muss sowohl von der Abschlussvermittlung in § 1 Ia 2 Nr. 2 KWG als auch von dem in § 1 Ia 2 Nr. 4c KWG geregelten Eigenhandel abgegrenzt werden. Dabei schließen sich die einzelnen Tatbestandsalternativen gegenseitig aus, denn ein Rechtsgeschäft kann nicht zur gleichen Zeit die Tatbestände von Abschlussvermittlung, Eigenhandel und Finanzkommissionsgeschäft erfüllen.[629]

Wie bereits voranstehend unter 2. dargestellt, zeichnet sich das Finanzkommissionsgeschäft durch die verdeckte Stellvertretung, also den Handel in eigenem Namen für fremde Rechnung, aus.[630] Im Unterschied dazu findet bei der Abschlussvermittlung eine Anschaffung oder Veräußerung

627 BaFin, Bitcoins: Aufsichtliche Bewertung und Risiken für Nutzer, Stand: 19.12.2013, https://www.bafin.de/SharedDocs/Veroeffentlichungen/DE/Fachartikel/2014/fa_bj_1401_bitcoins.html, letzter Abruf: 20.06.2019, Abschnitt Finanzkommissionsgeschäft.

628 https://www.vpeag.com/products/crypto/, letzter Abruf: 04.07.2019.

629 Beck/Samm/Kokemoor/*Reschke*, KWG, § 1 Rn. 586.

630 *Schäfer*, in: Boos/Fischer/Schulte-Mattler, § 1 KWG Rn. 69.

von Finanzinstrumenten im fremden Namen für fremde Rechnung statt, § 1 Ia 2 Nr. 2 KWG. Also handelt es sich bei dieser Art der Finanzdienstleistung um eine Tätigkeit, welche im Gegensatz zum Finanzkommissionsgeschäft in der Form der offenen Stellvertretung erbracht wird.[631]

Fraglich ist jedoch, anhand welcher Kriterien sich die Abgrenzung von Finanzkommissionsgeschäft und dem in § 1 Ia 2 Nr. 4a–d KWG geregelten Eigenhandel vollzieht. In § 2 VIII Nr. 2 c WpHG findet sich eine Parallelvorschrift zum Eigenhandel.[632] Diese befand sich zunächst in § 2 III 1 Nr. 2 WpHG und wurde durch das 2. FiMaNoG[633] in § 2 VIII Nr. 2 c WpHG transferiert. In seiner „klassischen Form" stellt sich der Eigenhandel als die Anschaffung oder Veräußerung von Finanzinstrumenten für eigene Rechnung als Dienstleistung für andere dar, § 1 Ia 2 Nr. 4 c KWG[634]. Als Abgrenzungskriterium für den Eigenhandel vom Finanzkommissionsgeschäft dient das Tatbestandsmerkmal „für eigene Rechnung", da Letzteres „für fremde Rechnung" erfolgt.[635] Charakteristisches Merkmal bei einem Tätigwerden „für eigene Rechnung" ist, dass Preis- und Liquiditätsrisiko beim Händler liegen.[636]

Zur Abgrenzung des Eigenhandels gemäß § 1 Ia 2 Nr. 4 c KWG und der Abschlussvermittlung vom Finanzkommissionsgeschäft muss weiterführend die Rolle des Unternehmens genauer in den Blick genommen werden. Das Unternehmen tritt beim „Eigenhandel als Dienstleistung" als Käufer oder Verkäufer auf.[637] Im Unterschied dazu tritt es sowohl beim Finanzkommissionsgeschäft (§ 1 I 2 Nr. 4 KWG) als auch bei der Abschlussvermittlung als Kommissionär auf, nämlich in offener oder in verdeckter Stellvertretung.[638]

631 Schwennicke/Auerbach, § 1 KWG Rn. 108; *Fischer*, in: Boos/Fischer/Schulte-Mattler, § 1 KWG Rn. 69; *Schäfer*, in: Assmann/Schütze/Buck-Heeb, HdB KapitalanlageR, § 12 Rn. 15.

632 *Kumpan*, in: Schwark/Zimmer KMRK, § 2 WpHG, 5. Aufl. 2020, Rn. 97.

633 Zweites Gesetz zur Novellierung von Finanzmarktvorschriften auf Grund europäischer Rechtsakte (Zweites Finanzmarktnovellierungsgesetz – 2. FiMaNoG), BGBl. I 2017, 1693 (Nr. 39).

634 *Schäfer*, in: Boos/Fischer/Schulte-Mattler, § 1 KWG Rn. 70, 167; *Assmann*, in: Assmann/Schneider/Mülbert, WPHR, § 2 WpHG Rn. 115.

635 *Kumpan*, in: Schwark/Zimmer KMRK, § 2 WpHG, 5. Aufl. 2020, Rn. 99.

636 *Assmann*, in: Assmann/Schneider/Mülbert, WPHR, § 2 WpHG Rn. 116; *Kumpan*, in: Schwark/Zimmer KMRK, § 2 WpHG, 5. Aufl. 2020, Rn. 116.

637 *Schäfer*, in: Boos/Fischer/Schulte-Mattler, § 1 KWG Rn. 169.

638 Schwennicke/Auerbach, § 1 KWG Rn. 44, 108; *Schäfer*, in: Boos/Fischer/Schulte-Mattler, § 1 KWG Rn. 70.

Ein Eigenhandel für andere ist dann anzunehmen, wenn das vom Händler übernommene Geschäft aus objektiver Sicht einen Dienstleistungscharakter aufweist. Hiervon ist immer dann auszugehen, wenn der Auftrag eines Kunden vorliegt oder eine Teilnahme am allgemeinen Wirtschaftsverkehr erfolgt, wobei diese Teilnahme von der Absicht der Gewinnerzielung getragen wird.[639] Somit ist festzuhalten, dass für eine sachgerechte aufsichtsrechtliche Einordnung des Handels mit Kryptowerten eine genaue Abgrenzung der verschiedenen Tatbestände der Finanzdienstleistung und des Bankgeschäfts im Sinne des KWG notwendig ist.

II. Anlagevermittlung, § 1 Ia 2 Nr. 1 KWG

Eine Finanzdienstleistung in Form der Anlagevermittlung bietet nach § 1 Ia 2 Nr. 1 KWG derjenige an, dessen Tätigkeit in der „*Vermittlung von Geschäften über die Anschaffung und Veräußerung von Finanzinstrumenten*" besteht. Im Einklang mit der Ansicht der BaFin[640] definiert der BGH den Begriff der Anlagevermittlung als „*jede final auf den Abschluss von Geschäften über die Anschaffung und Veräußerung von Finanzinstrumenten gerichtete Tätigkeit*"[641] . Bei einer Tätigkeit handelt es sich um eine Anlagevermittlung im Sinne der Vorschrift, sofern die Willenserklärung des Anlegers durch den Anlagevermittler als Bote an diejenige Person, mit welcher der Anleger ein Geschäft abschließen möchte, übermittelt wird. Die Willenserklärung des Anlegers muss dabei auf die Anschaffung oder Veräußerung von Finanzinstrumenten gerichtet sein.[642]

Ein Beispiel für eine Handelsplattform, die diese Art der Finanzdienstleistung anbietet, ist die Website bitcoin.de. Der Zugang zu dieser Handelsplattform steht auch Privatkunden offen und ist nicht auf den Handel von Kryptowerten durch institutionelle und professionelle Kunden beschränkt. Das dahinter stehende Unternehmen Bitcoin Deutschland AG vermittelt die Anlage von Finanzinstrumenten ausschließlich im Namen und für

639 Schwennicke/Auerbach, § 1 KWG Rn. 124; vgl. ausführlich zum Tatbestand des Eigenhandels: *Oetkers*, WM 2001, 340.

640 BaFin, Merkblatt Anlagevermittlung vom 17.05.2011, Änderungsfassung vom 13.07.2017, https://www.bafin.de/SharedDocs/Veroeffentlichungen/DE/Merkblatt/mb_091204_tatbestand_anlagevermittlung.html, letzter Abruf: 04.07.2019, Abschnitt 1 a).

641 BGH, Urt. v. 30.10.2014 – III ZR493/13 = NZG 2015, 396 Rn. 36.

642 LBS/*Spindler*, Bankrechts-Kommentar, Kap. 33 C Rn. 44.

Rechnung der FIDOR BANK AG,[643] womit es sich bei der angebotenen Dienstleistung um eine erlaubnispflichtige Anlagevermittlung im Sinne von § 1 Ia 2 Nr. 1 KWG handelt. Ebenso erfüllen regionale Verzeichnisse im Internet, die Personen auflisten, welche Kryptowerte an ihrem Wohnort zum Kauf oder Verkauf anbieten, den Tatbestand der Anlagevermittlung gemäß § 1 Ia 2 Nr. 1 KWG[644]. Hier lässt sich die Seite www.bitcoin-treff.de als Beispiel anführen.[645]

III. Betrieb eines multilateralen Handelssystems, § 1 Ia 2 Nr. 1b KWG

Nach § 1 Ia 2 Nr. 1b KWG wird eine Finanzdienstleistung in Form eines multilateralen Handelssystems angeboten, *wenn ein multilaterales System betrieben wird, welches die Interessen am Kauf und Verkauf von Finanzinstrumenten einer Vielzahl von Personen innerhalb des Systems und nach festgelegten Bestimmungen in einer Weise zusammenbringt, die zu einem Vertrag über den Kauf dieser Finanzinstrumente führt.* Nachfolgend werden die Voraussetzungen für die Annahme, dass ein multilaterales Handelssystems vorliegt, dargelegt:[646]

1. Multilaterales System

Für das Vorliegen eines Systems im Sinne des § 1 Ia 2 Nr. 1b KWG ist das Vorhandensein eines Regelwerkes bezüglich der Mitgliedschaft, die Handelsaufnahme von Finanzinstrumenten, Handelsbeziehungen zwischen den Systemmitgliedern, Meldung von abgeschlossenen Geschäften sowie das Bestehen von Transparenzpflichten notwendig. Das Vorhandensein einer Handelsplattform im technischen Sinne wird aber nicht als erforderlich erachtet.[647]

---

643 https://www.bitcoin.de/de/faq/ist-bitcoinde-eine-per-gesetz-regulierte-handelsplattform/148.html, letzter Abruf: 04.07.2019.

644 BaFin, Bitcoins: Aufsichtliche Bewertung und Risiken für Nutzer, Stand: 19.12.2013, https://www.bafin.de/SharedDocs/Veroeffentlichungen/DE/Fachartikel/2014/fa_bj_1401_bitcoins.html, letzter Abruf: 20.08.2020, Abschnitt Vermittlung und Eigenhandel.

645 *Langenbucher*, AcP 218 (2018), 385, 410.

646 Vgl. zu den Voraussetzungen im Detail: BaFin, Merkblatt multilaterales Handelssystem vom 07.12.2009, Änderungsfassung vom 25.07.2013, https://www.bafin.de/SharedDocs/Veroeffentlichungen/DE/Merkblatt/mb_091208_tatbestand_multilaterales_handelssystem.html, letzter Abruf: 18.08.2020.

647 BT-Drucks. 16/4028, S. 56; Schwennicke/Auerbach, § 1 KWG Rn. 98.

2. *Interesse am Kauf und Verkauf von Finanzinstrumenten*

Dieser Begrifflichkeit ist ein weites Verständnis zugrunde zu legen. Aufträge, Kursofferten und sogar bloße Interessensbekundungen sind als ausreichend anzusehen.[648]

3. *Vielzahl von Personen*

Zudem muss eine Vielzahl von Personen beteiligt sein. Als problematisch erweist sich der Punkt, ab welcher Anzahl es sich um eine „Vielzahl von Personen" handelt. Maßgeblich scheint es darauf anzukommen, dass durch den Systembetreiber mit Hilfe bestimmter Regelungen sichergestellt wird, dass Privatanleger vom Handel in dem besagten System ausgeschlossen sind.[649] Zudem darf es sich nicht um einen Auftrag zur Vermittlung in einem Einzelfall handeln.[650]

4. *Zusammenführung der Interessen innerhalb des Systems und nach festgelegten Bestimmungen*

Zusammenführung von Interessen innerhalb des Systems und nach festgelegten Bestimmungen bedeutet, dass die Interessen der verschiedenen Handelsteilnehmer nach dem Regelwerk mit Hilfe eines Protokolls oder einer Software zusammengebracht werden (sog. „Matching"). Vordergründig ist hierbei die Zusammenführung der Parteien auf nicht diskretionäre Weise, also nach objektiven Kriterien. Für die Parteien darf also gerade kein Ermessensspielraum bezüglich der Wahl des Vertragspartners bestehen, dieser muss durch das System zugewiesen werden.[651]

---

648 BT-Drucks. 16/4028, S. 56; BaFin, Merkblatt multilaterales Handelssystem vom 07.12.2009, Änderungsfassung vom 25.07.2013, https://www.bafin.de/SharedDocs/Veroeffentlichungen/DE/Merkblatt/mb_091208_tatbestand_multilaterales_handelssystem.html, letzter Abruf: 18.08.2020, Abschnitt 1 b).

649 BaFin, Merkblatt multilaterales Handelssystem vom 07.12.2009, Änderungsfassung vom 25.07.2013, https://www.bafin.de/SharedDocs/Veroeffentlichungen/DE/Merkblatt/mb_091208_tatbestand_multilaterales_handelssystem.html, letzter Abruf: 18.08.2020, Abschnitt 1 c).

650 BaFin, Bitcoins: Aufsichtliche Bewertung und Risiken für Nutzer, Stand: 19.12.2013, Abschnitt Multilaterale Handelssysteme. Weitergehend zu dieser Problematik: *Schäfer*, in: Boos/Fischer/Schulte-Mattler, § 1 KWG Rn. 152.

651 BaFin, Merkblatt multilaterales Handelssystem vom 07.12.2009, Änderungsfassung vom 25.07.2013, https://www.bafin.de/SharedDocs/Veroeffentlichungen/DE/Merkblatt/mb_091208_tatbestand_multilaterales_handelssystem.html, letzter

Beachtenswert ist zudem, dass Plattformen, die nur der bloßen Kommunikation zwischen den einzelnen Teilnehmern dienen, der eigentliche Vertragsschluss aber außerhalb des Systems zwischen den Vertragsparteien erfolgt, nicht dem Tatbestand eines multilateralen Handelssystems unterfallen.[652] Genauer gesagt, sind mit diesen Kommunikationsplattformen Angebote gemeint, die bildlich gesprochen mit einer Art elektronischem schwarzem Brett vergleichbar sind. In diesem Fall kann allerdings der Tatbestand der Anlagevermittlung nach § 1 Ia 2 Nr. 1 KWG erfüllt sein,[653] was jedoch abhängig von der genauen Ausgestaltung des Angebots ist.

Im Gegensatz zu einem multilateralen Handelssystem weist eine Börse im klassischen Sinn einen öffentlich-rechtlichen Status auf. Des Weiteren agiert der Börsenträger als Beliehener im Sinne des öffentlichen Rechts und die Börse unterliegt dem Zulassungs- und Aufsichtsregime des BörsG. Die Beaufsichtigung erfolgt durch die zuständige Landesbehörde. Die Regelungen zur Erlaubnispflicht finden sich in § 4 BörsG.[654]

Beispielhaft für diese Art der Finanzdienstleistung ist die von einer Tochterfirma der Börse Stuttgart AG betriebene App „Bison" anzuführen, auf der via Smartphone eine Vielzahl von Kryptowerten gehandelt werden kann.[655] Ziel dieser App ist es, den Handel mit virtuellen Währungen salonfähig zu machen und den Markt damit für eine breite Zielgruppe zu öffnen.[656] Zu Anfang waren Kryptowerte nur etwas für Technikbegeisterte. Dies soll sich jetzt durch die einfache Handelsmöglichkeit für jedermann via Smartphone ändern und den

---

Abruf: 18.08.2020, Abschnitt 1 d); Schwennicke/Auerbach, § 1 KWG Rn. 102; Beck/Samm/Kokemoor/*Reschke*, KWG, § 1 Rn. 574.

652 Vgl. hierzu auch: *Kumpan*, Regulierung außerbörslicher Wertpapierhandelssysteme, S. 226 ff., 269; *Schäfer*, in: Boos/Fischer/Schulte-Mattler, § 1 KWG Rn. 151.

653 BaFin, Merkblatt multilaterales Handelssystem vom 07.12.2009, Änderungsfassung vom 25.07.2013, https://www.bafin.de/SharedDocs/Veroeffentlichungen/DE/Merkblatt/mb_091208_tatbestand_multilaterales_handelssystem.html, letzter Abruf: 18.08.2020, Abschnitt 1 d).

654 Beck/Samm/Kokemoor/*Reschke*, KWG, § 1 Rn. 568.

655 Die BSDEX/Bison App soll als multilaterales Handelssystem reguliert werden, vgl. hierzu: Digital Exchange Börse Stuttgart, Häufig gestellte Fragen, Wie funktioniert der Handelsplatz?, https://www.bsdex.de/de/faq/, letzter Abruf: 28.07.2020; *Lange*, Börse Stuttgart und solarisBank entwickeln Handelsplattform für Kryptowährungen, 13.02.2018, https://block-builders.de/boerse-stuttgart-und-solarisbank-entwickeln-handelsplattform-fuer-kryptowaehrungen/, letzter Abruf: 19.09.2019.

656 Digital Exchange Börse Stuttgart, Häufig gestellte Fragen, Was ist BISON?, https://www.bsdex.de/de/faq/, letzter Abruf: 18.08.2020.

Kryptowerten aus ihrem „Nischendasein“[657] heraushelfen, hin zur Akzeptanz durch die breite Öffentlichkeit.

Zudem existieren weitere Geschäftskonzepte in Verbindung mit dem Handel von Kryptowerten, die den Tatbestand des multilateralen Handelssystems erfüllen. Beispielsweise wenn der Plattformbetreiber für den Handel mit Kryptowerten eine Preisschwelle festlegt, ab der eine Transaktion vollzogen werden soll. Ebenso fällt ein Geschäftsmodell unter den Tatbestand des multilateralen Handelssystems nach § 1 Ia 2 Nr. 1b KWG, wenn eine Absicherung der Transaktion durch Hinterlegung von Kryptowerteinheiten bei der Plattform stattfindet und eine Übertragung an den Kunden erst erfolgt, sobald der Zahlungseingang durch den Anbieter verifiziert worden ist.[658]

IV. Abschlussvermittlung, § 1 Ia 2 Nr. 2 KWG

Gemäß § 1 Ia 2 Nr. 2 KWG handelt es sich um die Erbringung einer Finanzdienstleistung in Form der Abschlussvermittlung, wenn Finanzinstrumente im fremden Namen für fremde Rechnung angeschafft oder veräußert werden.[659] Charakteristisch hierfür ist das Auftreten des Dienstleisters im Wege offener Stellvertretung für den Kunden. Tritt der Dienstleister nicht im eigenen Namen für seinen Kunden auf, sondern übermittelt eine Willenserklärung bloß als Bote, ist der Tatbestand der Anlagevermittlung nach § 1 Ia 2 Nr. 1 KWG erfüllt.[660] Für fremde Rechnung wird gehandelt, wenn die wirtschaftlichen Konsequenzen den Kunden des Vermittlers treffen und nicht den Vermittler selbst. Als Beispiel für ein solches Geschäftsmodell mit Bitcoins, welches den Tatbestand der Anlagevermittlung gemäß § 1 Ia 2 Nr. 1 KWG erfüllt, sind erneut regionale

657 Carl-Ludwig Thiele, der Vorstand der Deutschen Bundesbank, betitelte im Jahr 2014 Bitcoins als „Nischenphänomen“, Handelsblatt.de, Bundesbank warnt vor Bitcoins, 06.01.2014, https://www.handelsblatt.com/finanzen/maerkte/devisen-rohstoffe/internetwaehrung-bundesbank-warnt-vor-bitcoins/9294940.html?ticket=ST-380427-U1pjd2v54x9krHYRfsfa-ap6, letzter Abruf: 14.08.2019.

658 BaFin, Bitcoins: Aufsichtliche Bewertung und Risiken für Nutzer, https://www.bafin.de/SharedDocs/Veroeffentlichungen/DE/Fachartikel/2014/fa_bj_1401_bitcoins.html, Stand: 19.12.2013, letzter Abruf: 20.08.2020, Abschnitt Multilaterale Handelssysteme.

659 Vgl. zur Abgrenzung von Finanzkommissionsgeschäft und Abschlussvermittlung die Ausführungen im vorangegangenen Abschnitt 3.

660 Beck/Samm/Kokemoor/*Reschke*, KWG, § 1 Rn. 568; *Schäfer*, in: Boos/Fischer/Schulte-Mattler, § 1 KWG Rn. 157.

Verzeichnisse im Internet zu nennen, die Personen auflisten, welche Kryptowerte an ihrem Wohnort zum Kauf oder Verkauf anbieten[661].

V. Eigenhandel, § 1 Ia 2 Nr. 4a–d KWG

Im voranstehenden Abschnitt 3. wurde bereits eine Abgrenzung des Finanzkommissionsgeschäfts vom Eigenhandel vorgenommen. Nachfolgend soll nunmehr die Möglichkeit des Eigenhandels mit Kryptowerten näher beleuchtet werden.

1. Der Tatbestand des Eigenhandels in seinen unterschiedlichen Ausprägungen

§ 1 Ia 2 Nr. 4a–d KWG definiert den Eigenhandel. Eine andere Bezeichnung für den Eigenhandel lautet Nostrogeschäft[662]. Dabei ist der Eigenhandel in vier Untertatbestände gegliedert. Eine Finanzdienstleistung in Form des Eigenhandels nach § 1 Ia 2 Nr. 4a KWG erbringt, wer kontinuierlich den Kauf oder Verkauf von Finanzinstrumenten an einem organisierten Markt oder in einem multilateralen Handelssystem anbietet. Unter diese Tatbestandsalternative sind Market Maker und Designated Sponsors zu fassen, welche Marktpflege als Dienstleistung betreiben und auf diese Weise das Fortbestehen des Marktes sichern.[663]

Ebenfalls dem Eigenhandel nach § 1 Ia 2 Nr. 4b KWG unterfällt das häufige organisierte und systematische Betreiben von Handel für eigene Rechnung in erheblichem Umfang außerhalb eines organisierten Marktes oder eines multilateralen oder organisierten Handelssystems, wenn Kundenaufträge außerhalb eines geregelten Marktes oder eines multilateralen oder organisierten Handelssystems ausgeführt werden, ohne dass ein multilaterales Handelssystem betrieben wird. Dieser Tatbestand erfasst die sog. systematischen Internalisierer.[664] Diese Tatbestandsalternative kommt aber lediglich beim Handel von Security

661 BaFin, Bitcoins: Aufsichtliche Bewertung und Risiken für Nutzer, Stand: 19.12.2013, https://www.bafin.de/SharedDocs/Veroeffentlichungen/DE/Fachartikel/2014/fa_bj_1401_bitcoins. html, Abschnitt Vermittlung und Eigenhandel.

662 *Schäfer*, in: Assmann/Schütze/Buck-Heeb, HdB KapitalanlageR, § 12 Rn. 16.

663 *Schäfer*, in: Boos/Fischer/Schulte-Mattler, § 1 KWG Rn. 166; Beck/Samm/Kokemoor/*Reschke*, KWG, § 1 Rn. 618a, 620a.

664 BaFin, Hinweise zu den Tatbeständen des Eigenhandels und Eigengeschäfts, Stand: 22.03.2011, Änderungsfassung vom 15.05.2019, https://www.bafin.de/SharedDocs/Veroeffentlichungen/DE/Merkblatt/mb_110322_eigenhandel_eigengeschaeft_neu.html, letzter Abruf: 12.07.2019, S. 4Abschnitt 1 b).

Token[665] in Betracht, die allerdings nicht Gegenstand der vorliegenden Arbeit sind.[666] Insofern bedarf es hier keiner weiteren Betrachtung.

Weiterhin erfüllt nach § 1 Ia 2 Nr. 4c KWG den Tatbestand des Eigenhandels, wer Finanzinstrumente für eigene Rechnung als Dienstleistung für andere anschafft oder veräußert. Bei dieser Tatbestandsalternative handelt es sich um einen Auffangtatbestand.[667] Abgrenzungskriterium zum Eigenhandel, der vom Grundsatz her keiner Erlaubnispflicht unterliegt, ist das Kriterium der Dienstleistung für andere.[668] Von besonderer Relevanz ist hier die Beziehung des Dienstleisters zu seinem Kunden. Vielfach fungiert der Eigenhändler als „Türöffner“ für den Kunden, wenn dieser keinen eigenen Marktzugang hat und somit auf den Eigenhändler angewiesen sein kann. Das damit einhergehende strukturelle Ungleichgewicht in der Beziehung zwischen Eigenhändler und Kunde kann sich jedoch für Letzteren als Nachteil erweisen.[669] Ein Beispiel für diese Tatbestandsalternative des Eigenhandels ist der Generalclearer an der Terminbörse, ohne dessen Mitwirkung z. B. einem Privatanleger der Marktzugang verwehrt bleibt. Des Weiteren ist das Festpreisgeschäft unter diese Alternative zu fassen.[670]

Die in § 1 Ia 2 Nr. 4d KWG normierte vierte Tatbestandsalternative erfasst den Hochfrequenzhandel. § 1 Ia 2 Nr. 4d KWG statuiert, dass auch eine Finanzdienstleistung im Sinne des Eigenhandels anbietet, wer den Kauf oder Verkauf von Finanzinstrumenten für eigene Rechnung als unmittelbarer oder mittelbarer Teilnehmer eines inländischen organisierten Marktes oder eines multilateralen oder organisierten Handelssystems mittels einer hochfrequenten algorithmischen Handelstechnik vornimmt. Für die Annahme einer hochfrequenten Handelstechnik müssen jedoch die charakteristischen Merkmale erfüllt sein, welche in § 1 Ia 2 Nr. 4d aa)–cc) KWG normiert sind. Diese lauten wie folgt:

---

665 Vgl. zur Einordnung von Security Token unter den Begriff der Kryptowerte Abb. 2.

666 Vgl. hierzu weiterführend: *Patz*, BKR 2019, 435, 438 a. E.

667 BaFin, Hinweise zu den Tatbeständen des Eigenhandels und Eigengeschäfts, Änderungsfassung vom 15.05.2019, Stand: 22.03.2011, https://www.bafin.de/SharedDocs/Veroeffentlichungen/DE/Merkblatt/mb_110322_eigenhandel_eigengeschaeft_neu.html, letzter Abruf: 12.07.2019, Abschnitt 1 c); *Weber/Seifert*, in: Luz/Neus/Schaber/Schneider/Wagner/Weber, § 1 KWG Rn. 58, Stand: 24.02.2020.

668 Beck/Samm/Kokemoor/*Reschke*, KWG, § 1 Rn. 631.

669 Beck/Samm/Kokemoor/*Reschke*, KWG, § 1 Rn. 631 f.

670 BaFin, Hinweise zu den Tatbeständen des Eigenhandels und Eigengeschäfts, Änderungsfassung vom 15.05.2019, Stand: 22.03.2011, https://www.bafin.de/SharedDocs/Veroeffentlichungen/DE/Merkblatt/mb_110322_eigenhandel_eigengeschaeft_neu.html, Abschnitt 1 c) cc).

1. Nutzung von Infrastrukturen, die darauf abzielen, Latenzzeiten zu minimieren, vor allem Kollokation, Proximity Hosting oder direkte elektronische Hochgeschwindigkeitszugänge,
2. die Entscheidung des Systems über die Einleitung, das Erzeugen, das Weiterleiten, oder die Ausführung eines Auftrages ohne menschliche Intervention,
3. durch ein hohes untertägiges Mitteilungsaufkommen in Form von Aufträgen, Quotes, oder Stornierungen.

Dabei ist es für eine Einordnung unter den Tatbestand des Hochfrequenzhandels zwingend erforderlich, dass diese Anforderungen in kumulativer Weise vorliegen.[671]

Von Relevanz für den Handel mit Kryptowerten ist dabei ausschließlich § 1 Ia 2 Nr. 4c KWG. Der Hochfrequenzhandel und die systematische Internalisierung sind in diesem Zusammenhang nicht beachtenswert. Zu beachten ist aber die Abgrenzung vom Eigenhandel zum Eigengeschäft[672], welches mittlerweile auch unter einem Erlaubnisvorbehalt nach § 32 I KWG steht[673]. Die Regelung für das Eigengeschäft wurde mit Inkrafttreten von Art. 6 des 2. Finanzmarktnovellierungsgesetzes (2. FiMaNoG)[674] eingeführt. Die frühere Fiktion als Finanzdienstleistung ist damit entfallen. Die Voraussetzungen für eine Erlaubnispflichtigkeit des Eigengeschäfts finden sich in § 32 Ia 2 KWG und § 32 Ia 4 KWG.

Als Beispiel für Geschäftsmodelle, die den Handel mit Kryptowerten in Form von Bitcoins involvieren und den Tatbestand des Eigenhandels in der Alternative von § 1 Ia 2 Nr. 4c KWG erfüllen, sind Ausgestaltungen zu nennen, die dem Käufer die direkte Möglichkeit eines Tausches von virtueller Währung in Fiatgeld wie Euro oder US-Dollar ermöglichen.[675] Nach Ansicht der BaFin ist es für die

---

671 BaFin, Häufig gestellte Fragen zum HFT-Gesetz, („Was ist eine hochfrequente algorithmische Handelstechnik?"), https://www.bafin.de/DE/RechtRegelungen/FAQ/HFT-Gesetz/hft-gesetz_node.html, letzter Abruf: 22.06.2020, vgl. zum Tatbestand des Hochfrequenzhandels auch: *Weber/Seifert*, in: Luz/Neus/Schaber/Schneider/Wagner/Weber, § 1 KWG Rn. 60, Stand: 24.02.2020.

672 Vgl. zur Abgrenzung von Eigenhandel und Eigengeschäft nachfolgend 2.

673 Beck/Samm/Kokemoor/*Reschke*, KWG, § 1 Rn. 617a.

674 Zweites Gesetz zur Novellierung von Finanzmarktvorschriften auf Grund europäischer Rechtsakte (Zweites Finanzmarktnovellierungsgesetz – 2. FiMaNoG), BGBl. I 2017, 1693 (Nr. 39).

675 BaFin, Bitcoins: Aufsichtliche Bewertung und Risiken für Nutzer, Stand: 19.12.2013, https://www.bafin.de/SharedDocs/Veroeffentlichungen/DE/Fachartikel/2014/fa_bj_1401_bitcoins.html, letzter Abruf: 20.08.2020, Abschnitt Vermittlung und Eigenhandel.

Erfüllung der Tatbestandsalternative des Eigenhandels als ausreichend zu erachten, wenn ein Anbieter in der Öffentlichkeit damit wirbt, regelmäßig virtuelle Währungen an- und zu verkaufen.[676] Für diese Art des Eigenhandels ist beispielhaft die App BISON der Börse Stuttgart GmbH zu nennen, welche den Nutzern eine Tauschmöglichkeit von Kryptowerten in Fiatgeld bietet.[677] Daneben unterfallen dieser Tatbestandsalternative auch Krypto-Geldautomaten[678] und sog. „Virtuelle Wechselstuben" (Kryptowechselstellen)[679]. Die Folgen einer fehlenden Erlaubnis im Zusammenhang mit dem Handel von Kryptowerten zeigten sich in jüngster Zeit: So ging die BaFin aktuell rechtlich gegen die KKT UG vor, einen Dienstleister, welcher im gesamten Bundesgebiet Krypto-Geldautomaten aufgestellt hatte.[680] Zu einer abschließenden Klärung der Frage, wann eine Erlaubnispflicht vorliegt, bedarf es einer detaillierten Abgrenzung von Eigenhandel und Eigengeschäft. Diese findet im nachfolgenden Abschnitt 2 statt.

2. *Abgrenzung von Eigenhandel und Eigengeschäft*

In engem Zusammenhang mit dem Tatbestand des Eigenhandels nach § 1 Ia 2 Nr. 4a–d KWG steht die Frage nach dessen Abgrenzung zum Tatbestand des Eigengeschäfts, welches in § 1 Ia 3 KWG normiert ist. Danach liegt der Tatbestand des Eigengeschäfts vor, wenn Finanzinstrumente für eigene Rechnung veräußert oder angeschafft werden, die nicht dem Tatbestand des Eigenhandels

---

676 BaFin, Merkblatt zu Virtuellen Währungen/Virtual Currency (VC), Änderungsfassung vom 28.04.2016; https://www.bafin.de/DE/Aufsicht/FinTech/VirtualCurrency/virtual_currency_artikel.html, letzter Abruf: 18.08.2020, Abschnitt Erlaubnispflichten beim Mining, An- und Verkauf.

677 *Patz*, BKR 2019, 435, 439; vgl. weiterführend zur BISON App der Börse Stuttgart Kapitel 5 A. I.

678 In Deutschland finden sich diese Automaten beispielsweise in Berlin oder Hamburg, *Horch*, BTC kaufen: Bitcoin-Automaten (ATM) jetzt auch in Deutschland, 02.05.2019, https://www.btc-echo.de/btc-kaufen-bitcoin-automaten-atm-nun-auch-in-deutschland/, letzter Abruf: 24.03.2020.

679 *Patz*, BKR 2019, 435, 439; BaFin, Bitcoins: Aufsichtliche Bewertung und Risiken für Nutzer, Stand: 19.12.2013, https://www.bafin.de/SharedDocs/Veroeffentlichungen/DE/Fachartikel/2014/fa_bj_1401_bitcoins.html, Abschnitt Vermittlung und Eigenhandel.

680 *Kasanmascheff*, BaFin geht wieder gegen Aufsteller von Bitcoin-Geldautomaten vor, 04.03.2020, https://de.cointelegraph.com/news/bafin-geht-wieder-gegen-aufsteller-von-bitcoin-geldautomaten-vor, letzter Abruf: 18.08.2020.

nach § 1 Ia 2 Nr. 4 KWG unterfallen. Eigengeschäfte haben gerade keinen Kundenbezug.[681]

Die letzte Änderung des Tatbestands des Eigengeschäfts erfolgte im Wege des Gesetzes zur Absicherung von Risiken und zur Planung der Sanierung und Abwicklung von Kreditinstituten und Finanzgruppen.[682] Hiermit wurde die sich zwischenzeitlich in § 32 Ia KWG befindliche Legaldefinition des Eigengeschäfts wieder zurück nach § 1 Ia 3 KWG verlegt. Grundsätzlich stellt das Eigengeschäft keine Finanzdienstleistung dar. Als Finanzdienstleistung ist es nur unter den folgenden Voraussetzungen einzuordnen:[683] Das Geschäft wird gewerbsmäßig oder in einem kaufmännischen Umfang betrieben und der Betreiber gehört einer Instituts-, Finanzholding-, oder gemischten Finanzholding-Gruppe an oder ist Teil eines Finanzkonglomerats, der oder dem ein CCR-Kreditinstitut angehört (CRR-Gruppe). Infolgedessen ist der Betreiber als Finanzdienstleister einzuordnen.[684] Ein CCR-Kreditinstitut ist gemäß Art. 4 I Nr. 1 CRR jedes Unternehmen, dessen Tätigkeit darin besteht, Einlagen oder andere rückzahlbare Gelder des Publikums entgegenzunehmen und Kredite für eigene Rechnung zu gewähren.[685]

Unternehmen, die ausschließlich das Eigengeschäft betreiben und keine andere Dienstleistung nebenher offerieren, die als Finanzdienstleistung zu qualifizieren ist, unterliegen keiner Erlaubnispflicht.[686]

3. *Abgrenzung von Eigenhandel und Finanzkommissionsgeschäft*

Fraglich ist zudem, anhand welcher Kriterien der Eigenhandel vom in § 1 I 2 Nr. 4 KWG normierten Finanzkommissionsgeschäft abzugrenzen ist. Der Abgrenzung dieser beiden Finanzdienstleistungen kommt vor dem Hintergrund der Strafbarkeit des Betriebs des Bankgeschäfts ohne Lizenz nach § 54 KWG erhöhte Bedeutung zu. Selbst wenn ein Institut für eine unter Erlaubnisvorbehalt

---

681 *Schwennicke/Auerbach*, § 1 KWG Rn. 160e.

682 BGBl. 2013 I, S. 3090.

683 *Schäfer*, in: Boos/Fischer/Schulte-Mattler, § 1 KWG Rn. 204; Beck/Samm/Kokemoor/*Reschke*, KWG, § 1 Rn. 774m.

684 Beck/Samm/Kokemoor/*Reschke*, KWG, § 1 Rn. 774e.

685 Verordnung (EU) Nr. 575/2013 des Europäischen Parlaments und des Rates vom 26. Juni 2013 über Aufsichtsanforderungen an Kreditinstitute und Wertpapierfirmen und zur Änderung der Verordnung (EU) Nr. 646/2012 (Text von Bedeutung für den EWR).

686 BT-Drucks. 17/12601, S. 40.

stehende Art des Bankgeschäfts oder der Finanzdienstleistung bereits über eine Lizenz verfügt, kann dies unter den Straftatbestand des § 54 KWG fallen. Grund dafür ist die Tatsache, dass ein Institut für jede Art des Bankgeschäfts oder der Finanzdienstleistung, welche durch es erbracht wird, eine gesonderte Erlaubnis der BaFin beantragen muss, sofern keine allgemeine Institutserlaubnis vorhanden ist.[687] Als Beispiel für ein Finanzkomissionsgeschäft mit Kryptowerten ist der gewerbsmäßige An- und Verkauf von Kryptowerten auf einer Plattform im eigenen Namen auf fremde Rechnung zu nennen.[688]

Der Unterschied zwischen Finanzkommissionsgeschäft und Eigenhandel besteht darin, dass bei ersterem der Kommissionär dem Kommittenten nur das Bemühen um einen für den Kunden möglichst günstigen Vertragsabschluss schuldet.[689] Beim zuletzt genannten Eigenhandel wird im Gegensatz zum Finanzkommissionsgeschäft ein Kaufvertrag zwischen dem Kunden und dem Institut abgeschlossen.[690]

VI. Kryptoverwahrgeschäft, § 1 Ia 2 Nr. 6 KWG

Durch das Gesetz zur Umsetzung der Änderungsrichtlinie zur Vierten EU-Geldwäscherichtlinie wurde mit Wirkung zum 1. Januar 2020 auch das Kreditwesengesetz geändert.[691] Um eine lückenlose Erfassung von Kryptowerten durch das Regelungsregime des KWG zu gewährleisten, sind die bisher in § 1 Ia 4 Nr. 1–12 KWG geregelten Tatbestandsalternativen der Finanzdienstleistungen um eine Nr. 6 erweitert worden.[692] Die neu eingeführte Tatbestandsalternative des Kryptoverwahrgeschäfts qualifiziert *„die Verwahrung, die Verwaltung und die Sicherung von Kryptowerten oder privaten kryptografischen Schlüsseln, die dazu dienen, Kryptowerte zu halten, zu speichern und zu übertragen, für andere“*[693] als Finanzdienstleistung im Sinne des KWG. Hierdurch wird

687 *Lindemann*, in: Boos/Fischer/Schulte-Mattler, § 54 KWG Rn. 18.

688 BaFin, Bitcoins: Aufsichtliche Bewertung und Risiken für Nutzer, Stand: 19.12.2013, https://www.bafin.de/SharedDocs/Veroeffentlichungen/DE/Fachartikel/2014/fa_bj_1401_bitcoins.html, letzter Abruf: 20.08.2020, Abschnitt Finanzkommissionsgeschäfte.

689 K. Schmidt, Handelsrecht, 5. Aufl. 1999, S. 872; *Oelkers*, WM 2001, 340, 341.

690 Beck/Samm/Kokemoor/*Reschke*, KWG, § 1 Rn. 654.

691 Vgl. zu diesen Änderungen bereits Abschnitte ee) und ff) in diesem Kapitel.

692 Zur Abgrenzung des Kryptoverwahrgeschäfts zu anderen Finanzdienstleistungen vgl. *Rennig*, BKR 2020, 23, 27 f.

693 Referentenentwurf des Bundesministeriums der Finanzen zur Umsetzung der Änderungsrichtlinie zur Vierten EU-Geldwäscherichtlinie [Richtlinie (EU) 2018/843] vom 20.05.2019, S. 38.

der Kreis der möglichen Ausgestaltungen des Handels mit Kryptowerten erheblich erweitert und eine Art Auffangtatbestand geschaffen. Sollte die einschlägige Geschäftsart nicht schon einer der oben genannten Tatbestandsalternativen des Bankgeschäfts- oder der Finanzdienstleistungen nach dem KWG unterfallen, wird dies durch die Neueinführung von § 1 Ia 4 Nr. 6 KWG n. F. ermöglicht und so eine umfassendere Regelung von Geschäften erreicht, die in Verbindung mit dem Handel von Kryptowerten stehen.

Fraglich ist allerdings, wie die einzelnen in dieser Tatbestandsalternative verwendeten Begriffe auszulegen sind. Hierüber gibt der Gesetzesentwurf der Bundesregierung für ein Gesetz zur Umsetzung der Änderungsrichtlinie zur Vierten EU-Geldwäscherichtlinie Aufschluss. Danach ist unter dem Wort „Verwahrung" im Sinne der Norm die Inobhutnahme der Kryptowerte als Dienstleistung für Dritte zu verstehen. Dadurch soll sichergestellt werden, dass gerade auch solche Dienstleister von einer Erlaubnispflicht erfasst werden, die kryptografische Schlüssel ihrer Kunden in einem Sammelbestand aufbewahren, ohne dass die Kunden dabei Kenntnis von den verwendeten kryptografischen Schlüsseln haben. Verwalten meint dabei die Wahrnehmung der aus dem Kryptowert stammenden Rechte. Auch der Begriff der Sicherung ist in diesem Zusammenhang weit zu verstehen. Dabei sollen von diesem Begriff sowohl die Aufbewahrung privater kryptografischer Schlüssel dritter Personen in Form der als Dienstleistung erbrachten Speicherung, als auch die Aufbewahrung eben solcher Schlüssel auf physischen Datenträger durch den Anbieter (bspw. auf einem USB-Stick oder auf einem Blatt Papier) erfasst sein.[694]

Bei den Sammelbeständen dürfte der Hauptanwendungsfall bei den sog. Omnibus-Wallets liegen, welche vorrangig von den zentralen Krypto-Handelsplattformen verwendet werden. Hierbei werden innerhalb einer Wallet die Kryptowerte von verschiedenen Nutzern verwaltet. Dieser Alternative dürfte auch die Verwahrung von Kryptowerten in sog. Multi-Signature Wallets zuzuordnen sein. Bei dieser speziellen Ausgestaltung einer Wallet wird zur Initiierung einer Transaktion neben dem Privaten Schlüssel noch ein weiterer Schlüssel oder ein Passwort benötigt.[695]

Ausgenommen von dieser Alternative ist aber die bloße Zurverfügungstellung von Cloud-Speicherplatz, sofern der Anbieter nicht auch explizit die Speicherung von kryptografischen Schlüsseln anbietet. Gleiches gilt für das bloße Anbieten von Hard- oder Software, die die Sicherung von kryptografischen

---

694 BT-Drucks. 19/13827, S. 109.

695 *Resas/Ulrich/Geest*, ZBB 2020, 23, 29.

Schlüsseln oder Kryptowerten zum Ziel hat, welche von den Nutzern in eigener Verantwortung betrieben wird. Allerdings darf der Anbieter der Hard- oder Softwarelösung keine bestimmungsgemäße Zugriffsmöglichkeit auf die darauf gesicherten Daten haben. Durch die Einführung dieses Tatbestandes soll zudem verhindert werden, dass die Nutzer ihre Kryptowerte bei den Anbietern selbst in Verwahrung geben. Für die Auslösung einer Erlaubnispflicht nach § 32 I KWG wird die Erfüllung einer Speicherungsform durch den Anbieter als ausreichend betrachtet.[696]

Im Rahmen der Einführung von elektronischen Wertpapieren und Kryptowertpapieren plant die Bundesregierung zwecks aufsichtsrechtlicher Erfassung eine Erweiterung des Tatbestandes des Kryptoverwahrgeschäfts, welches nach dem Willen des Gesetzgebers zukünftig auch *„die Sicherung von privaten kryptografischen Schlüsseln, die dazu dienen Kryptowertpapiere für andere nach § 2 Absatz 2 des Gesetzes über elektronische Wertpapiere zu halten, zu speichern oder darüber zu verfügen.“*[697]

B. Ergebnis zur Erlaubnispflicht des Handels mit Bitcoin nach § 32 I KWG

Aufgrund der Analyse der für den Handel mit Kryptowerten wie Bitcoin in Betracht kommenden Tatbestände der Finanzdienstleistung und des Bankgeschäftes im KWG ergeben sich folgende Erkenntnisse: Sofern ein Händler über das Internet Kryptowerte zum Handel anbietet, unterliegt er einer Erlaubnispflicht nach § 32 I KWG. Je nach Ausgestaltung der Handelsplattform wird hierdurch entweder die Tatbestandsalternative des Finanzkommissionsgeschäfts (§ 1 I 2 Nr. 4 KWG), der Anlagevermittlung (§ 1 Ia 2 Nr. 1b KWG), des Betriebs eines multilateralen Handelssystems (§ 1a 2 Nr. 1b KWG), der Abschlussvermittlung (§ 1 Ia 2 Nr. 2 KWG), des Eigenhandels (§ 1 Ia 2 Nr. 4 KWG) oder des Kryptoverwahrgeschäfts (§ 1 Ia 2 Nr. 6 KWG) erfüllt. Dies begründet die Pflicht des Betreibers zur Einholung einer Betriebserlaubnis nach § 32 I KWG bei der BaFin.

---

696 BT-Drucks. 19/13827, S. 109.

697 Bundesministerium der Justiz und für Verbraucherschutz und Bundesministerium der Finanzen, Referentenentwurf für ein Gesetz zur Einführung von elektronischen Wertpapieren, https://www.bmjv.de/SharedDocs/Gesetzgebungsverfahren/Dokumente/RefE_Einfuehrung_elektr_Wertpapiere.pdf?__blob=publicationFile&v=1, letzter Abruf: 15.08.2020, S. 21.

Bei der praktischen Umsetzung der Erlaubnispflicht ist zu beachten, dass im Zuge des Gesetzes zur Umsetzung der Änderungsrichtlinie zur Vierten EU-Geldwäscherichtlinie[698] eine Übergangsregelung in Form des § 64y KWG für Unternehmen in Kraft trat, die erst durch die Einführung der neuen Tatbestandsalternative des Kryptoverwahrgeschäfts als Finanzdienstleistungsinstitut zu qualifizieren waren oder deren Geschäftsmodell erst aufgrund der Erweiterung der Tatbestandsalternativen der Finanzinstrumente erlaubnispflichtig nach § 32 I KWG wurden.[699] Sofern die Voraussetzungen von § 64y KWG vorlagen, galt die Erlaubnis für diese Unternehmen als erteilt. Das Unternehmen musste bis zum 30. November 2020 einen Erlaubnisantrag bei der BaFin einreichen und diese von der Absicht, einen solchen Antrag einzureichen, in Kenntnis setzen. Zudem führte dies dazu, dass die Unternehmen zu geldwäscherechtlich Verpflichteten nach § 2 I GwG wurden. Hierfür war der Zeitpunkt der Antragstellung für die Inanspruchnahme der Übergangsregelung nicht von Relevanz.[700]

C. Erlaubnispflicht nach dem Zahlungsdiensteaufsichtsgesetz (ZAG)

Der Vollständigkeit halber soll nachfolgend geprüft werden, ob der Handel mit Kryptowerten auch einer Erlaubnispflicht nach dem ZAG unterliegt. Es könnte sich konkret beim Handel mit Bitcoin die Pflicht zur Einholung einer Betriebserlaubnis durch die BaFin auf der Grundlage des Zahlungsdiensteaufsichtsgesetzes (ZAG) ergeben. Gemäß § 10 I 1 ZAG bedarf derjenige, welcher im Inland gewerbsmäßig oder in einem Umfang, der einen in kaufmännischer Weise eingerichteten Geschäftsbetrieb erfordert, Zahlungsdienste erbringen will, ohne Zahlungsdienstleister im Sinne des § 1 I 1 Nr. 2–5 ZAG zu sein, einer schriftlichen Erlaubnis der Bundesanstalt. In Betracht kommt im Hinblick auf Bitcoins der Betrieb des E-Geld Geschäfts nach § 11 I 1 ZAG. Wie bereits oben in Kapitel 3 dargestellt wurde, unterfallen Bitcoins in Ermangelung des Bestehens einer Forderung gegenüber einem zentralen Emittenten nicht der Definition des

---

698 Richtlinie (EU) 2018/843 des Europäischen Parlaments und des Rates vom 30. Mai 2018. Zur Änderung der Richtlinie (EU) 2015/849 zur Verhinderung der Nutzung des Finanzsystems zum Zwecke der Geldwäsche und der Terrorismusfinanzierung und zur Änderung der Richtlinien 2009/138/EG und 2013/36/EU.

699 Vgl. hierzu auch: *Resas/Ulrich/Geest*, ZBB 2020, 22, 33 f.

700 BaFin, Hinweise zur Auslegung des § 64y KWG, Stand: 17.01.2020, https://www.bafin.de/SharedDocs/Veroeffentlichungen/DE/Auslegungsentscheidung/BA/ae_Hinweise_zur_Auslegung_64y_KWG.html, letzter Abruf: 26.03.2020.

E-Geldes in § 1 II 3 ZAG. Folglich unterliegt der Betrieb einer Onlinehandelsplattform für Bitcoins nicht einer Erlaubnispflicht nach dem ZAG.[701]

D. Erlaubnisfreie Nutzungsformen von Bitcoin

In Bezug auf den Handel mit Kryptowerten in Form von Bitcoin existieren nicht nur Nutzungsformen, welche eine aufsichtsrechtliche Erlaubnispflicht gemäß § 32 I KWG nach sich ziehen, sondern auch erlaubnisfreie Geschäftsarten. Hierzu zählen folgende Nutzungen von Kryptowerten: Werden Bitcoins zum Beispiel bei der Abwicklung eines Kaufvertrages als Ersatzwährung verwendet, unterliegt dies keiner Erlaubnispflicht. Ein Anbieter, der sich durch einen Kunden in Bitcoin bezahlen lässt, betreibt kein Bankgeschäft und erbringt auch keine Finanzdienstleistung. Dasselbe gilt auch für den Kunden, der die Zahlung in Bitcoin vornimmt. Mangels Vorliegens einer Emission oder Platzierung stellt auch das Mining, also das Erzeugen von Bitcoin-Einheiten, kein Geschäft dar, welches einer Erlaubnispflicht durch die BaFin unterliegt. Dasselbe gilt für den Kauf und Verkauf von durch den Nutzer selbst geschürften Bitcoins.[702]

E. Kapitalanlagerechtliche Einordnung von Bitcoins nach dem KAGB

Bitcoins müssen neben der Auseinandersetzung mit aufsichtsrechtlichen Regelungen auch einer Betrachtung aus kapitalanlagerechtlicher Perspektive unterzogen werden.[703] Grundlage dafür sind in Deutschland die durch das KAGB festgelegten Vorschriften. Dieses trat erstmalig am 22. Juli 2013 in Kraft und ersetzte das zuvor bestehende InvG.[704] Auch wenn derzeit nach deutschem Recht noch kein Fonds existiert, welcher direkt in Bitcoin investiert, erscheint dies in nicht allzu ferner Zukunft durchaus denkbar zu sein. Zwar gibt es bereits seit dem Jahr 2018 einen Aktienfonds, der in sein Portfolio zu einem Großteil

701 Ebenso *Sprengnether/Wächter*, RdF 2014, 114, 116.

702 BaFin, Bitcoins: Aufsichtliche Bewertung und Risiken für Nutzer, Stand: 19.12.2013, https://www.bafin.de/SharedDocs/Veroeffentlichungen/DE/Fachartikel/2014/fa_bj_1401_bitcoins.html, Abschnitt Erlaubnispflicht.

703 Vgl. hierzu auch *Langenbucher*, AcP 218 (2018), 385, 425 f.; *Weitnauer*, BKR 2018, 231, 234 f.

704 *Patzner/Döser/Kempf*, in: Patzner/Döser/Kempf Einleitung KAGB Rn. 4.; *Maas*, in: Assmann/Schlitt/von Kopp-Colomb, WpPG/VermAnlG § 1 VermAnlG Rn. 4.

Anteile von in Zukunft vielversprechenden Blockchain-Unternehmen aufgenommen hat.[705] Aber ein Fonds, der sein Kapital in Euro einsammelt und dann das eingesammelte Kapital nicht in Unternehmensanteile, sondern direkt in Einheiten von Kryptowerten investiert, existierte zum Zeitpunkt der Verfassung der Arbeit in Deutschland nicht. Zu diesem Zeitpunkt existierte aber ein Fonds nach liechtensteinischem Recht mit dem Namen „Postera Fund – Crypto I". Dabei handelt es sich um einen alternativen Investmentfonds (AIF), welcher in der Rechtsform der Treuhänderschaft nach dem Gesetz vom 19. Dezember 2012 über Verwalter nach liechtensteinischem Recht organisiert ist. Dieses Gesetz dient der Umsetzung der europäischen AIFM-Richtlinie in liechtensteinisches Recht, womit der „Postera Fund – Crypto I" der erste nach europäischem Recht regulierte Fonds für Kryptowerte war.[706] Andere Fonds investieren nicht direkt in Kryptowerte, sondern in Unternehmen, welche im Blockchain-Bereich tätig sind. Beispielhaft sind hier Blockwall und BITREAL zu nennen.[707] BITREAL Capital ermöglichte dabei dem semi-professionellen Anleger durch die Auflage des Bitcoin Real Estate Blockchain Opportunities Fund („BREBC01") in Form eines geschlossenen Spezial AIFs nach dem KAGB eine Investition in deutsche Gewerbeimmobilien in herausragender Lage.[708]

Ausgangspunkt für eine kapitalanlagerechtliche Qualifikation von Bitcoin soll zu Beginn die zentrale Definition des Investmentvermögens sein. Diese findet sich in § 1 I KAGB. Hiernach ist ein Investmentvermögen *„jeder Organismus für gemeinsame Anlagen, der von einer Anzahl von Anlegern Kapital einsammelt, um es gemäß einer festgelegten Anlagestrategie zum Nutzen dieser Anleger zu investieren und der kein operativ tätiges Unternehmen außerhalb des Finanzsektors ist."* Grundsätzlich ist im Rahmen des Investmentgeschäfts zwischen verschiedenen Arten von Investmentfonds zu unterscheiden. Zum einen ist die Differenzierung von Publikums- und Spezial- bzw. Investmentvermögen sowie

---

705 Holtermann, Der erste Blockchain-Aktienfonds ist da, 23.09.2018, https://www.handelsblatt.com/finanzen/banken-versicherungen/krypto-investments-der-erste-blockchain-aktienfonds-ist-da/23099152.html?ticket=ST-49596-vXlTMfNvWZqKTVkykYOR-ap6, letzter Abruf: 18.08.2020.

706 Postera Fund – Crypto I – Werbemitteilung August 2019, https://www.postera.io/download/2546/, letzter Abruf: 09.07.2020, S. 6.

707 *Bachmann*, Bitcoin für alle – Sind Krypto-Fonds die Lösung?, 03.05.2018, https://www.btc-echo.de/kryptowaehrungen-fuer-alle-sind-krypto-fonds-die-loesung/, letzter Abruf: 18.08.2020.

708 BITREAL Capital FAQ, Was ist der BREBC01?, https://bitrealcapital.com/faq/#1512738572846-77a05079-6ff7, letzter Abruf: 13.07.2020.

die Unterscheidung zwischen offenen und geschlossenen Fonds von Bedeutung. Charakteristisch für diese Arten von Investmentvermögen sind die Konzeption für ein breites Anlegerpublikum und der Anlegerschutz, welcher durch eine Aufsicht durch die BaFin gewährleistet werden soll. Spezial-Investmentfonds richten sich hingegen ausschließlich an einen qualifizierten Anlegerkreis. Beispielhaft für diesen Anlegerkreis sind Banken, Versicherungen oder Regierungen anzuführen. Die Begrenzung des Anlegerkreises auf professionelle Anleger ist nicht zuletzt den hohen Mindestanlagesummen bei dieser Art von Investmentvermögen geschuldet.[709] Neben den professionellen Anlegern dürfen auch sog. semi-professionelle Anleger in einen Spezial-Investmentfonds investieren, sofern mindestens eine Anlagesumme von 20.000 € eingebracht wird und bestimmte weitere Kriterien erfüllt werden.[710]

Die Differenzierung zwischen offenen und geschlossenen Fonds findet sich in § 1 IV KAGB unter Verweis auf verschiedene EU-Verordnungen. Maßgebliches Unterscheidungskriterium für die Differenzierung zwischen offenen und geschlossenen Fonds ist die Möglichkeit der Anteilsrückgabe zu einem bestimmten Zeitpunkt.[711] Um einen offenen Fonds handelt es sich, wenn für die vom Investor gehaltenen Anteile vor der Auflösungsphase des Fonds die Möglichkeit zur Rückgabe besteht. Hingegen liegt ein geschlossener Fonds vor, sofern eine derartige Möglichkeit zur Rückgabe der Anteile nicht gegeben ist.[712]

Klärungsbedürftig ist darüber hinaus die Frage, welche Art von Investmentvermögen Kryptowerte in Form von Bitcoin gegebenenfalls darstellen könnten.[713] Maßgeblich für die Einordnung in eine bestimmte Kategorie des Investmentvermögens ist die Bestimmung des zulässigen Vermögensgegenstandes, in welchen der Fonds investieren soll. Für die in §§ 162–272 KAGB geregelten Publikumsinvestmentvermögen finden sich die gesetzlichen Regelungen für die dort zulässigen Vermögensgegenstände in §§ 192–198 KAGB. Zu den zulässigen Vermögensgegenständen, die einen tauglichen Einlagegegenstand für ein Publikumsinvestmentvermögen darstellen, zählen neben Wertpapieren (§ 193 KAGB), Geldmarktinstrumente (§ 194 KAGB), Bankguthaben (§ 195 KAGB), Investmentanteile (§ 196 KAGB), auch Derivate (§ 197 KAGB)

---

709 *Raab*, S. 36 f.

710 Schimansky/Bunte/Lwowski BankR-HdB/*Köndgen/Schmies* § 113 Rn. 161.

711 *Schneider-Deters*, in: Patzner/Döser/Kempf § 1 KAGB Rn. 25.

712 *Raab*, S. 39.

713 In der Literatur wird eine Einzelfallentscheidung für die Beantwortung dieser Frage befürwortet, vgl. *Zickgraf*, in: Maume/Maute Kryptowerte-HdB, § 11 Rn. 111.

und sonstige Anlageinstrumente (§ 198 KAGB). Die sonstigen Anlageinstrumente erfassen Wertpapiere, Geldmarktinstrumente, Aktien und Forderungen aus Gelddarlehen, die nicht den in den jeweiligen Vorschriften genannten Anforderungen entsprechen. Kryptowerte im Allgemeinen, bzw. Bitcoins im Besonderen, lassen sich jedoch unter keine der aufgeführten Tatbestandalternativen subsumieren. Mithin scheidet die Möglichkeit eines Publikumsinvestmentvermögens mit Bitcoins als Investitionsgegenstand aus.

Eine weitere Alternative, unter welche ein Investmentvermögen mit Bitcoins als primärem Investitionsgegenstand gefasst werden könnte, wäre der in §§ 214–260 KAGB geregelte offene inländische Publikumsfonds (AIF). AIF steht gemäß § 1 III KAGB für alternative Investmentfonds. In Betracht kommt die Einordnung als gemischtes Investmentvermögen (§ 218 KAGB) oder als sonstiges Investmentvermögen nach § 221 KAGB[714]. Doch auch hier stellen die zulässigen Vermögensgegenstände ebenfalls ein Hindernis dar. Bei beiden Fondsarten sind die zulässigen Vermögensgegenstände auf die bereits bekannten, in den §§ 193–198 KAGB normierten Gegenstände, sowie Anteile oder Aktien an inländischen AIF gemäß § 219 I KAGB beschränkt. Bei den sonstigen Investmentvermögen eignen sich gemäß § 221 I Nrn. 3, 4 KAGB auch Edelmetalle oder unverbriefte Darlehensforderungen als einlagefähiger Vermögensgegenstand. Folglich scheiden auch dort Bitcoins als tauglicher Einlagegegenstand aus.

Allerdings könnten Bitcoins bei geschlossenen inländischen Publikums-AIFs (§§ 261–272 KAGB) einen zur Einlage tauglichen Vermögensgegenstand darstellen. Die dort zulässigen Vermögensgegenstände sind in § 261 I Nr. 1–8 KAGB genannt. In Betracht kommt der Tatbestand der Sachwerte, welcher in § 261 I Nr. 1 KAGB geregelt ist. Eine beispielhafte Aufzählung[715] für Gegenstände, welche Sachwerte im Sinne von § 261 I Nr. 1 KAGB darstellen können, findet sich in § 261 II KAGB. Genannt werden beispielsweise Immobilien (Nr. 1), Luftfahrzeuge (Nr. 3), Schienenfahrzeuge (Nr. 5) und Container (Nr. 7). Anhand dieser Aufzählung lässt sich allerdings die Tendenz erkennen, dass der Gesetzgeber vermutlich ausschließlich körperliche Gegenstände unter die Tatbestandsalternative der Sachwerte in § 261 I Nr. 1 KAGB fassen wollte.

---

714 Zu der Frage, ob sich Currency Token als Edelmetalle im Sinne von § 221 I Nr. 3 KAGB qualifizieren lassen, vgl. *Zickgraf*, in: Maume/Maute Kryptowerte-HdB, § 11 Rn. 115.

715 BT-Drucks. 17/12294, S. 271.

Da Bitcoins mangels Körperlichkeit keine Sachen darstellen[716], würde dies im Ergebnis dazu führen, dass Bitcoins, die nur virtuell existent sind, nicht dem Tatbestand der Sachwerte unterfallen. Fraglich ist also, ob eine Erweiterung des Tatbestandes auf virtuelle Gegenstände ohne weitere Bedenken vorgenommen werden kann.[717] Ein starkes Argument, welches gegen eine Einordnung von Bitcoins als Vermögensgegenstände im Sinne von § 261 KAGB spricht, ist die Historie des Tatbestandes. Der Tatbestand wurde zuletzt um die Alternative Nr. 8, basierend auf der Richtlinie 2014/91 EU im Jahr 2014 erweitert. Zu diesem Zeitpunkt waren Bitcoin bereits existent. Daher spricht die Tatsache, dass der Gesetzgeber im Zuge der Erweiterung des Beispielkatalogs der Sachwerte in § 261 II KAGB diesen nicht um virtuelle Gegenstände erweitert hat, für eine bewusste Entscheidung gegen die Erfassung dieser Art von digitalen Werteinheiten. Folglich ist davon auszugehen, dass Bitcoins nicht als tauglicher Vermögensgegenstand nach § 261 KAGB angesehen werden können, womit eine Einordung als Einlagegegenstand eines geschlossenen inländischen Publikums-AIF ausscheidet.

Zuletzt könnte sich für die Auflage eines Fonds, welcher direkt in Kryptowerte wie Bitcoin investiert, noch die Möglichkeit der Auflage eines inländischen Spezial-AIFs bieten. Regelungen über diese Art von Fonds finden sich in den §§ 278–292 KAGB. Konkret in Betracht kommt für diese Art von Investition der Tatbestand des § 282 KAGB, also die Auflage des Fonds in der Form eines offenen inländischen Spezial-AIFs. Daneben könnte noch ein Rückgriff auf den Tatbestand des § 285 KAGB möglich sein, welcher Vorschriften über geschlossene Spezial AIFs regelt. Um letztendlich eine Aussage darüber treffen zu können, ob Kryptowerte wie der Bitcoin als einlagefähiger Gegenstand für einen Fonds geeignet sind, bedarf es einer näheren Betrachtung der einlagefähigen Gegenstände. Gemäß § 285 I KAGB darf bei geschlossenen inländischen Spezial-AIFs ausschließlich in Gegenstände investiert werden, deren Verkehrswert ermittelt werden kann. Zum Zweck der Festlegung des Verkehrswertes wird auf § 9 BewG zurückgegriffen. Dabei ist letztlich der Preis für die Festlegung des Verkehrswertes maßgeblich, welcher im Rahmen einer Veräußerung im

---

716 *Omlor*, ZHR 183 (2019), 294, 308; *Pesch*, Cryptocoin-Schulden, S. 102; *Kütük-Markendorf*, Rechtliche Einordnung von Internetwährungen, S. 81; *Beck/König*, JZ 2015, 130, 132.

717 Für eine Einordnung von Bitcoins unter den Begriff der Vermögensgegenstände in § 261 KAGB: *Langenbucher*, AcP 218 (2018), 385, 426.

gewöhnlichen Geschäftsverkehr nach der Beschaffenheit des Wirtschaftsguts zu erwarten wäre[718].

Da Kryptowerte auf dem Sekundärmarkt bei zahlreichen Anbietern gehandelt werden können, lässt sich deren Verkehrswert bestimmen, auch wenn dies nicht den Anforderungen von §§ 286 I i. V. m. § 168 II KAGB entspricht. Denn Handelsplattformen für Kryptowerte sind keine Börsen im Sinne des BörsG. Abhilfe schafft in diesem Zusammenhang ein Rückgriff auf § 168 III KAGB, wonach von Vermögensgegenständen, für welche die Voraussetzungen des § 168 II KAGB gerade nicht vorliegen, oder für die kein handelbarer Kurs verfügbar ist, der Verkehrswert, der bei sorgfältiger Einschätzung nach geeigneten Bewertungsmodellen unter Berücksichtigung der aktuellen Marktgegebenheiten angemessen ist, zugrunde zu legen ist. Im Ergebnis stellen Kryptowerte also einen tauglichen Einlagegenstand für geschlossene Spezial-AIFs gemäß § 285 I KAGB dar[719], da sich auch für Fonds mit Kryptowerten als Einlagegegenstand der Verkehrswert auf Grundlage von § 286 i. V. m. § 168 III KAGB ermitteln lässt. Da bei der Auflage eines geschlossenen Spezial-AIFs der Grundsatz der Risikobeimischung keiner Beachtung bedarf, ist hier auch ein geschlossener Spezial-AIF denkbar, welcher nur in ein einziges Objekt investiert.[720]

Fraglich ist jedoch weiterhin, ob selbiges auch für offene Spezial-AIFs Geltung beanspruchen kann. Nach § 282 II 1 KAGB darf bei einem offenen Spezial-AIF ebenfalls lediglich in Vermögensgegenstände investiert werden, deren Verkehrswert ermittelt werden kann. Grund für die zwingende Notwendigkeit dieser Anforderung ist, dass sich bei einer fehlenden Bewertungsmöglichkeit für die eingebrachten Vermögensgegenstände der Rücknahmepreis im Rahmen einer Anteilsrückgabe ansonsten nicht bestimmen lässt.[721] Darüber hinaus gilt im Gegensatz zu einem geschlossenen Spezial-AIF gemäß § 285 I KAGB nach § 282 I KAGB die Anforderung, dass der Grundsatz der Risikomischung zur gemeinschaftlichen Kapitalanlage eingehalten wird. Dieser Grundsatz besagt, dass bei einem Investmentfonds ein Gegenspiel aus Ertragschancen und Risikoverteilung besteht, welches ausgeglichen werden muss.[722] Anders ausgedrückt muss eine Portfoliodiversifizierung stattfinden.[723]

---

718 Baur/Tappen/Mehrkhah/Behme/*München* § 285 KAGB Rn. 9.

719 *Albrecht/Kretzschmann*, WM 2020, 1237, 1239.

720 *Eckhold/Balzer*, in: Assmann/Schütze/Buck-Heeb, HdB KapitalanlageR, § 22 Rn. 60.

721 Baur/Tappen/Mehrkhah/Behme/*München* § 282 KAGB Rn. 3; *Schmolke*, in: Assmann/Wallach/Zetzsche, KAGB, § 285 Rn. 5.

722 Baur/Tappen/Mehrkhah/Behme/*München* § 214 KAGB Rn. 4.

723 *Schmolke*, in: Assmann/Wallach/Zetzsche, KAGB, § 214 Rn. 18.

Die BaFin legt bei diesem Grundsatz neben quantitativen auch qualitative Merkmale als Maßstab an.[724] Dies bedeutet für einen Fonds, der direkt in Kryptowerte investiert, dass dieser im Hinblick auf die Portfoliostruktur in verschiedenen Kryptocoins- und token mit ausreichend unterschiedlicher Wertentwicklung investieren muss.[725] Zusammenfassend lässt sich damit sagen, dass Kryptowerte wie Bitcoins nach geltendem deutschem Recht lediglich einen zulässigen Einlagegegenstand für einen offenen oder einen geschlossenen Spezial-AIF gemäß § 282 KAGB, respektive § 285 KAGB darstellen.[726] Andere Gestaltungsmöglichkeiten für Fonds, welche in Kryptowerte investieren wollen, bieten sich im Rahmen der derzeit geltenden Gesetzeslage in Deutschland nicht.

Bei offenen oder geschlossenen Spezial-AIFs ist das Anlagepublikum auf professionelle und semiprofessionelle Investoren im Sinne des § 1 XIX Nrn. 32,33 KAGB beschränkt. Beispielhaft für diese Art von Investoren sind Family Offices, Versicherungen, Versorgungswerke sowie in- und ausländische Stiftungen zu nennen.[727]

Sofern ein Fonds in der oben genannten Form aufgelegt wird, hat dies auch eine Erlaubnispflicht nach § 20 I KAGB zur Folge. Hiernach bedarf der Geschäftsbetrieb einer Kapitalverwaltungsgesellschaft einer Erlaubnis der BaFin. Die exakten Anforderungen, welche an den Antrag auf Erlaubniserteilung zu stellen sind, finden sich für AIF-Kapitalverwaltungsgesellschaften in § 22 I KAGB. Dabei ist jedoch zu beachten, dass von der Erlaubnispflicht auch eine Ausnahme der Art besteht, dass für den Geschäftsbetrieb eine bloße Registrierung bei der BaFin als ausreichend angesehen wird. Für eine AIF-Kapitalverwaltungsgesellschaft mit satzungsmäßigem Sitz in Deutschland ist eine solche Registrierung als ausreichend anzusehen, sofern ausschließlich ein Spezial-AIF verwaltet wird.[728] Weiterhin ist erforderlich, dass der Wert der verwalteten Vermögensgegenstände 100 Millionen Euro beim Einsatz von Leverage[729] nicht übersteigt oder ohne den

---

724 Baur/Tappen/Mehrkhah/Behme/*München* § 214 KAGB Rn. 9; *Schmolke*, in: Assmann/Wallach/Zetzsche, KAGB, § 214 Rn. 18.

725 Allgemein zu den Kriterien des Grundsatzes der Risikomischung: *Schmolke*, in: Assmann/Wallach/Zetzsche, KAGB, § 214 Rn. 18.

726 *Albrecht/Kretzschmann*, WM 2020, 1237, 1243.

727 Albrecht/Kretzschmann, WM 2020, 1237.

728 BaFin zum Thema Investmentfonds mit Sitz und Hauptverwaltung in Deutschland, https://www.bafin.de/DE/Aufsicht/KVGenInvestmentfonds/ErlaubnisVertrieb/Deutschland/sitz_deutschland_node.html, letzter Abruf: 28.07.2020.

729 BaFin zum Thema Investmentfonds mit Sitz und Hauptverwaltung in Deutschland, https://www.bafin.de/DE/Aufsicht/KVGenInvestmentfonds/ErlaubnisVertrieb/Deutschland/sitz_deutschland_node.html, letzter Abruf: 28.07.2020.

Einsatz von Leverage 500 Millionen Euro nicht überschreitet. Im letztgenannten Fall ist den Anlegern allerdings die Ausübung von Rücknahmerechten innerhalb von fünf Jahren nach Tätigung der ersten Anlage nicht erlaubt.[730]

F. Ergebnis

In aufsichtsrechtlicher Hinsicht ist festzuhalten, dass für Geschäftsmodelle, welche den Online-Handel von Kryptowerten in Form von Bitcoin anbieten – abhängig von der exakten Ausgestaltung des von der Plattform verfolgten Geschäftsmodells – eine Erlaubnispflicht nach § 32 I KWG besteht. In Betracht kommen dabei die Tatbestandsalternativen des Finanzkommissionsgeschäfts (§ 1 I 2 Nr. 4 KWG), der Anlagevermittlung (§ 1 Ia 2 Nr. 1 KWG), der Betrieb eines multilateralen Handelssystems (§ 1 Ia 2 Nr. 1b KWG), der Abschlussvermittlung (§ 1 Ia 2 Nr. 2 KWG), des Eigenhandels (§ 1 Ia 2 Nr. 4 KWG) oder des Kryptoverwahrgeschäfts (§ 1 Ia 2 Nr. 6 KWG). Der Betrieb eines dieser Geschäftsmodelle begründet die Pflicht des Betreibers zur Einholung einer Betriebserlaubnis nach § 32 I KWG bei der BaFin. Zu den erlaubnisfreien Tätigkeiten zählt neben dem Mining auch die Verwendung von Bitcoin als Ersatzwährung im Rahmen eines Kaufvertrages. Ebenfalls keiner Erlaubnispflicht unterfällt die Akzeptanz einer Zahlung in Bitcoin durch einen Händler. Eine Erlaubnispflicht nach dem ZAG scheidet ebenfalls aus.

Zudem stellen Bitcoins nach geltendem Recht ausschließlich einen zulässigen Einlagegegenstand für einen offenen oder einen geschlossenen Spezial-AIF gemäß § 282 KAGB, respektive § 285 KAGB dar, so dass ausschließlich bei der Auflage eines solchen Fonds eine Erlaubnispflicht gemäß § 20 I KAGB relevant wird. Dies gilt jedoch nur, sofern eine bestimmte Investitionssumme überschritten wird. Wird die Anlagesumme von 100 Millionen mit Leverage und 500 Millionen ohne Leverage nicht überschritten, ist für Spezial-AIFs eine Registrierung bei der BaFin ausreichend.

730 Als Leverage werden alle Methoden bezeichnet, derer sich die Kapitalverwaltungsgesellschaft bedient, um den Investitionsgrad des verwalteten Investmentvermögens zu erhöhen. Hierzu zählen bspw. eine Kreditaufnahme oder Wertpapier-Darlehen, vgl. BaFin zum Thema Investmentfonds mit Sitz und Hauptverwaltung in Deutschland, https://www.bafin.de/DE/Aufsicht/KVGenInvestmentfonds/ErlaubnisVertrieb/Deutschland/sitz_deutschland_node.html, letzter Abruf: 28.07.2020.

Fünftes Kapitel: Börsenrechtliche Einordnung von Kryptowerten in Form von Bitcoin

A. Status Quo: Bestehende Möglichkeiten des Handels mit Kryptowerten in Deutschland

Ausgangspunkt der börsenrechtlichen Einordnung von Bitcoins soll ein kurzer Blick auf den Status quo der Handelsmöglichkeiten für Kryptowerte in Deutschland sein.[731] Derzeit bieten sich hier zahlreiche Möglichkeiten, um online mit unterschiedlichen Kryptowerten zu handeln. Diese sollen eingangs zunächst kurz erläutert werden.

I. Der Handel an sog. „Kryptowährungsbörsen“

Im Zeitpunkt der Abfassung dieser Arbeit wurden Kryptowerte in Form von Coins und Token, wie vor allem Bitcoin, aber auch Ethereum, Litecoin und Ripple vorrangig im Wege des Sekundärhandels auf Internetplattformen gehandelt.[732] Diese „Börsen“ sind privatrechtlich organisiert, wobei dem Börsenbetreiber ausschließlich eine Vermittlerfunktion zukommt. Der Kaufvertrag kommt dabei nur zwischen den Nutzern der „Börse“ zustande.[733] Diese Plattformen werden auch als Vertriebsintermediäre bezeichnet.[734] Bekanntester Anbieter für Dienstleistungen dieser Art in Deutschland ist die Bitcoin Deutschland AG. Ein neuer weiterer Anbieter am Markt ist Bitmeister.[735]

Es muss allerdings hervorgehoben werden, dass die meisten derzeit am Markt tätigen Unternehmen, bspw. die Bitcoin Deutschland AG, weder als Zahlungsdienstleister im Sinne des Zahlungsdiensteaufsichtsgesetzes (ZAG), noch als multilaterales Handelssystem nach § 2 VIII Nr. 8 WpHG und auch nicht als Börse im Sinne von § 2 BörsG zugelassen sind.[736] Der weltweit erste

---

731 Vgl. zu den verschiedenen Handelsmöglichkeiten für Kryptowerte: *Kirschbaum/Stepanova*, BKR 2019, 286, 286 f.

732 *Köndgen*, in: BeckOGK § 675c Rn. 131, Stand: 15.06.2020; Derleder/Knops/Bamberger/*Borges* § 11 Rn. 240; *Chatard/Mann*, NZG 2019, 567.

733 *Kociok*, in Auer-Reinsdorff/Conrad, Hdb. IT-Recht, § 27 Rn. 96.

734 *Köndgen*, in: BeckOGK § 675c BGB Rn. 131, Stand: 15.06.2020.

735 https://bitmeister.de/#features, letzter Abruf: 07.05.2019.

736 *Köndgen*, in: BeckOGK § 675c BGB Rn. 131, Stand: 15.06.2020.

Onlinehandelsplatz für Bitcoin war die Website bitcoinexchange.org, welche im Jahr 2009 durch den finnischen Studenten Martti Malmi gegründet wurde.[737]

Eine Vorreiterrolle in Deutschland nimmt hinsichtlich des organisierten Handels von Kryptowerten die Börse Stuttgart GmbH ein. Diese hat bereits im Januar 2019[738] ihren Kunden eine digitale Handelsmöglichkeit für Kryptowerte in Form einer App mit dem Namen „BISON" eröffnet. Hiermit geht ein Wandel in organisationsrechtlicher Hinsicht einher. Denn organisationsrechtliche Grundlage soll nicht eine Börse i. S. d. § 2 BörsG, sondern ein multilaterales Handelssystem (Multilateral Trading Facility, (MTF)) sein.[739] Die zum Handel von Kryptowerten entwickelte App ermöglicht es auch dem technisch nicht versierten Nutzer in die sonst eher komplexe und technisch geprägte Welt des Handels mit Kryptowerten einzusteigen. Dabei bietet die App die Möglichkeit Bitcoin, Litecoin, Ethereum und Ripple elektronisch zu handeln. Hinter der BISON App steht als Handelspartner der Finanzdienstleister EUWAX AG, eine Tochtergesellschaft der Börse Stuttgart GmbH.[740] Die über die Plattform erworbenen Kryptowerte werden in treuhänderischer Weise durch die blocknox GmbH, eine Tochtergesellschaft der Börse Stuttgart Digital Ventures GmbH, verwahrt. Als weiteren Partner, welcher für die Abwicklung der Zahlungsvorgänge sowie die Verwahrung der Kundengelder in Euro verantwortlich ist, bedient sich die Stuttgarter Börse GmbH der Solarisbank AG.[741] Zudem hat die Börse Stuttgart

737 *Bergmann*, Bitcoin, S. 86.

738 Börse Stuttgart, Pressemitteilung vom 31.01.2019, BISON bietet einfachen, schnellen und sicheren Handel, https://www.boerse-stuttgart.de/de-de/ueber-uns/pressemitteilungen/?SelectedDatePeriod=%3E1y&SelectedSortingOption=sort_date_s%20desc&query=, letzter Abruf: 07.10.2019, S. 1.

739 Börse Stuttgart, BISON – Häufig gestellte Fragen, https://bisonapp.de/de/faq/#ist-bison-eine-kryptowaehrungs-boerse, letzter Abruf: 08.05.2019; Börse Stuttgart, Pressemitteilung vom 02.08.2018, Gruppe Börse Stuttgart schafft durchgehende Infrastruktur für digitale Assets, https://www.boerse-stuttgart.de/de-de/ueber-uns/pressemitteilungen/?SelectedDatePeriod=%3E1y&SelectedSortingOption=sort_date_s%20desc&query=, letzter Abruf: 07.10.2019; *Patz*, BKR 2019, 435; Zu den Abgrenzungskriterien zwischen einer Börse i. S. d. BörsG und einem multilateralen Handelssystem vgl. *Kumpan*, in: Schwark/Zimmer KMRK, 5. Aufl. 2010, Rn. 33.

740 Börse Stuttgart, Mit BISON Kryptowährungen kaufen und verkaufen, https://www.boerse-stuttgart.de/de-de/handel/kryptowaehrungen-handeln/bison/, letzter Abruf: 07.05.2019.

741 Börse Stuttgart, Pressemitteilung vom 31.01.2019, BISON bietet einfachen, schnellen und sicheren Handel, https://www.boerse-stuttgart.de/de-de/ueber-uns/pressem

GmbH Ende September 2019 mit der BSDEX den ersten regulierten Handelsplatz für digitale Vermögenswerte in Deutschland geschaffen. Dieser ist ebenfalls in Form eines multilateralen Handelssystems organisiert.[742]

Als weiteren Partner für das Geschäft mit digitalen Assets in Europa und Asien inklusive Japan hat die Börse Stuttgart GmbH die SBI Group gewinnen können. Die SBI Group verfügt über ein Ökosystem für digitale Assets, welches neben SBI VC Trade, einem der ersten Handelsplätze für Kryptowerte in Japan, mit SBI Crypto über einen Spezialisten für Fragen in Bezug auf das Mining von Krypto-Assets verfügt. Daneben gehört mit SBI Mining Chip auch ein Hersteller für Chips, mit welchen Krypto-Mining durchgeführt werden kann, zum Portfolio der SBI Group. Die finanzielle Unterstützung von Start-Ups, die ihr Geschäftsfeld im Bereich Digitale Assets angesiedelt haben, wird durch SBI Crypto Investment sichergestellt. Die Kooperation der Stuttgarter Börse GmbH und der SBI Group deckt damit die derzeit am schnellsten wachsenden Märkte für digitale Assets in Europa und Asien ab.[743]

II. Direktverkauf von Kryptowerten

Im Gegensatz zu den sog. „Kryptobörsen", die ohne Zwischenschaltung eines Brokers die Orders der Kunden zusammenbringen, erfolgt beim Direktverkauf der Handel unmittelbar beim Anbieter der Kryptowerte. Der Kunde nennt die Anzahl der Kryptowerteinheiten, die er erwerben möchte, und seine Wallet-Adresse. Nach der Bezahlung erfolgt eine sofortige Orderausführung durch den Verkäufer. Dieser überweist die geschuldeten Einheiten aus seinem eigenen Bestand an Kryptowerten an den Käufer.[744] Beispielhaft für dieses Geschäftskonzept ist der Anbieter BTC direkt zu nennen.

---

itteilungen/?SelectedDatePeriod=%3E1y&SelectedSortingOption=sort_date_s%20desc&query, letzter Abruf: 07.10.2019, S. 2.

742 Börse Stuttgart, Pressemitteilung vom. 23.09.2019, Börse Stuttgart startet ersten regulierten Handelsplatz für digitale Vermögenswerte in Deutschland, https://www.boerse-stuttgart.de/de-de/ueber-uns/pressemitteilungen/190923_bsdex/, letzter Abruf: 07.10.2019, S. 1; BSDEX, Wie funktioniert der Handel auf der Plattform?, https://www.bsdex.de/de/faq/, letzter Abruf: 07.10.2019.

743 Börse Stuttgart, Pressemitteilung vom 20.12.2019, Börse Stuttgart und SBI Holdings werden Partner bei digitalen Asssets, https://www.boerse-stuttgart.de/de-de/gruppe-boerse-stuttgart/pressemitteilungen/191220_sbi/, letzter Abruf: 14.01.2020.

744 *Kirschbaum/Stepanova*, BKR 2019, 286 f.

III. Handel durch Broker

Die dritte Alternative, um verschiedene Kryptowerte im Internet zu handeln, besteht in der Inanspruchnahme der Dienste eines Onlinebrokers. Der Broker übermittelt dabei den Kundenauftrag an eine „Börse“, erwirbt dort die gewünschte Anzahl an Kryptowerteinheiten und überträgt diese dann in die Wallet des Kunden. Dabei verlangt der Broker für seine Dienste im Normalfall eine Provision in Form eines festgelegten Prozentsatzes des gekauften Kryptowerts.[745]

B. In Zukunft: Primärhandel am organisierten Kapitalmarkt

Da alle bis heute am Kryptowertmarkt tätigen Unternehmen nicht als Börsen i. S. d. § 2 BörsG organisiert sind, stellt sich vor allem die Frage nach den dahinterstehenden Gründen. Hierfür könnten die mit dem Börsenhandel einhergehenden aufsichtsrechtlichen Verpflichtungen und Regularien verantwortlich sein. Die aufsichtsrechtlichen Fragen, welche sich bezüglich des Handels mit Kryptowerten stellen, wurden ausführlich im vorhergehenden Kapitel behandelt. In diesem Kapitel soll jedoch zunächst in gebotener Kürze der Frage nachgegangen werden, wie sich Börsen und multilaterale Handelssysteme in rechtlicher Hinsicht voneinander unterscheiden.

Im nächsten Schritt soll dann näher untersucht werden, ob ein Handel mit Kryptowerten an einer Börse i. S. d. § 2 BörsG überhaupt grundsätzlich möglich ist. Dabei soll der Frage nachgegangen werden, ob sich der Handel von Kryptowerten im Rahmen eines Rückgriffs auf bestehende börsenrechtliche Normen abwickeln lässt oder ein Tätigwerden des Gesetzgebers zur Schaffung einer Handelsmöglichkeit für diese virtuellen Gegenstände erforderlich ist. Erst wenn die Möglichkeit positiv beantwortet werden kann, den Handel mit Kryptowerten unter bestehende Normen des Börsenrechts fassen zu können, ist weiterführend zu klären, wie der Handel von Kryptowerten, vor allem Bitcoin, an einer Börse i. S. d. § 2 BörsG im Detail ausgestaltet werden könnte.

Darüber hinaus ist zu prüfen, welche Tatbestände im Speziellen für den Betrieb einer Börse i. S. d. BörsG für Kryptowerte in Betracht kommen. Dabei ist im Hinblick auf die Börsenart grundsätzlich zu differenzieren, ob es sich bei dem Betrieb einer solchen Börse um eine Wertpapier- oder eine Warenbörse handelt.

745 Vgl. zu den verschiedenen Handelsalternativen auch: *Kirschbaum/Stepanova*, BKR 2019, 286, 287.

Um eine Wertpapierbörse i. S. d. BörsG würde es sich nach § 2 II 1 BörsG handeln, wenn dort Wertpapiere und sich hierauf beziehende Derivate im Sinne des § 2 III WpHG gehandelt werden. Ebenso ist dort nach § 2 II 2 BörsG der Handel von anderen Finanzinstrumenten im Sinne des § 2 IV WpHG sowie Edelmetallen möglich. Eine Warenbörse gemäß § 2 III 1 BörsG würde hingegen vorliegen, wenn an der Börse Waren i. S. d. § 2 V WpHG und Termingeschäfte in Bezug auf Waren gehandelt werden würden. Weiterhin ist nach § 2 III 2 BörsG an einer Warenbörse ebenfalls der Handel von Termingeschäften im Sinne des § 2 III Nr. 2 WpHG und diesen zugrundeliegenden Basiswerten möglich.

I. Unterscheidung zwischen einem multilateralem Handelssystem und einer Börse i. S. d. BörsG

Bevor eine detaillierte Auseinandersetzung mit den verschiedenen Börsenarten und den Handelsmöglichkeiten von Kryptowerten erfolgt, soll aus Gründen der Klarstellung eine kurze Erläuterung der Unterscheidungskriterien zwischen einer Börse im Sinne des BörsG und einem multilateralen Handelssystem erfolgen.[746] Nach § 2 I BörsG sind Börsen teilrechtsfähige Anstalten des öffentlichen Rechts, die nach Maßgabe dieses Gesetzes multilaterale Systeme regeln und überwachen, welche die Interessen einer Vielzahl von Personen am Kauf und Verkauf von dort zum Handel zugelassenen Wirtschaftsgütern und Rechten innerhalb des Systems nach nichtdiskretionären Bestimmungen in einer Weise zusammenbringen oder das Zusammenbringen fördern, die zu einem Vertrag über den Kauf dieser Handelsobjekte führt.

Im Rahmen der Umsetzung der mit der MiFID II[747] geschaffenen Regelungen durch das 2. FiMaNoG[748] wurden die Absätze 5 bis 10 in § 2 BörsG eingefügt.

746 Allerdings ist zu beachten, dass auch die Möglichkeit besteht, den Handel mit Finanzinstrumenten von einem multilateralen Handelssystem an eine Börse zu transferieren. Sofern der Betreiber eines multilateralen Handelssystems bereits eine Betriebserlaubnis nach § 32 I KWG erhalten hat, besteht für diesen ein Wahlrecht, ob sein Unternehmen den beabsichtigten Handel in der Form eines multilateralen Systems oder einer Börse durchführt. Es ist also nicht zwingend die Gründung einer neuen Börse notwendig, sofern bereits eine Erlaubnis zum Handel von Finanzinstrumenten nach § 32 I KWG besteht. Der Plattformbetreiber hat nämlich die Möglichkeit, dass schon betriebene Handelssystem in eine Börse nach § 2 I BörsG umzuwandeln. Von dieser Transfermöglichkeit wurde in der Vergangenheit bereits mehrfach Gebrauch gemacht, unter anderem durch die Tradegate-Exchange.

747 Zweites Finanzmarktnovellierungsgesetz vom 23.06.2017, (BGBl. 2017 I, 1693).

748 RL 2014/65/EU („Markets in Financial Instruments Directive II – MiFID II").

Seitdem ist auch im BörsG eine Definition des multilateralen Handelssystems zu finden. Gemäß § 2 VI BörsG ist ein multilaterales Handelssystem im Sinne dieses Gesetzes ein multilaterales System, welches die Interessen einer Vielzahl von Personen am Kauf und Verkauf von Finanzinstrumenten innerhalb des Systems und nach nichtdiskretionären Bestimmungen in einer Weise zusammenbringt, die zu einem Vertrag über den Kauf dieser Finanzinstrumente führt. Dieser in § 2 VI BörsG geschaffene Begriff des multilateralen Handelssystems findet sich in gleicher Form auch in § 2 VIII 1 Nr. 8 WpHG. Die europarechtliche Grundlage für diese Definition findet sich in Art. 4 I Nr. 22 MiFID II[749]. In materieller Hinsicht besteht demnach kein Unterschied zwischen einer Börse und einem multilateralen Handelssystem.[750] Grund hierfür ist die Tatsache, dass die Definition des Börsenbegriffs in § 2 I BörsG sämtliche Marktmodelle für geregelte Märkte umfasst.[751] Dies führt letztlich dazu, dass eine Abgrenzung nicht anhand materieller Kriterien erfolgen kann. Zurückzuführen ist dies auf die Tatsache, dass der deutsche Gesetzgeber die europarechtlichen Vorgaben im Detail in das WpHG übernommen hat und daher die Regelungen für Börsen und MTFs erhebliche Übereinstimmungen aufweisen.[752]

Letztlich kann die Unterscheidung zwischen einer Börse und einem multilateralen Handelssystem also nur anhand von formellen Kriterien erfolgen. In formeller Hinsicht ist eine Börse i. S. d. BörsG als eine (teilrechtsfähige) Anstalt des öffentlichen Rechts einzuordnen.[753] Es findet eine Beleihung mit öffentlichen Aufgaben statt.[754] Für den Betrieb einer Börse hingegen ist es erforderlich, dass der Betreiber die Erlaubnis für den Börsenbetrieb nach § 4 I BörsG beantragt. Nach Erteilung dieser Genehmigung wird das vorherige multilaterale System also zu einer teilrechtsfähigen Anstalt öffentlichen Rechts und erhält somit den Status einer Börse i. S. d. § 2 I BörsG. Die Rechte und Pflichten des Börsenträgers ergeben sich dann aus § 5 BörsG.[755]

Um ein multilaterales Handelssystem betreiben zu können, ist gerade keine börsenrechtliche Genehmigung erforderlich, was auf die Tatsache zurückzuführen ist, dass dieses im Gegensatz zu einer Börse nicht mit hoheitlichen Aufgaben

---

749 *Dehio/Fritzsche*, in: Heidel, § 2 BörsG Rn. 7.

750 *Kumpan*, in: Schwark/Zimmer KMRK, § 2 BörsG Rn. 33, 5. Aufl. 2020; *Groß*, KapMarktR, § 2 BörsG Rn. 6a.

751 *Dehio/Fritzsche*, in: Heidel, § 2 BörsG Rn. 2 f.

752 *Beck*, in: Schwark/Zimmer KMRK, § 2 BörsG Rn. 22, 4. Aufl. 2010.

753 *Dehio/Fritzsche*, in: Heidel, § 2 BörsG Rn. 2.

754 *Dehio/Fritzsche*, in: Heidel, § 2 BörsG Rn. 7.

755 *Groß*, KapMarktR, § 2 BörsG Rn. 6a.

beliehen wird.[756] Es zeigt sich also, dass sich eine Börse und ein multilaterales Handelssystem aus Sicht der Handelsteilnehmer nicht wesentlich unterscheiden.[757] Es besteht lediglich ein Unterschied in formeller Hinsicht.

II. Bestehen einer Handelsmöglichkeit für Bitcoins an einer Wertpapierbörse

Nachdem nun herausgearbeitet wurde, dass sich eine Börse von einem multilateralen Handelssystem nur in formeller Hinsicht unterscheidet, soll nun untersucht werden, an welcher Art von Börse ein Handel mit Kryptowerten möglich ist. Fraglich ist also, ob für Kryptowerte in Form von Bitcoins eine Möglichkeit des Handels an einer Wertpapierbörse besteht. Um eine Börse, an der Bitcoins gehandelt werden können, als Wertpapierbörse qualifizieren zu können, müssten Kryptowerte einen in § 2 II BörsG gelisteten, tauglichen Handelsgegenstand darstellen. In Betracht kommt zunächst die Qualifizierung als Wertpapier[758] oder als sich auf ein Wertpapier beziehendes Derivat.

1. Möglichkeit des Handels von Kryptowerten in Form eines Wertpapiers

Zunächst ist zu klären, ob Kryptowerte als Wertpapiere nach § 2 II 1 BörsG einzuordnen sind. Eine Definition des Begriffs „Wertpapier" ist im BörsG selbst nicht enthalten. Allerdings kann aber bei der Klärung des Begriffsinhalts auf § 2 I WpHG zurückgegriffen werden, da § 2 II 1 BörsG zwar nicht ausdrücklich, aber der Sache nach auf die in § 2 I WpHG enthaltene Definition des Wertpapiers verweist.[759] Der in § 2 I WpHG enthaltene Wertpapierbegriff geht zurück auf Art. 4 I Nr. 44 MiFID II, wonach übertragbare Wertpapiere solche Kategorien von Wertpapieren sind, die auf dem Kapitalmarkt gehandelt werden können, mit Ausnahme von Zahlungsinstrumenten.[760] Dabei listet Art. 4 I Nr. 44 a)–c) MiFID II in nicht abschließender Weise Beispiele für Wertpapiere – wie Aktien, Schuldverschreibungen und sonstige Wertpapiere – auf.

---

756 *Dehio/Fritzsche*, in: Heidel, § 2 BörsG Rn. 7.

757 *Seiffert*, in: Kümpel/Mülbert/Früh/Seyfried, Bank- und Kapitalmarktrecht, 5. Aufl., Börsen und andere Handelssysteme, Rn. 14. 68.

758 Zur allgemeinen Einordnung von Kryptotoken als Wertpapier vgl.: *Höhlein/Weiß*, RdF 2018, 116, 118 f.

759 Baumbach/Hopt/*Kumpan* § 2 BörsG Rn. 3.

760 Art. 4 I Nr. 44 Richtlinie 201/65 EU („MiFID II").

Die Umsetzung von Art. 4 I MiFID II in deutsches Recht findet ihren Niederschlag unter anderem in § 2 WpHG. Gemäß § 2 I WpHG sind Wertpapiere alle Gattungen von übertragbaren Wertpapieren mit Ausnahme von Zahlungsinstrumenten, die Ihrer Art nach an den Finanzmärkten handelbar sind, auch wenn keine Urkunden über sie ausgestellt sind. § 2 1 Nr. 1–3 WpHG listet in nicht abschließender Weise Beispiele für bestimmte Wertpapiertypen auf.[761] Hierzu zählen neben Aktien auch Schuldtitel und sonstige Wertpapiere. Folglich ergeben sich für das Vorliegen eines Wertpapiers auf nationaler Ebene drei Kriterien, die kumulativ erfüllt sein müssen. Hierbei handelt es sich um die Übertragbarkeit, die Standardisierung (gattungsmäßige Ausgestaltung) und die Handelbarkeit.[762]

a) *Übertragbarkeit*

Die erste Voraussetzung, damit Kryptowerte in Form von Bitcoins im Allgemeinen als Wertpapier eingeordnet werden können, ist die Übertragbarkeit der einzelnen Werteinheiten. Von einer Übertragbarkeit ist dann auszugehen, wenn die Möglichkeit der Übertragung durch den Inhaber auf einen anderen besteht.[763] Da § 2 I WpHG eine Umsetzung von Art. 4 I Nr. 44 MiFID II in das deutsche Recht ist und in der Richtlinie übertragbare Wertpapiere mit dem Terminus der Handelbarkeit gleichgestellt werden[764], ist die eigenständige Bedeutung des Kriteriums der Übertragbarkeit fraglich[765]. Daher wird teilweise vertreten, dass das Kriterium der Übertragbarkeit mit dem der Handelbarkeit gleichzustellen ist.[766] Ungeachtet dessen ist bei Einheiten von Kryptowerten im Normalfall von einer Übertragbarkeit auszugehen, solange diese nicht an bestimmte Bedingungen oder Formerfordernisse gebunden ist.[767] Selbst die (vorübergehende)

---

761 *Fuchs*, § 2 WpHG, Rn. 19, *Assmann*, in: Assmann/Schneider/Mülbert, WPHR, § 2 WpHG Rn. 10, 17; *Kumpan*, in: Schwark/Zimmer KMRK, § 2 WpHG Rn. 4, 5. Aufl. 2020; Zur Einordnung von Kryptocoins unter den zivilrechtlichen Wertpapierbegriff: *Kaulartz/Matzke*, NJW 2018, 3278; *Hanten/Sacarcelik*, RdF 2019, 124, 130.

762 *Petow*, in: Heidel, § 2 WpHG, Rn. 3; *Kumpan*, in: Schwark/Zimmer KMRK, § 2 WpHG Rn. 6, 5. Aufl. 2020.

763 *Kumpan*, in: Schwark/Zimmer KMRK, § 2 WpHG Rn. 11, 5. Aufl. 2020.

764 Art. 4 I Nr. 44 MiFID II definiert übertragbare Wertpapiere als Gattungen von Wertpapieren, die am Kapitalmarkt gehandelt werden können.

765 *Assmann*, in: Assmann/Schneider/Mülbert, WPHR, § 2 WpHG Rn. 14.

766 *Assmann*, in: Assmann/Schneider/Mülbert, WPHR, § 2 WpHG Rn. 14; *Roth*, in: KK/WpHG § 2 Rn. 26; *Kumpan*, in: Schwark/Zimmer KMRK, § 2 WpHG Rn. 11, 5. Aufl. 2020; *Resas/Ulrich/Geest*, ZBB 2020, 22, 26.

767 *Zickgraf*, AG 2018, 293, 299.

Einschränkung der Übertragbarkeit durch vertragliche Vereinbarung oder durch technische Mittel ändert an der Übertragbarkeit der Kryptowerteinheiten im Grundsatz nichts.[768] Der Verkauf von Kryptowerten ist am Sekundärmarkt möglich.[769] Somit ist eine generelle Übertragbarkeit zu bejahen. Sollte es hingegen zu einer dauerhaften Einschränkung der Übertragungsmöglichkeit kommen, beispielsweise durch die Kombination von vertraglichen Einschränkungen mit technischen Sperrmechanismen, ist nicht mehr von einer Übertragbarkeit der Werteinheiten auszugehen.[770]

b) Standardisierung

Weiterhin besteht die Notwendigkeit der Standardisierung des Coins bzw. Tokens, um diesen als Wertpapier qualifizieren zu können. Das Kriterium der Standardisierung lässt sich dabei nur indirekt aus den Merkmalen der gattungsmäßigen Ausgestaltung und dem Erfordernis der Handelbarkeit am Finanzmarkt aus dem Gesetzestext ableiten[771]. Mittlerweile ist eine urkundliche Verbriefung des Wertpapiers nicht mehr zwingende Voraussetzung für eine Einstufung in diese Kategorie des Finanzinstruments.[772] Grund dafür ist die auch im Wertpapierhandel immer weiter fortschreitende Entmaterialisierung.[773]

Der Begriff der Standardisierung bezieht sich auf solche Papiere, deren Gegenstand in standardisiert ausgestalteten Rechten zu sehen ist.[774] Eine inhaltlich vergleichbare Ausgestaltung von Wertpapieren schafft gerade erst eine effiziente Handelsmöglichkeit am Kapitalmarkt.[775] Ein Handel muss unter Angabe von Art und Zahl des Wertpapiers möglich sein.[776] Eine Standardisierung weisen also gerade solche Papiere nicht auf, die speziell auf individuelle Kundenwünsche hinsichtlich Volumen, Basispreis und Laufzeit ausgestaltet werden.[777]

---

768 *Assmann*, in: Assmann/Schneider/Mülbert, WPHR, § 2 WpHG Rn. 11.

769 *Hacker/Thomale*, Crypto-Securities Regulation, https://papers.ssrn.com/sol3/papers.cfm?abstract_id=3075820, letzter Abruf: 09.05.2019, S. 20.

770 *Hacker/Thomale*, Crypto-Securities Regulation, https://papers.ssrn.com/sol3/papers.cfm?abstract_id=3075820, letzter Abruf: 09.05.2019, S. 20.

771 *Roth*, in: KK/WpHG § 2 Rn. 23; *Petow*, in: Heidel § 2 WpHG Rn. 3.

772 *Fuchs*, § 2 WpHG, Rn. 19; *Assmann*, in: Assmann/Schneider/Mülbert, WPHR, § 2 WpHG Rn. 11, 15; *Roth*, in: KK/WpHG § 2 Rn. 11.

773 *Kumpan*, in: Schwark/Zimmer KMRK, § 2 WpHG Rn. 6, 5. Aufl. 2020

774 *Assmann*, in: Assmann/Schneider/Mülbert, WPHR, § 2 WpHG Rn. 11.

775 *Roth*, in: KK/WpHG § 2 Rn. 24.

776 *Ekkenga*, in: MüKo/HGB Effektengeschäft Rn. 16.

777 *Roth*, in: KK/WpHG § 2 Rn. 24; *Petow*, in: Heidel § 2 WpHG Rn. 3; BT-Drucks. 16/4028, S. 54.

Folglich liegt in diesem Fall dann mangels Standardisierung auch kein Wertpapier vor. Der Streit, ob eine emittentenbezogene oder eine emittentenübergreifende Standardisierung für die Bejahung der Wertpapiereigenschaft notwendig ist, kann mangels Relevanz bei Kryptowerten wie Currency Token, die zur Bezahlung von Waren und Dienstleistungen verwendet werden, dahinstehen.[778] Currency Token werden nämlich nach einem bestimmten, vorher festgelegten Muster erschaffen und sind immer gleich ausgestaltet, solange nicht das ganze System einvernehmlich geändert wird. Dies bedeutet, dass bei Currency Token wie dem Bitcoin eine individuelle Gestaltung der einzelnen Werteinheit durch den Netzwerkteilnehmer technisch ausgeschlossen ist, diese also immer standardisiert sind. Anderes gilt im Gegensatz dazu bei Investment und Utility Token, da deren Ausgestaltung durch den Emittenten grundsätzlich möglich ist und auch durchgeführt wird.[779] Aufgrund der Ausgestaltung von Currency Token ist bei diesen also prinzipiell von einer Standardisierung auszugehen.[780]

c) Handelbarkeit

Weiterhin bedarf das in § 2 I WpHG genannte, für die Einstufung als Wertpapier notwendige, Kriterium der Handelbarkeit einer näheren Betrachtung. Voraussetzung für die Handelbarkeit eines Anlageinstruments am Kapitalmarkt ist, dass dieses seiner Art nach ein potenziell geeignetes Handelsinstrument darstellt. Die tatsächliche Herausbildung eines Marktes wird nicht als erforderlich erachtet[781]. Dabei wird sowohl der Handel am organisierten Kapitalmarkt als auch der Handel an einem nichtorganisierten Markt, zum Beispiel im Rahmen eines multilateralen Handelssystems gemäß § 2 VIII Nr. 8 WpHG oder im Wege des OTC-Geschäfts erfasst.[782] Der außerbörsliche Handel kann also auch über

---

778 Vgl. hierzu ausführlich *Zickgraf*, AG 2018, 293, 300; *ders.*, in: Maume/Maute Kryptowerte-HdB, § 11 Rn. 39 ff.

779 Auch *Hacker/Thomale* erläutern diesen Streit nur im Hinblick auf Utility und Investment Token, vgl. Crypto-Securities Regulation, S. 23.

780 Im Ergebnis genauso: *Klöhn/Parhofer*, Bitcoins under European and German banking and capital markets laws, https://poseidon01.ssrn.com/delivery.php?ID=3600030720990030050720101231090090300200380020200630911071040741231180851050240720960411070211030570030620640951260061260971170620470110620681180730701210820890100910600090020910310801271170241211170061200311131071230790960990871220231190941190950801 06&EXT=pdf, letzter Abruf: 26.08.2020, S. 9.

781 *Fuchs*, § 2 WpHG, Rn. 19; *Roth*, in: KK/WpHG § 2 Rn. 36; *Assmann*, in: Assmann/Schneider/Mülbert, WPHR, § 2 WpHG Rn. 12; *Terlau*, in: FinTech-Hdb, § 20 Rn. 125.

782 *Fuchs*, § 2 WpHG, Rn. 16; *Assmann*, in: Assmann/Schneider/Mülbert, WPHR, § 2 WpHG Rn. 12.

eine Handelsplattform abgewickelt werden, welche keine Börse ist.[783] Diese Marktstruktur wurde ursprünglich durch die MiFID[784] etabliert.[785] Die klassischen OTC-Geschäfte finden dabei direkt zwischen den Parteien, also bilateral und ohne Einschaltung einer dritten Partei als Vermittler statt.[786] Derzeit werden Kryptowerte noch nicht auf geregelten Märkten gehandelt. Prinzipiell kommt dem regen Handel, der auf Sekundärmärkten mit Kryptowerten erfolgt, eine Indizwirkung zu, die als ausreichend zu erachten ist, um das Kriterium der Handelbarkeit zu bejahen.[787]

Der hohe Anteil von etwa 40 % bei außerbörslichen Handelsgeschäften sowie die Tatsache, dass es ein gesteigertes Aufkommen von nichttransparenten Handelsplätzen (im OTC-Bereich als „Broker Crossing Networks" bezeichnet) gibt,[788] haben den Gesetzgeber zu einer Neuregelung des OTC-Geschäfts im Wege der MiFID II bewogen. Ziel der Neuregelung war es, den Handel nach Möglichkeit auf regulierten Marktplätzen stattfinden zu lassen und missbräuchliches Verhalten einzudämmen. Der bilaterale Handel sollte nicht vollständig untersagt, aber gewissen Regeln unterworfen werden. Beispielsweise sollen Wertpapierfirmen ihre Handelsgeschäfte mit Aktien vom Grundsatz her an einem geregelten Markt oder an einem MTF durchführen. Zudem wurde der Anwendungsbereich des europäischen Marktmissbrauchsrechts erweitert.[789] Das Ziel der Eindämmung des OTC-Handels sollte unter anderem durch die Einführung des Tatbestandes des *Organised Trade Facility* (OTF) realisiert werden.[790]

Bei genauerer Betrachtung erweist sich aber die Art der Auslegung des Begriffs der Handelbarkeit durchaus als problematisch. Teilweise wird in der Literatur die Ansicht vertreten, dass die Handelbarkeit nur dann zu bejahen ist, wenn auch die Möglichkeit eines gutgläubigen Erwerbs nach den §§ 932 ff. BGB oder eine äquivalente Schutzmöglichkeit des Erwerbers besteht.[791] Als Argument für

783 *Wilhelmi*, in: BeckOGK § 453 BGB Rn. 222, Stand: 01.01.2020.

784 Richtlinie 2004/39/EG über Märkte für Finanzinstrumente (Finanzmarktrichtlinie).

785 *Veil*, in: Meyer/Veil/Rönnau HdB Marktmissbrauchsrecht § 4 Rn. 39 ff.

786 Zenke/Schäfer, Energiehandel in Europa, S. 103; Schimansky/Bunte/Lwowski, BankR-HdB/*Seiler/Geier* Vor. § 104 Rn. 30.

787 So auch *Zickgraf*, AG 2018, 293, 301; *Hacker/Thomale*, Crypto-Securities Regulation, S. 22.

788 *Gomber/Nassauer*, ZBB 2014, 250, 252.

789 *Veil*, in: Meyer/Veil/Rönnau HdB Marktmissbrauchsrecht § 4 Rn. 39.

790 *Dehio/Fritzsche*, in: Heidel, § 2 BörsG Rn. 8.

791 *Kumpan*, in: Schwark/Zimmer KMRK, § 2 WpHG Rn. 8, 5. Aufl. 2020; *Zickgraf*, AG 2018, 293, 301; ausführlich zu dieser Thematik: *ders.*, in: Maume/Maute Kryptowerte-HdB, § 11 Rn. 45 ff.

die Notwendigkeit eines gutgläubigen Erwerbs wird die Tatsache gesehen, dass es sich bei Transaktionen am Finanzmarkt um anonyme, elektronische Massenveranstaltungen handelt.[792] Der Erwerber muss sich daher auf eine einredefreie und rechtswirksame Transaktionsabwicklung verlassen können.[793] Bitcoins existieren ausschließlich virtuell. Dies bedeutet, dass jene aufgrund fehlender Körperlichkeit nicht dem Sachbegriff des BGB unterfallen.[794] Folglich scheidet ein gutgläubiger Erwerb gemäß den §§ 932 ff. BGB nach dieser Ansicht aus. Im Ergebnis wären Bitcoins dieser Ansicht nach wegen fehlender Handelbarkeit somit nicht als Wertpapiere zu klassifizieren.[795]

Fraglich ist aber, ob dieser Meinung ohne weiteres gefolgt werden kann. Nach anderer Ansicht ist der Begriff der Handelbarkeit nicht eng, sondern weit auszulegen, so dass auch eingeschränkt handelbare Papiere vom Wertpapierbegriff erfasst sind.[796] Dies bedeutet, dass auch Papiere, die nicht zirkulationsfähig, sondern nur umlauffähig sind, dem Wertpapierbegriff unterfallen. Eine Übertragung ist bei dieser Art von Wertpapieren ausschließlich durch Abtretung des im Wertpapier verkörperten Rechts oder mit der Zustimmung Dritter möglich.[797]

Mehrere Argumente sprechen für diese Ansicht. Zum einen hat sich auch ohne die Möglichkeit eines gutgläubigen Erwerbs nach geltendem Recht ein liquider Sekundärmarkt für Bitcoins gebildet.[798] Zum anderen wird in der Literatur für die Anerkennung eines eigentumsähnlichen Rechts an Token plädiert, welches per Verfügungsgeschäft übertragen wird. Auf dieses Verfügungsgeschäft sollen die §§ 929 ff. BGB analog angewendet werden, womit ein gutgläubiger Erwerb also möglich wäre. Dabei würde die Blockchain als Rechtsscheinsträger fungieren.[799] Darüber hinaus wird die Meinung vertreten, dass eine Anwendbarkeit

---

792 *Roth*, in: KK/WpHG § 2 Rn. 34; *Roth*, in: KK/WpHG § 2 Rn. 34; *Zickgraf*, AG 2018, 293, 301.

793 *Kumpan*, in: Schwark/Zimmer KMRK, § 2 WpHG Rn. 8, 5. Aufl. 2020.

794 *Mössner*, in: BeckOGK § 90 BGB Rn. 104.3, Stand: 01.08.2018.

795 Vgl. zu den Argumenten in Bezug auf die Blockchain als Äquivalent zum gutgläubigen Erwerb: *Kumpan*, in: Schwark/Zimmer KMRK, § 2 WpHG Rn. 9, 5. Aufl. 2020.

796 *Assmann*, in: Assmann/Schneider/Mülbert, WPHR, § 2 WpHG Rn. 13; *Kumpan*, in: Schwark/Zimmer KMRK, § 2 WpHG Rn. 9, 5. Aufl. 2020.

797 *Assmann*, in: Assmann/Schneider/Mülbert, WPHR, § 2 WpHG Rn. 13.

798 *Zickgraf*, AG 2018, 293, 301.

799 Im Detail zur Übertragung von Tokens und tokenisierten Rechtspositionen *Koch*, ZBB 2018, 359, 362 ff., 367. Ebenfalls für eine funktionelle Vergleichbarkeit der Übertragung auf der Blockchain mit dem gutgläubigen Erwerb, *Hacker/Thomale*, Crypto-Securities Regulation, S. 22; *Zickgraf*, AG 2018, 293, 301.

der §§ 929 ff. BGB gar nicht notwendig ist. Ein Schutz des Rechtsverkehrs vor Transaktionen durch Nichtberechtige sei bereits durch die der Blockchain immanenten Proof-of-Work-Technik in ausreichendem Maße gewährleistet.[800]

Zudem ist der Sinn und Zweck, welcher hinter den kapitalmarktrechtlichen Vorschriften steht, in die bereits angestellten Überlegungen miteinzubeziehen. Der Regelungszweck des WpHG ist mithin nicht in der Beantwortung von Fragen in Bezug auf die Begründung, Übertragung oder Geltendmachung von Wertpapieren zu sehen. Vielmehr ist der Regelungsgegenstand des WpHG in der Regelung der Rahmenbedingungen des Marktes, des Zustandekommens von Finanzierungsbeziehungen und die Einhaltung der dort aufgestellten Verhaltenspflichten durch die Vertragsparteien zu sehen.[801] Dem Markt- und Anlegerschutz muss ungeachtet der Art der Übertragung des Finanzinstruments Rechnung getragen werden. Auch lässt sich das Erfordernis eines gutgläubigen Erwerbs nicht im Gesetzeswortlaut wiederfinden. Dies gilt sowohl für den einschlägigen Artikel der MiFID II, als auch für die entsprechende Umsetzung im WpHG.[802] Damit ist das Erfordernis eines gutgläubigen Erwerbs nicht als Voraussetzung für die Erfüllung des Kriteriums der Handelbarkeit zu betrachten.[803] Folglich sind Kryptowerte in Form von Bitcoins grundsätzlich handelbar.

d) Kein Zahlungsinstrument

Nach § 2 I WpHG unterfallen Zahlungsinstrumente nicht dem Wertpapierbegriff. Wären Bitcoins als Zahlungsinstrumente einzuordnen, würden diese in Konsequenz also nicht dem Wertpapierbegriff unterfallen. Dem Begriff des Zahlungsinstruments unterfallen Bargeld, Schecks, oder andere liquide Mittel, welche üblicherweise als Zahlungsinstrumente eingesetzt werden.[804] Zu den Zahlungsmitteln zählen staatliches Geld im Sinne von gesetzlichen Zahlungsmitteln, Buch- bzw. Giralgeld, E-Geld, privates Geld oder Geldmittel in fremder Währung.[805] Dabei ist es für die Einordnung als Zahlungsinstrument nicht zwingend notwendig, dass alle drei ökonomischen Geldfunktionen (Tausch- und Zahlungsmittelfunktion, Recheneinheit und Wertaufbewahrungsmittel)

---

800 *Terlau*, in: FinTech-Hdb, § 20 Rn. 121.

801 *Assmann*, in: Assmann/Schneider/Mülbert, WPHR, § 2 WpHG Rn. 9.

802 Vgl. hierzu den Gesetzeswortlaut von Art. 4 I Nr. 44 MiFID II und § 2 I WpHG.

803 *Zickgraf*, AG 2018, 293, 302.

804 BT-Drucks. 16/4028, S. 54; *Assmann/Schneider*, WPHG, 3.A, § 2 Rn. 12, 16; *Fuchs*, WpHG, § 2 Rn. 10.

805 *Freitag*, in: BeckOGK § 244 BGB Rn. 12, Stand: 01.08.2018.

durch die in Frage stehenden Kryptowerte erfüllt werden. Eine Möglichkeit der Einordnung in die breiter gefasste Kategorie ist als ausreichend zu erachten.[806]

Auch Privatgeld bzw. sogenannte Komplementärwährungen werden von dem Begriff des Zahlungsinstruments erfasst.[807] Wie bereits im währungsrechtlichen Teil dieser Arbeit herausgearbeitet wurde, lassen sich Kryptowerte in Form von Bitcoins unter den Begriff der Komplementärwährungen fassen[808], auch wenn dies nicht gleichbedeutend mit einer Einordnung als Geld im juristischen Sinne ist. Folglich stellen Kryptowerte und Token im Allgemeinen und Bitcoins im Besonderen ein Zahlungsinstrument dar.

e) *Zwischenergebnis: Kryptowerte stellen keine Wertpapiere i. S. v. § 2 I WpHG bzw. § 2 II 1 BörsG dar*

Kryptowerte bzw. Currency Token, also solche Token, denen vorrangig oder ausschließlich eine Zahlungsmittelfunktion zukommt, können aufgrund dieser Funktion nicht dem europäischen Wertpapierbegriff in Art. 4 I Nr. 44 MiFID II[809] und auch nicht dem in § 2 I WpHG statuierten Wertpapierbegriff unterfallen. Folglich sind Kryptowerte in Form von Bitcoins nicht als Wertpapier in diesem Sinne einzuordnen.[810] Diese Zahlungsmitteleigenschaft steht also einer

806 *Hacker/Thomale*, Crypto-Securities Regulation, S. 29.

807 BaFin, Hinweise zu Finanzinstrumenten nach § 1 Abs. 11 Sätze 1 bis 3 KWG (Aktien, Vermögensanlagen, Schuldtitel, sonstige Rechte, Anteile an Investmentvermögen, Geldmarktinstrumente, Devisen, Rechnungseinheiten und Emissionszertifikate), Änderungsfassung vom 26.07.2018, https://www.bafin.de/SharedDocs/Veroeffentlichungen/DE/Merkblatt/mb_111220_finanzinstrumente.html, letzter Abruf: 20.06.2019, Abschnitt 2 (c) gg).

808 Siehe Kapitel 3 C 2.

809 *Zickgraf*, in: Maume/Maute Kryptowerte-HdB, § 11 Rn. 68.

810 Im Ergebnis auch so: *Brocker/Klebeck*, RdF 2018, 288, 291; *Zickgraf*, AG 2018, 293, 306 f.; *Weitnauer*, BKR 2018, 231, 233; *Omlor*, ZHR 183 (2019), 294, 317; *Kleinert/Mayer*, EuZW 2019, 857, 860; *Klöhn/Parhofer*, *Klöhn/Parhofer*, Bitcoins under European and German banking and capital markets laws, https://poseidon01.ssrn.com/delivery.php?ID=360003072099003005072010123109009030020038002020063091107104074123118085105024072096041107021103057003062064095126006126097117062047011062068118073070121082089010091060009002091031080127117024121117006120031113107123079096099087122023119094119095080106&EXT=pdf, letzter Abruf: 26.08.2020, S. 10; *Spindler*, WM 2018, 2109, 2114; *Borkert*, ITRB 2018, 91, 94; ebenfalls, jedoch mit der Begründung der fehlenden Vergleichbarkeit mit Aktien/Anleihen: *Hanten/Stump*, RdF 2018, 189, 194. Bejahend für Art. 4 I Nr. 44 MiFID II: *Maume/Fromberger*, Chicago Journal of International Law, Vol. 19, No. 2, Article 5, 581

Qualifizierung von Kryptocoins bzw. Currency Token in Form von Bitcoins als Wertpapier im Weg.[811]

Anders ist dies hingegen für Kryptowerte in Form von Utility- und Investment Token zu beurteilen. Letztere werden auch Asset-Token, Security- oder Equity Token genannt.[812] Je nach Ausgestaltung des einzelnen Tokens können diese durchaus als Wertpapier i. S. d. § 2 WpHG zu qualifizieren sein. Dies ist nämlich beispielsweise dann der Fall, wenn durch einen Security Token eine Beteiligung am zukünftig durch das Unternehmen erwirtschafteten Gewinn gewährt wird.[813] Die Qualifizierung von Utility Token als Wertpapiere ist in der einschlägigen Literatur hingegen umstritten. Teilweise wird diese grundsätzlich abgelehnt[814], manche Autoren wollen nur bestimmte Ausgestaltungen eines Utility Token – bspw. solche, die auch eine Investmentfunktion aufweisen – unter den Wertpapierbegriff fallen lassen.[815]

f) Eckpunktepapier/Referentenentwurf der Bundesregierung für ein Gesetz über elektronische Wertpapiere (eWpG)

Bei der Frage, wie Kryptotoken aus wertpapierrechtlicher Perspektive zu behandeln sind, hat mittlerweile auch die Bundesregierung erkannt, dass in dieser Hinsicht dringend Handlungsbedarf besteht. Der bisherige Rechtsrahmen im deutschen Wertpapierrecht lässt sich nicht ohne weiteres auf Utility Token und andere digitale Wertpapiere, welche die neuartige Blockchain-Technologie als Basis verwenden, übertragen. Die Implementierung einer neuen rechtlichen Regelung zur Übertragung von digitalen Wertpapieren auf Grundlage der Blockchain-Technologie soll vor allem auch der Schaffung größerer Rechtssicherheit im Kreise der Nutzer ebendieser Technologie dienen.[816]

---

811 *Hanten/Stump*, RdF 2018, 189, 195; *Brocker/Klebeck*, RdF 2018, 288, 291; *Chatard/Mann*, NZG 2019, 567, 573; *Weitnauer*, BKR 2018, 231, 233; *Zickgraf*, AG 2018, 293, 307; *Borkert*, ITRB 2018, 91, 94; *Danwerth/Hildner*, BKR 2019, 57, 61.

812 *Veil*, ZHR 183 (2019), 346, 349; vgl. hierzu auch Abb. 2.

813 *Weitnauer*, BKR 2018, 231, 233; *Zickgraf*, AG 2018, 293, 302.

814 *Hacker/Thomale*, Crypto-Securities Regulation, S. 29 f.; *Weitnauer*, BKR 2018, 231, 233.

815 *Hacker/Thomale*, Crypto-Securities Regulation, S. 33 ff.; *Zickgraf*, AG 2018, 293, 303 ff.

816 Eckpunkte für die regulatorische Behandlung von elektronischen Wertpapieren und Krypto-Token, https://www.bundesfinanzministerium.de/Content/DE/Gesetzestexte/Gesetze_Gesetzesvorhaben/Abteilungen/Abteilung_VII/19_Legislaturperiode/2019-03-07-Eckpunktepapier-Wertpapiere-Krypto-Token/2019-03-07-Eckpunktepapier-regulatorische-Behandlung-elektronische-Wertpapiere-Krypto-Token.pdf?__blob=publicationFile&v=7, letzter Abruf: 17.04.2020, S. 1.

Das Wertpapierrecht in Deutschland ist, im Gegensatz zu dem der europäischen Nachbarländer, wo bereits ein Übergang zu rein schuldrechtlichen Lösungen stattgefunden hat, noch immer von sachenrechtlichen Grundsätzen geprägt.[817] Dabei gilt zu beachten, dass die Forderungen nach einer Reform des deutschen Wertpapierrechts keine grundsätzlich neue Problematik des Bank- und Kapitalmarktrechts darstellen. Bereits im Jahr 1975 griff *Dorothee Einsele* dieses Thema auf.[818] Daraufhin folgten einige weitere Monografien mit Vorschlägen zur Reform des Wertpapierrechts durch verschiedene Autoren.[819] Nicht nur in Deutschland, sondern auch auf europäischer Ebene gab es Bestrebungen, dass Wertpapierrecht zu harmonisieren und eine EU-Wertpapierrechts-Richtlinie einzuführen.[820] Allerdings konnte sich keine der bisherigen Reformbestrebungen letztendlich durchsetzen. Nachdem die Blockchain-Technologie und die damit einhergehenden Möglichkeiten im Wertpapierbereich immer weiter in den Fokus der Öffentlichkeit gerückt sind, sieht sich die Bundesregierung nun dazu veranlasst, zum Zwecke des Anlegerschutzes einen sicheren Rechtsrahmen für diese Materie zu schaffen.[821]

Ein erster Ansatzpunkt für die rechtssichere Übertragungsmöglichkeit von Kryptowerten könnten die Regelungen der Bundesregierung über die Schaffung von elektronischen Schuldverschreibungen geben. Neben dem Eckpunktepapier, welches die zukünftige regulatorische Behandlung von elektronischen Wertpapieren und Kryptotoken überblicksartig skizziert, wurde im August 2020

---

817 *Casper*, BKR 2019, 209, 213; im Detail: *Lehmann*, Finanzinstrumente, S. 61 ff.

818 *Einsele*, Wertpapierrecht als Schuldrecht, Kapitel 7.

819 *Micheler*, Wertpapierrecht zwischen Schuld- und Sachenrecht, Kapitel 5, (2004); *Lehmann*, Finanzinstrumente, S. 61 ff. (2010); *Beckmann*, Reformbedarf und Reformperspektiven im Recht der girosammelverwahrten Wertpapiere, S. 365 ff., (2013); zuletzt: *Segna*, Bucheffekten, Teil 5 (2018); zum schweizerischen Recht vgl. *Mock*, Die Schweizer Bucheffekte, Kapitel 5 (2016).

820 *Paech*, Grenzüberschreitende Sachverhalte des Wertpapierrechts: Europäische Bemühungen um einen kohärenten Rechtsrahmen für Wertpapiermärkte; abrufbar unter: https://www.europarl.europa.eu/RegData/etudes/note/join/2011/464416/IPOL-ECON_NT(2011)464416(SUM01)_DE.pdf, letzter Abruf: 25.05.2020; *Casper*, BKR 2019, 209, 213.

821 Eckpunkte für die regulatorische Behandlung von elektronischen Wertpapieren und Krypto-Token, https://www.bundesfinanzministerium.de/Content/DE/Gesetzestexte/Gesetze_Gesetzesvorhaben/Abteilungen/Abteilung_VII/19_Legislaturperiode/2019-03-07-Eckpunktepapier-Wertpapiere-Krypto-Token/2019-03-07-Eckpunktepapier-regulatorische-Behandlung-elektronische-Wertpapiere-Krypto-Token.pdf?__blob=publicationFile&v=7, letzter Abruf: 17.04.2020, S. 1.

ebenfalls ein Referentenentwurf für ein Gesetz zur Einführung von elektronischen Wertpapieren veröffentlicht[822]. Im Einzelnen sieht die angestrebte Lösung eine Öffnung des deutschen Rechts für elektronische Wertpapiere vor. Die zukünftige gesetzliche Regelung, welche einen technologieneutralen Ansatz verfolgt, soll nicht nur zivilrechtliche Vorschriften umfassen, sondern auch das geltende Aufsichtsrecht reformieren. Dabei sind zwei unterschiedliche Ansätze zur Schaffung elektronischer Wertpapiere angedacht, und zwar durch Eintragung in ein Register oder durch Erklärung zu einer Sache kraft gesetzlicher Fiktion. Bei der Variante, welche die Eintragung in ein Register vorsieht, soll das Bundesschuldwesengesetz als Vorbild dienen.[823]

Ein Vorentwurf sieht vor, dass § 793 BGB um zwei Absätze ergänzt werden soll. Diese Absätze beinhalten eine Loslösung von der Verbriefung von Schuldverschreibungen in einer Globalurkunde und ermöglichen zugleich die Ausgabe solcher Schuldverschreibungen auf elektronischem Wege. Dies soll allerdings erst nach einer Eintragung in ein Register erfolgen dürfen.[824] Letztendlich würde diese Variante die Schaffung eines neuen Rechts sui generis bedeuten. Sofern dieser Weg beschritten wird, ließe sich eine Übertragung der Wertpapiere im Wege der Abtretung realisieren.[825] Für den Fall, dass der Gesetzgeber die andere Alternative wählt und eine Entscheidung für eine gesetzliche Fiktion trifft und in diesem Zusammenhang elektronische Wertpapiere zu Sachen erklärt, hätte dies zur Konsequenz, dass sich die Übertragung von elektronischen Wertpapieren

822 BMF und BMJV – Eckpunktepapier für die regulatorische Behandlung von elektronischen Wertpapieren und Krypto-Token vom 7. März 2019, https://www.bmjv.de/SharedDocs/Gesetzgebungsverfahren/Dokumente/Eckpunkte_Krypto_Blockchain.pdf;jsessionid=F62B9F3635AC4F17530E9772BB6228D4.1_cid289?__blob=publicationFile&v=3, letzter Abruf: 02.12.2019; Bundesministerium der Justiz und für Verbraucherschutz und Bundesministerium der Finanzen, Referentenentwurf für ein Gesetz zur Einführung von elektronischen Wertpapieren, https://www.bmjv.de/SharedDocs/Gesetzgebungsverfahren/Dokumente/RefE_Einfuehrung_elektr_Wertpapiere.pdf?__blob=publicationFile&v=1, letzter Abruf: 15.08.2020, S. 21.

823 BMF und BMJV – Eckpunktepapier für die regulatorische Behandlung von elektronischen Wertpapieren und Krypto-Token vom 7. März 2019, https://www.bmjv.de/SharedDocs/Gesetzgebungsverfahren/Dokumente/Eckpunkte_Krypto_Blockchain.pdf;jsessionid=F62B9F3635AC4F17530E9772BB6228D4.1_cid289?__blob=publicationFile&v=3, letzter Abruf: 02.12.2019, S. 2 f.; *Kleinert/Mayer*, EuZW 2019, 857, 862.

824 *Casper*, BKR 2019, 209, 210.

825 BT-Drucks. 19/11385, S. 4.

nach sachenrechtlichen Grundsätzen – also durch Einigung und Übergabe (-surrogat) – vollziehen würde.[826]

Im nunmehr vorliegenden Referentenentwurf für ein Gesetz zur Einführung von elektronischen Wertpapieren ist zunächst eine elektronische Begebung von Schuldverschreibungen angedacht, um das deutsche Recht für elektronische Wertpapiere zu öffnen.[827] Dabei soll die Begebung von elektronischen Wertpapieren durch Eintragung in ein elektronisches Register stattfinden. Die elektronischen Wertpapiere werden als Sache im Sinne von § 90 BGB angesehen.[828] Nach § 25 eWpG, welcher die Übertragung von elektronischen Wertpapieren regelt, erfolgt diese durch Einigung und Umtragung im Wertpapierregister.[829]

Anzumerken ist, dass die vorgesehene Regelung jedoch in der Anwendung auf sog. Utility Token und andere Blockchain-Produkte beschränkt ist.[830] Der Regierungsentwurf für das Gesetz zur Einführung von elektronischen Wertpapieren (eWpG) wurde am 16. Dezember 2020 veröffentlicht. Am 9. Juni 2021 ist das eWpG im Bundesgesetzblatt verkündet worden und am 10. Juni 2021 in Kraft getreten.[831] Dabei wurde die im Rahmen des Referentenentwurfs

826 BT-Drucks. 19/11385, S. 4.

827 Bundesministerium der Justiz und für Verbraucherschutz und Bundesministerium der Finanzen, Referentenentwurf für ein Gesetz zur Einführung von elektronischen Wertpapieren, https://www.bmjv.de/SharedDocs/Gesetzgebungsverfahren/Dokumente/RefE_Einfuehrung_elektr_Wertpapiere.pdf?__blob=publicationFile&v=1, letzter Abruf: 15.08.2020, S. 1.

828 Bundesministerium der Justiz und für Verbraucherschutz und Bundesministerium der Finanzen, Referentenentwurf für ein Gesetz zur Einführung von elektronischen Wertpapieren, https://www.bmjv.de/SharedDocs/Gesetzgebungsverfahren/Dokumente/RefE_Einfuehrung_elektr_Wertpapiere.pdf?__blob=publicationFile&v=1, letzter Abruf: 15.08.2020, S. 3.

829 Bundesministerium der Justiz und für Verbraucherschutz und Bundesministerium der Finanzen, Referentenentwurf für ein Gesetz zur Einführung von elektronischen Wertpapieren, https://www.bmjv.de/SharedDocs/Gesetzgebungsverfahren/Dokumente/RefE_Einfuehrung_elektr_Wertpapiere.pdf?__blob=publicationFile&v=1, letzter Abruf: 15.08.2020, S. 14.

830 *Casper*, BKR 2019, 209. Für wertpapierähnliche Token werden synonym die Begriffe „Equity Token", „Security Token", „Investment Token" oder „Asset Token" verwandt, vgl. BaFin, Merkblatt: Zweites Hinweisschreiben zu Prospekt- und Erlaubnispflichten im Zusammenhang mit der Ausgabe sog. Krypto-Token GZ:WA-51 WP 7100-2019/0011 und IF 1-AZB 1505-2019/0003, https://www.bafin.de/SharedDocs/Downloads/DE/Merkblatt/WA/dl_wa_merkblatt_ICOs.html, letzter Abruf: 24.03.2020, S. 6.

831 Bundesministerium der Justiz, Aktuelle Gesetzgebungsverfahren: Gesetz zur Einführung von elektronischen Wertpapieren, https://www.bmj.de/SharedDocs/Gesetzgebun

angedachte Möglichkeit der Begebung von elektronischen Schuldverschreibungen umgesetzt (§ 1 eWpG). Die Möglichkeit der Begebung eines elektronischen Wertpapiers regelt § 2 eWpG. Dabei findet sich in § 2 III eWpG die im Referentenentwurf bereits angesprochene Fiktion, dass elektronische Wertpapiere als Sachen im Sinne von § 90 BGB anzusehen sind. Die zentralen Normen zum angedachten Kryptowertpapierregister finden sich im 3. Abschnitt des Gesetzes, beginnend mit § 16 eWpG. In § 25 eWpG findet sich eine Regelung zur Übereignung von elektronischen Wertpapieren, § 26 eWpG regelt den gutgläubigen Erwerb. Insgesamt bleibt festzuhalten, dass die Einführung von elektronischen Wertpapieren weitgehend auf Basis des bereits erörterten Referentenentwurfs geschehen ist. Lediglich einige Begrifflichkeiten wurden geändert, so spricht § 16 eWpG abweichend vom Referentenentwurf nur noch von einem fälschungssicheren Aufzeichnungssystem, welches ursprünglich dezentral ausgestaltet werden sollte.[832] Eine weitere Vertiefung der Thematik an dieser Stelle ist entbehrlich, da das zentrale Thema der Arbeit Kryptowerte in Form von Currency Token wie Bitcoin darstellen. Im Zusammenhang mit der wertpapierrechtlichen Abgrenzung zwischen Currency Token auf der einen und Utility- sowie Investment Token auf der anderen Seite wird im nachfolgenden Exkurs der Frage einer möglichen Prospektpflicht von Kryptowerten nachgegangen, welche sich neben der Wertpapiereigenschaft auch aus der Zulassung zum Handel an einem organisierten Markt ergeben könnte.

2. *Exkurs: Prospektpflichtigkeit des Handels mit Kryptowerten*

Der Begriff des Kryptowertes wird im Aufsichtsrecht lediglich allgemein definiert, ohne zwischen den verschiedenen Tokenarten zu differenzieren.[833] Folglich erfasst dieser Begriff sowohl Token mit als auch solche ohne Wertpapiereigenschaft. Aus diesem Grund setzt sich der nachfolgende Exkurs mit der Prospektpflichtigkeit von Kryptowerten im Allgemeinen auseinander. Schließlich hängt die Beantwortung der Frage, ob ein Anbieter von Kryptowerten, beispielsweise in Form von Utility- und Investment Token einer Prospektpflicht unterliegt, hängt in der Hauptsache davon ab, ob diese als Wertpapiere

gsverfahren/DE/Einfuehrung_elektr_Wertpapiere.html, letzter Abruf: 17.02.2023, vgl. überblicksartig zum eWpG: *Arndt*, Bitcoin-Eigentum, S. 149 ff.

832 Vgl. hierzu weiterführend *Arndt*, Bitcoin-Eigentum, S. 150.

833 Vgl. hierzu Kapitel 1, Abschnitt C, Begriffserklärung.

im kapitalmarktrechtlichen Sinn einzuordnen sind.[834] Darüber hinaus können allerdings auch Kryptowerte in Form von Vermögensanlagen bzw. als Einlagegegenstand eines alternativen Investmentfonds einer Prospektpflicht unterfallen. Dabei kann sich eine solche Prospektpflicht aus der EU-Prospektverordnung[835] oder aber aus dem Vermögensanlagegesetz sowie dem Kapitalanlagegesetzbuch ergeben.

a) Prospektpflicht aufgrund der EU-Prospektverordnung (VO (EU) Nr. 2017/1121)

Eine Pflicht zur Veröffentlichung eines Verkaufsprospekts kann dabei aus der EU-Prospektverordnung folgen. Die Prospekthaftung wurde zuletzt im Juli 2019 reformiert. Zu diesem Zeitpunkt erfolgte die Ablösung der unionsrechtlichen Prospektrichtlinie[836] durch die EU-Prospektverordnung, welche nun unmittelbar in den einzelnen Mitgliedsstaaten Anwendung findet. Dabei zieht die Änderung der Rechtsgrundlage für die Prospektpflicht jedoch keine wesentlichen Änderungen für die Ausgestaltung der Verpflichtung selbst nach sich, da der Wortlaut in weiten Teilen nur redaktionelle Anpassungen erfahren hat.[837] Allerdings hat die EU-Prospektverordnung das Prospektrecht in weiten Teilen grundlegend neugeordnet. Zweck der Regelung ist neben dem Anlegerschutz die Eröffnung von Zugangsmöglichkeiten zum Kapitalmarkt für Unternehmen. Neben den inhaltlichen Anforderungen wurde der Ausnahmekatalog

---

834 Zu der Frage, ob Kryptowerte dem zivilrechtlichen Wertpapierbegriff unterfallen vgl. *Kaulartz/Matzke*, NJW 2018, 3278, 3281 ff. Für eine Wertpapiereigenschaft von Investment Token, sofern diese Vermögensanrechte oder Zahlungsansprüche vermitteln: *Zickgraf*, in: Maume/Maute Kryptowerte-HdB, § 11 Rn. 54. Bei Utility Token wird aufgrund der Komplexität der Frage nach deren Wertpapiereigenschaft auf eine differenzierende Betrachtung verwiesen: *Zickgraf*, in: Maume/Maute Kryptowerte-HdB, § 11 Rn. 64 ff. Gegen eine Prospektpflicht nach § 2 WpPG *de lege lata* für sämtliche Tokenarten sprechen sich *Schäfer/Eckhold*, in: Assmann/Schütze/Buck-Heeb, HdB KapitalanlageR, § 16a Rn. 56 aus und plädieren stattdessen für eine Prospektpflicht nach dem VermAnlG; ähnlich: *Bialluch-von Allwörden/Bialluch*, WM 2018, 2118, 2123.

835 VO (EU) Nr. 2017/1121 des Europäischen Parlaments und des Rates v. 14.06.2017 (EU-ProspektVO).

836 RL 2003/71 EG des Europäischen Parlaments und des Rates v. 04.11.2003 betreffend den Prospekt, der beim öffentlichen Angebot von Wertpapieren oder bei deren Zulassung zu veröffentlichen ist (ProspektRL).

837 *Assmann/Kumpan*, in: Assmann/Schütze/Buck-Heeb, HdB KapitalanlageR, § 5 Rn. 18 f.

für die Prospektpflicht ergänzt. Ebenso sollen Sekundäremissionen erleichtert werden.[838]

Die Zentralvorschrift des WpPG[839], § 3 I WpPG a. F., normiert eine generelle Prospektpflicht. Zwei Tatbestände können dabei zu einer Prospektpflicht führen: Neben dem öffentlichen Angebot von Wertpapieren im Inland nach § 3 I WpPG a. F. kann auch eine Handelszulassung an einem organisierten Markt nach § 3 IV WpPG a. F. zu einer Prospektpflicht führen.[840] Hierbei ist im Zuge der Betrachtung von Kryptowerten lediglich die erste Alternative von gesteigertem Interesse. Bei einem öffentlichen Angebot eines Wertpapiers unterliegt der Anbieter als Adressat der Prospektpflicht. Nach § 2 Nr. 10 WpPG ist Anbieter im Sinne des WpPG eine Person oder Gesellschaft, welche Wertpapiere öffentlich anbietet. Eine Verletzung der Prospektpflicht stellt eine Ordnungswidrigkeit nach § 35 WpPG dar. Der Prospektpflichtige kann bei einem fehlenden Prospekt zugleich einer Haftung nach § 24 WpPG unterliegen.[841] Aufgrund der EU-Prospektverordnung ergibt sich die Prospektpflicht für Wertpapiere, welche öffentlich angeboten werden, nun direkt aus Art. 3 I ProspektVO (VO (EU) 2017/1129) bzw. Art. 3 III ProspektVO für den Fall einer Handelszulassung an einem organisierten Markt.[842] Von zentraler Bedeutung für das Bestehen einer Prospektpflicht ist also weiterhin die Frage nach der Wertpapiereigenschaft.

Wie bereits im vorherigen Abschnitt analysiert wurde, scheidet für Kryptowerte in Form von Currency Token allerdings mangels Subsumtionsmöglichkeit unter den Begriff des Wertpapiers eine Prospektpflicht aus.[843] Allenfalls kommt eine solche Pflicht nach dem WpPG bei Kryptowerten in Form von Utility- und Investment Token in Betracht.[844]

---

838 Vgl. überblicksartig zu den durch die EU-Prospektverordnung geschaffenen Neuerungen: *Pospiech*, NJW Spezial 2019, 463 ff.; ausführlich zu dieser Thematik: *Bauerschmidt*, BKR 2019, 324 ff.; *Geyer/Schelm*, BB 2019, 1731 ff.

839 *Von Kopp-Colomb/Mollner*, in: Assmann/Schlitt/von Kopp-Colomb, WpPG/VermAnlG, § 3 WpPG Rn. 4.

840 *Von Kopp-Colomb/Mollner*, in: Assmann/Schlitt/von Kopp-Colomb, WpPG/VermAnlG, § 3 WpPG Rn. 5.

841 *Von Kopp-Colomb/Mollner*, in: Assmann/Schlitt/von Kopp-Colomb, WpPG/VermAnlG, § 3 WpPG Rn. 22.

842 *Groß*, KapMarktR, § 3 WpPG Rn. 1.

843 Vgl. hierzu Kapitel 5. Ebenfalls gegen eine Prospektpflicht bei Currency Token: *Zickgraf*, in: Maume/Maute Kryptowerte-HdB, § 11 Rn. 68 f.

844 Für die Annahme einer Wertpapiereigenschaft von Investment Token: *Zickgraf*, AG 2018, 293, 303; *Hacker/Thomale*, Crypto-Securities Regulation, https://papers.ssrn.com/sol3/papers.cfm?abstract_id=3075820, letzter Abruf: 09.05.2019, S. 26 ff.;

b) Prospektpflicht nach dem KAGB

Eine Prospektpflicht für Kryptowerte könnte sich zudem aus dem KAGB ergeben. Eine Erlaubnispflicht findet sich in § 20 KAGB, sofern ein Investmentvermögen nach § 1 I KAGB vorliegt. Zudem existiert in § 306 KAGB eine Haftung für fehlerhafte bzw. fehlende Verkaufsprospekte.[845] Dabei ist jedoch festzuhalten, dass sich die dort normierte Prospektpflicht ausschließlich auf Publikumsinvestmentvermögen im Sinne von § 1 VI 2 KAGB bezieht.[846] Für Spezial-AIFs, also solche alternativen Investmentfonds, deren Anteile gemäß § 1 VI 1 KAGB nur von professionellen und semi-professionellen Anlegern erworben werden dürfen, besteht hingegen keine ausdrücklich im KAGB normierte Prospektpflicht.[847]

Im Wege der Auseinandersetzung mit einer möglichen Prospektpflicht für Spezial-AIFs darf hingegen der § 307 KAGB nicht außer Betracht gelassen werden. Dort werden in § 307 I Nr. 1–21 KAGB bestimmte Informationspflichten gegenüber professionellen und semiprofessionellen Anlegern festgesetzt.[848] Zwar spricht § 307 KAGB nicht explizit von einer Prospekthaftung, jedoch kann im Hinblick auf die dort normierten, notwendigen Informationspflichten durchaus von einer faktischen Prospektpflicht für Spezial-AIFs gesprochen werden.[849] § 307 III KAGB erklärt die in § 306 I, III, IV, VI KAGB enthaltenen Regelungen für anwendbar, wobei auf die Angaben nach § 307 I, II KAGB und nicht auf den Verkaufsprospekt abzustellen ist.[850]

Wie bereits herausgearbeitet wurde[851], stellen Kryptowerte nach geltendem Recht ausschließlich einen zulässigen Einlagegegenstand für einen offenen oder einen geschlossenen Spezial-AIF gemäß § 282 KAGB, respektive § 285 KAGB

---

vgl. ebenfalls zu dieser Thematik: *Rennig*, BKR 2020, 21, 24 f.; *Nathmann*, BKR 2019, 541, 543. Für die Annahme einer Wertpapiereigenschaft von Utility Token: *Spindler*, WM 2018, 2109, 2113. Strikt gegen eine solche Eigenschaft von Utility Token: *Weitnauer*, BKR 2018, 231, 233; Gegen eine Einordnung als Finanzinstrumente im Sinne von § 2 IV WpHG: *Kumpan*, in: Schwark/Zimmer KMRK, § 2 WpHG Rn. 86, 5. Aufl. 2020.

845 *Zickgraf*, in: Maume/Maute Kryptowerte-HdB, § 11 Rn. 112.

846 Baur/Tappen/Mehrkhah/Behme/*Zingel/Oppenheim* § 307 KAGB Rn. 1.

847 Baur/Tappen/Mehrkhah/Behme/*Zingel/Oppenheim* § 307 KAGB Rn. 1; *Eberlein*, in: Assmann/Wallach/Zetzsche, KAGB, § 307 Rn. 1.

848 *Eberlein*, in: Assmann/Wallach/Zetzsche, KAGB, § 307 Rn. 4.

849 *Patz*, BKR 2014, 271, 276.

850 Baur/Tappen/Mehrkhah/Behme/*Zingel/Oppenheim* § 307 KAGB Rn. 24; WBA/*Paul* KAGB § 307 Rn. 12.

851 Siehe Kapitel 4 E.

dar, so dass ausschließlich bei der Auflage eines solchen Fonds die entsprechenden Informationspflichten nach § 307 KAGB, welche faktisch einer Prospektpflicht gleichkommen, in Betracht zu ziehen sind.

c) Prospektpflicht nach dem VermAnlG

Auch die vermögensanlagerechtliche Seite von Kryptowerten soll im Rahmen dieses Exkurses näher beleuchtet werden.[852] Eine Prospektpflicht könnte sich aus § 6 I VermAnlG ergeben. Die dort normierte Veröffentlichungspflicht für einen Verkaufsprospekt zielt genauso wie die in § 3 I WpPG kodifizierte Prospektpflicht auf den Anbieter der Vermögensanlage ab. Voraussetzung für das Bestehen einer Prospektpflicht ist dabei ein öffentliches Angebot einer Vermögensanlage im Inland, wobei die Verpflichtung des Anbieters nur greift, sofern sich eine Prospektpflicht nicht schon aus anderen gesetzlichen Vorschriften ergibt.[853]

Dabei gilt es zunächst zu analysieren, welche Art von Vermögensanlagen von diesem Gesetz überhaupt erfasst wird. Ausgangsnorm hierfür ist § 1 VermAnlG. Der Anwendungsbereich des Gesetzes beschränkt sich auf Vermögensanlagen, § 1 I VermAnlG. Die Definitionen hierfür finden sich in § 1 II Nr. 1–7 VermAnlG. Dabei kommt den Beispielen in § 1 II VermAnlG nur ein subsidiärer Charakter zu, da dessen Anwendungsbereich nur dann als eröffnet anzusehen ist, wenn die entsprechende Unternehmung nicht bereits dem Regelungsregime des KAGB, WpPG oder KWG unterfällt.[854] Anlagen, die als Einlagegeschäft im Sinne von § 1 I 2 Nr. 1 KWG zu qualifizieren sind, unterfallen nicht dem Anwendungsbereich des VermAnlG.[855] Infolgedessen scheidet also für diejenigen Bitcoin-Handelsmodelle, die wie oben dargestellt, den Tatbestand des Einlagengeschäfts nach dem KWG erfüllen, eine Anwendbarkeit des VermAnlG aus.[856]

Für andere im Zusammenhang mit Bitcoin stehende Geschäftsmodelle könnte ausschließlich die in § 1 II Nr. 7 VermAnlG normierte Tatbestandsalternative der *„sonstigen Anlagen, die eine Verzinsung und Rückzahlung oder einen*

---

852 Zu der Frage, ob Kryptowerte dem Vermögensanlagegesetz unterfallen vgl. auch: *Bialluch-von Allwörden/Bialluch*, WM 2018, 2118, 2122 f.; *Spindler*, WM 2018, 2109, 2114; *Weitnauer*, BKR 2018, 231, 235; *Zickgraf*, in: Maume/Maute Kryptowerte-HdB, § 11 Rn. 117 ff.

853 *Maas*, in: Assmann/Schlitt/von Kopp-Colomb, WpPG/VermAnlG, § 6 VermAnlG Rn. 2, 9.

854 *Maas*, in: Assmann/Schlitt/von Kopp-Colomb, WpPG/VermAnlG § 1 VermAnlG Rn. 9.

855 BT-Drucks. 18/3994, S. 39.

856 Vgl. hierzu Kapitel 4.

vermögenswerten Barausgleich im Austausch für die zeitweise Überlassung von Geld gewähren oder in Aussicht stellen" in Betracht kommen.[857] Dabei handelt es sich um zwei verschiedene Tatbestandsalternativen, wobei die 1. Alternative einen Spezialfall der 2. Alternative darstellt.[858] Für die Anwendbarkeit der 1. Alternative von § 1 II Nr. 7 VermAnlG ist zwingend notwendig, dass die Anlage einen Anspruch auf Rückzahlung und Verzinsung bzw. Rückerwerb gewährt. Zudem ist eine Vergleichbarkeit mit den Anlagen, die im Katalog von § 1 II Nr. 7 VermAnlG exemplarisch aufgeführt werden, notwendig.[859] Ein Anspruch auf Rückzahlung kommt jedoch ausschließlich bei Kryptowerten in Form von Investment Token, also der Ausgabe von Unternehmensanteilen im Rahmen von Initial Coin Offerings in Betracht, da diese ein mitgliedschaftsähnliches Recht verbriefen. Bei der Verwendung von Kryptowerten in Form von Currency-Token wie dem Bitcoin scheidet dieser Tatbestand jedoch von vornherein aus, da diese gerade kein solches Recht vermitteln, sondern bloß eine Zahlungsmittelfunktion aufweisen.[860]

Vom Anwendungsbereich des § 1 II Nr. 7 Alt. 2 VermAnlG sind Anlagen erfasst, die auf Vermittlung eines vermögenswerten, auf Barausgleich gerichteten Anspruchs für die zeitweise Überlassung von Geld abstellen. Genauer gesagt sind hiermit Rechtsverhältnisse gemeint, die gerade keine Verzinsung gewähren aber etwas, das in wirtschaftlicher Hinsicht damit vergleichbar ist.[861] Ein Angebot von Kryptowerten in Form von Bitcoins auf einem öffentlichen Marktplatz kann hierunter nicht gefasst werden.[862] Auch wurde bereits herausgearbeitet[863], dass solche Kryptowerte, denen lediglich eine reine Zahlungsfunktion zukommt, wie beispielsweise den Bitcoins, nicht dem Begriff der Vermögensanlage im Sinne des § 1 II VermAnlG unterfallen. In Konsequenz dieser Einordnung ist schlussendlich eine Prospektpflicht nach § 6 VermAnlG für derartig ausgestaltete Kryptowerte ebenfalls zu verneinen.

Zusammenfassend ist festzuhalten, dass Kryptowerte in Form von Currency-/Payment Token nicht dem Anwendungsbereich des VermAnlG unterfallen,

---

857 *Langenbucher*, AcP 218 (2018), 385, 426 f.

858 *Maas*, in: Assmann/Schlitt/von Kopp-Colomb, WpPG/VermAnlG § 1 VermAnlG Rn. 83.

859 *Riethmüller*, DB 2015, 1451; BT-Drucks. 18/3994, S. 39.

860 *Langenbucher*, AcP 218 (2018), 385, 426.

861 *Maas*, in: Assmann/Schlitt/von Kopp-Colomb, WpPG/VermAnlG, § 1 VermAnlG Rn. 87.

862 *Langenbucher*, AcP 218 (2018), 385, 426.

863 Siehe Kapitel 5 B 2 c).

was unter anderem auch auf dessen Ausgestaltung als Gesetz mit subsidiärem Anwendungsbereich zurückzuführen ist. Werden Kryptowerte in Form von Investment Token, also solche Token, die von Emittenten zum Zwecke der Kapitalaquise geschaffen werden,[864] ausgegeben, dann können diese unter Umständen dem Anwendungsbereich des VermAnlG unterfallen. Dies ist aber vorrangig von der expliziten Ausgestaltung des Tokens abhängig und kann nicht pauschal festgestellt werden.[865] Die Qualifizierung von Investment Token als Vermögensanlage hängt entscheidend davon ab, dass der Anleger durch den Token am Erfolg der von ihm finanzierten Unternehmung partizipiert, was bei Kryptowerten, denen nur eine reine Zahlungsfunktion zukommt, nicht der Fall ist.

d) Zusammenfassung zur Prospektpflicht

Abschließend ist also festzuhalten, dass nach der momentan gegebenen Rechtslage Kryptowerte in Form von Currency Token keiner Prospektpflicht nach dem WpPG unterliegen. Für eine eventuell in Betracht zu ziehende Prospektpflicht aus dem KAGB kommt aufgrund der Tatsache, dass sich Kryptowerte ausschließlich als Einlagegegenstand für Spezial-AIFs eignen, eine faktische Prospektpflicht nach § 307 KAGB in Betracht. Einerseits scheitert eine Prospektpflicht an der mangelnden Qualifizierung als Vermögensanlage, andererseits am subsidiären Anwendungsbereich des VermAnlG. Hingegen kann eine Prospektpflicht für Kryptowerte in Form von Security und Investment Token durchaus in Betracht kommen, was allerdings von der Ausgestaltung des Tokens im Einzelfall abhängig ist.

3. Möglichkeit des Handels von Kryptowerten als Derivate auf Wertpapiere

Nachdem in den vorherigen Abschnitten bereits herausgearbeitet wurde, dass Kryptowerte in Form von Currency Token aufgrund der dieser innewohnenden Zahlungsmitteleigenschaft nicht als Wertpapiere i. S. d. § 2 II BörsG einzuordnen sind, stellt sich im Anschluss daran die Frage, ob nicht die Möglichkeit des börslichen Handels von Currency Token in Form von Derivaten auf Wertpapiere besteht. Gemäß § 2 II 1 Alt. 2 BörsG können auch sich auf Wertpapiere beziehende Derivate im Sinne des § 2 III WpHG an einer Wertpapierbörse gehandelt

864 Bialluch-von Allwörden/von Allwörden, WM 2018, 2118.

865 *Bialluch-von Allwörden/von Allwörden*, WM 2018, 2118, 2122 f.; *Zickgraf*, in: Maume/Maute Kryptowerte-HdB, § 11 Rn. 118.

werden. Gemäß § 2 III Nr. 1 a)–f) WpHG sind derivative Geschäfte im Sinne dieses Gesetzes als Kauf, Tausch oder anderweitig ausgestaltete Festgeschäfte oder Optionsgeschäfte, die zeitlich verzögert zu erfüllen sind oder deren Wert sich unmittelbar oder mittelbar vom Preis oder Maß eines Basiswertes ableitet (Termingeschäfte) mit Bezug auf die folgend unter den Buchstaben a) bis f) genannten Basiswerte um derivative Geschäfte.

§ 2 III Nr. 1 a) WpHG nennt als geeigneten Basiswert ausdrücklich Wertpapiere. Dabei ist die vom Gesetzgeber in § 2 II 1 BörsG gewählte Formulierung [„… *Wertpapiere und sich hierauf beziehende Derivate im Sinne des § 2 III WpHG…*“] derart zu verstehen, dass ausschließlich Wertpapiere und nicht auch die anderen in § 2 III WpHG b)–f) genannten Basiswerte von diesem Verweis erfasst werden sollen. An einer Wertpapierbörse sollen also nur Derivate, denen ein Wertpapier als Basiswert zugrunde liegt, handelbar sein. Wie bereits herausgearbeitet wurde, sind Kryptowerte in Form von Currency Token wie dem Bitcoin nicht als Wertpapiere i. S. v. § 2 II BörsG bzw. § 2 I WpHG einzuordnen.[866] Da ihnen diese Eigenschaft fehlt und ein anderes taugliches Bezugsobjekt nicht vorhanden ist, kann diese Art von Kryptotoken also auch nicht als Derivat an einer Wertpapierbörse gehandelt werden.

4. *Möglichkeit des Handels von Kryptowerten in Form der Rechnungseinheit*

Zum 1. Januar 2020 sind die durch das Gesetz zur Umsetzung der Änderungsrichtlinie zur Vierten EU-Geldwäscherichtlinie[867] bewirkten Änderungen im KWG in Kraft getreten.[868] Neben der Schaffung einer neuen Tatbestandsalternative der Finanzdienstleistungen in Form des Kryptoverwahrgeschäfts in § 1 Ia 1 Nr. 6 KWG wurde auch eine Erweiterung der Tatbestandsalternativen des Finanzinstruments durch Einführung des „Kryptowertes“ in § 1 XI 1 Nr. 10 KWG vorgenommen.[869] Dieser Auffangtatbestand soll sicherstellen, dass alle erdenklichen Ausgestaltungsmöglichkeiten von digitalen Werten vom Tatbestand des Finanzinstrumentes erfasst werden, sofern diese nicht schon einer anderen Nummer des § 1 XI 1 KWG unterfallen.[870] Nach § 1 XI 4

---

866 Vgl. hierzu Kapitel 5 B II 2.

867 Richtlinie (EU) 2018/843.

868 Vgl. hierzu BGBl. 2019, S. 2623 f.

869 Vgl. hierzu BGBl. 2019, S. 2623 f.

870 Entwurf eines Gesetzes zur Umsetzung der Änderungsrichtlinie zur Vierten EU-Geldwäscherichtlinie [Richtlinie EU 2018/843] (Referentenwurf), S. 108.

KWG ist ein Kryptowert im Sinne des KWG *eine digitale Darstellung eines Wertes, der von keiner Zentralbank oder öffentlichen Stelle emittiert wurde oder garantiert wird und nicht den gesetzlichen Status einer Währung oder von Geld besitzt, aber von natürlichen oder juristischen Personen aufgrund einer Vereinbarung oder tatsächlichen Übung als Tausch- oder Zahlungsmittel akzeptiert wird oder Anlagezwecken dient und der auf elektronischem Wege übertragen, gespeichert und gehandelt werden kann.* Ausgenommen von der Definition des Kryptowertes sind aber E-Geld nach § 1 II 3 ZAG oder monetäre Werte, welche die Anforderungen von § 2 I Nr. 10 ZAG erfüllen oder ausschließlich für Zahlungsvorgänge nach § 2 1 Nr. 11 ZAG eingesetzt werden. Folglich findet sich nun erstmalig im deutschen Recht überhaupt eine Legaldefinition des Begriffs des Kryptowertes. Dieser gilt für das gesamte Kreditwesengesetz.[871] Mit der Einführung dieser weit gefassten Definition beabsichtigt der Gesetzgeber die Schaffung eines möglichst breiten Anwendungsrahmens, welcher neben Kryptowerten, also solchen Token, die eine Tausch- und Zahlungsmittelfunktion aufweisen, auch gerade die Einbeziehung von Security- und Investment Token, welche Anlagezwecken dienen, zu schaffen.[872] Sinn und Zweck der Umsetzung war die aufsichtsrechtliche Erfassung von Finanzdienstleistungen mit Kryptowerten, um durch die Einordnung als Finanzdienstleistung eine Erlaubnispflicht und in Konsequenz dessen die Einhaltung der geldwäscherechtlichen Vorschriften durch die Finanzdienstleister gewährleisten zu können.[873]

Mit der Einführung des Tatbestandes der Kryptowerte sind Kryptotoken in Form von Currency Token also in jedem Fall unstrittig als Finanzinstrument im Sinne des KWG zu qualifizieren.[874] Entweder unterfallen sie der in § 1 XI 1 Nr. 7 KWG normierten Tatbestandsalternative der Rechnungseinheit oder dem neu geschaffenen Auffangtatbestand der Kryptowerte in § 1 XI 1 Nr. 10 KWG.[875] In Konsequenz dessen unterliegt der Handel mit Kryptowerten, ungeachtet der Tatsache, ob es sich nun um Currency Token, Security Token oder Investment Token handelt, von nun an der Aufsicht durch die BaFin nach § 32 I KWG.

---

871 Entwurf eines Gesetzes zur Umsetzung der Änderungsrichtlinie zur Vierten EU-Geldwäscherichtlinie [Richtlinie EU 2018/843] (Referentenentwurf), S. 108.
872 Entwurf eines Gesetzes zur Umsetzung der Änderungsrichtlinie zur Vierten EU-Geldwäscherichtlinie [Richtlinie EU 2018/843] (Referentenentwurf), S. 50, 109.
873 Entwurf eines Gesetzes zur Umsetzung der Änderungsrichtlinie zur Vierten EU-Geldwäscherichtlinie [Richtlinie EU 2018/843] (Referentenentwurf), S. 108.
874 Fromberger/Haffke/Zimmermann, BKR 2019, 377, 383 f.
875 BT-Drucks. 19/13827, S. 110.

a) Auslegung von § 2 II BörsG im Hinblick auf die Erfassung des Begriffs der Rechnungseinheit i. S. v. § 1 XI 1 Nr. 7 KWG

Ausgehend von der Tatsache, dass Kryptowerte in Form von Currency Token wie dem Bitcoin als Rechnungseinheiten im Sinne des KWG einzustufen sind[876], bedarf es nun der Klärung, ob diese zu denjenigen virtuellen Gegenständen zu zählen sind, die sich an einer Wertpapierbörse handeln lassen. Zum Zwecke der Klärung, ob die Möglichkeit des Handels von Rechnungseinheiten an einer Wertpapierbörse besteht, obwohl der Wortlaut von § 2 II BörsG dagegen zu sprechen scheint, sollen die juristischen Auslegungsmethoden dafür fruchtbar gemacht werden. Zurückzugreifen ist dabei auf die vier juristischen Auslegungsmethoden: Neben der Auslegung des Wortlauts ist auch auf die historische Entwicklung der Vorschrift sowie auf Systematik und Telos der auszulegenden Norm einzugehen.

aa) Grammatikalische Auslegung

Ausgangspunkt der Wortlautauslegung oder auch grammatikalischen Auslegung einer Norm ist der natürliche Wortsinn einer Norm im allgemeinen Sprachgebrauch.[877] Dieser bildet zugleich auch die Auslegungsgrenze, denn eine Abweichung hiervon ist nur möglich, sofern dies die Entstehungsgeschichte der Norm oder der Gesetzeszweck in seiner europarechtlichen Einbindung zwingend ergibt.[878] Nach § 2 II 1 BörsG sind solche Börsen als Wertpapierbörsen zu qualifizieren, an denen Wertpapiere oder sich hierauf beziehende Derivate im Sinne des § 2 III WpHG gehandelt werden. § 2 II 2 BörsG erweitert den Katalog der an einer Wertpapierbörse handelbaren Produkte auf Finanzinstrumente im Sinne des § 2 IV WpHG und um Edelmetalle.[879] § 2 IV WpHG normiert den Anwendungsbereich des WpHG und ist damit die bedeutendste Regelung innerhalb von § 2 WpHG.[880] Im Katalog des § 2 IV WpHG sind zahlreiche Finanzinstrumente aufgelistet, unter anderem Wertpapiere (Nr. 1) und derivative Geschäfte (Nr. 4). Im Gegensatz zum ebenfalls in § 1 XI 1 Nr. 7 KWG kodifizierten Tatbestand des Finanzinstruments sind die Rechnungseinheiten (§ 1 XI 1 Nr. 7 KWG) nicht in § 2 IV WpHG aufgelistet. Folglich sind Rechnungseinheiten weder

---

876 Vgl. hierzu. Kapitel 4 A I 1 b).

877 *Reimer*, Juristische Methodenlehre, S. 136; *Schwintowski*, Juristische Methodenlehre, S. 65; *Larenz/Canaris*, Methodenlehre der Rechtswissenschaft, S. 141

878 *Schwintowski*, Juristische Methodenlehre, S. 66.

879 *Dehio/Fritzsche*, in: Heidel, § 2 BörsG Rn. 4.

880 *Assmann*, in: Assmann/Schneider/Mülbert, WPHR, § 2 WpHG Rn. 80.

vom Wortlaut des § 2 II 1,2 BörsG, noch über den Verweis auf den Katalog der Finanzinstrumente in § 2 IV WpHG als handelbare Gegenstände an einer Wertpapierbörse erfasst.

bb) Historische Auslegung

Als weitere Auslegungsmethode ist die historische Auslegung heranzuziehen. Hierbei ist zwischen der historischen Auslegung im engeren Sinne und der genetischen Auslegung im weiteren Sinne zu differenzieren. Erste ermittelt die Rechtslage vor der nun neu erlassenen Norm, letztere stützt die Auslegung auf die Entstehungs- und die Entwicklungsgeschichte der Norm insgesamt.[881] Um den Willen des Gesetzgebers hinter der erlassenen Norm zu ermitteln, sind die Gesetzesmaterialien, bspw. die Motive und Protokolle sowie Gesetzesbegründungen zwecks Interpretation heranzuziehen.[882]

Betrachtet man nicht die aktuelle Fassung von § 2 II BörsG[883], sondern dessen Vorgängervorschrift in § 1 VII BörsG a. F.[884], ergibt sich im Hinblick auf die Erfassung von Rechnungseinheiten als an einer Wertpapierbörse handelbares Produkt ein anderes Bild als bei der Betrachtung von § 2 II BörsG in der aktuell gültigen Fassung. Nach § 1 VII BörsG a. F. waren Wertpapierbörsen im Sinne des Börsengesetzes Börsen, an denen Wertpapiere oder Derivate im Sinne des § 2 I und II Nr. 1 a)–c) und Nr. 2 des WpHG, Devisen oder Rechnungseinheiten gehandelt wurden. An Wertpapierbörsen konnten auch Edelmetalle und Edelmetallderivate im Sinne des § 2 II Nr. 1 d) des WpHG gehandelt werden. Hieraus ergibt sich, dass in § 1 VII BörsG a. F.,anders als nach der aktuellen Fassung von § 2 II BörsG, noch ausdrücklich die Rechnungseinheiten als an einer Wertpapierbörse handelbarer Gegenstand aufgelistet waren. Fraglich sind demnach die Motive, welche der Gesetzgeber mit der Aufnahme der Rechnungseinheit in den Kreis der an einer Wertpapierbörse handelbaren Produkte verfolgte. Aus

881 *Reimer*, Juristische Methodenlehre, S. 169.

882 *Schwintowski*, Juristische Methodenlehre, S. 70 f.

883 Fassung vom 16. Juli 2007, BGBl. I S. 1330, zuletzt geändert durch Art. 61 Zweites-Datenschutz-Anpassungs- und Umsetzungsgesetz EU vom 20.01.2019 (BGBl. I S. 1626).

884 Fassung vom 21. Juni 2002 durch das Gesetz zur weiteren Fortentwicklung des Finanzplatzes Deutschland (Viertes Finanzmarktförderungsgesetz), (BGBl. S. 2010). Diese Fassung galt ab dem 01.07.2002 und wurde zum 01.11.2007 durch das Gesetz zur Umsetzung der Richtlinie über Märkte für Finanzinstrumente und der Durchführungsrichtlinie der Kommission (Finanzmarktrichtlinie-Umsetzungsgesetz) vom 16. Juli 2007, (BGBl. S. 1330, 1352) außer Kraft gesetzt.

den Gesetzesmaterialien ergibt sich, dass der Gesetzgeber mit dieser Kodifizierung eine bereits bestehende Praxis der Eingliederung des bestehenden Handels mit Devisen sowie des Handels in Rechnungseinheiten an inländischen Börsen in die Wertpapierbörsen bestätigen wollte.[885]

Bei der Lektüre von § 2 II BörsG in der aktuell gültigen Fassung fällt dem Leser unweigerlich auf, dass dort sowohl die Rechnungseinheiten als auch die Devisen nicht mehr als an einer Wertpapierbörse handelbare Finanzprodukte aufgelistet sind. Dies wirft die Frage auf, wie diese Veränderung des Wortlauts von § 2 II BörsG zu deuten ist. Zunächst könnte dies bedeuten, dass der Handel von Rechnungseinheiten und Devisen an einer Wertpapierbörse mit dem Wegfall aus dem Tatbestand des § 2 II BörsG nicht mehr möglich ist. Bei Betrachtung der damaligen Situation an den deutschen Börsen, ergibt sich jedoch ein anderes Bild: Im Jahr 1953 wurde der Devisenhandel an der Devisenbörse in Frankfurt am Main wieder aufgenommen[886]. Allerdings fanden Devisen zu diesem Zeitpunkt noch keine ausdrückliche Erwähnung im BörsG. Selbiges gilt auch für die Rechnungseinheiten. Der Gesetzgeber verfolgte dann mit der Einführung von § 1 VII BörsG a. F. den Zweck der Klarstellung des Bestehens der Handelsmöglichkeit mit Devisen und Rechnungseinheiten an einer Wertpapierbörse und stellte den bisher rechtspraktisch geduldeten börslichen Handel dieser Produkte mit Einführung der Vorschrift des § 1 VII BörsG a. F. von nun an auf eine gesetzliche Grundlage. Dies zeigt, wie es überhaupt zur Einführung dieser Tatbestandsalternativen in das BörsG gekommen ist.

Weiterhin offen bleibt die Frage, welche Motive den Gesetzgeber zur Streichung dieser Handelsmöglichkeit an einer Wertpapierbörse bewogen haben. Hierzu bedarf es der Vergegenwärtigung der damaligen währungspolitischen Situation. Die immer weiter und rascher fortscheitende europäische Integration hat einen nicht unerheblichen Teil dazu beigetragen. Im Rahmen der Schaffung der europäischen Währungsunion wurde in der gesamten Union der Euro als Gemeinschaftswährung zum 01.01.1999 eingeführt („Währungsumstellung"), wobei die Ausgabe von Euro-Bargeld erst zum 01.01.2002 erfolgte.[887] Dieses Ereignis hatte zudem unverkennbare Auswirkungen auf den Devisenhandel an den deutschen Börsen. Vor Einführung des Euro fand an den deutschen Wertpapierbörsen ein reger Handel mit Devisen statt.[888] Mit der Einführung des

---

885 BT-Drucks. 13/7143, S. 19.

886 *Rudolph*, in: Pohl, Deutsche Börsengeschichte, S. 320.

887 *Streinz*, Europarecht, S. 462; Bieber/Epiney/Haag/Kotzur, Die Europäische Union, S. 514.

888 *Kumpan*, in: Schwark/Zimmer KMRK, § 11 BörsG Rn. 3, 5. Aufl. 2020.

Euro als Gemeinschaftswährung entfiel jedoch das Bedürfnis des Handels mit Devisen an deutschen Börsen, was schlussendlich dazu führte, dass sämtliche deutschen Wertpapierbörsen schließlich die amtliche Preisfeststellung in ausländischen Währungen zum Ende des Jahres 1998, genauer gesagt mit Einführung des Euro zum 01.01.1999, vollständig einstellten.[889] Kompetenzgrundlage für die Möglichkeit der Preisfeststellung von Wertpapieren in Euro war die Schaffung eines § 98 BörsG a. F. auf Grundlage von Art. 5 § 1 im 1. EuroEinfG.[890] Im Ergebnis hatte also die europaweite Einführung des Euro dazu geführt, dass nicht länger das Bedürfnis für einen Devisenhandel an deutschen Wertpapierbörsen bestand. Das Interesse für eine ausdrückliche und gesonderte Erwähnung der Handelsmöglichkeit mit Devisen in § 1 VII BörsG a. F. war folglich schlichtweg weggefallen.

Diese historische Entwicklung könnte den Schluss nahelegen, dass es dem Gesetzgeber mit der Streichung der expliziten Erwähnung der Devisen und Rechnungseinheiten in § 1 VII BörsG a. F. hin zur Schaffung von § 2 II BörsG darum ging, den Kreis der Gegenstände erheblich einzuschränken, welche an einer Wertpapierbörse handelbar sind. Bei Sichtung der Motive des Gesetzgebers ergibt sich allerdings ein zu dieser These gänzlich gegenteiliges Bild: Dem Gesetzgeber ging es mit der Streichung in § 1 VII BörsG a. F. gerade um eine im Vergleich zu § 1 VII BörsG a. F. inhaltliche Erweiterung des Kreises der handelbaren Produkte und nicht um eine Einschränkung desselben[891] Weiter untermauern lässt sich die These, dass es dem Gesetzgeber mit der Verkürzung des Wortlauts von § 1 VII BörsG a. F. nicht um eine Einschränkung des an einer Wertpapierbörse handelbaren Produktportfolios durch den neuen § 2 II BörsG ging: Mit Einführung von Art. 3 Nr. 3 d) des 2. FiMaNoG[892] wurde eine Neunummerierung von § 2 II b WpHG zu § 2 IV WpHG vorgenommen. Im Zuge dieser Änderung wurde auch der Kreis der dort normierten Finanzinstrumente um Emissionszertifikate erweitert.[893] Diese finden sich nun in § 2 IV Nr. 5 WpHG. Hierdurch wurde kraft des Verweises auf § 2 IV WpHG in § 2 II BörsG die Möglichkeit des Börsenhandels für Emissionzertifikate geschaffen.

---

889 *Kümpel*, Bank- und Kapitalmarktrecht, Rn. 20.121 (3. Aufl.).

890 *Kümpel*, Bank- und Kapitalmarktrecht, Rn. 20.121 (3. Aufl.).

891 BT-Drucks. 16/4028, S. 79.

892 Zweites Gesetz zur Novellierung von Finanzmarktvorschriften auf Grund europäischer Rechtsakte (Zweites Finanzmarktnovellierungsgesetz – 2. FiMaNoG) vom 23.06.2017, BGBl. I 2017, 1693.

893 *Assmann*, in: Assmann/Schneider/Mülbert, WPHR, § 2 WpHG Rn. 81.

Folglich zeigt eine historische Betrachtung von § 2 II BörsG, dass auch heute noch der Handel mit Finanzinstrumenten in Form von Rechnungseinheiten an einer Wertpapierbörse möglich ist, obwohl diese nicht mehr ausdrücklich dort erwähnt werden. Da auch Kryptowerte als Rechnungseinheiten zu qualifizieren sind, muss somit auch deren Handel an einer Börse zulässig sein.

cc) Systematische Auslegung

Auch bei Heranziehung der systematischen Auslegungsmethode ergibt sich kein anderes Bild. Anknüpfungspunkt der systematischen Auslegung ist die äußere Systematik des Gesetzes, also die Auslegung der umgebenden Normen.[894] Hierbei soll auf § 11 BörsG eingegangen werden. Gemäß § 11 BörsG kann das Bundesministerium der Finanzen im Einvernehmen mit dem Bundesministerium für Wirtschaft und Energie und nach Anhörung der deutschen Bundesbank Einzelweisungen an eine Börse erteilen, die Preismitteilung für ausländische Währungen vorübergehend zu untersagen, wenn eine erhebliche Marktstörung droht, die schwerwiegende Gefahren für die Gesamtwirtschaft oder das Publikum erwarten lässt. Dabei erfasst der Begriff „Markt" sowohl den börslichen, als auch den außerbörslichen Devisenhandel, auch wenn dieser mit Einführung des Euro erheblich an Bedeutung eingebüßt hat[895]. An dieser Vorschrift ist ebenfalls festzumachen, dass auch nach der Streichung von Devisen und Rechnungseinheiten aus § 1 VII BörsG a. F. noch ein Handel mit ebendiesen Finanzinstrumenten an einer Wertpapierbörse möglich ist. Ansonsten wäre der Sinn der Möglichkeit der vorrübergehenden Untersagung der Preismitteilung an einer Börse durch das Bundesfinanzministerium zumindest fraglich. Weiterhin stünde dann auch die Frage im Raum, ob diese Vorschrift im Regelungsregime des BörsG richtig platziert ist.

Zudem lässt sich die aufgestellte These einer Handelsmöglichkeit für Kryptowerte in Form von Rechnungseinheiten an einer Wertpapierbörse durch einen Blick in § 51 BörsG weiter untermauern. Gemäß dieser Vorschrift gelten die §§ 24 und 27 bis 29 BörsG auch für den Börsenhandel mit Wechseln und ausländischen Zahlungsmitteln. Die Auslegung von § 51 I BörsG ist weit zu fassen[896]. Daher werden von dieser Vorschrift ebenfalls synthetische Währungen

---

894 *Reimer*, Juristische Methodenlehre, S. 156 f.

895 *Dehio/Fritzsche*, in: Heidel, § 11 BörsG Rn. 1; *Kumpan*, in: Schwark/Zimmer KMRK, § 11 BörsG Rn. 3, 5. Aufl. 2020.

896 *Groß*, KapMarktR, § 51 BörsG; *Schlee*, in: Heidel, § 51 BörsG Rn. 1; Baumbach/Hopt/Kumpan BörsG § 51 Rn. 1; *Schwark*, in: Schwark/Zimmer KMRK, § 51 BörsG Rn. 4, 5. Aufl. 2020.

erfasst, deren Wert sich beispielsweise auf Grundlage eines Währungskorbes errechnet.[897] Dazu zählt insbesondere auch die ECU, der Vorläufer des heutigen Euros.[898] Vergegenwärtigt man sich mit diesem Wissen erneut die oben genannten Beispiele für eine Rechnungseinheit, wozu neben den Sonderziehungsrechten des IWF auch die ECU[899] zählt, ermöglicht dies den folgenden Umkehrschluss: Wenn synthetische Währungen in Form der ECU vom Regelungsrahmen des § 51 BörsG erfasst werden, bedeutet dies, dass auch ein Börsenhandel hiermit an einer Wertpapierbörse möglich sein muss. Die European Currency Unit ist das Vorzeigebeispiel für Rechnungseinheiten. Folglich müssen auch vergleichbare Rechnungseinheiten, zum Beispiel Kryptowerte, an einer Wertpapierbörse handelbar sein. Demnach untermauert die systematische Auslegung von § 2 II BörsG die These, dass auch heute noch Rechnungseinheiten und somit auch Kryptowerte in Form von Bitcoins an einer Wertpapierbörse handelbar sind.

Allerdings könnte bei kritischer Auseinandersetzung mit der Auslegung des Begriffs der Rechnungseinheit auf Grundlage von § 1 XI 1 Nr. 7 KWG die Frage aufkommen, ob die Gesetzesmethodik nicht gegen eine einheitliche Auslegung dieses Begriffs im bank- und kapitalmarktrechtlichen Kontext spricht. Ansatzpunkt ist dabei der Auslegungsansatz, dass vom in § 1 XI 1 Nr. 7 KWG verwendeten Begriff der Rechnungseinheit, welcher auch Kryptowerte in Form von Bitcoins umfasst, ein Rückschluss auf die Auslegung ebendieses Begriffes im börsenrechtlichen Kontext gezogen werden kann. Anknüpfungspunkte hierfür sind § 1 VII BörsG a. F. und § 2 II BörsG in seiner aktuellen Fassung. Von der BaFin wird die Ansicht vertreten, dass bei der Auslegung von kreditwesengesetzlichen Vorschriften ein Rückgriff auf Rechtsbegriffe in ähnlich lautenden Bestimmungen in anderen Gesetzen nicht möglich ist, denn das KWG enthielte eigenständige Rechtsbegriffe, welche vollkommen unabhängig von anderen Vorschriften ausgelegt werden müssen[900].

897 *Groß*, KapMarktR, § 51 BörsG; *Schlee*, in: Heidel, § 51 BörsG Rn. 1.

898 Dieses Beispiel nennt *Schlee*, in: Heidel, § 51 BörsG Rn. 1 in der 2. Fußnote.

899 Vgl. Abschnitt B II 4 a) bb).

900 Diese Ansicht vertrat die BaFin im Rahmen der Frage nach der Auslegung des Tatbestandes des Finanzkommissionsgeschäfts in § 1 I Nr. 4 KWG; im Einklang mit der Meinung der BaFin: *Eßer*, WM 2008, 671, 673; *Voge*, WM 2007, 1640, 1642; vgl. hierzu auch: *Hammen*, WM 2008, 1901. Auch nach Ansicht des VGH Kassel sollte die Auslegung dieses Tatbestandes eigenständig, also ohne Rückgriff auf ähnlich lautende Bestimmungen in anderen Gesetzen erfolgen, vgl. VGH Kassel, Urt. v. 13.12.2006, Az. 6 UE 3083/05 = WM 2007, 1459, 1462; letztlich entschied das

Entscheidendes Argument gegen die voranstehende These ist aber der Grundsatz der Einheit der Rechtsordnung als Unterfall der systematischen Auslegung.[901] Dieser besagt, dass sich das Gesetz im Grundsatz eines einheitlichen Sprachgebrauchs bedienen will, also ein Begriff, welcher in einem Gesetz verwendet wird, gesetzesübergreifend definiert bzw. ausgelegt werden muss.[902]

Von dieser Methode der einheitlichen Interpretation eines Wortes in verschiedenen Gesetzen darf nur in Sonderfällen abgewichen werden und zwar dann, wenn sich im Wege der historischen, systematischen oder teleologischen Auslegung eine andere Bedeutung ergibt.[903] Als Beispiel sei hier die Auslegung des Wertpapierbegriffs in § 2 Nr. 1 WpPG und in § 2 I WpHG angesprochen. Der Begriff des Wertpapiers ist in beiden Gesetzen einheitlich auszulegen[904]. Diese in § 2 I WpHG enthaltene Definition des Wertpapierbegriffs kann ebenfalls im Rahmen der Auslegung des BörsG fruchtbar gemacht werden. In § 2 II BörsG wird der Begriff des Wertpapiers ebenfalls verwendet. Im Wege der einheitlichen Auslegung von Rechtsbegriffen im kapitalmarktrechtlichen Kontext kann auch dort die Definition des Wertpapierbegriffs aus § 2 I WpHG abgeleitet werden, freilich ohne dass explizit durch den Gesetzestext auf diese Rückgriffsmöglichkeit verwiesen wird[905].

Unter Zugrundelegung der im vorangegangenen Absatz bereits dargestellten juristischen Regel, dass bei der Auslegung von Normen in unterschiedlichen Gesetzen der Bedeutungsgehalt eines Begriffes im allgemeinen juristischen Sprachgebrauch die Grundlage der Auslegung bildet, soll der oben definierte Begriff der Rechnungseinheiten noch einmal einer genaueren Betrachtung unterzogen werden.

BVerwG im Jahr 2008, dass es sich beim Finanzkommissionsgeschäft nicht um einen Auffangtatbestand handele, vgl. BVerwG, Urt. v. 27.02.2008, Az. 6 C 11.07, 6 C 12.07 = WM 2008, 1359 ff. Zu der Problematik rund um die Erfüllung des Tatbestandes des Finanzkommissionsgeschäfts nach § 1 I Nr. 4 KWG im Zusammenhang mit schuldrechtlichen kollektiven Anlagemodellen vgl. überblicksartig: *Schäfer*, in: Boos/Fischer/Schulte-Mattler, § 1 KWG Rn. 74 ff.

901 *Reimer*, Juristische Methodenlehre, S. 156, 163; *Zippelius*, Juristische Methodenlehre, S. 36; *Möllers*, Juristische Methodenlehre, S. 135.

902 *Möllers*, Juristische Methodenlehre, S. 135; *Engisch*, Einführung in das juristische Denken, S. 223 ff.; *Baldus*, Einheit der Rechtsordnung, S. 1995.

903 *Zippelius*, Juristische Methodenlehre, S. 36; *Hammen*, WM 2005, 813, 816.

904 *Heidelbach*, in: Schwark/Zimmer, KMRK, § 32 BörsG Rn. 26, 5. Aufl. 2020.

905 *Heidelbach*, in: Schwark/Zimmer, KMRK, § 32 BörsG Rn. 25, 5. Aufl. 2020; *Groß*, KapMarktR, § 32 BörsG Rn. 12.

In kapitalmarktrechtlichen Gesetzen wird dieser Begriff beispielsweise in § 1 XI 1 Nr. 7 KWG oder § 2 III Nr. 1 b) WpHG aufgeführt. Ebenso wird dieser Begriff auch in § 431 I BGB, §§ 505, 544 HGB und ebenfalls in § 49b LuftVG sowie § 5 I 1 BinSchG verwandt. Im Rahmen dieser Gesetze dient der Begriff der Rechnungseinheit als Oberbegriff für die Sonderziehungsrechte des Internationalen Währungsfonds[906]. Zudem unterfällt die European Currency Unit dem Begriff der Rechnungseinheit.[907] Auch die Betrachtung von Art. 277 EGV a. F.[908] zeigt, dass neben den Sonderziehungsrechten auch die European Currency Unit dem Begriff der Rechnungseinheit unterfällt. Nach dieser Vorschrift wird der Haushaltsplan in der Rechnungseinheit aufgestellt, die in der gemäß Art. 279 EGV a. F. festgelegten Haushaltsordnung bestimmt wird. Ziel der Regelung war es, einen einheitlichen Maßstab für die innerhalb der europäischen Gemeinschaft stattfindenden finanziellen Transaktionen zu schaffen[909].

Die ECU wurde bereits zu Beginn des Jahres 1979 im Rahmen der Einführung des Europäischen Währungssystems eingeführt. Dabei handelte es sich um eine Währungskorbeinheit, die sich aus bestimmten Anteilen der Währungen der Mitgliedsstaaten zusammensetzte, welche zwar festgelegt, aber nicht unveränderlich waren.[910]

Im Ergebnis zeigt die genauere Betrachtung verschiedener gesetzlicher Regelungen, die den Begriff der Rechnungseinheit verwenden, dass dieser im allgemeinen juristischen Sprachgebrauch als Oberbegriff für Währungskörbe und Sonderziehungsrechte des Internationalen Währungsfonds gebraucht wird. Folglich ist hieraus der Schluss zu ziehen, dass der Begriff der Rechnungseinheit in unterschiedlichen Gesetzen gleich ausgelegt wird. Demnach kann bei der Interpretation des Begriffs der Rechnungseinheit in § 1 VII BörsG a. F. auf die Bedeutung dieses Begriffs im allgemeinen juristischen Sprachgebrauch zurückgegriffen werden. Schlussendlich muss also eine einheitliche Auslegung des Begriffs der Rechnungseinheit im kapitalmarktrechtlichen Kontext erfolgen. Also sprechen auch gesetzessystematische Erwägungen nicht dagegen,

906 KG Berlin, Urt. v. 25.09.2018, Az. (4) 161 Ss 28/18 (35/18) = NJW 2018, 3734, 3735.

907 BT-Drucks. 13/7142, S. 69.

908 In der Fassung, die von 01.05.1999 bis zum 30.11.2009 galt.

909 *Magiera*, in: Grabitz/Hilf, Das Recht der Europäischen Union, Art. 277 EGV, Rn. 1, 40. Aufl. 2009.

910 *Magiera*, in: Grabitz/Hilf, Das Recht der Europäischen Union, Art. 277 EGV, Rn. 5 f., 40. Aufl. 2009.

Kryptowerte als Rechnungseinheiten nach § 1 XI 1 Nr. 7 KWG zu betrachten und diese in solcher Form an einer Wertpapierbörse zu handeln.

dd) Teleologische Auslegung

Als letzte der juristischen Auslegungsmethoden soll die teleologische Auslegung herangezogen werden. Hierbei soll auf den Sinn und Zweck der Norm abgestellt werden.[911] Die kapitalmarktrechtlichen Regelungen verfolgen vorranging zwei übergeordnete Regelungsziele, den Funktionsschutz einerseits und den Anlegerschutz andererseits. Der Schutz der Funktionserhaltung des Kapitalmarkts kann unterdessen auch als übergeordnetes Regelungsziel des Kapitalmarktrechts insgesamt betrachtet werden.[912]

Durch Einordnung als Rechnungseinheit und die damit einhergehende Einordnung als Finanzinstrument im Sinne des KWG bzw. WpHG wird eine Beaufsichtigung durch die BaFin ermöglicht. Dies gilt allerdings lediglich in aufsichtsrechtlicher Hinsicht. Die Beaufsichtigung der einzelnen Börsen erfolgt nämlich nicht durch die BaFin, sondern fällt in den Aufgabenbereich der Börsenaufsichtsbehörden der einzelnen Bundesländer. Dabei erfolgt die Beaufsichtigung der ordnungsgemäßen Handelsdurchführung durch die Börsenaufsichtsbehörden an der jeweiligen Börse nach den Vorschriften des BörsG, (vgl. hierzu §§ 1, 2 BörsG)[913]. Eine geregelte Handelsmöglichkeit an einer regulierten Börse im Sinne des BörsG dient somit auch dem kapitalmarktrechtlichen Gesetzesziel des Anlegerschutzes, indem der Handel dort einer ordnungsgemäßen Kontrolle durch die zuständigen Behörden unterworfen wird. Mithin spricht auch die teleologische Auslegung für eine Einbeziehung von Rechnungseinheiten in Form von Kryptowerten in den Kreis der an einer Wertpapierbörse im Sinne des § 2 II BörsG handelbaren (virtuellen) Gegenstände.

ee) Ergebnis der Auslegung

Im Ergebnis lässt sich also sagen, dass unter Zuhilfenahme der grammatikalischen, historischen, systematischen sowie teleologischen Auslegungsmethoden § 2 II BörsG ebenfalls den Begriff der Rechnungseinheiten i. S. v. § 1 XI 1

---

911 *Reimer*, Juristische Methodenlehre, S. 173.

912 *Oulds*, in: Kümpel/Mülbert/Früh/Seyfried, Bank- und Kapitalmarktrecht, 5. Aufl., Regelungsziele des Kapitalmarktrechts, Rn. 11.51; Schimansky/Bunte/Lwowski, BankR-HdB/*Seiler/Geier* Vor. § 104 Rn. 72.

913 *Rothenhöfer*, in: Kümpel/Mülbert/Früh/Seyfried, Bank- und Kapitalmarktrecht, 5. Aufl., Bundesanstalt für Finanzdienstleistungsaufsicht (BaFin), Rn. 11.121.

Nr. 7 KWG erfasst, auch wenn dieser dort nicht (mehr) explizit genannt wird. Folglich lassen sich also auch Kryptowerte als Rechnungseinheiten an einer Wertpapierbörse nach § 2 II BörsG handeln.

5. *Möglichkeit des Börsenhandels von Kryptowerten in Form des Zahlungsmittels*

Nachdem herausgearbeitet worden ist, dass Kryptowerte in der Gestalt von Bitcoins als Rechnungseinheiten an Wertpapierbörsen nach § 2 II 1,2 BörsG gehandelt werden können, soll nun der Frage nachgegangen werden, ob solche Kryptowerte auch in Form eines Zahlungsmittels an einer Wertpapierbörse nach § 2 II 1,2 BörsG gehandelt werden können. Die Lektüre von § 2 II 1,2 BörsG zeigt, dass der Wortlaut dieser Vorschrift Zahlungsmittel nicht als an einer Wertpapierbörse handelbare Finanzinstrumente auflistet. Im vorangegangenen Abschnitt wurde bereits auf § 11 BörsG verwiesen, welcher die Möglichkeit der Untersagung der Preisfeststellung für ausländische Währungen in bestimmten Fällen gesetzlich festschreibt.

Ansatzpunkt zur Herleitung einer Handelsmöglichkeit für Kryptowerte an einer Wertpapierbörse in Form des Zahlungsmittels soll neben dem genanntem § 11 BörsG auch § 51 I BörsG sein. Gemäß dieser Vorschrift gelten die §§ 24 und 27 bis 29 BörsG auch für den Börsenhandel mit Wechseln und ausländischen Zahlungsmitteln. Dabei ist der dieser Vorschrift zugrundeliegende Begriff des „ausländischen Zahlungsmittels" in einem weiten Sinn zu verstehen[914]. Dies bedeutet, dass hierunter nicht nur Ansprüche auf Zahlung in fremder Währung an einem ausländischen Platz in der Form von Sichtguthaben bei Banken zu fassen sind, sondern auch Anweisungen, Schecks und Wechsel, welche auf fremde Währungen lauten und an einem Platz im Ausland zahlbar sind.[915] Dabei umfasst der Begriff des Zahlungsmittels in § 51 II BörsG, auch wenn diese – im Gegensatz zur Vorgängervorschrift in § 96 BörsG a. F.[916] – nicht mehr explizit genannt werden, auch Banknoten, Papiergeld und Münzen.[917] Bei Kryptowerten in Form von Bitcoins handelt es sich um ein Zahlungsmittel, welches von einer

914 *Groß*, KapMarktR, § 51 BörsG; *Schlee*, in: Heidel, § 51 BörsG Rn. 1; Baumbach/Hopt/Kumpan BörsG § 51 Rn. 1; *Schwark*, in: Schwark/Zimmer, KMRK, § 51 BörsG Rn. 4, 5. Aufl. 2020.

915 *Groß*, KapMarktR, § 51 BörsG; *Schlee*, in: Heidel, § 51 BörsG Rn. 1.

916 BT-Drucks. 14/8017, S. 84.

917 *Groß*, KapMarktR, § 51 BörsG; *Schlee*, in: Heidel, § 51 BörsG Rn. 1.

kontinuierlich steigenden Anzahl an Händlern akzeptiert wird, was sich durch verschiedene Fakten nachweisen lässt.

Schweden beispielsweise, dem im Hinblick auf die Nutzung von Digitaltechnik im Allgemeinen und von digitalen Bezahlmöglichkeiten im Besonderen eine Vorreiterrolle zukommt, erprobt derzeit die landesweite Einführung einer digitalen Version der Landeswährung Krone durch die schwedische Notenbank Riksbank. Diese soll dann den Namen „E-Krona" tragen.[918] Auch in Deutschland gibt es bereits Bestrebungen zur Einführung eines E-Euros.[919] Auch im Nachbarland Frankreich bestehen ähnliche Pläne. Die französische Notenbank Banque de France hat weitreichende Testläufe für eine erste digitale Zentralbankwährung in der Form eines digitalen Euros angekündigt.[920] Aber nicht nur in Europa, sondern auch in Asien steht die Schaffung einer staatlichen Digitalwährung ganz weit oben auf der Tagesordnung.[921]

Auch für Arbeitgeber ist die Frage, ob der Arbeitslohn an den Arbeitnehmer in Kryptowerteinheiten ausgezahlt werden kann, von gesteigerter Relevanz. In der juristischen Literatur findet bereits eine Auseinandersetzung mit dieser Frage statt[922]. Wäre diese Möglichkeit der Lohnauszahlung nicht von Interesse für die Nutzer von Kryptowerten oder bestünde nur ein geringes Interesse an ihrer Einsatzmöglichkeit als Zahlungsmittel im täglichen Geschäftsleben, würden derlei Erwägungen gar nicht erst angestellt werden. Zuletzt lässt sich die Zahlungsmitteleigenschaft von solchen digitalen Werten anhand der zum 1. Januar 2020 neu geschaffenen Definition des Begriffs des Kryptowerts in § 1 XI 4 KWG belegen. Diese gesetzliche Einführung des Begriffs des Kryptowerts zeigt, dass auch der Gesetzgeber dessen zunehmende Bedeutung erkannt hat.

In der Zusammenschau der vorgetragenen Argumente in Verbindung mit einem Blick auf die Vorschriften in § 11 und § 51 BörsG zeigt sich, dass auch

---

918 *Shemyakova*, Kommt für Schweden bald die E-Krona?, 17.12.2019, https://www.btc-echo.de/kommt-fuer-schweden-bald-die-e-krona/, letzter Abruf: 19.08.2020.

919 *Mallien/Wiebe*, Bundesbank-Präsident Weidmann warnt vor Einführung eines digitalen Euros, 02.01.2020, https://www.handelsblatt.com/finanzen/geldpolitik/geldpolitik-bundesbank-praesident-weidmann-warnt-vor-einfuehrung-eines-digitalen-euros/25362418.html?ticket=ST-2725623-D41Na4G0fgNq7jOf7FUA-ap5, letzter Abruf: 19.08.2020.

920 *Schneider*, CBDC: Frankreich startet Testlauf für digitalen Euro, 21.07.2020, https://www.btc-echo.de/cbdc-frankreich-startet-testlauf-fuer-digitalen-euro/, letzter Abruf: 19.08.2020.

921 Vgl. hierzu weiterführend S. 107.

922 Hierzu ausführlich: *Plitt/Fischer*, NZA 2016, 799; *Tölle*, NZA 2019, 141.

ein Handel von Wirtschaftsgütern an einer Wertpapierbörse in Form eines Zahlungsmittels grundsätzlich möglich sein muss, auch wenn dieses Zahlungsmittel nicht (mehr) explizit als ein an einer Wertpapierbörse handelbarer Gegenstand in § 2 II 1,2 BörsG aufgezählt wird.

III. Bestehen einer Handelsmöglichkeit für Bitcoins an einer Warenbörse

Darüber hinaus könnte aber zusätzlich eine Möglichkeit des elektronischen Handels für Kryptowerte in Form von Bitcoins an einer Warenbörse nach § 2 III BörsG bestehen; gemäß § 2 III 1 BörsG ist eine Börse als Warenbörse zu qualifizieren, wenn dort Waren im Sinne des § 2 V WpHG und Termingeschäfte in Bezug auf Waren gehandelt werden können. Dies wäre der Fall, wenn Kryptowerte dem Warenbegriff des § 2 III 1 BörsG bzw. des § 2 V WpHG unterfallen würden. Als problematisch erweist sich aber, dass das BörsG selbst keine Definition des Warenbegriffs liefert. Allerdings wird in § 2 III 1 BörsG ausdrücklich auf die in § 2 V WpHG enthaltene Definition des Warenbegriffs verwiesen. Dieser Definitionsansatz für den Begriff der Ware wurde ursprünglich auf Grundlage von Art. 1 Nr. 2 e) des Finanzmarktrichtlinien-Umsetzungsgesetzes vom 16. Juli 2007 als § 2 II c a. F. in das WpHG eingefügt und dann im Rahmen der Umsetzung des 2. FiMaNog zu § 2 V WpHG umgeändert[923]. Durch den bereits angesprochenen, in § 2 III 1 BörsG enthaltenen Verweis auf § 2 V WpHG, soll eine einheitliche Auslegung des Warenbegriffs in beiden Gesetzen unter Bezugnahme auf die in der Durchführungsverordnung zur Finanzmarktrichtlinie[924] enthaltene Warendefinition sichergestellt werden.[925]

Nach § 2 V WpHG sind Waren im Sinne dieses Gesetzes fungible Wirtschaftsgüter, die geliefert werden können. Dazu zählen auch Metalle, Erze und Legierungen, landwirtschaftliche Produkte und Energien wie Strom. Damit ist der Kreis der an einer Warenbörse handelbaren Gegenstände nicht auf Waren im Sinne des § 2 V WpHG beschränkt. Gemäß § 2 III 2 BörsG können dort auch Termingeschäfte im Sinne des § 2 III Nr. 2 WpHG getätigt werden. § 2 III Nr. 2 WpHG ermöglicht genauer gesagt die Durchführung von Termingeschäften mit Bezug auf Waren, Frachtsätze, Klima-, oder andere physikalische Variablen, Inflationsraten, andere volkswirtschaftliche Variablen oder sonstige Vermögenswerte. Von

923 *Assmann*, in: Assmann/Schneider/Mülbert, WPHR, § 2 WpHG Rn. 88.
924 Durchführungsverordnung (EG) Nr. 1287/2006 vom 10.08.2006.
925 *Dehio/Fritzsche*, in: Heidel, § 2 BörsG Rn. 5.

vorrangigem Interesse ist dabei im Hinblick auf die Handelbarkeit von Kryptowerten an einer Warenbörse die Tatbestandsalternative des „sonstigen Vermögenswertes". Der Wortlaut von § 2 III 2 BörsG ermöglicht nämlich zudem den börslichen Handel mit den diesen Termingeschäften zugrundeliegenden Basiswerten.

1. *Erfassung von Kryptowerten durch den Warenbegriff in § 2 III 1 BörsG und § 2 V WpHG*

Auf Grundlage der voranstehend getroffenen Feststellungen bedarf also zunächst die Frage der Klärung, was exakt unter den Begriffen des fungiblen Wirtschaftsguts im Sinne von § 2 III 1 BörsG und § 2 V WpHG zu fassen ist. Erst danach ist es möglich, eine konkrete Aussage hinsichtlich der Handelbarkeit von Kryptowerten an einer Warenbörse im Sinne des § 2 III BörsG zu treffen. Folglich müsste es sich bei Kryptowerten um fungible Wirtschaftsgüter handeln, die geliefert werden können.

a) „Wirtschaftsgut"

Für den Begriff des „Wirtschaftsguts" findet sich in den Regelungen des Bank- und Kapitalmarktrechts allerdings keine Definition. Aus diesem Grund ist auf andere Gesetze zurückzugreifen, um den Begriff inhaltlich zu klären. Hierfür bieten sich die Regelungen des Steuer- und des allgemeinen Wirtschaftsrechts an. Der Begriff des „Wirtschaftsguts" im steuerrechtlichen Sinn umfasst alle Wertgegenstände der privaten Vermögenssphäre[926]. Zudem entspricht dieser Begriff dem handelsrechtlichen Begriff des „Vermögensgegenstandes"[927], wie er zum Beispiel in §§ 240 I, 3 und 4, 241, 246 I, 252 I, 253 I, III, IV, 266 HGB verwendet wird, und schließt aus diesem Grund nicht nur Sachen und Rechte im Sinne des BGB ein, sondern erstreckt sich auch auf tatsächliche Möglichkeiten und Zustände.[928] Hiermit sind sämtliche Vorteile für den Betrieb gemeint, deren Erlangung der Kaufmann sich etwas kosten lässt.[929] Zur Qualifizierung als

926 FG Berlin-Brandenburg, Beschl. v. 20.06.2019, Az. 13 V 13100/19 = BKR 2020, 46, 47 (Rn. 5).

927 Zur Gleichsetzung der Begriffe Vermögensgegenstand und Wirtschaftsgut vgl. BFH, Urt. v. 06.09.2018, Az. IV R 26/16, NV = DStRE 2018, 1473, 1474 f. Rn. 23.

928 *Reddig*, in Kirchhof, EStG, § 5 Rn. 74.

929 BFH, Urt. v. 29.04.1965, Az. IV 403/62 U = BeckRS 1965, 21000828; BFH, Beschl. v. 16.02.1990; Az. III B 90/88 = BeckRS 1990, 22009373; Zuletzt: FG Berlin-Brandenburg, Beschl. v. 20.06.2019, Az. 13 V 13100/19 = BKR 2020, 46, 47 (Rn. 5).

„Wirtschaftsgut“ muss es sich zwingend um eine aus objektiver Sicht werthaltige Position handeln.[930] Folglich vertritt die ständige finanzgerichtliche Rechtsprechung eine weit gefasste Definition des Begriffs des „Wirtschaftsguts“.[931]

Auch Kryptowerte wie der Bitcoin sind in rechtlicher Hinsicht als private Vermögensgegenstände anzusehen, da diese im Geschäftsleben als Zahlungsmittel zum Zwecke des Erwerbs von Dienstleistungen oder Sachen eingesetzt werden. Grundsätzlich sieht die Literatur Kryptowerte als Wirtschaftsgut im steuerrechtlichen Sinn[932].

Teilweise wird jedoch die Qualifizierung von Kryptowerten wie Bitcoins als Wirtschaftsgut im steuerrechtlichen Sinn abweichend betrachtet. *Schroen* beispielsweise geht davon aus, dass Kryptowerte keine Wirtschaftsgüter darstellen.[933] Begründet wird dies vom Autor sowohl mit der fehlenden, von diesem aber geforderten „Nutzbarkeit für mehrere Wirtschaftsjahre“ als auch mit der fehlenden Übertragungsmöglichkeit.[934]

Bezüglich der fehlenden Nutzungsmöglichkeit für mehrere Wirtschaftsjahre/Steuerperioden ist zu sagen, dass der BFH diese Voraussetzung jedoch nicht als zwingend für die Qualifizierung als Wirtschaftsgut erachtet. So wurde beispielsweise vom BFH entschieden, dass die im Rahmen eines Leasingvertrages dem Leasingnehmer vom Leasinggeber eingeräumte Möglichkeit, das geleaste Fahrzeug nach Ablauf des Leasingzeitraumes selbst zu kaufen oder einen Dritten als Käufer zu benennen, ein Wirtschaftsgut darstellt und dass es für die Qualifizierung als Wirtschaftsgut nicht zwingend erforderlich ist, dass das Wirtschaftsgut dem Betrieb einen Nutzen für mehrere Jahre bringt.[935] Das Kriterium der

930 BFH, Urt. v. 29.11.2012, Az. IV R 47/09 (FG Hamburg) = NZG 2013, 314, 316 (Rn. 33); FG Berlin-Brandenburg, Beschl. v. 20.06.2019, Az. 13 V 13100/19 = BKR 2020, 46, 47 (Rn. 5).

931 BFH, Urt. v. 10.03.2016, Az. IV R 41/13 = DStR 2016, 1659, 1661 Rn. 26; FG Berlin-Brandenburg, Beschl. v. 20.06.2019, Az. 13 V 13100/19 = BKR 2020, 46, 47 (Rn. 5); *Reddig*, in Kirchhof, EStG, § 5 Rn. 75.

932 FG Berlin-Brandenburg, Beschl. v. 20.06.2019, Az. 13 V 13100/19 = BKR 2020, 46, 47 (Rn. 5); ebenfalls die Einordnung als immaterielles Wirtschaftsgut bejahend: *Lutzenberger*, GmbHR 2018, 794, 797; *Richter/Augel*, FR 2017, 937, 948; *Moritz/Strohm*, DB 2018, 3012, 3015; *Weber-Grellet*, in: Schmidt, EStG, § 5 Rn. 270; *Boehm/Bruns*, in: Bräutigam/Rücker, Hdb. E-Commerce Kap. 13 E Rn. 21; *Engelhardt/Klein*, MMR 2014, 355, 356.

933 *Schroen*, DStR 2019, 1369, 1375.

934 *Schroen*, DStR 2019, 1369, 1372, 1374.

935 BFH, Urt. v. 26.11.2004, Az. X R 20/22 = DStR 2015, 340 Rn. 22, 29.

Nutzungsmöglichkeit wird in neueren Entscheidungen des BFH gar nicht mehr erwähnt oder einschränkend mit dem Zusatz versehen, dass „in der Regel" eine mehrjährige Nutzbarkeit gegeben sein müsste.[936] Also kann es für eine Einordnung von Kryptowerten als Wirtschaftsgut letztlich nicht entscheidend auf die Erfüllung des Kriteriums der „Nutzbarkeit für mehrere Wirtschaftsjahre" ankommen.

Hinsichtlich der fehlenden Übertragungsmöglichkeit stellt sich *Schroen* auf den Standpunkt, dass weder die Übertragung eines privaten Schlüssels, noch die Übertragung einer Signaturmöglichkeit als ausreichend zu erachten ist[937], um Kryptowerte als Wirtschaftsgut einzuordnen. Als Argument gegen diese These bietet sich ein Vergleich mit § 453 BGB an, wonach die Vorschriften über den Kauf von Sachen auf den Kauf von Rechten und sonstigen Gegenständen entsprechende Anwendung finden. In dieser Vorschrift wird auf das Kaufrecht verwiesen, ohne jedoch näher auf die Übertragungsmöglichkeit des Kaufgegenstandes einzugehen. Ein genauerer Blick in die Motive zur Schaffung dieses Auffangtatbestandes zeigt, dass die Vorschrift über den Sachkauf auch auf Fälle der entgeltlichen Übertragung von Unternehmen oder Unternehmensteilen, Elektrizität und Fernwärme, technischem Know-How sowie Software angewendet werden kann.[938] Weitere immaterielle Güter, die dem Anwendungsbereich des § 453 BGB unterfallen sind auch bloße Erwerbs- und Gewinnchancen sowie nicht patentierte Erfindungen.[939] Ebenfalls unterfallen Sachgesamtheiten dem Anwendungsbereich des § 453 BGB.[940]

Auch hier erweist sich die Übertragungsmöglichkeit nach den Regelungen des BGB in einigen Fällen als höchst problematisch. Allerdings führt dies noch längst nicht zur Aberkennung der Eigenschaft als Wirtschaftsgut im steuerlichen Sinne. Hierfür ist beispielhaft anzuführen, dass der originäre Geschäfts-/Firmenwert (Goodwill) eines Unternehmens auch als Wirtschaftsgut im steuerrechtlichen Sinn zu qualifizieren ist.[941] Dies zeigt, dass letztlich auch immaterielle Gegenstände, bei denen die Übertragungsmöglichkeit nach den Regelungen des BGB zumindest fraglich erscheint, als Wirtschaftsgüter eingeordnet werden

936 BFH, Urt. v. 26.11.2004, Az. X R 20/22 = DStR 2015, 340 Rn. 30.

937 *Schroen*, DStR 2019, 1369, 1374.

938 BT-Drucks. 14/6040, S. 242.

939 *Büdenbender*, in: Dauner-Lieb/Langen, § 453 BGB Rn. 2; *Beckmann*, in: Staudinger, § 453 BGB, Rn. 20.

940 *Grunewald*, in: Erman, BGB, § 453 Rn. 25.

941 BFH, Urt. v. 12.07.2007, Az. X R 5/05 = DStR 2007, 1809; *Reddig*, in: Kirchhof, EStG, § 5 Rn. 96.

können. Aus diesem Grund kann der von *Schroen* vertretenen Ansicht, Kryptowerte würden nicht dem Begriff des Wirtschaftsguts unterfallen, nicht gefolgt werden.

Im Ergebnis mag auch hier die Frage aufkommen, ob ohne ausdrückliche gesetzliche Anordnung ein Rückgriff auf die einkommenssteuerrechtliche Definition des Wirtschaftsguts möglich ist. Diesbezüglich ist festzuhalten, dass es durchaus zulässig ist, diese Definition zu nutzen, solange sich kein triftiger Grund findet, von der im steuerrechtlichen Kontext geschaffenen Definition abzuweichen. Ein Grund für eine Abweichung von der oben genannten Definition des Wirtschaftsguts ist vorliegend nicht ersichtlich. Zudem ist erneut auf den Grundsatz der Einheit der Rechtsordnung zu verweisen, wonach bestimmte Rechtsbegriffe, auch wenn diese in verschiedenen Gesetzen verwendet werden, vom Grundsatz her einheitlich auszulegen sind[942]. Deshalb lässt sich die steuerrechtliche Definition des Wirtschaftsguts für die Findung einer Begriffsdefinition im börsenrechtlichen Kontext nutzen. Folglich sind Kryptowerte in Form von Bitcoins als Wirtschaftsgüter einzuordnen.

b) Fungibilität

Um der Definition der Ware zu unterfallen, müssten Kryptowerte auch fungibel sein. Fungibilität ist dabei mit dem Begriff der Austauschbarkeit gleichzusetzen, wobei Austauschbarkeit Vertretbarkeit meint[943]. Eine Definition des Begriffs der Vertretbarkeit findet sich in § 91 BGB. Demnach ist Vertretbarkeit gegeben, sofern im Verkehr eine Bestimmung nach Maß, Zahl oder Gewicht stattfindet. Kryptowerte lassen sich durchaus als vertretbar bezeichnen, da sie in einzelnen Werteinheiten und Teilen von diesen gehandelt werden können.[944] Folglich ist festzuhalten, dass Kryptowerte wie Bitcoin fungible Wirtschaftsgüter sind.

c) Lieferbarkeit

Zusätzlich zu den bereits erfüllten Voraussetzungen müsste auch die der Lieferbarkeit gemäß § 2 III 1 BörsG und § 2 V WpHG erfüllt sein. Fraglich ist dabei jedoch, wie der Begriff der Lieferbarkeit auszulegen ist. Bei Betrachtung einiger Regelungen des BGB zeigt sich, dass dieser Begriff beispielsweise in § 445 b

---

942 *Möllers*, Juristische Methodenlehre, S. 135; *Engisch*, Einführung in das juristische Denken, S. 223 ff.; *Baldus*, Einheit der Rechtsordnung, S. 1995.

943 *Fuchs*, § 2 WpHG, Rn. 17; Schimansky/Bunte/Lwowski, BankR-HdB/*Seiler/Geier* Vor. § 104 Rn. 6.

944 Vgl. hierzu Kapitel 2 C IV 8.

I BGB zu finden ist. Dort ist von der „Ablieferung der Sache“ die Rede. Dies erscheint jedoch für den Begriff der Lieferbarkeit im kapitalmarktrechtlichen Sinn zu kurz gegriffen. Denn der Begriff der Lieferbarkeit muss einer allgemeineren Betrachtung unterzogen werden.

Unabhängig davon, wie der Verkauf von Kryptowährungen rechtlich einzuordnen ist[945], sollte für den Begriff der Lieferbarkeit letztlich an die Übertragbarkeit angeknüpft werden, denn auch bloß virtuell existierende Güter können unter den Begriff des Wirtschaftsguts gefasst werden. Beispielhaft zu nennen sind hier Belieferungsrechte, Kauf- und Verkaufsoptionen oder Konzessionen.[946] Demnach ist also auf einen vollständigen Zuständigkeitswechsel abzustellen. Ein solcher ist auch beim Einsatz von Kryptowährungen als Gegenleistung bei einer Transaktion möglich. Ebenso ist in dieser Hinsicht zu konstatieren, dass Kryptowerte über Handelsplattformen am Kapitalmarkt gehandelt werden und auch unter Zuhilfenahme der Distributed-Ledger-Technologie übertragen werden können[947]. Also ist bei Kryptowerten wie dem Bitcoin die Lieferbarkeit gegeben.

d) Ergebnis

Im Ergebnis sind Kryptowerte also als fungibles Wirtschaftsgut, welches geliefert werden kann, einzuordnen. Folglich erfüllen sie den Begriff der Ware im Sinne von § 2 III 1 BörsG und § 2 V WpHG.[948]

2. Kryptowerte als sonstiger Vermögenswert gemäß § 2 III 2 BörsG, § 2 III Nr. 2 WpHG

Weiterhin bedarf die Frage nach der Definition des „sonstigen Vermögenswertes“ einer Klärung. Unter den Begriff des sonstigen Vermögenswertes sind all

945 Hierbei ist strittig, ob es sich um einen Kauf-, Tausch-, oder Werkvertrag handelt. Für eine Einordnung von Bitcoins als „sonstiger Gegenstand“ i. S. d. § 453 BGB: *Omlor/Spiegel*, in: FinTech-HdB, Kapitel 7, § 19 Rn. 26; *Beck/König*, JZ 2015, 130, 133; *Kuhlmann*, CR 2014, 691, 694; *Spindler/Bille*, WM 2014, 1357, 1362; *Pesch*, Cryptocoin-Schulden, S. 130; zur vertragstypologischen Einordnung von Currency Token vgl. auch: *Maute*, in: Maume/Maute Kryptowerte-HdB, § 5 Rn. 121 ff.

946 Vgl. die Auflistung bei BFH, Urt. v. 04.12.2006, GrS 1/05 = DStR 2007, 848, 851.

947 *Danwerth/Hildner*, BKR 2019, 57, 61.

948 Ebenfalls für eine Einordnung von Bitcoins als Ware i. S. d. § 2 V WpHG: *Klöhn/Parhofer*, ZIP 2018, 2093, 2099; dagegen, mit der Begründung, dass der Warenbegriff keine vollständig immateriellen Wirtschaftsgüter erfasst: *Danwerth/Hildner*, BKR 2019, 57, 61, 66.

diejenigen Vermögenswerte zu fassen, welche noch nicht von einem der anderen in § 2 III Nr. 2 WpHG genannten Basiswerte, wie etwa Waren, eingeschlossen werden. Hierunter sind beispielsweise die in Anhang I Abschnitt C Nr. 10 der RL 2014/65/EU vom 15.05.2014 aufgelisteten Rechte und Obligationen zu fassen[949]. Dazu zählen neben Optionen [...], Derivatkontrakten auf Klimavariablen, Frachtsätze, Inflationsraten auch [...] alle anderen Derivatkontrakte in Bezug auf Vermögenswerte, Rechte, Obligationen, Indizes und Messwerte, die sonst nicht im vorliegenden Abschnitt C genannt sind [...].[950] Auch sonstige Indices, also auch die Veränderung von bestimmten Größen anzeigende Kennziffern und sonstige Messwerte zählen zum Kreis der sonstigen Vermögenswerte.[951] Bezüglich Kryptowerten ist im Ergebnis also festzuhalten, dass auch diese aufgrund ihrer Fähigkeit, einen Wert auszudrücken, unter den Begriff des „sonstigen Vermögenswertes" in § 2 III Nr. 2 WpHG zu subsumieren sind.

3. *Zwischenergebnis: Bestehen einer Handelsmöglichkeit für Kryptowerte in Form von Bitcoins an einer Warenbörse*

Mithin ist festzustellen, dass Kryptowerte in Form von Currency Token wie dem Bitcoin sowohl fungible Wirtschaftsgüter, die geliefert werden können, und somit eine Ware im Sinne der Definition in § 2 V WpHG, § 2 III 1 BörsG darstellen, als auch „sonstige Vermögenswerte" im Sinne von § 2 III Nr. 2 WpHG, § 2 III 2 BörsG sind. Schließlich können Kryptowerte also als Waren nach § 2 III 1 BörsG an einer Warenbörse gehandelt werden. Ebenfalls ermöglicht § 2 III 2 BörsG den Handel von Kryptowerten an einer Warenbörse in Form eines „sonstigen Vermögenswerts" als Basiswert, welcher Termingeschäften nach § 2 III Nr. 2 WpHG zugrunde liegt. Auch der Blick in andere Rechtsordnungen zeigt, dass der Handel mit Kryptowerten am Kapitalmarkt von gesteigerter Relevanz ist. In den Vereinigten Staaten von Amerika wurden Kryptowerte durch die CFTC ebenfalls als Ware eingestuft[952]. Allerdings kann dieser Qualifizierung lediglich eine Indizwirkung im Hinblick auf die rechtliche Einordnung in Deutschland beigemessen werden.

---

949 *Assmann*, in: Assmann/Schneider/Mülbert, WPHR, § 2 WpHG Rn. 69.

950 RL 2014/65/EU des Europäischen Parlamentes und des Rates vom 15.05.2014 über Märkte für Finanzinstrumente sowie zur Änderung der Richtlinien 2002/92/EG und 2011/61/EU, S. 134.

951 *Assmann*, in: Assmann/Schneider/Mülbert, WPHR, § 2 WpHG Rn. 69.

952 Frank-Fahle/Sauter/Schmidt, IWRZ 2019, 122, 124.

IV. Auswirkungen von § 2 IV BörsG auf die Wahl der Börsenart

Nachdem nun die grundsätzlichen Handelsmöglichkeiten für Kryptowerte an einer Waren- und einer Wertpapierbörse im Detail erläutert wurden, soll nun aufgrund der Auswirkungen der Börsenart auf Zulassungsmodalitäten die Vorschrift des § 2 IV BörsG genauer in den Blick genommen werden. Diese Vorschrift muss im Zusammenhang mit § 2 III, IV BörsG betrachtet werden, welche beispielhaft die Ausgestaltungsformen des Börsenhandels im BörsG festschreibt. Gemäß § 2 IV BörsG sind auf eine Börse, an der die in Abs. 2 und auch die in Abs. 3 genannten Wirtschaftsgüter und Rechte gehandelt werden, sowohl die sich auf Wertpapierbörsen als auch die sich auf Warenbörsen beziehenden Vorschriften anzuwenden. Die Vorschrift in § 2 IV BörsG wurde 2012 durch das Gesetz zur Umsetzung der Richtlinie 2010/73/EU und zur Änderung des Börsengesetzes[953] neu in § 2 BörsG eingefügt.[954]

Mit der Einfügung dieser Vorschrift in § 2 BörsG regelt der Gesetzgeber, dass an einer einzigen Börse sowohl ein Handel mit den an einer Wertpapierbörse handelbaren Wirtschaftsgütern als auch mit den an einer Warenbörse handelbaren Wirtschaftsgütern und Rechte stattfinden kann.[955] Genauer gesagt bedeutet dies, dass der gleichzeitige Handel von Wertpapieren und sich hierauf beziehenden Derivaten im Sinne des § 2 III WpHG, anderen Finanzinstrumenten im Sinne des § 2 IV WpHG und Edelmetallen als auch Waren im Sinne des § 2 V WpHG, Termingeschäften in Bezug auf Waren, Termingeschäften im Sinne des § 2 III Nr. 2 WpHG und den diesen zugrundeliegenden Basiswerten an einer einzigen Börse möglich ist.

Aufgrund dessen, dass eine derart ausgestaltete Börse zugleich die Definitionen einer Wertpapierbörse nach § 2 II BörsG und einer Warenbörse nach § 2 III BörsG erfüllt, sind auf eine solche Börsenform sämtliche Vorschriften über eine Wertpapierbörse und gleichzeitig alle Vorschriften über eine Warenbörse anwendbar.[956] Mithin kommt § 2 IV BörsG eine Klarstellungsfunktion zu.[957] Insgesamt stellt diese Regelung eine erhebliche Erleichterung für den Börsenbetreiber da, weil dieser, sofern bereits eine Lizenz für den Handel von Wertpapieren und sich hierauf beziehende Derivate an einer Wertpapierbörse besteht,

---

953 BGBl. I (2012), S. 1375, 1381.

954 *Groß*, KapMarktR, § 2 BörsG Rn. 14b; Baumbach/Hopt/*Kumpan*, BörsG, § 2 Rn. 6a.

955 BT-Drucks. 17/8684, S. 13.

956 BT-Drucks. 17/8684, S. 23.

957 BT-Drucks. 17/8684, S. 23; *Dehio/Fritzsche*, in: Heidel, § 2 BörsG Rn. 6; *Groß*, KapMarktR, § 2 BörsG Rn. 14b.

nicht noch eine weitere Lizenz beantragen muss, um auch Waren an einer Wertpapierbörse handeln zu können. Selbiges gilt natürlich auch für den umgekehrten Fall der Handelsmöglichkeit von Wertpapieren an einer Warenbörse.

V. Zulassungsmodalitäten

Zuletzt sollen nun noch die notwendigen Schritte zur Zulassung von Kryptowerten zum Börsenhandel kurz erläutert werden. Der Handel an einer Börse im Sinne des BörsG ist in zwei unterschiedliche Marktsegmente gegliedert: Neben dem regulierten Markt, der in den §§ 32 ff. BörsG gesetzlich normiert ist, existiert außerdem der Freiverkehr, der seinen gesetzlichen Niederschlag in § 48 BörsG findet[958] und der vom Börsenträger organisiert wird. Alleinstellungsmerkmal des regulierten Marktes ist dessen öffentlich-rechtliche Struktur. Der Freiverkehr hingegen ist privatrechtlich organisiert[959]. Wertpapiere, die am regulierten Markt gehandelt werden sollen, bedürfen einer Zulassung.[960]

Auch für den Handel im Wege des Freiverkehrs bedürfen Wertpapiere einer Zulassung durch den jeweiligen Börsenträger nach § 48 III BörsG. Dabei ist festzuhalten, dass der Freiverkehr aus juristischer Perspektive nicht in die öffentlich-rechtliche Organisationsform der Börse, welche in der Form der Anstalt des öffentlichen Rechts organisiert ist, eingebunden ist. Schließlich ist festzustellen, dass sich in beiden Marktsegmenten nur Wertpapiere handeln lassen. Da Kryptowerte in Form von Bitcoins allerdings weder Wertpapiere im Sinne des WpHG, noch im Sinne des BörsG darstellen[961], ist deren Handel an einer Börse sowohl am regulierten Markt als auch im Freiverkehr ausgeschlossen.

Indessen normiert § 23 BörsG eine weitere Zulassungsmöglichkeit zum Handel von Gegenständen an einer Börse, nämlich die Möglichkeit der Handelszulassung von Wirtschaftsgütern und Rechten. Gemäß § 23 I BörsG bedürfen Wirtschaftsgüter und Rechte, die an der Börse gehandelt werden sollen und nicht zum Handel im regulierten Markt zugelassen oder in den regulierten Markt oder in den Freiverkehr einbezogen sind, der Zulassung zum Handel durch die

958 *Seiffert*, in: Kümpel/Mülbert/Früh/Seyfried, Bank- und Kapitalmarktrecht, 5. Aufl., Börsen und andere Handelssysteme, Rn. 14.304; Schimansky/Bunte/Lwowski, BankR-HdB/*Seiler/Geier* Vor. § 104 Rn. 21.

959 *Seiffert*, in: Kümpel/Mülbert/Früh/Seyfried, Bank- und Kapitalmarktrecht, 5. Aufl., Börsen und andere Handelssysteme, Rn. 14.305; Schimansky/Bunte/Lwowski, BankR-HdB/*Seiler/Geier* Vor. § 104 Rn. 21.

960 Schimansky/Bunte/Lwowski, BankR-HdB/*Seiler/Geier* Vor. § 104 Rn. 23.

961 Vgl. hierzu Kapitel 5 B II 2 d).

Geschäftsführung. Bei § 23 BörsG handelt es sich um eine Parallelvorschrift zu den §§ 32 ff. BörsG sowie § 48 BörsG.[962] Die Begriffe „Rechte“ und „Wirtschaftsgüter“ werden im Wege der Auslegung des § 23 BörsG allgemein sehr weit gefasst.[963] Als Beispiel für den Handel mit Rechten im Sinne des § 23 BörsG sind die an der Eurex Deutschland gehandelten Termingeschäfte anzuführen, welche mangels ausgestellter Urkunde keine Wertpapiere darstellen.[964] Zu den Wirtschaftsgütern zählen neben Waren auch Devisen und Rechnungseinheiten.[965] In Folge der oben erfolgten Einordnung[966] von Kryptowerten wie dem Bitcoin als Ware und als Rechnungseinheit richtet sich deren Zulassung zum Börsenhandel also nach der Regelung des § 23 BörsG.

VI. Zusammenfassung der Handelsmöglichkeiten für Kryptowerte an einer Börse i. S. d. BörsG

Im Hinblick auf das Bestehen einer Prospektpflicht ist festzuhalten, dass nach der Rechtslage zum Zeitpunkt der Erstellung dieser Arbeit Kryptowerte in Form von Currency Token keiner Prospektpflicht nach dem WpPG unterlagen.[967] Für eine eventuell in Betracht zu ziehende Prospektpflicht aus dem KAGB kommt aufgrund der Tatsache, dass sich Kryptowerte ausschließlich als Einlagegegenstand für Spezial-AIFs eignen, eine faktische Prospektpflicht nach § 307 KAGB in Betracht. Aufgrund des subsidiären Anwendungsbereichs des VermAnlG scheidet hiernach eine Prospektpflicht aus. Hingegen kann eine Prospektpflicht für Security und Investment Token durchaus in Betracht kommen.

Im Hinblick auf das Bestehen einer Handelsmöglichkeit für Kryptowerte an einer Börse i. S. d. BörsG ist folgendes zusammenfassend festzuhalten: Kryptowerte in Form von Bitcoins können als Rechnungseinheiten an einer

962 *Groß*, KapMarktR, § 23 BörsG Rn 2.

963 *Dehio/Fritzsche*, in: Heidel, § 23 BörsG Rn. 1.

964 *Seiffert*, in: Kümpel/Mülbert/Früh/Seyfried, Bank- und Kapitalmarktrecht, 5. Aufl., Börsen und andere Handelssysteme, Rn. 14.371.

965 Baumbach/Hopt/*Kumpan* § 23 BörsG Rn. 1.

966 Vgl. hierzu Kapitel 5 B II 4 a) ee) und Kapitel 5 B III 1 d).

967 Seit der Änderung des WpPG durch Gesetz vom 09.07.2021 ist nach § 3 WpPG bei einem Emissionsvolumen unter 8 Mio. € keine Veröffentlichung eines Wertpapierprospekts erforderlich. In diesem Fall reicht die Veröffentlichung eines sog. Wertpapierinformationsblattes (WIB) aus, vgl. BaFin, Wertpapierprospekte: Neues Gesetz bringt Liberalisierung, 20.04.2022, https://www.bafin.de/SharedDocs/Veroeffentlichungen/DE/Fachartikel/2018/fa_bj_1807_Wertpapierprospekte.html#doc11262680bodyText6, letzter Abruf: 01.03.2023.

Wertpapierbörse gehandelt werden. Auch wenn der Wortlaut von § 2 II 1 BörsG deren Handelbarkeit nicht ausdrücklich erwähnt, sprechen Historie und Systematik des BörsG doch dafür, Rechnungseinheiten und somit auch Kryptowerte zu den an einer Wertpapierbörse handelbaren Gegenständen zu zählen. Da Kryptowerten in Form von Currency-Token eine Zahlungsmitteleigenschaft zukommt, dürfen sie auch in dieser Eigenschaft an einer Wertpapierbörse gehandelt werden. Kryptowerte wie der Bitcoin stellen fungible Wirtschaftsgüter, die geliefert werden können, dar und sind somit als Ware im Sinne des BörsG einzuordnen. Demnach können Kryptowerte wie der Bitcoin auch als Ware an einer Warenbörse nach § 2 III BörsG gehandelt werden.

Durch § 2 IV BörsG wird klargestellt, dass an einer Börse neben Wertpapieren und sich darauf beziehenden Derivaten zugleich andere Finanzinstrumente, Waren, Termingeschäfte in Bezug auf Waren sowie die zugrundeliegenden Basiswerte gehandelt werden dürfen. Dies bedeutet für den Betreiber, dass die Einholung einer einzelnen Börsenlizenz ausreichend ist bzw. der Betrieb einer Börsenart ausreichend ist, um sämtliche Güter dort handeln zu können. Im Ergebnis ist also festzuhalten, dass es durchaus möglich ist, neue technische Phänomene wie Kryptowerte in Form von Bitcoin unter Rückgriff auf bestehende börsenrechtliche Strukturen an einer Börse i. S. d. BörsG zu handeln. Dabei kann auf die Schaffung eines vollkommen neuen Rechtsrahmens durch den Gesetzgeber verzichtet werden.

Sechstes Kapitel: Die Erfüllung eines Börsengeschäfts in Kryptowerten

A. Einführung

Im vorangegangenen Kapitel wurden die bestehenden Möglichkeiten für den Handel mit Kryptowerten in Form von Bitcoin an einer Waren- sowie an einer Wertpapierbörse erläutert. Im Anschluss daran soll nun eine Auseinandersetzung mit der Frage stattfinden, wie eine Erfüllung des zugrunde liegenden Börsengeschäfts erfolgen kann. Fraglich ist in diesem Zusammenhang, welche Anforderungen an die Erfüllung gestellt werden müssen. Gemäß § 362 I BGB erlischt das Schuldverhältnis, wenn die geschuldete Leistung an den Gläubiger bewirkt wird. Zunächst kommt bei Gegenständen, welche an einer Börse gehandelt werden, nach Abschluss der schuldrechtlichen Transaktion die Übertragung nach den §§ 929 ff. BGB in Betracht. Dies würde jedoch bedingen, dass Kryptowerte wie Bitcoins sich unter den in § 90 BGB festgelegten Begriff der Sache fassen lassen. Zudem könnte sich eine Erfüllungsmöglichkeit für ein mit Kryptowerteinheiten an einer Börse im Sinne des BörsG getätigten Geschäfts ergeben, sofern ein relatives Recht an den einzelnen Werteinheiten besteht. Hierfür käme dann eine Erfüllung des Börsengeschäfts durch Übertragung der Werteinheiten an den Empfänger nach §§ 398, 413 BGB in Betracht.

Dabei ist die Erfüllung von Börsengeschäften nach diesen beiden Normen keine grundsätzliche Neuheit, da sich die Erfüllung von Börsenhandelsgeschäften an einer Kreditbörse genauso vollzieht. Beispielhaft ist hier die RMX[968] anzuführen, an der der börsliche Handel mit Darlehen und deren Anteilen möglich war. Da diese Forderungen darstellen, werden sie nach § 398 BGB übertragen. Die RMX verfügte über zwei unterschiedliche Börsensegmente: Zum einen war im Segment „Commodities“ der Handel von Warenterminkontrakten auf Agrarprodukte möglich.[969] Zum anderen wurde die Durchführung des Handels mit Teilen von unverbrieften Krediten im Segment „Creparts“ vollzogen.[970]

---

968 Die RMX war eine Warenterminbörse mit Sitz in Hannover, welche im Jahr 2006 als Ergebnis einer Fusion der Warenterminbörse Hannover AG und der DEKREBO Kredit Börse Deutschland AG entstanden ist, vgl. *Schiller/Boer/Fahrmeyer*, FB 2009, 575.

969 Schiller/Boer/Fahrmeyer, FB 2009, 575.

970 *Rettberg*, Neues Börsensegment: RMX ermöglicht Handel mit Krediten, 03.02.2008, https://www.handelsblatt.com/finanzen/maerkte/boerse-inside/neues-boersensegment-rmx-ermoeglicht-handel-mit-krediten/2918090.html, letzter Abruf: 19.08.2020.

Aufgrund der hohen Verluste im Rahmen des Kreditsegments der RMX Hannover musste diese Anfang des Jahres 2009 Insolvenz anmelden.[971] Die Handelseinstellung folgte kurz darauf.

Folglich kommen also für die Erfüllung von Börsengeschäften mit Kryptowerten verschiedene Übertragungstatbestände in Betracht. Die Frage, die sich in diesem Zusammenhang nun stellt, ist diejenige, ob Kryptowerte bzw. Bitcoins zu denjenigen Gegenständen zählen, die nach Vorschriften des BGB übertragen werden können, oder ob es einer Neuschaffung eines Übertragungstatbestandes durch den Gesetzgeber bedarf, um die vorliegende Problematik einer sachgerechten Lösung zuführen zu können.[972] Im Folgenden soll dies genauer analysiert werden.

B. Übertragung nach §§ 398, (413) BGB

Im Zusammenhang mit der Frage nach einer rechtlichen Übertragungsmöglichkeit für Kryptowerte wurde bereits zu Beginn dieses Abschnitts die (ehemalige) Möglichkeit des Börsenhandels mit Forderungen oder Teilen hiervon erwähnt. Deren Übertragung erfolgte nach § 398 BGB. Fraglich ist, ob diese Art der Übertragung auch für Kryptowerte fruchtbar gemacht werden kann. Voraussetzung wäre dann das Bestehen eines relativen Rechts an einzelnen Kryptowerteinheiten.

I. Bestehen von relativen Rechten an Kryptowerteinheiten

Bevor die Frage geklärt werden kann, ob an Kryptowerteinheiten relative Rechte bestehen, ist es notwendig, den Begriff der relativen Rechte zu definieren. Zu den relativen Rechten zählen solche Rechte, die gegen einzelne Rechtssubjekte gerichtet sind, also nur gegenüber einer bestimmten Person Bestand haben.[973] Diese werden beispielsweise durch Verträge begründet.[974] In systematischer Hinsicht steht dem relativen Recht das absolute Recht gegenüber, welches durch seine Wirkung gegenüber jedermann charakterisiert wird.[975] Fraglich ist also, ob eine Forderung an Kryptowerteinheiten wie dem Bitcoin besteht.

---

971 Schiller/Boer/Fahrmeyer, FB 2009, 575.

972 Für eine Gesamtanalogie der §§ 873 ff., 929 ff. BGB: *Arndt*, Bitcoin-Eigentum, S. 113 ff.

973 *Klinck*, in: Staudinger, Eckpfeiler des Zivilrechts, Kap. T Sachenrecht; I. Grundlagen, Rn. 2; *Werner*, in: Creifelds, Rechtswörterbuch, 23. Ed. 2019, Subjektives Recht.

974 *Klinck*, in: Staudinger, Eckpfeiler des Zivilrechts, Kap. T Sachenrecht; I. Grundlagen, Rn. 2.

975 *Ernst*, in: MüKo/BGB, Einleitung zum Schuldrecht (Einl. SchuldR), Rn. 19.

In der juristischen Literatur wird nahezu einheitlich die Meinung vertreten, dass im Bitcoin-System kein Forderungsgegner und infolgedessen auch keine Forderung existiert.[976] Grund hierfür ist die Tatsache, dass eines der Hauptmerkmale bei Kryptowerten im Allgemeinen und Bitcoin im Besonderen die Dezentralität des Systems ist.[977] Dies bedeutet, dass es keine Zentralstelle gibt, welche die einzelnen Werteinheiten emittiert. Folglich bestehen an Kryptowerten in Form von Currency Token wie dem Bitcoin keine relativen Rechte.[978]

In Betracht kommen könnte allerdings auch eine Übertragung auf Grundlage der §§ 398, 413 BGB. Nach § 413 BGB finden die Vorschriften über die Übertragung von Forderungen Anwendung auf die Übertragung anderer Rechte, sofern das Gesetz nicht etwas anderes vorschreibt. Eine Anwendung von § 413 BGB auf Kryptowerte würde also voraussetzen, dass diese etwas anderes als eine Forderung verkörpern. Dabei ist darauf hinzuweisen, dass § 413 BGB keine konstitutive Wirkung für die Übertragung von Rechtspositionen entfaltet[979]. Da an Kryptowerten auch keine absoluten Rechte bestehen[980], ist eine Anwendung der §§ 413, 398 BGB mangels Bestehens eines Rechts an Kryptowerteinheiten auf diese nicht möglich.[981] Zusammenfassend ist festzustellen, dass die Erfüllung eines Börsengeschäfts durch Übertragung von Kryptowerten nach § 398 BGB mangels Bestehens einer Forderung ausscheidet. Mangels Bestehens eines Rechts an Kryptowerteinheiten ist auch ein Rückgriff auf §§ 413, 398 BGB nicht möglich.

II. Möglichkeit des Bestehens von Immaterialgüterrechten an Kryptowerten

Eine weitere Übertragungsmöglichkeit für Kryptowerte könnte sich zudem ergeben, wenn an diesen ein Immaterialgüterrecht besteht. Da es sich bei Immaterialgüterrechten um Vermögensrechte handelt, werden diese durch Rechtsgeschäft

---

976 *Walter*, NJW 2019, 3609, 3611; *Omlor/Spiegel*, in: FinTech-Hdb, Kapitel 7, § 19 Rn. 44; *Boehm/Bruns*, in: Bräutigam/Rücker, Hdb. E-Commerce Kap. 13 E Rn. 7; *Pesch*, Cryptocoin-Schulden, S. 132 ff.

977 Vgl. hierzu Kapitel 2 C.

978 *Maute*, in: Maume/Maute Kryptowerte-HdB, § 4 Rn. 10.

979 *Lieder*, in: BeckOGK BGB § 413 Rn. 3, Stand: 01.08.2020; *Roth/Kieninger*, in: MüKo/BGB § 413 Rn. 1; *Busche*, in: Staudinger, § 413 BGB, Rn. 2.

980 Siehe hierzu Kapitel 6 C I 4.

981 Im Ergebnis genauso für Bitcoins: *Kütük-Markendorf*, Rechtliche Einordnung von Internetwährungen, S. 98.

übertragen[982]. Dabei ist jedoch festzuhalten, dass es sich bei geistigem Eigentum gerade nicht um Eigentum im Sinne von § 903 BGB handelt, sondern um Rechte.[983] Dies führt dazu, dass sich die Übertragung von Immaterialgüterrechten – wie dem Urheberrecht – nach den §§ 398, 413 BGB richtet.[984] Aus diesem Grund soll im folgenden Abschnitt untersucht werden, ob an Kryptowerten Immaterialgüterrechte in Form von Urheberrechten bestehen.

1. *Erfassung von Kryptowerten durch § 2 UrhG*

Bei näherer Auseinandersetzung mit der Übertragung von Kryptowerten könnte sich auch ein Schutz nach dem Immaterialgüterrecht ergeben. Als Oberbegriff für die vom Immaterialgüterrecht umfassten Rechte hat sich der Begriff des geistigen Eigentums eingebürgert[985]. Zum Immaterialgüterrecht zählen neben dem Urheberrecht auch das Patentrecht, das Gebrauchsrecht sowie das Markenrecht.[986] Eine zentrale Norm des Urheberrechts ist § 2 UrhG.[987] Aus diesem Grund soll § 2 UrhG auch der Ansatzpunkt der hier vorgenommen urheberrechtlichen Untersuchung von Kryptowerten sein.

§ 2 I UrhG listet beispielhaft die wesentlichen Werkarten auf. In Betracht kommt eine Subsumtion unter § 2 I Nr. 1 Var. 3 UrhG, wonach zu den geschützten Werken der Literatur, Wissenschaft und Kunst insbesondere auch Sprachwerke, wie Schriftwerke, Reden und Computerprogramme gehören (Nr. 1). Durch die vorgeschaltete Formulierung „insbesondere" soll klargestellt werden, dass dieser Katalog der verschiedenen Werkarten lediglich beispielhaften Charakter hat und nicht abschließend ist[988]. Die gewählte Formulierung dient auch der Erfassung von Werkarten, welche sich erst zukünftig entwickeln und bei der Einführung dieser Tatbestandsänderung im Jahr 1962 noch nicht existierten.[989]

Unter einem Computerprogramm (i. S. v. § 2 I Nr. 1 Var. 3 UrhG) ist nach DIN 44300 eine in beliebiger Sprache abgefasste Folge von Befehlen zu verstehen, die eine digitale Rechenanlage in die Lage versetzen, eine bestimmte Funktion,

982 *McGuire/Von Zumbusch/Joachim*, GRUR Int 2006, 682, 683.
983 *McGuire/Von Zumbusch/Joachim*, GRUR Int 2006, 682, 684.
984 *Ann*, in: Kraßer/Ann, Patentrecht, § 2 Rn. 94.
985 *Ann*, in: Kraßer/Ann, Patentrecht, § 2 Rn. 2.
986 *Loewenheim*, in: Loewenheim, Hdb. des Urheberrechts, § 1 Rn. 2.
987 *Schulze*, in: Dreier/Schulze, UrhG, § 2 Rn. 1.
988 *Loewenheim*, in: Loewenheim, Hdb. des Urheberrechts, § 5 Rn. 2; Ensthaler, Gewerblicher Rechtsschutz und Urheberrecht, S. 1.
989 BT-Drucks. IV/270, S. 37.

Aufgabe oder ein bestimmtes Ergebnis anzuzeigen, auszuführen oder zu erzielen.[990] Bei der Untersuchung von Kryptowerten stellt sich die Frage, ob diese als Computerprogramm nach § 2 I Nr. 1 Var. 3 i. V. m. § 69a UrhG anzusehen sind. Im Hinblick auf Bitcoin ist dabei eine strikte Differenzierung zwischen dem Bitcoin-System einerseits und der einzelnen Kryptowerteinheit andererseits notwendig. Eine Schutzfähigkeit eines Computerprogramms ist dann anzunehmen, wenn es sich dabei um eine persönliche geistige Schöpfung des Urhebers handelt. Ein Minimum an Individualität ist dabei für die Anerkennung eines Schutzes als ausreichend zu betrachten[991]. Im Hinblick auf das Bitcoin-Protokoll bzw. das dem Bitcoin-System zugrunde liegenden P2P-System ist ein Schutz nach § 2 I Nr. 1 Var. 3 i. V. m. § 69a UrhG anzunehmen.[992] Fraglich erscheint dies aber im Hinblick auf die Erfassung der einzelnen Kryptowerteinheiten von Bitcoin.

Von entscheidender Bedeutung für die urheberrechtliche Einordnung von neuartigen Phänomenen wie den einzelnen Kryptowerteinheiten ist dafür ein genauerer Blick auf § 2 II UrhG. Danach sind Werke im Sinne dieses Gesetzes nur persönliche geistige Schöpfungen. Folglich müsste es sich bei den einzelnen Kryptowerteinheiten um eine *„persönliche geistige Schöpfung“* im Sinne des § 2 II UrhG handeln. Von einer persönlichen Schöpfung ist dann auszugehen, wenn die Grundlage des geschaffenen Werkes durch eine menschlich-gestalterische Tätigkeit seines Urhebers gebildet wird.[993] Anders ausgedrückt soll im Vordergrund der Tätigkeit die Frage danach stehen, ob das geschaffene Werk die persönliche Handschrift des Urhebers trägt und nicht diejenige nach dem Urheber an sich.[994] Hieraus folgt, dass das Urheberrecht das menschliche Schaffen und nicht die maschinelle Produktion schützt. Die Schöpfung eines Werkes kann also gerade nicht durch eine Maschine erbracht werden. Der Rückgriff auf Maschinen als Hilfsmittel zur Unterstützung des Schaffensprozesses bleibt dem Werkschöpfer hingegen unbenommen.[995]

Bei genauerer Betrachtung des hinter Kryptowerten wie dem Bitcoin stehenden Mining-Prozesses[996] zeigt sich, dass diese nicht vom Begriff der persönlichen

990 *Ahlberg*, in BeckOK, Urheberrecht, Stand: 18.04.2018, § 2 Rn. 9.

991 *Nordemann*, in: Nordemann/Nordemann/Czychowski, § 2 UrhG Rn. 75.

992 *Shmatenko/Möllenkamp*, MMR 2018, 497; *Pesch*, Cryptocoin-Schulden, S. 98.

993 *Nordemann*, in: Loewenheim, Hdb. des Urheberechts, § 6 Rn. 7.

994 *Ahlberg*, in BeckOK, Urheberrecht, Stand: 18.04.2018, § 2 Rn. 57.

995 *Nordemann*, in: Loewenheim, Hdb. des Urheberechts, § 6 Rn. 7 ff.; *Schulze*, in: Dreier/Schulze, UrhG, § 2 Rn. 8; *Nordemann*, in: Nordemann/Nordemann/Czychowski, § 2 UrhG Rn. 21.

996 Vgl. hierzu Kapitel 2 C 5.

Schöpfung erfasst sein können. Zur Erschaffung von Bitcoins errechnet der Computer eines Netzwerkteilnehmers den nächsten Block. Der Nutzer setzt den Mining-Prozess nur in Gang, kann diesen aber nicht in einer bestimmten Art und Weise beeinflussen. Letztendlich werden die einzelnen Kryptowerteinheiten durch den Computer – also eine Maschine – und nicht durch einen Menschen erschaffen. Im Prinzip sind diese nur das Ergebnis der Ingangsetzung eines Computerprogramms.[997] Aus diesem Grund stellen einzelne Kryptowerteinheiten keine persönliche geistige Schöpfung im Sinne von § 2 II UrhG dar.[998]

2. *Erfassung der Bitcoin-Blockchain durch § 87a UrhG*

Die Annäherung an die Problematik, ob Kryptowerte in Form von Bitcoins einem urheberrechtlichen Schutz unterliegen, kann auch noch aus einer anderen Perspektive erfolgen, nämlich aus informationstechnischer Sicht. Bei einer Betrachtung aus dieser Perspektive wird klar, dass die hinter dem Bitcoin-System stehende Blockchain nichts anderes ist als eine Datenbank[999]. Hierdurch wird § 87a UrhG in den Fokus der Betrachtung gerückt, welcher die Einordnung von Datenbanken in urheberrechtlicher Hinsicht regelt. Nach § 87a I UrhG ist eine Datenbank im Sinne dieses Gesetzes eine Sammlung von Werken, Daten oder anderen unabhängigen Elementen, die systematisch oder methodisch angeordnet sind, und einzeln mit Hilfe elektronischer Mittel oder auf andere Weise zugänglich sind und deren Beschaffung, Überprüfung oder Darstellung eine nach Art oder Umfang wesentliche Investition erfordert. Eine in ihrem Inhalt nach Art oder Umfang wesentlich geänderte Datenbank gilt als neue Datenbank, sofern die Änderung eine nach Art oder Umfang wesentliche Investition erfordert. Auch an einer Datenbank bestehen übertragbare Nutzungs- und Verwertungsrechte, vgl. § 87b UrhG. Die Übertragung dieser Rechte richtet sich nach § 31 I UrhG.

Fraglich ist dabei, auf welche Kriterien für die Erfassung einer Datenbank im urheberrechtlichen Sinn abzustellen ist. Als problematisch erweist sich im Zusammenhang mit dem Datenbankbegriff der Begriff der „wesentlichen

---

997 *Pesch*, Cryptocoin-Schulden, S. 98.

998 *Walter*, NJW 2019, 3609, 3610; *Weiss*, JuS 2019, 1050, 1054; *Shmatenko/Möllenkamp*, MMR 2018, 495, 497 f.; *Engelhardt/Klein*, MMR 2014, 355, 357; *Spindler/Bille*, WM 2014, 1357, 1360; *Kütük-Markendorf*, Rechtliche Einordnung von Internetwährungen, S. 109; *Boehm/Bruns*, in: Bräutigam/Rücker, Hdb. E-Commerce Kap. 13 E Rn. 8; *Maute*, in: Maume/Maute Kryptowerte-HdB, § 4 Rn. 18.

999 *Hohn-Hein/Barth*, GRUR 2018, 1089, 1091; *Walter*, NJW 2019, 3609, 3610.

Investition". Es bedarf der Klärung, wann eine Investition zur Erschaffung einer Datenbank als wesentlich zu betrachten ist. Dabei handelt es sich um einen unbestimmten Rechtsbegriff, dessen Bedeutung sich nicht aus dem Gesetzestext entnehmen lässt.[1000] Nach Ansicht des BGH dürfen die Anforderungen an den Begriff der Wesentlichkeit allerdings nicht zu hoch gesetzt werden. Der Begriff der Investition ist durch den Einsatz von technischen, finanziellen oder menschlichen Mitteln oder Ressourcen gekennzeichnet.[1001] Im Hinblick auf das Kriterium der Wesentlichkeit einer Investition ist festzuhalten, dass es ausreicht, wenn bei einer objektiven Betrachtung keine ganz unbedeutenden, von jedermann leicht zu erbringenden Aufwendungen zur Erstellung der Datenbank notwendig waren. Eine Investition von substanziellem Gewicht ist dabei nicht nötig.[1002]

Im Bitcoin-System werden neue Blöcke geschaffen und Transaktionen bestätigt. Es ist davon auszugehen, dass die Blockchain grundsätzlich als Datenbank nach § 87a I UrhG zu qualifizieren ist.[1003] Dem stehen jedoch die folgenden Argumente entgegen: Erstens die Tatsache, dass den Immaterialgüterrechten und damit auch dem Patentrecht grundsätzlich ein Ausschließlichkeitsrecht innewohnt.[1004] Ob an der Blockchain ein Ausschließlichkeitsrecht besteht, ist zumindest als zweifelhaft anzusehen.[1005] In diesem Zusammenhang ist insbesondere auf die Tatsache zu verweisen, dass die Schaffung der Blockchain nicht einer einzelnen Person zuzuordnen ist, sondern diese vielmehr von mehreren Beteiligten fortgeschrieben wird.[1006] Zweitens die Gegebenheit, dass bei öffentlichen Blockchains, wie der Bitcoin-Blockchain, eine Speicherung auf allen Geräten sämtlicher Netzwerkteilnehmer systemimmanent ist.[1007] Dies steht der oben

1000 *Schulze*, in: Dreier/Schulze, UrhG, § 87a Rn. 11.

1001 BGH, Urt. v. 01.12.2010, I ZR 196/08 (OLG Köln) = GRUR 2011, 724 Rn. 18.

1002 BGH, Urt. v. 01.12.2010, I ZR 196/08 (OLG Köln) = GRUR 2011, 724 Rn. 23.

1003 So auch *Czychowski*, in: Nordemann/Nordemann/Czychowski, § 87a UrhG Rn. 28b; *Walter*, NJW 2019, 3609, 3610.

1004 *Wagner*, in: MüKo/BGB § 823 Rn. 282.

1005 In der Literatur wird die Meinung vertreten, dass mangels ausdrücklicher Regelung durch den Gesetzgeber keine Immaterialgüterrechte an Kryptowerten bestehen. Argumentativ wird diese Meinung auf die im Urteil vom BGH zur Domain-Pfändung entwickelten Grundsätze gestützt (BGH, Beschluss v. 05.07.2005, Az. VII ZB 5/05 (LG Dresden) = GRUR 2005, 969 ff.), vgl. hierzu: *Hohn-Hein/Barth*, GRUR 2018, 1089, 1091.

1006 Vgl. hierzu Kapitel 2 C V.

1007 *Hohn-Hein/Barth*, GRUR 2018, 1089, 1091.

gemachten Annahme der Schaffung eines Ausschließlichkeitsrechts durch das Urheberrecht entgegen. Folglich unterliegt die öffentliche Bitcoin-Blockchain nicht dem urheberrechtlichen Schutz nach § 87a I UrhG.[1008]

Allerdings ist die Frage nach dem Hersteller der Datenbank gerade bei der Betrachtung aus urheberrechtlicher Perspektive von gesteigerter Relevanz. Grund hierfür ist die Tatsache, dass sich nicht zweifelsfrei bestimmen lässt, wer „Datenbankhersteller" im Sinne der Norm ist. Hersteller einer Datenbank ist gemäß § 87a II UrhG derjenige, der die Investition im Sinne des Abs. 1 vorgenommen hat. Hierfür kommen neben den Entwicklern der Blockchain auch die Miner, welche neue Blöcke schürfen oder letzten Endes noch die Netzwerkteilnehmer, die einen Knotenpunkt zur Verfügung stellen, in Betracht[1009]. Es wird teilweise angenommen, dass die Inhaberschaft am datenschutzrechtlichen Leistungsrecht aus § 87a II UrhG den am System beteiligten Betreibern eines Knotenpunktes sowie den Minern als Gemeinschaft nach Bruchteilen im Sinne des § 741 BGB zusteht.[1010] Letzterer Ansicht kann jedoch aus mehreren Gründen nicht gefolgt werden. Dies ergibt sich aus der Inkompatibilität der Regelungen über die Bruchteilsgemeinschaft mit dem Bitcoin-System. Bei der Bruchteilsgemeinschaft ist die Zahl der Teilhaber bekannt und die Verwaltung des gemeinschaftlichen Gegenstandes steht den Teilhabern gemeinschaftlich zu. Problematisch im Hinblick auf das Bitcoin-System ist, dass es sich um ein „dynamisches System" handelt, bei dem sowohl die Anzahl der Teilhaber als auch die Anzahl der Werteinheiten ständig variiert. Hinzu kommt, dass es sich bei den Teilhabern um eine anonyme Gruppe handelt. Dies führt dazu, dass sich eine eindeutige Zuordnung von Bruchteilen zu Teilhabern als nahezu unmöglich erweist.

3. Ergebnis: Kein urheberrechtlicher Schutz von Kryptowerten

Schließlich ist festzuhalten, dass die Blockchain an sich und auch die einzelnen Kryptowerteinheiten keinem urheberrechtlichen Schutz unterliegen.[1011]

1008 *Hohn-Hein/Barth*, GRUR 2018, 1089, 1091; *Walter*, NJW 2019, 3609, 3611, *Kütük-Markendorf*, Rechtliche Einordnung von Internetwährungen, S. 110; *Pesch*, Cryptocoin-Schulden, S. 97; *Maute*, in: Maume/Maute Kryptowerte-HdB, § 4 Rn. 19.

1009 *Hohn-Hein/Barth*, GRUR 2018, 1089, 1091.

1010 *Walter*, NJW 2019, 3609, 3611; offenlassend: *Hohn-Hein/Barth*, GRUR 2018, 1089, 1091; ablehnend: *Spiegel*, Blockchain-basiertes virtuelles Geld, S. 109.

1011 Ebenso: *Hohn-Hein/Barth*, GRUR 2018, 1089, 1091; *Spiegel*, Blockchain-basiertes virtuelles Geld, S. 109 f.

Geschützt nach § 2 I Nr. 1 Var. 3 i. V. m. § 69a UrhG ist aber das dem Bitcoin-System zugrunde liegende Protokoll.[1012] Allerdings ist in diesem Zusammenhang darauf zu verweisen, dass ein urheberrechtlicher Schutz des Protokolls im obengenannten Sinne an der Tatsache scheitert, dass die Identität von Satoshi Nakamoto, dem Urheber des Bitcoin-Protokolls, bis heute ungeklärt ist.

III. Zwischenergebnis: Kein Bestehen von relativen Rechten an Kryptowerten

Im Ergebnis ist also festzuhalten, dass keine relativen Rechte an Kryptowerten wie dem Bitcoin bestehen. Dies ist auf die Tatsache zurückzuführen, dass im Bitcoin-System kein Forderungsgegner existiert. Auch eine immaterialgüterrechtliche Erfassung von Kryptowerten durch § 2UrhG scheitert. Selbiges gilt für das Vorliegen einer Datenbank nach § 87a UrhG. Lediglich das der Bitcoin-Blockchain zugrundeliegende Software-Protokoll unterliegt einem urheberrechtlichen Schutz gemäß § 2 I Nr. 1 Var. 3 i. V. m. § 69a UrhG.

C. Übertragung nach §§ 929 ff. BGB

I. Bestehen eines absoluten Rechts an Kryptowerten

Nachdem nun herausgearbeitet worden ist, dass an einzelnen Kryptowerten keine relativen Rechte bestehen können, soll die Möglichkeit der Erfüllung eines Börsengeschäfts durch Übertragung von Kryptowerten nach den §§ 929 ff. BGB einer näheren Betrachtung unterzogen werden. Gemäß § 929 BGB ist zur Übertragung des Eigentums an einer beweglichen Sache erforderlich, dass der Eigentümer die Sache dem Erwerber übergibt und beide darüber einig sind, dass das Eigentum übergehen soll. Untrennbar verbunden mit dieser Frage ist diejenige nach dem Bestehen von absoluten Rechten an Kryptowerten wie dem Bitcoin. Zunächst ist zu klären, wodurch sich ein Recht auszeichnet.

Ein Recht im subjektiven Sinn ist die Berechtigung einer einzelnen Person, die sich unmittelbar aus objektivem Recht, also dem Gesetz ergibt oder auf Basis des objektiven Rechts erworben wird.[1013] Dabei kennt das subjektive Recht verschiedene Ausgestaltungsformen, beispielhaft zu nennen sind in diesem Zusammenhang Herrschaftsrechte, wobei bei diesen zwischen absoluten

---

1012 *Shmatenko/Möllenkamp*, MMR 2018, 497; *Pesch*, Cryptocoin-Schulden, S. 98; *Maute*, in: Maume/Maute Kryptowerte-HdB, § 4 Rn. 18.

1013 *Groh*, in: Creifelds kompakt, Rechtswörterbuch zum Begriff „Recht".

und relativen Rechten zu unterscheiden ist, sowie Gestaltungsrechte oder ein Anspruch.[1014] Anschließend ist zu fragen, wodurch sich die Absolutheit eines Rechts im Grundsatz auszeichnet. Als Beispiel hierfür bietet sich im Kontext von § 929 BGB der Rückgriff auf das Eigentum als Prototyp eines (subjektiven) absoluten Rechts an.[1015] Gemäß § 903 BGB kann der Eigentümer einer Sache, soweit nicht das Gesetz oder die Rechte Dritter entgegenstehen, mit der Sache nach Belieben verfahren und andere von jeder Einwirkung ausschließen. Hieran zeigt sich bereits ein erstes charakteristisches Merkmal für absolute Rechte: die Ausschließlichkeit. Dingliche Rechte wirken gegen jedermann, jede Person ist dazu verpflichtet, die dinglichen Rechte einer anderen Person zu achten.[1016]

Dabei muss dem Inhaber des Eigentumsrechts zudem eine effektive Möglichkeit zum Schutz seines an einer Sache bestehenden Rechts zur Seite gestellt werden. Hier ist auf § 1004 I 1 BGB zu verweisen, wonach der Eigentümer von dem Störer die Beseitigung der Beeinträchtigung verlangen kann, wenn das Eigentum in anderer Weise als durch Entziehung oder Vorenthaltung des Besitzes beeinträchtigt wird. Also sind absolute Rechte solche Rechte, welche neben dem Ausschließlichkeitscharakter auch eine Ausschlussfunktion bieten[1017]. Der Durchsetzung der Ausschlussfunktion des Eigentums dient in diesem Fall § 1004 I 1 BGB, welcher einen Unterlassungsanspruch normiert. Fraglich ist also schlussendlich, ob auch am neuartigen technischen Phänomen der Kryptowerte in Form von Bitcoins ein absolutes Recht, nämlich Eigentum, bestehen kann. Dies soll im folgenden Abschnitt der Arbeit untersucht werden.

1. Sacheigenschaft von Kryptowerten

Es bedarf daher einer genaueren Betrachtung, ob Kryptowerten Sacheigenschaft zukommt.

a) Sacheigenschaft nach § 90 BGB

Um Kryptowerte in Form von Bitcoins unter diese Vorschrift fassen zu können, müssten diese bewegliche Sachen darstellen. Gemäß § 90 BGB sind Sachen im Sinne dieses Gesetzes alle körperlichen Gegenstände. Charakteristisches

1014 *Groh*, in: Creifelds kompakt, Rechtswörterbuch zum Begriff „Recht".

1015 *Ernst*, in: MüKo/BGB Einleitung Schuldrecht (Einl. SchuldR), Rn. 19.

1016 *Gaier*, in: MüKo/BGB Einleitung zum Sachenrecht (Einl. SachenR), Rn. 11.

1017 *Hauck*, in: MüKo/Lauterkeitsrecht, Teil 1, Rn. 89; *Wagner*, in: MüKo/BGB § 823 Rn. 162.

Merkmal für den Sachbegriff im Zivilrecht ist die abgrenzbare Körperlichkeit[1018]. Die Körperlichkeit eines Gegenstandes ist dann zu bejahen, sofern dieser in sinnlicher Form wahrnehmbar ist und eine Abgrenzung im Raum vorgenommen werden kann.[1019] Kryptowerte wie Bitcoins existieren allerdings nicht in physischer, sondern ausschließlich in virtueller Form. Also handelt es sich bei Bitcoins um bloß virtuell existierende Gegenstände.[1020] Mithin sind Kryptowerte keine körperlichen Gegenstände und unterfallen infolgedessen nicht dem Sachbegriff des § 90 BGB.[1021]

b) Sacheigenschaft nach § 90 BGB analog

Strittig ist gleichwohl, ob § 90 BGB analog auf Kryptowerte angewendet werden kann. Konsequenz dessen wäre, dass zur Übertragung der einzelnen Werteinheiten auf die Vorschrift des § 929 BGB zurückgegriffen werden könnte. Damit ein solcher Rückgriff möglich wird, müssen die Voraussetzungen einer Analogie erfüllt sein. Grundsätzlich setzt eine rechtliche Analogie zweierlei voraus: Zunächst muss das Vorliegen einer planwidrigen Regelungslücke positiv festgestellt werden[1022]. Im Anschluss daran muss untersucht werden, ob eine vergleichbare Interessenlage gegeben ist.[1023] Zunächst müsste eine Lücke im Gesetz bestehen.[1024] Ob bei der Erfassung von Kryptowerten durch § 90 BGB eine solche Regelungslücke besteht, ist in der Literatur durchaus umstritten. Teilweise wird vertreten, dass im Zusammenhang mit der Erfassung von Kryptowerten durch eine analoge Anwendung des § 90 BGB eine derartige Regelungslücke

---

1018 *Stresemann*, in MüKo/BGB § 90 Rn. 25.

1019 *Mössner*, in: BeckOGK BGB § 90 Rn. 58, Stand: 01.04.2020.

1020 *Mössner*, in: BeckOGK BGB § 90 Rn. 104.3, Stand: 01.07.2019; *Spindler/Bille*, WM 2014, 1350, 1357; *Kuhlmann*, CR 2014, 691, 694.

1021 *Ammann*, CR 2018, 379, 380; *John*, BKR 2020, 76; *Walter*, NJW 2019, 3609, 3611; *Heckelmann*, NJW 2018, 504, 508; *Omlor*, ZHR 183 (2019), 294, 308; *Koch*, ZBB 2018, 359, 362, *Pesch*, Cryptocoin-Schulden, S. 100; *Kuhlmann*, CR 2014, 691, 994; *Kütük/Sorge*, MMR 2014, 643; *Shmatenko/Möllenkamp*, MMR 2018, 495; *Rettke*, NZWiSt 2020, 45, 49; *Beck/König*, AcP 215 (2015), 655, 659; *Maute*, in: Maume/Maute Kryptowerte-HdB, § 4 Rn. 13; vgl. hierzu weiterführend: *Spiegel*, Blockchain-basiertes virtuelles Geld, S. 54 ff., S. 98 f. Für eine Einordnung von Kryptotoken als körperliche Sache unter Berücksichtigung des historischen Gesetzgeberwillens: *John*, BKR 2020, 76, 81.

1022 *Wank*, Die Auslegung von Gesetzen, S. 93.

1023 *Würdinger/Bergmeister*, JURA 2007, 15 ff.; *Reimer*, Juristische Methodenlehre, S. 251.

1024 *Müller/Christensen*, Juristische Methodik, Bd. 1, S. 393.

nicht besteht. Zum einen lässt schon der eindeutige Wortlaut der Norm keinen Rückschluss darauf zu, dass der Gesetzgeber es planwidrig versäumt hat, eine gesetzliche Regelung für immaterielle Güter zu schaffen. Als Beleg dafür wird die in § 453 BGB getroffene Regelung angeführt, wonach auf den Kauf von Rechten und sonstigen Gegenständen die Vorschriften über den Kauf von Sachen entsprechende Anwendung finden. Dieser soll nach der Gesetzesbegründung auch auf Software anwendbar sein. Spätestens zu diesem Zeitpunkt waren dem Gesetzgeber virtuelle Gegenstände bekannt, weshalb er in diesem Zuge eine Änderung des § 90 BGB hätte vornehmen können, was aber unterblieben ist.[1025]

Einer anderen Ansicht zufolge besteht sehr wohl eine planwidrige Regelungslücke. Argumentativ wird dies zum einen mit der Tatsache begründet, dass sich der zuständige Bundesgesetzgeber bisher mit der zivilrechtlichen Einordnung dieses neuen Phänomens noch nicht aktiv auseinandergesetzt hat. Zudem wird der sachenrechtliche Numerus Clausus fälschlicherweise zur Bestimmung des Umfangs des Sachbegriffs herangezogen. Der sachenrechtliche Numerus Clausus wird fehlerhaft dahingehend verstanden, dass die die Rechtsposition vergrößernde Rechtsinterpretationen nicht zulässig seien. Auch nichtkörperliche Gegenstände könnten sehr wohl Sachen im Sinne von § 90 BGB sein. Als weiteres Argument wird unter Verweis auf die Gegenansicht, welche die Planwidrigkeit der Regelungslücke unter Rückgriff auf § 453 BGB ablehnt, die fehlende Erfassung von Kryptowerten als Software durch diese Norm angeführt. Kryptowerte sind nicht mit Software vergleichbar, denn Software zeichnet sich gerade durch ihre Klonbarkeit aus. Kryptowerte können nicht geklont werden und sind aus diesem Grund nicht mit Software im eigentlichen Sinn vergleichbar.[1026]

Die besseren Argumente sprechen schlussendlich für die Ansicht, welche das Bestehen einer planwidrigen Regelungslücke bei der Schaffung von § 90 BGB ablehnt. Im Hinblick auf das von *Walter* vorgebrachte Argument des sachenrechtlichen Numerus Clausus ist festzuhalten, dass dieser sehr wohl einer Erfassung von Kryptowerten durch § 90 BGB entgegensteht. Da im Rahmen der Auslegung der Wortlaut die Auslegungsgrenze bildet[1027], wäre die Erfassung

1025 *Boehm/Bruns*, in: Bräutigam/Rücker, Hdb. E-Commerce Kap. 13 E Rn. 5; ähnlich *Kusserow*, WM 2020, 586, 588 im Zusammenhang mit der Frage, ob elektronische Schuldverschreibungen vom Sachbegriff des § 90 BGB erfasst sind.

1026 *Walter*, NJW 2019, 3609, 3612, ebenfalls für das Bestehen einer Regelungslücke: *Omlor/Spiegel*, in: Fintech-HdB, Kapitel 7, § 19 Rn. 43; *Spiegel*, Blockchainbasiertes virtuelles Geld, S. 104 f.; *Arndt*, Bitcoin-Eigentum, S. 82.

1027 *Larenz*, Methodenlehre der Rechtswissenschaft, 6. Aufl. 1991, S. 322; Bydlinski, Juristische Methodenlehre und Rechtsbegriff, S. 441.

von Kryptowerten eine unzulässige Vergrößerung von Modifikationen dieser Regelung.[1028] Zwar könnten auch unkörperliche Gegenstände von dieser Norm erfasst werden, doch gilt dies nicht uferlos. Die angeführte Formulierung, dass eine Sache „letztlich all das sein kann, was den Charakter einer Sache besitzt“[1029] würde aber gerade zu einer solchen Uferlosigkeit führen. Dies würde den sachenrechtlichen Numerus Clausus im Ergebnis hinfällig werden lassen, denn eine Festlegung, was denn nun dem § 90 BGB unterfällt, würde nicht mehr dem Gesetzgeber überlassen, sondern dem Gesetzesanwender. Dieses Ergebnis würde nicht im Einklang mit der Rechtsordnung stehen.

Zudem führt *Walter* als Hauptargument die fehlende Vergleichbarkeit von einzelnen Kryptowerten und Software an. Nach den Gesetzesmaterialien ist Software von § 453 BGB erfasst. Dabei ist allerdings festzuhalten, dass die in den Gesetzesmaterialien gemachte Aufzählung lediglich beispielhaft ist.[1030] Hinzu kommt aber die Tatsache, dass die einzelnen Kryptowerteinheiten überhaupt keine Software im eigentlichen Sinn darstellen, sondern lediglich z. B. das Bitcoin-Protokoll selbst, bzw. das diesem zugrunde liegende P2P-System.[1031] Konsequenz dessen ist, dass einzelne Werteinheiten nicht dem Begriff der Software unterfallen.[1032]

Allerdings geht der Vergleich mit Software fehl. Es lässt sich aber durchaus feststellen, dass der Gesetzgeber bei der Schaffung dieser Norm die Regelungsproblematik um den Kauf digitaler Güter durchaus erkannt hat, sich aber nicht zu einer weitreichenden Neuregelung in Form der Schaffung gänzlich neuer Vorschriften oder einer Extension des § 90 BGB veranlasst sah. Demnach ist das Bestehen einer planwidrigen Regelungslücke im Ergebnis abzulehnen.[1033] Denn es handelt sich bei Kryptowerten nicht um Gegenstände im

1028 A.A. *Arndt*, Bitcoin-Eigentum, S. 78 f., der von einer Erweiterung der möglichen Sachenrechtsobjekte ausgeht, was der Numerus Clausus der Sachenrechte jedoch nicht verbietet.

1029 *Walter*, NJW 2019, 3609, 3612.

1030 BT-Drucks. 14/6040, S. 242.

1031 Vgl. hierzu ausführlich Kapitel 6 II 3.

1032 Sie werden aber als elektronische Daten von der Regelung des § 453 BGB erfasst, *Boehm/Bruns*, in: Bräutigam/Rücker, Hdb. E-Commerce Kap. 13 E Rn. 9.

1033 Im Ergebnis genauso im Zusammenhang mit der Frage, ob elektronische Schuldverschreibungen vom Sachbegriff des § 90 BGB erfasst werden: *Kusserow*, WM 2020, 586, 588.

Sinne von § 453 BGB. Mangels Bestehens einer planwidrigen Regelungslücke lässt sich § 90 BGB nicht analog auf Kryptowerte anwenden.[1034]

2. *Kein Sacheigentum an Kryptowerten*

Letztlich ist daher festzuhalten, dass an Kryptowerten mangels Körperlichkeit kein Sacheigentum im Sinne von § 90 BGB besteht. Auch in analoger Anwendung von § 90 BGB lässt sich dieses nicht begründen.

3. *Bestehen eines absoluten Rechts i. S. v. § 823 I BGB an Kryptowerten*

Es könnte aber ein absolutes Recht nach § 823 I BGB an Kryptowerten bestehen.[1035] Gemäß § 823 I BGB ist derjenige zum Ersatz des daraus entstehenden Schadens verpflichtet, der vorsätzlich oder fahrlässig das Leben, den Körper, die Gesundheit, die Freiheit, das Eigentum oder ein sonstiges Recht eines anderen widerrechtlich verletzt. Die in § 823 I explizit genannten Rechte gewähren dem Inhaber absoluten Schutz, also Schutz gegenüber jedermann[1036]. Dabei gilt jedoch zu beachten, dass die in § 823 I BGB explizit genannten, absoluten Rechte und Rechtsgüter keine gegenständlich umfassenden Befugnisse verleihen.[1037] Denn § 823 I BGB schützt nicht unmittelbar das Vermögen des Einzelnen, sondern knüpft an eine konkrete Tatbestandsverwirklichung an, um eine Haftung mit uferlosem Ausmaß zu vermeiden.[1038]

In Bezug auf Kryptowerte kommen zunächst neben dem Eigentum die „sonstigen Rechte“ im Sinne von § 823 I BGB als mögliches absolutes Recht in Betracht. Zudem kann ein immaterialgüterrechtlicher Schutz in Erwägung gezogen werden. Charakteristische Merkmale für eine Anerkennung als „sonstiges Recht“ im Sinne von § 823 I BGB ist die Qualifikation als absolutes subjektives Recht[1039]. Dabei muss allerdings eine gewisse Vergleichbarkeit mit den bereits

---

1034 A. A.: *Walter*, NJW 2019, 3609, 3612 mit der Einschränkung, dass diese Möglichkeit nur bestehe, solange die Einzigartigkeit der einzelnen Werteinheiten systemimmanent sichergestellt ist.

1035 Vgl. zu dieser Frage auch *Maute*, in: Maume/Maute Kryptowerte-Hdb, § 4 Rn. 39 ff.; *Arndt*, Bitcoin-Eigentum, S. 63 ff, 133 f.

1036 *Wagner*, in: MüKo/BGB § 823 Rn. 162; *Förster*, in: BeckOK BGB § 823 Rn. 1, Stand: 01.02.2020.

1037 *Wagner*, in: MüKo/BGB § 823 Rn. 163.

1038 *Förster*, in BeckOK BGB, § 823 Rn. 3, Stand: 01.02.2020; *Hager*, in: Staudinger, § 823 BGB, Rn. B 58; Jauernig/*Teichmann*, § 823 BGB Rn. 19.

1039 *Wagner*, in: MüKo/BGB § 823 Rn. 267.

explizit in § 823 I BGB aufgezählten Rechten und Rechtsgütern gegeben sein.[1040] Die Einordnung als absolutes subjektives Recht bedingt dabei zweierlei: Neben der Zuordnungs-/Nutzungsfunktion muss das in Rede stehende Recht auch eine Ausschlussfunktion aufweisen.[1041] Im Hinblick auf Kryptowerte kommen somit zwei relativ neue Ausprägungen des „sonstigen Rechts" nach § 823 I BGB in Betracht: Zum einen das Dateneigentum und zum anderen der Datenbesitz.[1042]

In der Literatur wird seit geraumer Zeit für ein Besitzrecht an digitalen Daten plädiert, nachdem die Arbeitsgruppe „Digitaler Neustart" der Konferenz der Justizministerinnen und Justizminister der Länder im Jahr 2017 dem Bedürfnis für ein Recht am eigenen Datenbestand im Rahmen von § 823 I BGB eine Absage erteilt hat.[1043] Die herausragende Relevanz von digitalen Daten wird nicht zuletzt an den im Zusammenhang mit diesem Thema verwendeten Bezeichnungen als *„Rohstoff der Zukunft"*[1044] oder als *„Öl der digitalen Wirtschaft"*[1045] deutlich. Im folgenden Abschnitt dieser Arbeit soll nun im Detail untersucht werden, ob es ein „sonstiges Recht" für digitale Daten in der Ausprägung des Dateneigentums oder des Datenbesitzes geben kann. Zudem soll im Anschluss daran untersucht werden, ob sich Kryptowerte, sofern denn das Bestehen eines solchen Rechts überhaupt angenommen werden kann, darunter gefasst werden können.

Teilweise werden in der Literatur im Zusammenhang mit Bitcoins auch der Schutz durch das Persönlichkeitsrecht in der Ausprägung des Rechts auf Vertraulichkeit und Integrität informationstechnischer Systeme sowie des Rechts am eingerichteten und ausgeübten Gewerbebetrieb als „sonstiges Recht" nach

---

1040 *Hager*, in: Staudinger, § 823 BGB, Rn. B 124; *Wagner*, in: MüKo/BGB § 823 Rn. 267; *Wilhellmi*, in Erman, BGB; § 823 Rn. B 35; *Förster*, in BeckOK BGB, § 823 Rn. 143, Stand: 01.02.2020.

1041 *Wagner*, in: MüKo/BGB § 823 Rn. 267; *Hager*, in: Staudinger, § 823 BGB, Rn. B 124.

1042 Vgl. zur Idee des Dateneigentums: *Fezer*, MMR 2017, 3; *Raue*, NJW 2019, 2425; *Zech*, GRUR 2015, 1151, 1158. Zur Idee des Datenbesitzes: *Hoeren*, MMR 2019, 5; *Michl*, NJW 2019, 2729; *Adam*, NJW 2020, 2063, 2067.

1043 Konferenz der Justizministerinnen und Justizminister der Länder, Bericht der Arbeitsgruppe „Digitaler Neustart", 15. Mai 2017, https://www.justiz.nrw.de/JM/schwerpunkte/digitaler_neustart/zt_bericht_arbeitsgruppe/bericht_ag_dig_neustart.pdf, letzter Abruf: 06.04.2020, S. 48 ff.

1044 So formulierte es die damalige Bundeskanzlerin Angela Merkel bereits vor der Computermesse CeBit im Jahr 2015, vgl. *Funk*, Merkel: Daten sind der Rohstoff der Zukunft, 12.09.2015, https://www.tagesspiegel.de/wirtschaft/digitalisierung-der-wirtschaft-merkel-daten-sind-der-rohstoff-der-zukunft/12312978.html, letzter Abruf: 19.08.2020.

1045 *Riehm*, VersR 2019, 714.

§ 823 I BGB diskutiert[1046]. Diese Ansätze sollen jedoch mangels Relevanz für das Thema der vorliegenden Arbeit nicht vertieft werden.

a) Kryptowerte sind kein „Eigentum" i. S. v. § 823 I BGB

Fraglich ist zunächst, ob Kryptowerte als Eigentum im Sinne von § 823 I BGB einzuordnen sind. Der Tatbestandsalternative des Eigentums im Sinne von § 823 I BGB unterfallen aber nur bewegliche oder unbewegliche Sachen im Sinne der §§ 90 ff. BGB, aber keine Forderungen und sonstigen Rechte. Eine Erfassung durch eine andere Alternative des § 823 I BGB ist jedoch nicht ausgeschlossen.[1047] Dies wird im nachfolgenden Abschnitt untersucht. Dabei sind Immaterialgüter nicht vom Eigentumsbegriff des § 823 I BGB erfasst.[1048] In Konsequenz dessen genießen Kryptowerte keinen deliktsrechtlichen Schutz als Eigentum, weil diese keine körperliche Sache nach § 90 BGB darstellen.[1049] Demnach unterfallen Kryptowerte nicht der Tatbestandalternative „Eigentum" von § 823 BGB.[1050]

b) Kryptowerte sind kein „Immaterialgüterrecht" als sonstiges Recht i. S. v. § 823 I BGB

Eine weitere, bereits voranstehend angesprochene Frage, die im Zuge der Auseinandersetzung mit Kryptowerten und deren Erfassung durch § 823 I BGB beantwortet werden soll, ist die, ob Kryptowerte als Immaterialgüterrecht als „sonstiges Recht" von § 823 I BGB erfasst werden. Grundsätzlich unterfallen auch Immaterialgüterrechte, insbesondere Firma, Marke, Design, Patent und Urheberrecht dem „sonstigen Recht" gemäß § 823 I BGB[1051]. Dabei finden sich in den oben genannten Spezialgesetzen häufig schon eigene Anspruchsgrundlagen für eine Schadensersatzhaftung, welche abschließend sind. Diese Regelungen sollen gerade nicht durch eine zusätzliche Anwendung der deliktsrechtlichen

---

1046 Hierzu ausführlich: *Kütük-Markendorf*, Rechtliche Einordnung von Internetwährungen, S. 119 ff., S. 131 ff.

1047 *Hager*, in: Staudinger, § 823 BGB, Rn. B 58.

1048 *Kütük-Markendorf*, Rechtliche Einordnung von Internetwährungen, S. 118; *Lober/Weber*, CR 2006, 837, 842.

1049 Vgl. zu der Frage, ob Kryptowerte dem zivilrechtlichen Eigentumsbegriff unterfallen Kapitel 6 I C 2.

1050 *Spiegel*, Blockchain-basiertes virtuelles Geld, S. 111 f.

1051 *Wilhelmi*, in: Erman, BGB, § 823 BGB Rn. B 40; *Förster*, in BeckOK BGB, § 823 Rn. 161, Stand: 01.02.2020; *Wagner*, in: MüKo/BGB § 823 Rn. 282.

Haftungsregeln unterlaufen werden.[1052] Im vorangegangenen Abschnitt wurde bereits herausgearbeitet, dass einzelne Kryptowerte keinen urheberrechtlichen Schutz gemäß § 2 I Nr. 1 Var. 3 i. V. m. § 69a UrhG genießen.[1053] Somit kann festgehalten werden, dass Kryptowerte auch nicht in Form eines Immaterialguts dem Schutz als „sonstiges Recht" nach § 823 I BGB unterfallen.

Etwas anderes könnte aber gelten, sofern ein *Immaterialgüterrecht sui generis* an Kryptowerten besteht. Prinzipiell werden die Reichweite und die Anzahl an Immaterialgüterrechten durch den Gesetzgeber festgelegt. Eine dem § 823 I BGB vergleichbare „kleine Generalklausel"[1054] gibt es im Immaterialgüterrecht nämlich nicht. Sinn und Zweck des Immaterialgüterrechts ist der Schutz der schöpferischen Leistung des Werkerstellers[1055]. Dem Schöpfer eines Werkes soll die Möglichkeit zustehen, den dem Werk innewohnenden wirtschaftlichen Nutzen zu ziehen. Basis hierfür sind die in den §§ 15 ff. UrhG festgelegten Verwertungsrechte.[1056]

Konkret ist zu klären, ob es einen Numerus Clausus der Immaterialgüterrechte gibt. Im Mittelpunkt dieser Diskussion steht die Frage danach, ob die Schaffung von originären Rechten an unkörperlichen Gegenständen nicht nur durch ausdrückliche Anordnung des Gesetzgebers erfolgen kann, sondern auch im Wege der Rechtsfortbildung durch den Rechtsanwender selbst.[1057] Dabei wird ein Zusammenspiel von verschiedenen Verhaltensnormen zur Begründung eines neuen Ausschließlichkeitsrechts herangezogen. Schlussendlich steht dieser Praxis aber der Rahmen legitimer Rechtsfortbildung entgegen, denn die Möglichkeit der Nutzung von verschiedenen Verhaltensnormen als Quelle zur Schaffung von neuen Ausschließlichkeitsrechten steht so nur dem Gesetzgeber zu.[1058]

1052 *Förster*, in BeckOK BGB, § 823 Rn. 161, Stand: 01.02.2020; *Wagner*, in: MüKo/BGB § 823 Rn. 282.

1053 Vgl. hierzu Kapitel 6 B II.

1054 *Förster*, in BeckOK BGB, § 823 Rn. 2, Stand: 01.02.2020.

1055 *Loewenheim*, in: Loewenheim, Hdb. des Urheberrechts, § 5 Rn. 2.

1056 *Härting*, in: Härting, Internetrecht, Teil F. Urheberrecht, Rn. 1429; *v. Ungern-Sternberg*, in: Schricker/Löwenheim, Urheberrecht, § 15 Rn. 6; *Heerma*, in: Wandtke/Bullinger, Urheberrecht, § 15 Rn. 1.

1057 *Ann*, in: Kraßer/Ann, Patentrecht, § 2 Rn. 6 Fn. 5, weiterführend zu dieser Frage auch *Ohly*, FS Schricker, S. 106 f., 116 f.; zum immaterialgüterrechtlichen Numerus Clausus im Zusammenhang mit Bitcoins vgl. ebenfalls: *Arndt*, Bitcoin-Eigentum, S. 79 ff.

1058 *Ann*, in: Kraßer/Ann, Patentrecht, § 2 Rn. 6; *Ohly*, FS Schricker, S. 111; *ders.*, FS Ullmann (2006), S. 810.

Dieser hat bis zum heutigen Tag keinen Tatbestand geschaffen, welcher einzelne Kryptowerteinheiten einem immaterialgüterrechtlichen Schutz unterwirft.

Weiterhin lässt sich der fehlende immaterialgüterrechtliche Schutz von Kryptowerten wie Bitcoin auch durch systemimmanente Argumente begründen: Hierzu soll beispielhaft das Bitcoin-System herangezogen werden. Bitcoins dienen der Bezahlung von Leistungen im Bitcoin-Netzwerk. Dort besteht schlichtweg kein Bedürfnis für einen immaterialgüterrechtlichen Schutz. Dieser dient dazu, dass die Ergebnisse von bestimmten Schaffensprozessen aufgrund ihrer besonderen Schutzbedürftigkeit vor einer Nachahmung durch die Allgemeinheit bewahrt werden sollen.[1059] Da im Bitcoin-System dem sog. „Double-Spending" durch technische Schutzmaßnahmen entgegengewirkt wird, können diese nicht durch eine andere Person in unerlaubter Weise genutzt werden. An den einzelnen Werteinheiten besteht also kein Nutzungsinteresse der Allgemeinheit, da diese ausschließlich zur Bezahlung von Leistungen eingesetzt werden können.[1060] Demnach besteht im Ergebnis überhaupt kein Bedürfnis für die Schaffung eines Immaterialgüterrechts an einzelnen Kryptowerteinheiten.[1061] Folglich besteht auch kein *Immaterialgüterrecht sui generis* an Kryptowerteinheiten.[1062] Im Ergebnis stellen Kryptowerte mangels Eigenschaft als Immaterialgut also kein „sonstiges Recht" im Sinne von § 823 I BGB dar.

c) Kryptowerte als „sonstiges Recht" i. S. d. § 823 I BGB in Form des Dateneigentums

In einem weiteren Arbeitsschritt soll der Frage nachgegangen werden, ob Kryptowerte ein „sonstiges Recht" nach § 823 I BGB darstellen. In diesem Zusammenhang ist auch eine Auseinandersetzung mit dem Dateneigentum notwendig, dessen Grundlage im „sonstigen Recht" nach § 823 I BGB gesehen wird.[1063] Zunächst findet im Folgenden eine Diskussion der wichtigsten zu dieser Thematik vertretenen Positionen in der zivilrechtlichen Literatur statt. Darauf aufbauend ist zu prüfen, ob Kryptowerte hiervon erfasst sind. Zudem soll im folgenden Abschnitt geklärt werden, ob *de lege lata* an Daten Eigentum in zivilrechtlicher Hinsicht oder zumindest ein eigentumsähnliches Schutzrecht an Daten besteht.

1059 *Hohn-Hein/Barth*, GRUR 2018, 1089, 1091.

1060 *Pesch*, Cryptocoin-Schulden, S. 99.

1061 Im Ergebnis genauso: *Hohn-Hein/Barth*, GRUR 2018, 1089, 1091; *Pesch*, Cryptocoin-Schulden, S. 100.

1062 *Maute*, in: Maume/Maute Kryptowerte-Hdb, § 4 Rn. 21.

1063 *Wagner*, in: MüKo/BGB, § 823 Rn. 296; *Kühling/Sackmann*, ZD 2020, 24, 26.

Hierzu werden in der Literatur insgesamt drei verschiedene Ansätze mit unterschiedlicher Grundlage vertreten. Ausgangspunkt bildet ein Exkurs, welcher den deliktsrechtlichen Schutz von Daten zusammenfassend darstellt.

aa) Exkurs: Überblick über den deliktsrechtlichen Schutz von Daten in der deutschen Rechtsordnung

Bevor näher auf die Schaffung eines Eigentumsrechts an Daten eingegangen wird, soll zunächst der Datenbegriff inhaltlich geklärt werden. Im Anschluss wird der Frage nachgegangen, warum aus Sicht zahlreicher Vertreter in der Literatur überhaupt ein Bedürfnis für die Schaffung eines Eigentumsrechts an digitalen Daten besteht. Hierzu soll zunächst ein kursorischer Überblick des derzeitigen deliktsrechtlichen Schutzes von Daten in der deutschen Rechtsordnung erfolgen.[1064]

Zunächst ist dabei zwischen verschiedenen Arten von Daten zu differenzieren, nämlich zwischen personenbezogenen und nicht personenbezogenen Daten. Gemäß § 4 Nr. 1 DSGVO sind „personenbezogene Daten" *alle Informationen, die sich auf identifizierte oder identifzierbare natürliche Personen (im Folgenden „betroffene Personen") beziehen; als identifizierbar wird eine natürliche Person angesehen, die direkt oder indirekt, insbesondere mittels Zuordnung zu einer Kennung wie einem Namen, zu einer Kennnummer, zu Standortdaten, zu einer Online-Kennung, oder zu einem oder mehreren besonderen Merkmalen, die Ausdruck der physischen, physiologischen, genetischen, psychischen, wirtschaftlichen, kulturellen oder sozialen Identität dieser natürlichen Person sind, identifiziert werden kann.* Hierzu zählt beispielsweise das Einkaufsverhalten einer bestimmten Person, welches auf einer Kundenkarte gespeichert worden ist[1065]. Daneben existieren nicht personenbezogene Daten. Diese Daten lassen sich in einem allgemeinen Sinn als maschinenlesbar codierte Informationen beschreiben[1066]. Im Rahmen dieser Arbeit soll sich mit der rechtlichen Behandlung von nicht personenbezogenen Daten auseinandergesetzt werden. Hierzu zählen auch Kryptowerte wie Bitcoins.

1064 Zum deliktsrechtlichen Schutz von Daten überblicksartig: *Riehm*, VersR 2019, 714, 717 f.; *Zech*, GRUR 2015, 1151, 1158 f.

1065 *Hofmann*, in: Pertot, Rechte an Daten, S. 10.

1066 *Zech*, Information als Schutzgegenstand, S. 32; *ders.*, in: Pertot, Rechte an Daten, S. 92.

Es wurde bereits voranstehend gezeigt, dass an Daten grundsätzlich kein Eigentum im Sinne von § 90 BGB bestehen kann.[1067] Infolgedessen ist auch ein Rückgriff auf eine mögliche Eigentumsverletzung im Rahmen der deliktsrechtlichen Regelung des § 823 I BGB nicht möglich.[1068] Diese Lücke im Hinblick auf den Schutzstatus von Daten im deutschen Deliktsrecht wird bis zum heutigen Tage mit einer Behelfskonstruktion geschlossen. Dabei wird an die Verkörperung der Daten auf dem Speichermedium angeknüpft, was im Ergebnis einen mittelbaren Schutz von Daten zur Folge hat.[1069] Denn das Eigentum am Datenträger fungiert hier als Brücke in den deliktsrechtlichen Schutz.[1070] Dies führt letztlich dazu, dass der Tatbestand der Eigentumsverletzung als erfüllt betrachtet werden kann, sofern es durch die Magnetisierung von Speichermedien zu einer Veränderung oder Löschung der auf dem Datenträger gespeicherten Informationen kommt.[1071] Solange also ein Eigentumsrecht am Datenträger besteht, unterliegen auch Daten einem deliktsrechtlichen Schutz nach § 823 I BGB.

Als problematisch erweist sich in diesem Zusammenhang allerdings die Tatsache, dass mit der immer weiter fortschreitenden technischen Entwicklung zunehmend Abstand davon genommen wird, Daten auf körperlichem Wege – also über Festplatten, Server, CDs oder DVDs – zu übermitteln und zu speichern. In der heutigen Zeit werden häufig Daten auf unkörperlichem Weg, beispielsweise als Anhang in einer E-Mail, oder in der sog. Cloud nur noch digital übertragen und gespeichert. Dies offenbart die bestehenden Schutzlücken in der heutigen Zeit: Mangels Verkörperung auf einem Datenträger sind die Daten von dem bloß mittelbar existierenden Schutz nicht mehr erfasst.[1072]

Der Inhaber des Datenträgers, dem Besitz- und Eigentumsrechte zustehen und der Datenberechtigte sind immer häufiger personenverschieden.[1073] Dies wirft also in Konsequenz die Frage auf, wie dem technischen Fortschritt Rechnung getragen werden kann, um auch dieser neuartigen Konstellation einen deliktsrechtlichen Schutz zu Teil werden zu lassen. Lässt sich dies durch einen

---

1067 Zuletzt bestätigte das OLG Brandenburg (4. Zivilsenat), Urt. v. 06.11.2019, 4 U 123/19 = BeckRS 2019, 27106 erneut, dass elektronische Daten keine Sachen i. S. d. § 90 BGB sind.

1068 Vgl. hierzu Kapitel 6 B I.

1069 *Spindler*, in: Beck OGK § 823 Rn. 137, Stand: 01.02.2020.

1070 *Wagner*, in: MüKo/BGB § 823 Rn. 220.

1071 *Wagner*, in: MüKo/BGB § 823 Rn. 220.

1072 *Wagner*, in: MüKo/BGB § 823 Rn. 220; *Spindler*, in: Beck OGK § 823 Rn. 137, Stand: 01.02.2020.

1073 *Riehm*, VersR 2019, 714, 717.

ähnlichen „Kunstgriff", wie er schon einmal beim Rückgriff auf das Eigentum am Datenträger angewandt wurde, lösen oder bedarf es gar der Schaffung vollständig neuer Regelungen durch den Gesetzgeber? Zu dieser Frage werden in der Literatur drei unterschiedliche Ansätze vertreten, welche im folgenden Abschnitt überblicksartig dargestellt werden.

bb) Dateneigentum analog § 903 BGB

Teilweise wollen die Vertreter dieser Ansicht einen Schutz von Daten über eine Analogie zum Eigentumsrecht herstellen.[1074] Grundlage dieser Idee ist der strafrechtliche Schutz von Daten in den §§ 202a und 303a StGB. § 202a StGB normiert dabei den Schutz vor dem Ausspähen von Daten. § 303a StGB schützt in strafrechtlicher Hinsicht vor rechtswidriger Datenveränderung. Zweck dieser Normen ist der Schutz der formellen Verfügungsbefugnis der Person, die unabhängig von den Eigentumsverhältnissen am Datenträger als „Herrscher" über die Daten angesehen werden kann[1075]. Zudem soll das Interesse des Verfügungsberechtigten an der Unversehrtheit seiner Daten durch diese Normen geschützt werden.[1076] Auf Grundlage dieser Tatbestände soll hier eine Analogie zu § 903 BGB Anwendung finden, um ein Eigentum an Daten herzuleiten. Um die Frage nach der Zuordnung des Dateneigentums einer praktikablen Lösung zuzuführen, soll auf den technischen Herstellungsprozess, den „Skripturakt" abgestellt werden.[1077]

Entscheidend gegen diese Argumentation spricht aber die Tatsache, dass sich strafrechtliche Wertungsgesichtspunkte nicht ohne weiteres einfach in das Zivilrecht übertragen lassen. Denn Straftatbestände können nicht in rechtskonstruktiver Weise zivilrechtliche Ausschließlichkeitsrechte begründen.[1078] Weiterhin ist das Vorliegen der Voraussetzungen für die Bildung einer Analogie fraglich. Denn Grundlage von § 903 BGB ist die Körperlichkeit von Sachen. Die Exklusivität und Rivalität bei der Nutzung von Sachen trägt in maßgeblicher Weise zur Bestimmung der Konturen der obigen Norm bei. Bei Daten fehlen allerdings

1074 *Hoeren*, MMR 2013, 486; *Dorner*, CR 2014, 617 f.; für eine Teilanalogie zu § 90 BGB: *Amstutz*, AcP 218 (2018), 438, 544 ff., für eine Anwendbarkeit dieses Konstrukts auf Bitcoins unter der Prämisse, dass eine Einführung durch den Gesetzgeber erfolgt, *Spiegel*, Blockchain-basiertes virtuelles Geld, S. 99, 103 f.

1075 *Eisele*, in: Schönke/Schröder, § 202a, Rn. 1a.

1076 *Eisele*, in: Schönke/Schröder, § 303a, Rn. 1.

1077 *Hoeren*, MMR 2013, 486, 487 f.

1078 *Eichberger*, VersR 2019, 710.

gerade diese Eigenschaften. Schlussendlich ist also eine Analogie mangels Vergleichbarkeit der in Rede stehenden Lebenssachverhalte abzulehnen.[1079] Folglich ist also in Anbetracht der im obigen Abschnitt gewonnenen Erkenntnisse ein Dateneigentum analog § 903 BGB abzulehnen.[1080]

cc) Daten als „sonstiges Recht" im Sinne von § 823 I BGB

Eine in der neueren Zeit weit im juristischen Denken verbreitete Ansicht erachtet einen Schutz von Daten als „sonstiges Recht" im Sinne von § 823 I BGB für notwendig.[1081] Dabei findet sich eine derartige Forderung schon seit geraumer Zeit auch in der juristischen Literatur. Bereits 1998 stellten *Meier/Wehlau* die Frage, ob es ein Bedürfnis nach einem „Recht am eigenen Datenbestand als sonstiges Recht i. S. v. § 823 I BGB" gibt und beantworteten diese positiv. Dabei stützen sie die Notwendigkeit der Schaffung eines solchen „sonstigen Rechts" auf die Tatsache, dass es so nicht länger eines Rückgriffs auf die Behelfslösung der Verkörperung von Daten bedürfe, um ihnen einen deliktsrechtlichen Schutz – der auch dem wirtschaftlichen Wert der Materie gerecht wird – zukommen zu lassen.[1082]

Fraglich ist dabei, welche konkreten Argumente für die Anerkennung des Dateneigentums als „sonstiges Recht" und welche dagegen sprechen. Für die Anerkennung des Dateneigentums als „sonstiges Recht" spricht der bereits angemerkte Wandel im Nutzerverhalten hinsichtlich der Speicherung von Daten. Die „zunehmende Virtualisierung des Datenwesens"[1083], was wiederum zum Auseinanderfallen von Speicherort und Datenberechtigtem führt, hinterlässt eine Schutzlücke im Deliktsrecht. In der Folge ist es nur noch eingeschränkt möglich, Daten über den Rückgriff auf den Eigentumsschutz durch das Speichermedium deliktsrechtlich zu schützen.[1084]

1079 *Zech*, GRUR 2015, 1151, 1159.

1080 Ebenso: *Eichberger*, VersR 2019, 710; *Zech*, GRUR 2015, 1151, 1159; *Bär*, in: Graf/Jäger/Wittig, Wirtschafts- und Steuerstrafrecht, 2. Aufl. 2017, § 303a StGB Rn. 4.

1081 *Wagner*, in: MüKo/BGB § 823 Rn. 220, 296; *Spindler*, in: Beck OGK § 823 Rn. 137, Stand: 01.02.2020, ders.: JZ 2016, 805, 813 f.; *Bartsch*, in: Conrad/Grützmacher, S. 301, 303; *Hoeren*, MMR 2013, 486, 491; *Hörl*, ITRB 2014, 111, 112; *Meier/Wehlau*, NJW 1998, 1585, 1588 f.; *Redeker*, CR 2011, 634, 638; *Schaub*, in: Prütting/Wegen/Weinreich, BGB-Kommentar, § 823 Rn. 77; *Zech*, GRUR 2015, 1151, 1158 f.

1082 *Meier/Wehlau*, NJW 1998, 1585, 1588 f.

1083 Konferenz der Justizministerinnen und Justizminister der Länder, Bericht der Arbeitsgruppe „Digitaler Neustart", 15. Mai 2017, https://www.justiz.nrw.de/JM/schwerpunkte/digitaler_neustart/zt_bericht_arbeitsgruppe/bericht_ag_dig_neust art.pdf, letzter Abruf: 06.04.2020, S. 48 ff.

1084 *Spindler*, in: Beck OGK § 823 Rn. 138, Stand: 01.02.2020.

Gegen die Anerkennung des Dateneigentums als „sonstiges Recht“ im Sinne von § 823 I BGB sprechen allerdings die besseren Argumente:[1085] Notwendig für die Anerkennung eines deliktsrechtlichen Schutzes in der Form eines „sonstigen Rechts“ ist nach mittlerweile einhelliger Meinung in der Literatur, dass diesem Recht sowohl eine Zuweisungs-, als auch eine Ausschlussfunktion innewohnt.[1086] Die Zuweisungsfunktion resultiert daraus, dass der Person, welche die Daten als erstes gespeichert hat, eine initiale faktische Zugriffsmöglichkeit auf diese Daten zukommt. Hieraus ergibt sich die Möglichkeit für ebendiese Person, mit den gespeicherten Daten nach Belieben zu Verfahren, ohne dass hieran eine rechtliche Hinderungsmöglichkeit besteht.[1087] Als problematisch erweist sich im Hinblick auf Daten aber gerade die Realisierung der Ausschlussfunktion.[1088] In diesem Zusammenhang ist festzuhalten, dass sich dort zwar eine faktische bzw. technische Ausschließlichkeit dergestalt ergibt, dass diese durch Passwörter oder durch Einschränkung der physischen Zugangsmöglichkeit vor unbefugten Zugriffen durch Dritte schützen lassen. Im Falle des Cloud-Computing kommt ferner ein schuldrechtlicher Anspruch gegen den Betreiber des Dienstes in Betracht.[1089] Eine absolute Ausschließlichkeit hingegen existiert nicht. Das bloße Vorhandensein einer faktischen bzw. technischen Ausschließlichkeit wird jedoch für die Begründung eines absoluten Rechts nicht als ausreichend erachtet.[1090]

Weiterhin stellt sich die Frage, wer und in welchem Umfang als Inhaber des Eigentumsrechts an Daten zu betrachten wäre[1091], wenn man unterstellt, dass ein

---

1085 Ebenfalls ablehnend: *Hager*, in: Staudinger, § 823 BGB, Rn. B 124.

1086 *Spindler*, in: Beck OGK § 823 Rn. 159, Stand: 01.02.2020; *Schaub*, in: Prüttig/Wegen/Weinreich, BGB-Kommentar, § 823 Rn. 77; *Wagner*, in: MüKo/BGB § 823 Rn. 267.

1087 *Riehm*, VersR 2019, 714, 720.

1088 *Riehm*, VersR 2019, 714, 720; *Dorner*, CR 2014, 617, 623.

1089 Bericht der Arbeitsgruppe „Digitaler Neustart“ der Konferenz der Justizministerinnen und Justizminister der Länder vom 15. Mai 2017, https://www.justiz.nrw.de/JM/schwerpunkte/digitaler_neustart/zt_bericht_arbeitsgruppe/bericht_ag_dig_neustart.pdf, letzter Abruf: 06.04.2020, S. 48 ff.; *Riehm*, VersR 2019, 714, 720 f.

1090 BGH, Urt. v. 18.01.2012 – I ZR 187/10 – (OLG Brandenburg) BGHZ 192, 204 = NJW 2012, 2034 Rn. 23 f.; BFH, Urt. v. 19.10.2006 – III R 6/05 – (FG Rheinland-Pfalz) – BFHE 215, 222, 225 = MMR 2007, 310; ebenfalls gegen eine Einordnung von Daten als „sonstiges Recht“ im Sinne des § 823 I BGB mit dem Argument einer fehlenden ausschließlichen Verfügungsbefugnis: *Eichberger*, VersR 2019, 710.

1091 Für die Anerkennung eines eigentumsähnlichen absoluten Rechts: *Riehm*, VersR 2019, 714, 721; für eine Einbeziehung von Daten nur oberhalb einer bestimmten Erheblichkeitsschwelle: *Bartsch*, in: Conrad/Grützmacher S. 300 ff.

solches Recht bestehen könnte. Bereits die Zuordnung dieses Rechts erweist sich als problematisch, da auch hier im Hinblick auf die Inhaberschaft an Daten im juristischen Schrifttum alles andere als Einigkeit herrscht[1092]. Teilweise wird hier auf den Skripturakt, also den Akt der Erschaffung der Daten abgestellt,[1093] was in Anbetracht des originären Erwerbs als überzeugend zu betrachten ist.

Im Gegensatz dazu erweist sich allerdings der abgeleitete Erwerb als problembehaftet. *Riehm* plädiert im Zuge der Auseinandersetzung mit der Zuordnung eines Rechts an Daten und der damit eng verbundenen Frage nach dem derivativen Erwerb für einen Rückgriff auf die sachenrechtlichen Grundsätze der §§ 929 ff. BGB[1094].

Dieser Rückgriff setzt voraus, dass Daten als Sachen im Sinne von§ 90 BGB einzuordnen sind. Bei näherer Betrachtung erweist sich dies jedoch als Zirkelschluss: Zu Beginn wird eine Subsumtion von Daten unter § 90 BGB unter Verweis auf deren fehlende Körperlichkeit abgelehnt, nur um im nächsten Schritt nach der Frage der Übertragung eines Eigentumsrechts an Daten nach § 823 I BGB wieder auf die an eine Körperlichkeit anknüpfenden Vorschriften der §§ 929 ff. BGB zu rekurrieren. Letztendlich vermag diese inkonsequente Argumentation nicht zu überzeugen. Im Ergebnis ist also ein Dateneigentum als „sonstiges Recht" im Sinne von § 823 I BGB abzulehnen[1095].

1092 Überblicksartig zu den verschiedenen Zuordnungsmöglichkeiten für die Inhaberschaft an Daten: *Kornmeier/Baranowski*: BB 2019, 1219 ff.

1093 So etwa *Riehm*, VersR 2019, 714, 722 f.; *Hoeren*, MMR 2013, 486, 487.

1094 *Riehm*, VersR 2019, 714, 723 f.

1095 Ebenfalls ablehnend: *Dorner*, CR 2014, 617, 625; *Eichberger*, VersR 2019, 710; *Spickhoff*, in: Leible/Lehmann/Zech, Unkörperliche Güter im Zivilrecht, S. 244; Specht, Konsequenzen der Ökonomisierung informationeller Selbstbestimmung, S. 227 ff.; *Hager*, in: Staudinger, § 823 BGB, Rn. B 124; Faust, Verhandlungen des 71. Deutschen Juristentags 2016 A84 f.; *Heymann*, CR 2016, 650; Bericht der Arbeitsgruppe „Digitaler Neustart" der Konferenz der Justizministerinnen und Justizminister der Länder vom 15. Mai 2017, https://www.justiz.nrw.de/JM/schwerpunkte/digitaler_neustart/zt_bericht_arbeitsgruppe/bericht_ag_dig_neustart.pdf, letzter Abruf: 06.04.2020, S. 49 ff.; a. A. statt vieler: *Riehm*, VersR 2019, 714, 720 f., der mit dem Argument, dass in der Regel die Preisgabe der für den Datenzugang relevanten Informationen nur an den Berechtigten erfolge und folglich ein Exklusivitätsverhältnis bestehe, welches auch durch die Schaffung der §§ 202a, 303 StGB untermauert werde; ablehnend speziell für Kryptowerte: *Maute*, in: Maume/Maute Kryptowerte-Hdb, § 4 Rn. 23.

dd) *Dateneigentum als Sammelbegriff für bereits existierende Rechtspositionen*

Eine der neuesten Ansichten im Zusammenhang mit der viel diskutierten Problematik um das Dateneigentum ist die von *Raue* vertretene Ansicht. Hiernach besteht für die Schaffung eines neuen „Dateneigentums“ kein Bedarf, da ein solches bereits existiert. Dieses besteht dabei nicht aus einem einzelnen Recht, welches nur die Daten an sich unter Schutz stellt, sondern setzt sich aus unterschiedlichen Rechten und Rechtspositionen zusammen, um die verschiedenen Aspekte des Datenschutzes zu regeln.[1096] Eine Parallele sieht *Raue* dabei im Urheberrecht, denn dort wird auch nicht jedes Werk aus allen erdenklichen rechtlichen Blickwinkeln geschützt, sondern durch verschiedene Einzelrechte, die der Gesetzgeber geschaffen hat. Diese weisen unterschiedliche Schutzzwecke und Schutzrichtungen auf.[1097] *Raue* konstatiert schlussendlich die Existenz von Schutzlücken im bestehenden Recht im Hinblick auf den Schutz von Daten. Eine Weiterentwicklung bereits bestehender Rechte und Rechtsinstitute wird aber als sinnvoller erachtet als die Anerkennung eines neuen Rechts an Daten.[1098]

Grützmacher spricht sich ebenfalls gegen die Schaffung eines „Dateneigentums im engeren Sinne“ aus. Der Einführung eines solchen Rechts würde neben der Informationsfreiheit auch die Wettbewerbsfreiheit gerade im informationstechnischen Sektor entgegenstehen. Ziel müsse es sein, im Rahmen der Anwendung von bereits bestehenden Rechtsregeln sowohl die Interessen von Einzelpersonen als auch diejenigen von Systemherstellern zu berücksichtigen und zu einem schonenden Ausgleich zu bringen. Gleichwohl sieht *Grützmacher* aber eine Schutzlücke im Zusammenhang mit dinglichen Herausgabeansprüchen bei Daten.[1099]

ee) *Stellungnahme*

Nach Darstellung der verschiedenen zur Frage nach dem Bestehen eines Dateneigentums vertretenen Meinungen sollen diese nun kurz zusammengefasst werden. Teilweise wird in der Literatur eine Analogie zu § 903 BGB bzw. eine Teilanalogie zu § 90 BGB vertreten. Hiergegen spricht aber die fehlende Analogiefähigkeit von § 90 BGB in diesem Zusammenhang. Begründend ist auf die Tatsache zu verweisen, dass der Grundgedanke der letztgenannten Norm die

---

1096 *Raue*, NJW 2019, 2425, 2430.
1097 *Raue*, NJW 2019, 2425.
1098 *Raue*, NJW 2019, 2425, 2430.
1099 *Grützmacher*, CR 2016, 485, 495.

an körperlichen Sachen bestehende Exklusivität und Rivalität ist. Eine solche Exklusivität ist aber bei Daten gerade nicht gegeben, weil diese beliebig duplizierbar und – im Gegensatz zu körperlichen Gegenständen – auch gleichzeitig von mehreren Personen nutzbar sind.[1100]

Auch der in der Literatur vertretenen Meinung, ein Dateneigentum als „sonstiges Recht" im Sinne von 823 I BGB anzuerkennen, kann letztendlich nicht gefolgt werden. Denn im Zusammenhang mit dem Schutz von Daten besteht keine tatsächliche Ausschließlichkeitsfunktion, sondern lediglich eine Ausschließlichkeit in faktischer oder technischer Hinsicht. Dies ist aber nicht als ausreichend zu betrachten, um ein Dateneigentum als „sonstiges Recht" im Sinne von § 823 I BGB anzuerkennen. Schlussendlich scheint die von *Raue* vertretene Ansicht am plausibelsten. *Raue* plädiert nicht für die Schaffung eines neuen Eigentumsrechts an Daten, sondern für eine Gesamtschau von verschiedenen bereits bestehenden Rechtspositionen, um Daten letztendlich zu schützen. Ein Schutz von Daten aus jeglicher Perspektive lasse sich auch gar nicht erzielen. Weitere Argumente, die gegen die Anerkennung eines Dateneigentum sprechen, sind die Informations- und die Wettbewerbsfreiheit.[1101]

Zudem gilt es, einen Ausgleich zwischen dem Schutz von Privatsphäre und informationeller Selbstbestimmung des Einzelnen einerseits und der Freiheit des technologischen Fortschritts andererseits zu gewährleisten. Diese Interessen und Belange würden aber zu sehr in Mitleidenschaft gezogen, sofern ein Eigentumsrecht an Daten durch den Gesetzgeber neu geschaffen würde.[1102] Mangels Bedarfs ist also die Neuschaffung eines Dateneigentumsrechts im Ergebnis abzulehnen.[1103] Als problematisch erweist sich aber weiterhin die Tatsache, dass kein Schutz bei Fahrlässigkeitsdelikten besteht.[1104] Jedoch ist anerkannt, dass sehr wohl ein Schutz gegen Dritte in Form von möglichen Ansprüchen aus § 826 BGB sowie § 823 II BGB i.V.m § 303a, 303b StGB existiert. Zudem kann auf § 1004 BGB analog zurückgegriffen werden. Ebenfalls können die Kondiktionsansprüche der §§ 812 ff. BGB genutzt werden.[1105]

1100 *Hoeren*, MMR 2019, 5, 6.

1101 *Grützmacher*, CR 2016, 485, 495.

1102 *Determann*, ZD 2018, 503, 506.

1103 Ebenfalls kein Bedürfnis für eine gesetzgeberisches Tätigwerden sehen: *Determann*, ZD 2018, 503, 506; *Kühling/Sackmann*, ZD 2020, 24, 30; gegen ein Dateneigentum an Kryptowerten: *Maute*, in: Maume/Maute Kryptowerte-Hdb, § 4 Rn. 23.

1104 *Engelhardt/Klein*, MMR 2014, 355, 358.

1105 *Effer-Uhe*, ZZP 2018, 513, 523; *Pesch*, Cryptocoin-Schulden, S. 148; *Langenbucher*, AcP 218 (2018), 385, 407 f.; a. A: *Maute*, in: Maume/Maute Kryptowerte-Hdb, § 4 Rn. 43.

d) *Zwischenergebnis: Kein absolutes Recht i. S. v. § 823 I BGB an Kryptowerten*

Es bestehen keine absoluten Rechte im Sinne von § 823 I BGB an Kryptowerten. Diese sind mangels Körperlichkeit weder vom Eigentumsbegriff erfasst, noch unterfallen diese einem urheberrechtlichen Schutz. Zudem ist festzuhalten, dass auch kein „sonstiges Recht" in Form eines „Dateneigentums" besteht, wovon Kryptowerte wie Bitcoin erfasst sein könnten.

e) *Bestehen eines Besitzrechts an Daten („Datenbesitz")*

Die Diskussion der Problematik rund um die Schaffung eines „Dateneigentums" oder eines anderen Rechts an Daten als sonstiges Recht mit absoluter Wirkung im Sinne von § 823 I BGB wurde durch die Konferenz der Justizministerinnen und Justizminister der Länder vorerst mit dem Ergebnis beendet wurde, dass derzeit kein Bedürfnis für die Schaffung eines solchen Rechts bestehen würde.[1106] Auch die juristische Literatur hat sich bereits mehrfach gegen ein Eigentumsrecht an Daten ausgesprochen.[1107] Die deutschen Gerichte entschieden diesbezüglich, dass Besitzschutzvorschriften keine Anwendung auf elektronische Daten finden sollen, da es diesen an der Sacheigenschaft im Sinne des § 90 BGB mangelt.[1108]

Aktuell werden jedoch vereinzelt Forderungen nach einem Paradigmenwechsel im Hinblick auf das Bestehen eines eigentumsähnlichen Rechts an Daten erhoben. Ausgangspunkt der Diskussion ist die Frage, ob ein Besitzrecht an Daten besteht.[1109] *Hoeren*, der noch 2013 für ein Eigentumsrecht an Daten plädierte[1110] liefert nun einen ersten Ansatz für eine Neuausrichtung der Diskussion hin zu einem Datenbesitz. Ansatzpunkt dieser Diskussion ist der zivilrechtliche Besitz, der seinen gesetzlichen Niederschlag in § 854 BGB gefunden

---

1106 Konferenz der Justizministerinnen und Justizminister der Länder, Bericht der Arbeitsgruppe „Digitaler Neustart", 15. Mai 2017, https://www.justiz.nrw.de/JM/schwerpunkte/digitaler_neustart/zt_bericht_arbeitsgruppe/bericht_ag_dig_neustart.pdf, letzter Abruf: 06.04.2020, S. 49 ff.

1107 *Determann*, ZD 2018, 503, 508; *Hoeren*, MMR 2019, 5, 6; *Kühling/Sackmann*, ZD 2020, 24, 30.

1108 OLG Brandenburg, Urt. v. 06.11.2019 – 4 U 123/19 = NZI 2020, 129, 131 (Rn. 42). Vgl. zu dieser Entscheidung auch die Anmerkung von *Hammen*, WuB 2020, 291.

1109 *Hoeren*, MMR 2019, 5, 7 f.; die Thematik aus verfassungsrechtlicher Perspektive beleuchtend: *Michl*, NJW 2019, 2729 ff.; eine Auseinandersetzung im Bezug auf Kryptowerte wie Bitcoins findet sich bei *Maute*, in: Maume/Maute Kryptowerte-Hdb, § 4 Rn. 24.

1110 *Hoeren*, MMR 2013, 486 ff.

hat.[1111] Nach § 854 I BGB wird der Besitz an einer Sache durch Erwerb der tatsächlichen Gewalt über diese erworben. *Hoeren* erkennt, dass unkörperliche Gegenstände wie Daten nicht besitzfähig sind, und schlägt, wie schon bei seiner Herleitung eines Dateneigentums, einen Rückgriff auf die strafrechtlichen Normen §§ 202a II StGB und 303a StGB vor. Dies dient dazu, die Frage nach der Datenzuordnung, genauer gesagt, nach dem Datenberechtigten aufzuwerfen.[1112] Im Anschluss erläutert er drei Möglichleiten, wer Datenberechtigter sein kann und plädiert schlussendlich dafür, auf den „Skripturakt" abzustellen, also demjenigen eine Berechtigung an Daten zuzugestehen, der diese durch Eingabe oder Programmausführung selbst erstellt hat.[1113]

Anschließend setzt sich *Hoeren* mit der Frage auseinander, ob eine hinreichende Vergleichbarkeit zwischen dem zivilrechtlichen Institut des Besitzes und der Inhaberschaft an Daten besteht, welche eine Bezeichnung als „Datenbesitz" rechtfertigt.[1114] Als Argument dafür ist der tatsächliche Charakter des Besitzes anzuführen, welcher auch bei Abstellung auf den Skripturakt bei Daten vorhanden ist und sich in der tatsächlichen Schaffung des Datenbestandes manifestiert. Zudem zeigt die Einführung des § 303a StGB allein, dass es dem Gesetzgeber auf die Schaffung eines tatsächlichen Inhabers von Daten ankam. Als problematisch erweist sich im Vergleich zum Besitz an Sachen jedoch die Publizitätsfunktion. Zwar ist bei der Erstellung eines Datenbestandes durchaus der Erzeuger nach außen erkennbar. Danach ist dies allerdings nicht mehr der Fall. Dabei ist festzuhalten, dass der Publizitätsgrundsatz auch im Zivilrecht nicht dauerhaft durchgehalten wird. In diesem Zusammenhang ist auf die §§ 868 und 857 BGB hinzuweisen. Im Ergebnis sieht *Hoeren* die Vergleichbarkeit von Besitz und die Zuordnung von Daten durch den Skripturakt als gegeben an.[1115]

Allerdings erweist sich die Konstruktion eines Datenbesitzes im Allgemeinen als vergleichsweise schwache Konstruktion, um Daten einen zivilrechtlichen Schutz zu teil werden zu lassen.[1116] Insgesamt ist festzuhalten, dass sich die Entwicklung eines „Datenbesitzrechts" derzeit noch am Anfang befindet. Als positiv an der Auffassung von *Hoeren* ist zu bewerten, dass die schon lange andauernde

1111 *Hoeren*, MMR 2019, 5 ff.; ebenfalls für eine dem zivilrechtlichen Besitz in § 854 BGB angenäherte Betrachtungsweise: *Kühling/Sackmann*, ZD 2020, 24, 37.
1112 *Hoeren*, MMR 2019, 5, 6.
1113 *Hoeren*, MMR 2019, 5, 6 f.
1114 *Hoeren*, MMR 2019, 5, 7 f.
1115 *Hoeren*, MMR 2019, 5, 7.
1116 *Hoeren*, MMR 2019, 5, 8.

Diskussion rund um den absoluten Schutz von Daten um eine im Ansatz brauchbare Regelung *de lege lata* angereichert wird.[1117] Damit besteht nun eine alternative Position zu der Idee der Schaffung eines „Dateneigentums" (zumindest nach teilweise vertretener Ansicht) im Wege einer Regelung *de lege ferenda*.

Als problematisch ist allerdings die Tatsache zu bewerten, dass sich das Schutzniveau auf eher niedrigem Level befindet.[1118] Die mit der Absolutheit des Eigentums einhergehenden Rechte wie beispielsweise § 1004 BGB geben dem Rechteinhaber eine deutlich stärkere Position als die sich aus dem Besitz ergebenden Ansprüche der §§ 858 ff. BGB. Gegen die Analogie zu § 303a StGB spricht zudem die unterschiedliche Schutzrichtung dieser Norm, denn diese Regelung dient dem Schutz der Integrität der gespeicherten Daten und nicht der Zuweisung von Daten an einen Inhaber durch die Schaffung eines Ausschließlichkeitsrechts.[1119] Letztlich sprechen im Ergebnis also die aufgezeigten Schwächen eher gegen ein Besitzrecht an Daten.

4. *Ergebnis: Kein absolutes Recht an Kryptowerten*

Im Ergebnis ist also festzuhalten, dass sich derzeit keine absoluten Rechte an Kryptowerten begründen lassen.[1120] Dabei ist weder ein direkter Rückgriff auf § 90 BGB möglich, um ein absolutes Recht in Form des Eigentums an Kryptowerten zu begründen, noch eine analoge Anwendung von § 90 BGB. Auch ein absolutes Recht in Form eines „sonstigen Rechts" im Sinne von § 823 I BGB lässt sich an Kryptowerten nicht begründen.

II. Ergebnis: Keine Übertragung von Kryptowerten nach §§ 929 ff. BGB

Mangels Sacheigenschaft lassen sich Kryptowerte wie der Bitcoin also im Ergebnis nicht nach § 929 BGB auf eine andere Person übertragen.[1121] Dies ist auf ihre fehlende Sacheigenschaft nach § 90 BGB zurückzuführen. Auch geistiges Eigentum besteht lediglich an dem P2P-System, welches die technische Grundlage des Bitcoin-Systems bildet, in Form eines urheberrechtlichen Schutzes nach § 2 I Nr. 1 Var. 3 i. V. m. § 69a UrhG. Kryptowerte unterliegen keinem Schutz nach

1117 Ebenso: *Hoeren*, MMR 2019, 5, 8.
1118 Ebenso: *Hoeren*, MMR 2019, 5, 8.
1119 *Kühling/Sackmann*, ZD 2020, 24, 26.
1120 So auch: *Maute*, in: Maume/Maute Kryptowerte-Hdb, § 4 Rn. 42.
1121 So auch: *Walter*, NJW 2019, 3609, 3611.

§ 2 II UrhG und sind auch nicht nach § 87a UrhG urheberrechtlich geschützt. Ebenfalls genießen Kryptowerte keinen Schutz als absolutes Recht im Sinne von § 823 I BGB. Im Ergebnis ist folglich eine Übertragung von Kryptowerteinheiten nach §§ 929 ff. BGB abzulehnen.

D. Übertragung nach §§ 929 ff. BGB analog

Fraglich ist aber, ob sich Kryptowerte analog der §§ 929 ff. BGB übertragen lassen.

I. Analogiefähigkeit von § 929 BGB

Teilweise wird in der juristischen Literatur die Meinung vertreten, dass sich eine Übertragung von Kryptowerten in analoger Anwendung von §§ 929 ff. BGB vollzieht.[1122] Da, wie bereits herausgearbeitet wurde, eine klassische Übergabe im Sinne der §§ 929 ff. BGB aufgrund der ausschließlich virtuellen Existenz von Kryptowerten nicht möglich ist, muss diese durch eine andere Übertragungsmöglichkeit ersetzt werden. Hierfür bietet sich bei Kryptowerten wie dem Bitcoin an, auf den Transfer der einzelnen Bitcoineinheit vom öffentlichen Schlüssel des Senders auf den des Empfängers abzustellen[1123]. Der Eintrag auf der Blockchain fungiert bei dieser Art der Übertragung als Rechtsscheinsträger.[1124] Maßgeblich für die analoge Anwendung der in den §§ 929 ff. BGB geregelten Vorschriften zur Eigentumsübertragung sprechen nach dieser Ansicht neben dem Parteiwillen auch die Vergleichbarkeit der Struktur von Sachen und Kryptowerten in Form von Coins und Token. Diese können nur einmalig existieren und sind nicht reproduzierbar. Durch eine weitestgehende Gleichstellung von Kryptowerten mit dem Sacheigentum ließen sich zudem auch Nießbrauch sowie Pfandrecht[1125] und die Frage der Vererbbarkeit von Token lösen.[1126]

1122 So *Koch*, ZBB 2018, 359, 362 im Zusammenhang mit der Frage nach einer möglichen Digitalisierung des Wertpapierverkehrs; *Spindler/Bille*, WM 2014, 1357, 1363; für eine analoge Anwendung von § 90 BGB auf Kryptowerte: *Walter*, NJW 2019, 3609, 3611 ff.; diese Idee ebenfalls aufgreifend, i. E. aber ablehnend mit dem Argument einer nicht vorhandenen planwidrigen Regelungslücke: *Boehm/Bruns*, in: Bräutigam/Rücker, Hdb. E-Commerce Kap. 13 E Rn. 5, *Spiegel*, Blockchain-basiertes virtuelles Geld, S. 106 f., die für eine Übertragung von Bitcoin-Werteinheiten nach den §§ 929 ff. BGB analog plädiert.

1123 *Koch*, ZBB 2018, 359, 362.

1124 *Koch*, ZBB 2018, 359, 362.

1125 Zur Idee eines digitalen Mobiliarpfandrechts: *Bülow*, WM 2019, 1141 ff.

1126 *Koch*, ZBB 2018, 359, 363.

Allerdings könnte einer solchen analogen Anwendung von § 929 BGB der sachenrechtliche Numerus Clausus entgegenstehen. Der sachenrechtliche Numerus Clausus besagt, dass die sachenrechtlichen Institute nicht ohne weiteres durch den Rechtsanwender, also durch Parteivereinbarung, erweitert werden können. Dieser Typenzwang beschränkt folglich die rechtlichen Gestaltungsmöglichkeiten[1127] derart, dass keine Vertragsfreiheit der beteiligten Parteien besteht, ihre rechtlichen Beziehungen selbst vollkommen frei auszugestalten, wie dies z. B. im Schuldrecht möglich ist.[1128]

Demgegenüber kann aber nicht von einem strikten Numerus Clausus der Sachenrechte gesprochen werden, denn kraft richterlicher Rechtsfortbildung wurden bereits neue Rechtsinstitute geschaffen, die im Gesetz in dieser Ausgestaltung nicht vorgesehen sind. Beispielhaft sei im Zusammenhang mit dieser Thematik neben dem Anwartschaftsrecht das Sicherungseigentum sowie ebenfalls die Sicherungsgrundschuld genannt[1129]. Das Anwartschaftsrecht ist dabei als eine „Vorstufe des Eigentums" zu charakterisieren.[1130] Folglich weist das Anwartschaftsrecht eine gewisse Nähe zum Sacheigentum auf.[1131] Eine solche Vergleichbarkeit müsste in Konsequenz dessen dann aber auch für Kryptowerte gegeben sein. Diese existieren aber nur virtuell. Somit ist eine Vergleichbarkeit zum Sacheigentum bei Kryptowerten wie dem Bitcoin nicht gegeben.[1132] Demnach liegt eine Grundvoraussetzung einer Analogie – eine vergleichbare Interessenlage –[1133] bei Kryptowerten nicht vor.[1134] Eine analoge Anwendung der §§ 929 ff. BGB auf Kryptowerte ist somit aufgrund fehlender Analogievoraussetzungen zu verneinen.

1127 *Gaier*, in: MüKo/BGB Einleitung zum Sachenrecht (Einl. SachenR), Rn. 11.

1128 *Fuchs*, in: Creifelds, Rechtswörterbuch, Sachenrecht.

1129 *Gaier*, in: MüKo/BGB Einleitung zum Sachenrecht (Einl. SachenR), Rn. 11.

1130 *Klinck*, in: BeckOGK § 929 Rn. 161, Stand: 01.02.2020.

1131 *Oechsler*, in: MüKo/BGB § 929 Rn. 17.

1132 Für eine Vergleichbarkeit mit dem Sacheigentum, mit dem Argument, dass es bei der Anwendung von § 929 BGB nicht darum ginge, neue Rechte an Sachen zu kreieren, sondern um eine Anwendung der bestehenden Vorschriften auf neuartige Einheiten: *Koch*, ZBB 2018, 359, 364; ähnlich argumentiert *John*, BKR 2020, 6, 78.

1133 *Würdinger/Bergmeister*, JURA 2007, 15 ff.; *Reimer*, Juristische Methodenlehre, S. 251 (Rn. 567).

1134 *Kütük-Markendorf*, Rechtliche Einordnung von Internetwährungen, S. 96.

II. Ergebnis: Keine Übertragung von Kryptowerten analog § 929 BGB

Im Hinblick auf Kryptowerte ist somit im Ergebnis festzuhalten, dass diese einer analogen Anwendung der §§ 929 ff. BGB mangels Vorliegens der Grundvoraussetzungen dieser Bestimmungen nicht zugänglich sind.[1135]

E. Zusammenfassung und Ausblick

I. Zusammenfassung

Abschließend ist festzuhalten, dass an Kryptowerten derzeit *de lege lata* weder absolute, noch relative Rechte bestehen.[1136] Aus diesem Grund kann gesagt werden, dass ein Rückgriff auf die bestehenden Rechtsinstitute, welche an die Körperlichkeit von Sachen anknüpfen, aufgrund der ausschließlich virtuellen Existenz von Kryptowerten nicht möglich ist. Auch eine analoge Anwendung der sachenrechtlichen Regelung scheidet mangels vergleichbarer Interessenlage im vorliegenden Fall aus. Eine eventuelle Rückgriffsmöglichkeit auf die §§ 398, (413) BGB kommt im Hinblick auf die Übertragung von Bitcoin-Werteinheiten nicht in Betracht. Zurückzuführen ist dies auf die Tatsache, dass dort mangels Forderungsgegner keine Forderung existiert, welche übertragen werden kann.

Hinsichtlich der Erfüllung eines Börsengeschäfts mit Kryptowerten betreffend kann aber Folgendes festhalten werden: Für die Börsenhandelbarkeit von Kryptowerten ist die endgültige Klärung der Frage nach der Übertragbarkeit von einzelnen Werteinheiten nämlich nicht von entscheidender Relevanz, denn schlussendlich kommt es maßgeblich darauf an, dass der Erwerber ausschließlichen Zugriff auf diese hat, um eine Übertragung der geschuldeten Werteinheiten vorzunehmen. Diese Interessenlage ist etwa vergleichbar mit dem Verkauf eines Kundenstammes einer Arztpraxis. Dort ist auch keine Zugriffsmöglichkeit auf den Patientenstamm auf juristischem Wege gegeben, sondern lediglich durch eine Mitteilung, also ein tatsächliches Handeln. Letztlich liegt also der Schluss nahe, die Übertragung von Kryptowerten durch einen Realakt zu realisieren[1137].

1135 Im Ergebnis genauso: *Kütük-Markendorf*, Rechtliche Einordnung von Internetwährungen, S. 109; *Kuhlmann*, CR 2014, 691, 696; *Omlor/Spiegel*, in: FinTech-Hdb, Kapitel 7, § 19 Rn. 42 ff.; a. A.: *Koch*, ZBB 2018, 359, 367; *Spindler/Bille*, WM 2014, 1357, 1363; *Schlund/Pongratz*, DStR 2018, 598, 600.

1136 Ebenso: *Maute*, in: Maume/Maute Kryptowerte-HdB, § 4 Rn. 42.

1137 *Kütük-Markendorf*, Rechtliche Einordnung von Internetwährungen im deutschen Rechtssystem am Beispiel des Bitcoin, S. 99; *Kaulartz/Matzke*, CR 2016, 474, 487 f.;

II. Ausblick

Die Untersuchung in diesem Kapitel hat gezeigt, dass an Kryptowerten derzeit *de lege lata* weder relative, noch absolute Rechte bestehen. Dabei ist noch einmal zu betonen, dass die deliktsrechtliche Erfassung von Kryptowerten nicht Thema dieser Untersuchung ist und die hiermit in Zusammenhang stehenden Problematiken von daher nur am Rande betrachtet werden können. Trotzdem soll hier eine Hypothese für die Herleitung eines eigenständigen Rechts an Kryptowerten unter Rückgriff auf § 823 BGB aufgestellt werden. Es wurde bereits im Verlauf dieses Kapitels herausgearbeitet, dass sich Kryptowerte weder unter Rückgriff auf das Eigentum noch auf immaterialgüterrechtliche Vorschriften von § 823 I BGB erfassen lassen. Selbiges gilt auch für die neuartigen Konzepte, um Daten einem deliktsrechtlichen Schutz nach § 823 I BGB zu unterwerfen. Hingegen könnten Kryptowerte jedoch von § 823 II BGB erfasst sein.[1138] Dabei kommt die Frage auf, in welchem Zusammenhang der Begriff des Rechts in § 823 I BGB verwendet wird.

Ursprünglich sollte das Recht der unerlaubten Handlungen, genauer gesagt der § 823 BGB, eine allgemeine Grundlage für die deliktische Haftung schaffen. Dabei wollte der Gesetzgeber gerade keine der dem französischen Code civil vergleichbare weite Form der Haftung schaffen. Der Code civil enthält eine Generalklausel, welche besagt, dass derjenige, welcher einem anderen vorsätzlich oder fahrlässig einen Schaden zufügt, für den Ersatz dieses Schadens einzustehen hat. Stattdessen sollte die Schadensersatzpflicht von einer schädigenden Handlung, welche das Recht eines anderen verletzt, oder einer Schutzgesetzverletzung abhängig gemacht werden.[1139]

Dabei macht § 823 BGB eine Schadensersatzpflicht von der Verletzung eines absoluten Rechts abhängig. Das Eigentum ist als Prototyp eines (subjektiven) absoluten Rechts anzusehen.[1140] Anknüpfungspunkt für die Haftung gemäß § 823 II BGB ist hingegen die Verletzung eines Schutzgesetzes.[1141] Letztendlich

---

Kuhlmann, CR 2014, 891, 896; *Weiss*, JuS 2019 1050, 1054; *Omlor*, JuS 2019, 289, 290; *Heckelmann*, NJW 2018, 504, 508; *Schäfer/Eckhold*, in: Assmann/Schütze/Buck-Heeb, HdB KapitalanlageR, § 16a Rn. 40; *Maute*, in: Maume/Maute Kryptowerte-HdB, § 5 Rn. 8; a. A.: *Koch*, ZBB 2018, 359, 362, welcher für eine Übertragung in analoger Anwendung von § 929 BGB im Wege einer Einigung und einem Realakt plädiert; für eine Gesamtanalogie der §§ 873 ff., 929 ff. BGB: *Arndt*, Bitcoin-Eigentum, S. 113 ff.

1138 Vgl. hierzu: *Spiegel*, Blockchain-basiertes virtuelles Geld, S. 115.

1139 Mugdan, Materialien zum BGB, Bd. 2, S. 1267.

1140 *Ernst*, in: MüKo/BGB Einleitung Schuldrecht (Einl. SchuldR), Rn. 19.

1141 *Spindler*, in: Beck OGK § 823 BGB Rn. 254, Stand: 01.05.2020.

könnte davon ausgegangen werden, dass § 823 II BGB eine Ergänzung der bereits durch § 823 I BGB geschützten Rechte und Rechtsgüter darstellt, sofern diese Lebensinteressen auch durch ein Schutzgesetz erfasst werden.[1142] Hierfür spricht nicht zuletzt der systematische Aspekt, dass beide Schadensersatzregelungen nacheinander in § 823 BGB kodifiziert sind. Folglich würde dies bedeuten, dass der Begriff des Rechts in § 823 BGB zusammenhängend verwendet wird und § 823 II BGB den Kreis der von § 823 I BGB geschützten Rechte erweitert.

Übertragen auf Kryptowerte bedeutet dies Folgendes: Durch die im obigen Absatz genannte Erweiterung des Kreises der absoluten Rechte könnte auch ein absolutes Recht an Kryptowerten wie Bitcoin hergeleitet werden. Dafür müssten Schutzgesetze existieren, welche die Veränderung von Daten unter Strafe stellen. Hier kommen sowohl § 202a StGB als auch § 303a StGB in Betracht. Beide Normen sind als Schutzgesetze im Sinne von § 823 II BGB anerkannt[1143]. Hierunter lassen sich auch Kryptowerte fassen. Dies bedeutet, dass auf diesem Weg ein „eigentumsähnliches Verfügungsrecht" an Kryptowerten hergeleitet werden könnte. Konsequenz dessen wäre eine Übertragung einzelner Werteinheiten nach den Grundsätzen über die Übertragung von Rechten (§ 413 BGB).

1142 Palandt/*Thomas*, § 823 BGB Rn. 1, 37. Aufl.; *Larenz*, SchuldR II, 11. Aufl., ebenfalls für eine Präzisierungs- und Ergänzungsfunktion von § 823 I durch § 823 I, allerdings unter der Voraussetzung, dass eine pflichtwidrige Rechtsgutsgefährdung vorangeht: *Wagner*, in: MüKo/BGB § 823 Rn. 475; a. A.: *Wolf*, Lehrbuch des Schuldrechts, Bd. 2, S. 573

1143 *Spindler*, in: Beck OGK § 823 BGB Rn. 283, 285, Stand: 01.05.2020.

Siebtes Kapitel: Fazit und Ausblick

Im folgenden Abschnitt sollen die in dieser Arbeit ermittelten Erkenntnisse zusammengefasst werden. Auf dieser Grundlage soll eine Einschätzung im Hinblick auf die bei Kryptowerten bestehende Rechtslage in Deutschland abgegeben werden. Ein darauffolgender Ausblick gibt Anregungen für künftige Rechtsentwicklungen und zeigt weitere Aspekte auf, die im Hinblick auf Kryptowerte einer genaueren Untersuchung bedürfen.

A. Fazit

Kryptowerte in Form von Bitcoins sind mittlerweile ein technisches Phänomen, welches durch die immer stärker zunehmende Präsenz in den Medien einer breiten Öffentlichkeit ein Begriff ist. Neben Bitcoins existieren noch zahlreiche andere Kryptowerte, wie z. B. Ether und Ripple. Aus währungsrechtlicher Perspektive ist festzuhalten, dass Kryptowerte unter Zugrundelegung des Geldbegriffs von Spiros Simitis als Geld im juristischen Sinn anzusehen sind. Hingegen unterfallen Kryptowerte mangels fehlender Eigenschaft als gesetzliches Zahlungsmittel nicht dem Begriff der Währung. Da zumindest im Bitcoin-System kein Forderungsgegner existiert, scheidet eine Einordnung von Kryptowerten in der Gestalt von Bitcoins als Buchgeld ebenfalls aus. Das Fehlen eines Forderungsgegners resultiert zudem in der Tatsache, dass Kryptowerte wie Bitcoin nicht dem E-Geld Begriff nach § 1 II 3 ZAG unterfallen.

In aufsichtsrechtlicher Hinsicht ist folgendes festzuhalten: Der Handel mit Kryptowerten über digitale Handelsplattformen unterliegt einer Erlaubnispflicht nach § 32 I KWG, da hierdurch Bankgeschäfte oder Finanzdienstleistungen nach § 1 I 2 Nr. 1-12 KWG oder § 1 Ia 2 Nr. 1-12 KWG erbracht werden. Abhängig von der Ausgestaltung der Handelsplattform wird hierdurch entweder die Tatbestandsalternative des Finanzkommissionsgeschäfts (§ 1 I 2 Nr. 4 KWG), der Anlagevermittlung (§ 1 Ia 2 Nr. 1 KWG), der Betrieb eines multilateralen Handelssystems (§ 1 Ia 2 Nr. 1b KWG), der Abschlussvermittlung (§ 1 Ia 2 Nr. 2 KWG), des Eigenhandels (§ 1 Ia 2 Nr. 4 KWG) oder des Kryptoverwahrgeschäfts (§ 1 Ia 2 Nr. 6 KWG) erfüllt. Dabei existieren auch einige wenige Nutzungsmöglichkeiten von Kryptowerten, welche keiner Erlaubnispflicht durch die BaFin unterliegen.

Der Betrieb einer Handelsplattform für Kryptowerte unterfällt keiner Erlaubnispflicht nach dem ZAG. Selbiges gilt auch für die Vorschriften des VermAnlG.

Im Hinblick auf das KAGB ist festzuhalten, dass Kryptowerte wie Bitcoins nach geltendem Recht ausschließlich einen zulässigen Einlagegegenstand für einen offenen oder einen geschlossenen Spezial-AIF gemäß § 282 KAGB, respektive § 285 KAGB darstellen. Aus diesem Grund wird ausschließlich bei der Auflage eines solchen Fonds eine Erlaubnispflicht gemäß § 20 I KAGB relevant. Dies gilt jedoch nur, sofern eine bestimmte Investitionssumme überschritten wird. Wird die Anlagesumme von 100 Millionen mit Leverage und 500 Millionen ohne Leverage nicht überschritten, ist für Spezial-AIFs eine Registrierung bei der BaFin ausreichend.

Kryptowerte in Form von Bitcoins können in der Form von Rechnungseinheiten an einer Wertpapierbörse gehandelt werden. Auch wenn der Wortlaut von § 2 II 1 BörsG deren Handelbarkeit nicht ausdrücklich erwähnt, sprechen historische sowie systematische Erwägungen dafür, Rechnungseinheiten und somit auch Kryptowerte zu den an einer Wertpapierbörse handelbaren Gegenstände zu zählen. Aufgrund der Tatsache, dass Kryptowerten in Form von Currency Token eine Zahlungsmitteleigenschaft zukommt, lassen sich diese ebenfalls an einer Wertpapierbörse handeln. Kryptowerte sind fungible Wirtschaftsgüter, die geliefert werden können, und in Konsequenz dessen als Ware im Sinne des BörsG einzuordnen. Demnach können Kryptowerte auch in Form einer Ware an einer Warenbörse nach § 2 III BörsG gehandelt werden. Durch § 2 IV BörsG wird klargestellt, dass an einer Börse zeitgleich neben Wertpapieren und sich darauf beziehende Derivate, andere Finanzinstrumente, Waren, Termingeschäfte in Bezug auf Waren sowie die zugrundeliegenden Basiswerte gehandelt werden können. Dies bedeutet für den Betreiber, dass die Einholung einer einzelnen Börsenlizenz ausreichend ist bzw. der Betrieb einer Börsenart ausreichend ist, um sämtliche Güter dort handeln zu können. Zudem zeigt das gefundene Ergebnis deutlich, dass es nicht immer notwendig ist, die Gesetzeslage sofort entsprechend anzupassen, sobald ein unbekanntes Phänomen auftritt. Vielmehr lassen sich Kryptowerte – dies gilt zumindest in börsenrechtlicher Hinsicht – unter die bereits bestehenden Normen des BörsG fassen. Folglich bedarf es also keiner Neufassung des BörsG durch den Gesetzgeber, um einen börslichen Handel von Kryptowerten zu ermöglichen.

In enger Verbindung mit der Frage nach der börslichen Handelbarkeit von Kryptowerten steht zudem die sich daran anschließende Erfüllung des getätigten Börsengeschäfts. Hierbei spielt die Frage nach dem Vorhandensein von absoluten oder relativen Rechten an einzelnen Kryptowerteinheiten eine wichtige Rolle, weil dies von maßgeblicher Bedeutung für die Auswahl der Norm ist, nach welcher sich eine Übertragung richten kann. Im Ergebnis scheidet eine Übertragung nach §§ 929 BGB aus. Dies ist auf die Tatsache zurückzuführen, dass

Kryptowerte nicht dem Sachbegriff des § 90 BGB unterfallen, weil sie nur virtuell und nicht in körperlicher Form existieren. Mangels Bestehens einer planwidrigen Regelungslücke scheidet eine möglicherweise anzudenkende analoge Anwendung von § 90 BGB ebenfalls aus. Selbiges gilt für eine analoge Anwendung von § 929 BGB.

Ebenfalls unterfallen Kryptowerte in Form von Bitcoins keinem urheberrechtlichen Schutz. Es ist festzuhalten, dass die Blockchain an sich und auch die einzelnen Kryptowerteinheiten keinem urheberrechtlichen Schutz unterliegen. Geschützt nach § 2 I Nr. 1 Var. 3 i. V. m. § 69a UrhG ist aber das dem Bitcoin-System zugrunde liegende Protokoll.

De lege lata bestehen also keine absoluten Rechte an Kryptowerten. Ein solches absolutes Recht könnte sich allerdings unter Rückgriff auf die These, dass § 823 II BGB eine Erweiterung der durch § 823 I BGB geschützten Rechte darstellt, herleiten lassen. Dies ist durch die Tatsache begründet, dass die Manipulation von Daten durch § 202a StGb sowie § 303a StGB strafrechtlich verfolgt wird.

Zudem scheidet eine Übertragung von Kryptowerten nach § 398 BGB aus. Grund hierfür ist die Tatsache, dass im Allgemeinen keine Forderung im Bitcoin-System besteht. Mithin bestehen auch keine relativen Rechte an Kryptowerten.

Als logische Konsequenz ist für die Erfüllung eines Börsengeschäfts mit Kryptowerten festzuhalten, dass sich die Übertragung in Form eines Realaktes vollzieht. Maßgeblich ist letztendlich nämlich die Möglichkeit des Erwerbers, auf die Kryptowerte in seiner Wallet zugreifen zu können. Dies geschieht durch die Übertragung der Werteinheiten von der Wallet des Veräußerers in diejenige des Erwerbers.

B. Ausblick

Die vorgenommene Zusammenfassung zeigt im Ergebnis, dass sich im Hinblick auf die aufsichts- und börsenrechtliche Einordnung von Kryptowerten in Deutschland in letzter Zeit Einiges in eine positive Richtung entwickelt hat. Dabei ist diese Entwicklung in aufsichtsrechtlicher Hinsicht nicht zuletzt auf die Novellierung des KWG durch das Gesetz zur Umsetzung der Änderungsrichtlinie zur Vierten EU-Geldwäscherichtlinie zurückzuführen, welche neben einer neuen Tatbestandsalternative der Finanzdienstleistungen in Form des Kryptoverwahrgeschäfts in § 1 Ia 2 Nr. 6 KWG ebenso eine Erweiterung der Tatbestandsalternativen des Finanzinstruments durch Einführung der neuen Alternative des Kryptowertes in § 1 XI 1 Nr. 10 KWG vorgenommen hat. Hierbei ist jedoch deutlich darauf hinzuweisen, dass dies einen deutschen Alleingang[1144] darstellt, denn bis zum heutigen Tage gibt es noch keine gemeinsame Regelung auf europäischer Ebene.[1145] Eine solche Regelung lässt weiterhin auf sich warten und würde zu einer europaweiten Harmonisierung des aufsichtsrechtlichen Regimes von Kryptowerten führen. Aus diesem Grund könnte die derzeit geltende Regelung nur eine bloße Übergangslösung darstellen, bis eine solche Regelung auf europäischer Ebene beschlossen und in nationales Recht umgesetzt wird. Dies wäre zudem wünschenswert, um den „Flickenteppich" an Regelwerk, welcher im Hinblick auf die aufsichtsrechtliche Regulierung von Kryptowerten über die europäischen Ländergrenzen hinweg existiert, endgültig zu einem Relikt der Vergangenheit werden zu lassen.

Auch bezüglich der *de lege lata* bestehenden Erfüllungsmöglichkeiten für Geschäfte mit Kryptowerten besteht Handlungsbedarf seitens des Gesetzgebers. Eine solche Notwendigkeit besteht für die Nutzer von Kryptowerten gerade im Hinblick auf ein hierdurch entstehendes Mehr an Rechtssicherheit. Hierfür würde sich ähnlich der Planung zur Einführung von elektronischen Wertpapieren[1146] einerseits die Möglichkeit bieten, Kryptowerte kraft einer gesetzlichen Fiktion den Sachen nach § 90 BGB gleichzustellen. Somit ließe sich in Konsequenz dessen auf die §§ 929 ff. BGB analog zur Eigentumsübertragung zurückgreifen. Ebenfalls würden die Vorschriften zum Schutz des Eigentums an Sachen Anwendung finden.

Andererseits würde sich die Schaffung eines neuen Rechts *sui generis* anbieten. Dies hätte allerdings die Konsequenz, dass es ebenfalls der Schaffung von Vorschriften zur Übertragung inklusive solcher zum Gutglaubensschutz bedürfen würde. Praktikabilitätserwägungen sprechen eine deutliche Sprache für die

---

1144 *Auffenberg*, RdF 2019, 273 (Editorial).

1145 Momentan wird auf europäischer Ebene die Regulierung von Kryptowerten im Wege der sog. Markets in Crypto-Assets Regulation (MiCAR) diskutiert („Proposal for a REGULATION OF THE EUROPEAN PARLIAMENT AND OF THE COUNCIL on Markets in Crypto-assets, and amending Directive (EU) 2019/1937"). Hierdurch soll ein einheitlicher europäischer Rechtsrahmen für die Behandlung von Kryptowerten geschaffen werden.

1146 Eckpunkte für die regulatorische Behandlung von elektronischen Wertpapieren und Krypto-Token, https://www.bundesfinanzministerium.de/Content/DE/Gesetzestexte/Gesetze_Gesetzesvorhaben/Abteilungen/Abteilung_VII/19_Legislaturperiode/2019-03-07-Eckpunktepapier-Wertpapiere-Krypto-Token/2019-03-07-Eckpunktepapier-regulatorische-Behandlung-elektronische-Wertpapiere-Krypto-Token.pdf?__blob=publicationFile&v=7, letzter Abruf: 17.04.2020, S. 2 f.

erste Alternative. Letztendlich bleibt aber abzuwarten, wie der Gesetzgeber eine rechtssichere Übertragung von Kryptowerten umsetzen wird. Dass im Hinblick hierauf noch Handlungsbedarf – vor allem auf europäischer Ebene – besteht, hat diese Arbeit deutlich gezeigt.

Im Rahmen der aufsichts- und börsenrechtlichen Analyse von Kryptowerten sind immer wieder andere juristische Themenbereiche angesprochen worden, welche im Rahmen dieser Untersuchung nicht abschließend geklärt werden konnten. Schließlich befindet sich die juristische Einordnung des Phänomens der Kryptowerte noch am Anfang, und es bestehen noch viele offene Fragen, die es wert sind, im Rahmen künftiger Forschungsarbeiten betrachtet zu werden. Hierzu zählt neben der zivilrechtlichen Qualifikation vor allem die Zwangsvollstreckung in Kryptowerte.

Literaturverzeichnis

Adam, Simon: Daten als Rechtsobjekte, NJW 2020, S. 2063–2068.

Ahlberg, Hartwig/Götting, Horst-Peter (Hrsg.): BeckOK Urheberrecht, Stand: 15.10.2019, (zit. als: *Bearbeiter*, in BeckOK, Urheberrecht).

Albrecht, Julian/Kretzschmann, Jens: Investitionen institutioneller Anleger in Krypto-Fonds - Ein rechtsgebietsübergreifender Überblick, WM 2020, S. 1237–1244.

Ammann, Thorsten: Bitcoin als Zahlungsmittel im Internet, CR 2018, S. 379–386.

Amstutz, Marc: Dateneigentum: Funktion und Form, AcP 218 (2018), S. 438–551.

Anderegg, Ralph: Grundzüge der Geldtheorie und Geldpolitik, München 2007.

Antonopoulos, Andreas M.: Bitcoin & Blockchain – Grundlagen und Programmierung, 2. Aufl., Heidelberg 2018.

Arndt, Johannes: Bitcoin Eigentum, Tübingen 2022.

Assmann, Heinz-Dieter/Schütze, Rolf A./Buck-Heeb, Petra (Hrsg.): Handbuch des Kapitalanlagerechts, 5. Aufl., München, 2020 (zit. als: *Bearbeiter*, in: Assmann/Schütze, HandB Kapitalanlagerecht).

Assmann, Heinz-Dieter/Schlitt, Michael/von Kopp-Colomb, Wolf (Hrsg.): Wertpapierprospektgesetz (WPpG)/Vermögensanlagegesetz (VermAnlG), Kommentar, 3. Aufl., Köln, 2017, (zit. als: *Bearbeiter*, in: Assmann/Schlitt/von Kopp-Colomb, WpPG/VermAnlG).

Assmann, Heinz-Dieter/Wallach, Edgar/Zetzsche, Dirk A. (Hrsg.): Kapitalanlagegesetzbuch, Kommentar, Köln 2019, (zit. als: *Bearbeiter*, in: Assmann/Wallach/Zetzsche, KAGB).

Auer-Reinsdorff, Astrid/Conrad, Isabell (Hrsg.): Handbuch: IT- und Datenschutzrecht, 2. Aufl., München 2016 (zit. als: *Bearbeiter*, in: Auer-Reinsdorff/Conrad, Hdb. IT-Recht).

Auffenberg, Lutz: Bitcoins als Rechnungseinheiten. Eine kritische Auseinandersetzung mit der aktuellen Verwaltungspraxis der BaFin, NVwZ 2015, S. 1184–1187.

ders.: E-Geld auf Blockchain-Basis, BKR 2019, S. 341–345.

Badstuber, Theresa: Bitcoin und andere Kryptowährungen in der Zwangsvollstreckung, DGVZ 2019, S. 246–254.

Baier, Johannes: Kriminalpolitische Herausforderungen durch Bitcoin und andere Kryptowährungen – Teil 1, CCZ 2019, S. 123–129.

Barsan, Iris M.: Legal Challenges of Initial Coin Offerings (ICO), Revue Trimestrielle de Droit Financier, No. 3, 2017, S. 54–64.

Bauerschmidt, Jonathan: Die Prospektverordnung in der europäischen Kapitalmarktunion, BKR 2019, S. 324–332.

Baumbach, Adolf (Begr.)/Hopt, Klaus J.: Handelsgesetzbuch-Kommentar, 39. Aufl., München, 2020 (zit. als: Baumbach/Hopt/*Bearbeiter*).

Baur, Jürgen/Tappen, Falko/Mehrkhah, Elnaz/Behme, Caspar (Hrsg.): Investmentgesetze, Großkommentar, 3 Bd., §§ 214–360 KAGB, 4. neu bearbeitete Aufl., Berlin/Boston, 2020 (zit. als: Baur/Tappen/Mehrkhah/Behme/*Bearbeiter*).

Beck, Benjamin: Bitcoins als Geld im Rechtssinne, NJW 2015, S. 580–586.

Beck, Benjamin/König, Dominik: Bitcoin: Der Versuch einer vertragstypologischen Einordnung von kryptographischem Geld, JZ 2015, S. 130–138.

dies.: Bitcoins als Gegenstand von sekundären Leistungspflichten, AcP 215 (2015), S. 655–682.

Beck, Heinz (Begr.)/Samm, Carl-Theodor/Kokemoor, Axel: Kreditwesengesetz mit CRR, Bd. 1, 205. Aktualisierung, März 2019, Heidelberg, 2019.

Beckmann, Fabian: Reformbedarf und Reformperspektiven im Recht der girosammelverwahrten Wertpapiere, Baden-Baden, 2013.

Behrens, Alexander/Schadtle, Kai: Erlaubnispflichten für Bank- und Finanzdienstleistungen im Zusammenhang mit Kryptowerten nach Umsetzung der Fünften EU-Geldwäscherichtlinie, WM 2019, S. 2099–2104.

Berentsen, Aleksander/Schär, Fabian: Bitcoin, Blockchain und Kryptoassets, Norderstedt, 2017.

Bergmann, Christoph: Bitcoin – Die verrückte Geschichte vom Aufstieg eines neuen Geldes, 2. Aufl, Neu-Ulm, Nersingen, 2019 (zit. als: *Bergmann*, Bitcoin).

Beutelspacher, Albrecht/Neumann, Heike B./Schwarzpaul, Thomas: Kryptografie in Theorie und Praxis, 2. Aufl., Wiesbaden, 2010.

Beyer, Frank: Geldpolitik in der römischen Kaiserzeit, Wiesbaden, 1995.

Bhaskar, Niruparma Devi/Kuo Chuen, David Lee: Bitcoin Mining Technology, in: Kuo Chen, David Lee (Hrsg.): Handbook of Digital Currency, Amsterdam u. a., 2015, S. 45–65.

Bieber, Roland/Epiney, Astrid/Haag, Marcel/Kotzur, Markus: Die Europäische Union, 12. Aufl., Baden-Baden, 2016.

Boos, Karl-Heinz/Fischer, Reinfrid/Schulte-Mattler, Hermann (Hrsg.): KWG CRR-VO Kommentar zum Kreditwesengesetz, VO (EU) Nr. 575/2013 (CRR) und Ausführungsvorschriften, 5. Aufl., München, 2016.

Borchert, Manfred: Geld und Kredit: Einführung in die Geldtheorie und Geldpolitik, 8. Aufl., München u. a., 2003.

Borkert, Kristian: Crowdfunding goes Blockchain - Teil 1, ITRB 2018, S. 39–43.

ders.: Crowdfunding goes Blockchain - Teil 2, ITRB 2018, S. 91–95.

Born, Karl Erich/Wandel, Eckhard/Aschhoff, Gunter/Ashauer, Günter (Hrsg.): Deutsche Bankengeschichte, Bd. 3, Frankfurt am Main, 1983.

Börner, Rene: Kryptowährungen und strafbarer Marktmissbrauch, NZWiSt 2018, S. 48–54.

Brauneck, Jens: Libra-Coin: Gefährliche Geldpolitik durch Facebook?, WM 2019, S. 1911–1919.

Brocker, Till/Klebeck, Ulf: ICO – Aufsicht und Haftung, RdF 2018, S. 289–295.

Buck-Heeb, Petra: Aufsichts- und zivilrechtliche Normen im Bank- und Kapitalmarktrecht: einheitliche oder gespaltene Auslegung?, WM 2020, S. 157–164.

Büch, Markus: Bitcoins keine Rechnungseinheiten i. S. d. KWG, EWiR 2018, S. 705–706.

Bülow, Peter: Digitales Mobiliarpfandrecht, WM 2019, S. 1141–1144.

Bülte, Jens: Blankette und normative Tatbestandsmerkmale: Zur Bedeutung von Verweisungen in Strafgesetzen, JuS 2015, S. 769–777.

Buhl, Samir: Der App-Download: Rechtliche Analyse eines Alltagsphänomens unter besonderer Berücksichtigung von Vertragsschluss, Vertragstyp und Vertragsinhalt aus Sicht des Nutzers, Berlin, 2019.

Burniske, Chris/Tatar, Jack: Crypto-Assets: Das Investoren-Handbuch für Bitcoin, Krypto-Token und Krypto-Commodities, München, 2018.

Bussac, Enée: Bitcoin, Ethereum & Co. – Praxiswissen Kyrptowährungen und Blockchain, Berlin, 2019.

Bydlinski, Franz: Juristische Methodenlehre und Rechtsbegriff, Wien, 1982.

Casper, Matthias: Elektronische Schuldverschreibung: es ist Zeit für einen grundlegenden gesetzlichen Neustart, BKR 2019, S. 209–217.

Casper, Matthias/Terlau, Matthias (Hrsg.): Kommentar zum Zahlungsdiensteaufsichtsgesetz (ZAG), 2. Aufl., München, 2020 (zit. als: Casper/Terlau/*Bearbeiter*).

Chatard, Yannick/Mann, Maximilian: Initial Coin Offerings und Token-Handel im funktionalen Rechtsvergleich: Entwicklung deutscher Leitlinien auf Grundlage des Diskussionsstandes in der Schweiz, Frankreich und Deutschland, NZG 2019, S. 567–574.

Conrad, Isabel/Grützmacher, Malte (Hrsg.): Recht der Daten und Datenbanken im Unternehmen, Zugleich Festgabe Jochen Schneider zum 70. Geburtstag, Köln, 2014, (zit. als: *Bearbeiter*, in: Conrad/Grützmacher).

Courtois, Nicolas T.: Features or Bugs: The Seven Sins of Current Bitcoin, in: Tasca, Paolo/Tomaso, Aste/Pelizzon, Loriana/Perony, Nicolas (Hrsg.): Banking Beyond Banks and Money, Schweiz, 2017, S. 97–120.

Czada, Peter/Tolksdorf, Michael/Yenal, Alparslan: Internationale Währungsprobleme, Opladen, 1988.

Danwerth, Christopher: Das Finanztransfergeschäft als Zahlungsdienst, Tübingen, 2017.

ders.: Mobile Payment-Innovation des Zahlungsverkehrs oder unkalkulierbares Risiko, BKR 2015, S. 119–136.

ders.: The Regulation of Bitcoin and Other Virtual Currencies under Japanese Law in Comparative Perspective, ZVglRWiss 117 (2018), S. 117–155.

Danwerth, Christopher/Hildner, Alicia: Nach dem Pyrrhussieg vor dem KG Berlin - Neue Lösungsansätze zur Regulierung von Bitcoins, BKR 2019, S. 57–66.

Dauner-Lieb, Barbara/Langen, Werner (Hrsg.): Nomos Kommentar BGB-Schuldrecht, 3. Aufl., Baden-Baden, 2016 (zit. als: *Bearbeiter*, in: Dauner-Lieb/Langen).

Daver, Gizay/Yucesan, Mesut: Electronic Money: Its Future and Place in the International Monetary System, in: Darici, Burak/Ayhan, Fatih (Hrsg.): Cryptocurrencies in All Aspects, Berlin, 2019, S. 25–40.

Derleder, Peter/Knops, Kai-Oliver/Bamberger, Heinz Georg (Hrsg.): Deutsches- und europäisches Bank- und Kapitalmarktrecht, Bd. 1, 3. Aufl., Heidelberg, 2009.

Determann, Lothar: Gegen Eigentumsrechte an Daten: Warum Gedanken und andere Informationen frei sind und es bleiben sollten, ZD 2018, S. 503–508.

Djazayeri, Alexander: Die virtuelle Währung Bitcoin - Zivilrechtliche Fragestellungen und internationale regulatorische Behandlung, jurisPR-BKR 6/2014 Anm. 1, S. 1–9.

Dreier, Thomas/Schulze, Gernot: Urheberrechtsgesetz, 6. Aufl., München, 2018 (zit. als: *Bearbeiter*, in: Dreier/Schulze, UrhG).

Düring, Tina/Fisbeck, Jürgen: Einsatz der Blockchain-Technologie für eine transparente Wertschöpfungskette, in: Hildebrandt, Alexandra/Landhäußer, Werner (Hrsg.): CSR und Digitalisierung: Der digitale Wandel als Chance und Herausforderung für Wirtschaft und Gesellschaft, S. 449–464.

Eckert, Claudia: IT-Sicherheit, 9. Aufl., Oldenburg, 2014.

Eckert, Kim-Patrick: Steuerliche Betrachtung elektronischer Zahlungsmittel am Beispiel sog. Bitcoin-Geschäfte, DB 2013, S. 2108–2111.

Effer-Uhe, Daniel Oliver: Kryptowährungen in Zwangsvollstreckung und Insolvenz am Beispiel des Bitcoin, ZZP 2018, S. 513–531.

Ehrenberg, Victor (Begr.): Handbuch des gesamten Handelsrechts, Bd. 4, Abt. 1, Leipzig, 1917.

Eichberger, Michael: Rechte an Daten, VersR 2019, S. 709–714.

Ekkenga, Jens: Bitcoin und andere Digitalwährungen - Spielzeug für Spekulanten oder Systemveränderung durch Privatisierung der Zahlungssysteme, Überlegungen zum Regelungsbedarf und zum Regelungsumfang im Währungs- und Bankenaufsichtsrecht, CR 2017, S. 762–768.

Ellenberger, Jürgen/Findeisen, Michael/Nobbe, Gerd (Hrsg.): Kommentar zum Zahlungsverkehrsrecht, 2. Aufl., Heidelberg, 2013.

Engisch, Karl: Einführung in das juristische Denken, 12. Aufl., Stuttgart, 2018.

Ensthaler, Jürgen: Gewerblicher Rechtsschutz und Urheberrecht, 3. Aufl., Berlin, Heidelberg u. a., 2009.

Eßer, Martin: Kollektive Anlagemodelle als Finanzportfolioverwaltung, WM 2008, S. 671–678.

Fezer, Karl-Heinz: Dateneigentum, MMR 2019, S. 3–5.

Fiedler, Salomon/Gern, Klaus-Jürgen/Stolzenburg, Ulrich: Kryptowährungen - Geld der Zukunft?, Wirtschaftsdienst 2018, S. 752–754.

Fögen, Hermann: Geld- und Währungsrecht, München, 1969.

Forstmann, Albrecht: Geld und Kredit, Göttingen, 1952.

Franco, Pedro: Understanding Bitcoin: Cryptography, Engineering and Economics, Chichester, 2015.

Frank-Fahle, Constantin/Sauter, Benjamin/Schmidt, Jörg: Regulatory Framework on ICO in the USA, UAE, Germany and Japan, IWRZ 2019, S. 122–130.

Froitzheim, Oliver: Anmerkung zu KG, Urt. v. 25.09.2018-(4) 161 Ss 28/18 (35/18), BKR 2018, S. 473–477.

Fromberger, Mathias/Haffke, Lars/Zimmermann, Patrick: Kryptowerte und Geldwäsche: Eine Analyse der 5. Geldwäscherichtlinie sowie des Gesetzesentwurfs der Bundesregierung, BKR 2019, S. 377–386.

Gerber, Hans: Geld und Staat, Jena, 1926.

Gerdesmeier, Dieter: Geldtheorie und Geldpolitik, 4. Aufl., Frankfurt am Main, 2011.

Geyer, Matthias/Schelm, Joachim: Das neue europäische Prospektrecht – ein Überblick aus Sicht der Praxis, BB 2019, S. 1731–1740.

Grabitz, Eberhard (Begr.)/Hilf, Meinhard: Das Recht der Europäischen Union, Bd. III, EUV/EGV, 40. Ergänzungslieferung, Stand: Oktober 2009.

Groß, Wolfgang: Kapitalmarktrecht, 7. Aufl., München, 2020 (zit. als: *Groß*, KapMarktR).

Grützmacher, Malte: Dateneigentum – Ein Flickenteppich – Wem gehören die Daten bei Industrie 4.0, Internet der Dinge und Connected Cars?, CR 2016, S. 485–495.

Grunewald, Barbara/Maier-Reimer, Georg/Westermann, Harm Peter (Hrsg.): Erman, BGB Kommentar, 15. Aufl., Köln, 2017, (zit. als: *Bearbeiter*, in: Erman, BGB).

Gsell, Beate/Krüger, Wolfgang/Lorenz, Stephan/Reymann, Christoph (Hrsg.): beck-online Grosskommentar, Stand: 01.08.2018 (zit. als: BeckOGK).

Güldü, Edgar: Die Einlagefähigkeit von Bitcoins und anderen Kryptowährungen nach deutschem GmbH- und Aktienrecht, GmbHR 2019, S. 565–572.

Görgens, Egon/Ruckriegel, Karlheinz/Seitz, Franz: Europäische Geldpolitik, 6. Aufl., Konstanz, 2014.

Gyr, Eleonor: Blockchain und Smart Contracts – Die vertragsrechtlichen Implikationen einer neuen Technologie, Bern, 2019.

Haber, Stuart/Stornetta, W. Scott: How to Time-Stamp a Digital Document, in: Menenzes, Alfred J./Vanstone, Scott A. (Hrsg.): Advances in Cryptology Crypto '90, Berlin, 1991, S. 437–456.

Härting, Niko: Internetrecht, 6. Aufl., Köln, 2017, (zit. als: *Bearbeiter*, in: Härting).

Hafke, Heinz Christian: Geld und „Geld“, Währung und „Währung“: Einige rechtliche Aspekte zum Aufkommen von „Bitcoins“ und „Regionalwährungen“ im deutschen Geltungsbereich der Eurozone, in: Calliess, Christian (Hrsg.): Herausforderung an Staat und Verfassung: Liber Amicorum für Torsten Stein zum 70. Geburtstag, 2015, S. 106–122.

Hahn, Hugo J.: Währungsrecht, München, 1990.

Hahn, Hugo J./Häde, Ulrich: Währungsrecht, 2. Aufl., München, 2010.

Halaburda, Hanna/Sarvary, Miklos: Beyond Bitcoin - The Economics of Digital Currencies, New York, 2016.

Hammen, Horst: Erlaubnisfreiheit alternativer Anlageinstrumente, europarechtliches Transparenzgebot und Kapitalverkehrsfreiheit, WM 2008, S. 1901–1912.

ders.: Genussscheinfinanzierte Geschäfte mit Finanzinstrumenten und Finanzkommissionsgeschäft nach § 1 I KWG, WM 2005, S. 813–821.

ders.: Kein Besitzschutz bei gespeicherten Daten, WuB 2020, S. 291–294.

Hanl, Andreas/Michaelis, Jochen: Kryptowährungen – ein Problem für die Geldpolitik?, Wirtschaftsdienst 2017, S. 363–370.

Hanten, Mathias/Sacarcelik, Osman: Zivilrechtliche Einordnung von Kryptowährungen und ICO-Token und ihre Folgen, RdF 2019, S. 124–131.

Hanten, Mathias/Stump, Philipp: Finanzinstrumentsdefinition als Gateway in die Beaufsichtigung am Beispiel von Kryptowährungen, Initial Coin Offerings und Kundenbindungsprogrammen, RdF 2018, S. 189–196.

Harlandt, Hans: Die Evolution des Geldes, Heidelberg, 1989.

Harman, Dan: Neue Instrumente des Zahlungsverkehrs: PayPal & Co., BKR 2018, S. 457–465.

Hayek, Friedrich A. v.: Entnationalisierung des Geldes – Eine Analyse der Theorie und Praxis konkurrierender Umlaufsmittel, Tübingen, 1977.

Heckelmann, Martin: Zulässigkeit und Handhabung von Smart Contracts, NJW 2018, S. 504–510.

Heermann, Peter W./Schlingloff, Jochen (Hrsg.): Münchener Kommentar zum Lauterkeitsrecht, Bd. 1, 3. Aufl., München, 2020, (zit. als: *Bearbeiter*, in MüKo/Lauterkeitsrecht).

Heidel, Thomas (Hrsg.): Nomos Kommentar zum Aktien- und Kapitalmarktrecht, 5. Aufl., Baden-Baden, 2020 (zit. als: *Bearbeiter*, in: Heidel).

Herrmann, Christoph: Währungshoheit, Währungsverfassung und subjektive Rechte, Tübingen, 2010.

Hildner, Alicia: Bitcoins auf dem Vormarsch: Schaffung eines regulatorischen Level Playing Fields?, BKR 2016, S. 485–495.

Hirte, Heribert/Möllers, Thomas M. J. (Hrsg.): Kölner Kommentar zum WpHG, 2. Aufl., Köln, 2014 (zit. als: *Bearbeiter*, in: KK/WpHG).

Hirte, Heribert/Vallender, Heinz: Insolvenzordnung, Kommentar, Bd. 1, 15. Aufl., München, 2019 (zit. als: *Bearbeiter*, in: Uhlenbruck, InsO).

Hoch, Veronica R. S.: Crowdfunding, Bitcoins, Initial Coin Offerings: Rechtliche Herausforderungen für den Gesetzgeber im Zeitalter der Digitalisierung, in: Husemann/Korves/Rosenkranz/Schmitt/Arnold/Beke-Martos/Dördelmann/Häsemeyer/Kämper/Musinsky/Tadus/Tophof/Weirauch (Hrsg.): Jahrbuch Junge Zivilrechtswissenschaft: Strukturwandel und Privatrecht, Baden-Baden, 2019, S. 215–248.

Hoegner, Stuart (Hrsg.): The Law of Bitcoin, Bloomington, 2015.

Höhlein, Thomas/Weiß, Hagen: Krypto-Assets, ICO und Blockchain: prospektrechtliche Perspektive und aufsichtsrechtliche Praxis, RdF 2018, S. 116–123.

Hoeren, Thomas: Datenbesitz statt Dateneigentum - Erste Ansätze zur Neuausrichtung der Diskussion um die Zuordnung von Daten, MMR 2019, S. 5–8.

ders.: Dateneigentum - Versuch einer Anwendung von § 303a StGB im Zivilrecht, MMR 2013, S. 486–491.

Hörl, Bernhard: Schadensersatz für Datenverlust, ITRB 2014, S. 111–113.

Hötzel, David: Virtuelle Währungen im System des deutschen Steuerrechts, München, 2018.

Hoffmann, Franz: „Absolute Rechte" an Daten – immaterialgüterrechtliche Perspektive, in: Pertot, Tereza (Hrsg.): Rechte an Daten, Tübingen, 2020, S. 9–31.

Hohn-Hein, Nicolas/Barth, Günter: Immaterialgüterrechte in der Welt von Blockchain und Smart Contract, GRUR 2018, S. 1089–1096.

Holtemöller, Oliver: Geldtheorie und Geldpolitik, Tübingen, 2008.

Hopt, Klaus J./Wohlmannstetter, Gottfried: Handbuch Corporate Governance von Banken, München, 2011.

Hüthig, Stefanie (Hrsg.): Banking 2.0 Finanzdienstleistungen heute und morgen, 2. Aufl., Wiesbaden 2013.

Issing, Otmar: Einführung in die Geldtheorie, 15. Aufl., München, 2011.

Jarchow, Hans-Joachim: Theorie und Politik des Geldes, I. Geldtheorie, 8. Aufl., Göttingen, 1990.

Jauernig, Bürgerliches Gesetzbuch Kommentar, 17. Aufl., München, 2018 (zit. als: Jauernig/*Bearbeiter*).

Kaskaldo, Olga: Gold: Geld, Kredit, Ware – Ein neuer Blick auf Finanzgeschichte und Gegenwart, Wiesbaden, 2018.

Kasper, Jochen: Bitcoin as Legal Tender: An Evaluation from an Economic Perspective, Hamburg, 2017.

Kaulartz, Markus/Matzke, Robin: Die Tokenisierung des Rechts: CR 2018, S. 3278–3283.

Kerscher, Daniel: Bitcoin. Funktionsweise, Risiken und Chancen der digitalen Währung, 2. Aufl., Dingolfing, 2014.

Kethineni, Sesha/Cao, Ying/Dodge, Cassandra: Use of Bitcoin in Darknet Markets: Examining Faciliative Factors on Bitcoin-Related Crimes, Am J Crim Just 2018 (43), S. 141–157.

Kirchhof, Paul: Das Geldeigentum, in: Isensee, Josef/Lecheler, Helmut (Hrsg.): Freiheit und Eigentum: Festschrift für Walter Leisner, Berlin 1999, S. 635–687.

Kirchhof, Paul/Seer, Roman (Hrsg.): Einkommenssteuergesetz, 18. Aufl., Köln, 2019 (zit. als: *Bearbeiter*, in: Kirchhof, EStG).

Kirsch, Hans-Jürgen/von Wieding, Fabian: Bilanzierung von Bitcoin nach HGB, BB 2017, S. 2731–2735.

Kirschbaum, Benjamin/Stepanova, Olga: Widerrufsrecht beim Handel mit Kryptowährungen, BKR 2019, S. 286–291.

Kleinert, Ursula/Mayer, Volker: Elektronische Wertpapiere und Krypto-Token, EuZW 2019, S. 857–863.

Klöhn, Lars/Parhofer, Nicolas: Bitcoins sind keine Rechnungseinheiten – ein Paukenschlag und seine Folgen, ZIP 2018, S. 2093–2101.

Klöhn, Lars/Parhofer, Nicolas/Resas, Daniel: Initial Coin Offerings (ICOs), ZBB 2018, S. 89–106.

Knaier, Ralf/Wolff, Lothar: Die Blockchain-Technologie als Entwicklungsoption für das Handelsregister, BB 2018, S. 2253–2260.

Koch, Philipp: Die „Tokenisierung" von Rechtspositionen als digitale Verbriefung, ZBB 2018, S. 359–368.

Kornmeier, Udo/Baranowski, Anne: Das Eigentum an Daten – Zugang statt Zuordnung, BB 2019, S. 1219–1225.

Kraemer, Klaus/Nessel, Sebastian (Hrsg.): Geld und Krise - Die sozialen Grundlagen moderner Geldordnungen, New York/Frankfurt am Main, 2015.

Kraßer, Rudolf/Ann, Christoph: Patentrecht, 7. Aufl., München, 2016, (zit. als: *Bearbeiter*, in: Kraßer/Ann, Patentrecht).

Kubary, Jan Stanislaus: Ethnographische Beiträge zur Kenntnis der Karolinischen Inselgruppe und Nachbarschaft, Bd. 1: Die socialen Einrichtungen der Pelauer, Frankfurt am Main, 2017.

Kühling, Jürgen/Sackmann, Florian: Irrweg „Dateneigentum" – Neue Großkonzepte als Hemmnis für die Nutzung und Kommerzialisierung von Daten, ZD 2020, S. 24–30.

Kümpel, Siegfried: Bank- und Kapitalmarktrecht, 3. Aufl., Köln, 2004.

Kümpel, Siegfried/Mülbert, Peter/Früh, Andreas/Seyfried, Thorsten: Bank- und Kapitalmarktrecht, 5. Aufl., Köln, 2019.

Kütük-Markendorf, Merih Erdem: Rechtliche Einordnung von Internetwährungen im deutschen Rechtssystem am Beispiel Bitcoin, Frankfurt am Main, 2016.

Kütük, Merih Erdem/Sorge, Christoph: Bitcoin im deutschen Vollstreckungsrecht. Von der „Tulpenmanie" zur Bitcoinmanie, MMR 2014, S. 643–646.

Kuhlmann, Nico: Bitcoins - Funktionsweise und rechtliche Einordnung der digitalen Währung, CR 2014, S. 691–696.

Kumpan, Christoph: Die Regulierung außerbörslicher Wertpapierhandelssysteme im deutschen, europäischen und US-amerikanischen Recht, Berlin, 2006.

Kunz, Jens: KG Berlin: Bitcoins - doch kein Finanzinstrument?, RdF 2018, S. 87.

Kusserow, Berthold: Elektronische Schuldverschreibungen und Blockchain-Anleihen im geltenden Recht, WM 2020, S. 586–596.

Langenbucher, Katja: Digitales Finanzwesen Vom Bargeld zu virtuellen Währungen, AcP 218 (2018), S. 385–429.

Langenbucher, Katja/Bliesener, Dirk H./Spindler, Gerald (Hrsg.): Bankrechts-Kommentar, 2. Aufl., München, 2016 (zit. als: LBS/*Bearbeiter*, Bankrechts-Kommentar).

Larenz, Karl: Methodenlehre der Rechtswissenschaft, 6. Aufl., Berlin u. a., 1991.

Larenz, Karl/Canaris, Claus-Wilhelm: Methodenlehre der Rechtswissenschaft, 3. Aufl., Berlin; Heidelberg, 1995.

Lehmann, Matthias: Urteilsanmerkung zu KG Berlin, Urteil vom 25.09.2018, (4) 161 Ss 28/18 (35/18), NJW 2018, S. 3734–3737.

Leible, Stefan/Lehmann, Matthias/Zech, Herbert (Hrsg.): Unkörperliche Güter im Zivilrecht, Tübingen, 2011, (zit. als: *Bearbeiter*, in Leible/Lehmann/Zech, Unkörperliche Güter im Zivilrecht).

Lerch, Marcus P.: Bitcoin als Evolution des Geldes: Herausforderungen, Risiken und Regulierungsfragen, ZBB 2015, S. 190–204.

Lober, Andreas/Weber, Olaf: Den Schöpfer verklagen – Haften Betreiber virtueller Welten ihren Nutzern für virtuelle Güter?, CR 2006, S. 837–844.

Loewenheim, Ulrich (Hrsg.): Handbuch des Urheberrechts, 2. Aufl., München, 2010 (zit. als: *Bearbeiter*, in: Loewenheim, Hdb. d. Urhebrechts).

Lorenz, Georg: Die finanzaufsichtsrechtliche Einordnung von digitalen Zahlungstoken, ZIP 2019, S. 1699–1709.

Lutzenberger, Helena: Die Besteuerung von Bitcoin und sonstigen Blockchain-Währungen, GmbHR 2018, S. 794–799.

Luz, Günther/Neus, Werner/Schaber, Mathias/Schneider, Peter/Wagner, Claus-Peter/Weber, Max: KWG und CRR-Kommentar, Stand: 23.02.2020.

Mas, Ignacio/Kuo Chuen, David Lee: Bitcoin-Like Protocols and Innovations, in: Kuo Chen, David Lee (Hrsg.): Handbook of Digital Currency, Amsterdam u. a., 2015, S. 417–452.

Masatci, Kaan/Ertugrul, Hasan Murat: History of Money and Cryptocurrencies, in: Darici, Burak/Ayhan, Fatih (Hrsg.): Cryptocurrencies in All Aspects, Berlin, 2019, S. 11–24.

Maume, Philipp/Fromberger, Mathias: Regulation of Initial Coin Offerings: Reconciling U.S. and E.U. Securities Law, Chicago Journal of International Law, Vol. 19, No. 2, Art. 5, S. 548–585.

Maume, Philipp/Maute, Lena/Fromberger, Mathias (Hrsg.): Rechtshandbuch Kryptowerte, München, 2020 (zit. als: *Bearbeiter*, in: Maume/Maute Kryptowerte-HdB).

McGuire, Mary-Rose/von Zumbusch, Ludwig/Joachim, Björn: Verträge über Schutzrechte des geistigen Eigentums (Übertragung und Lizenzen) und dritte Parteien (Q 190), GRUR Int 2006, S. 682–697.

Meier, Andreas (Hrsg.): Blockchain: Grundlagen, Anwendungsszenarien und Nutzungspotenziale, Wiesbaden, 2020.

Meier, Klaus/Wehlau, Andreas: Die zivilrechtliche Haftung für Datenlöschung, Datenverlust und Datenzerstörung, NJW 1998, S. 1585–1591.

Meyer, Andreas/Rönnau, Thomas/Veil, Rüdiger: Handbuch zum Marktmissbrauchsrecht, München, 2018 (zit. als: *Bearbeiter*, in: Meyer/Veil/Rönnau HdB Marktmissbrauchsrecht).

Michl, Fabian: „Datenbesitz" – ein grundrechtliches Schutzgut? NJW 2019, S. 2729–2733.

Möslein, Florian: Smart Contracts im Zivil- und Handelsrecht, ZHR 183 (2019), S. 254–293.

Möslein, Florian/Omlor, Sebastian (Hrsg.): FinTech-Handbuch, München, 2019 (zit. als: *Bearbeiter*, in: FinTech-HdB).

Moritz, Joachim/Strohm, Joachim: Besteuerung von Investitionen in virtuelle Währungen bei privaten Kapitalanlegern, DB 2018, S. 3012–3019.

Moritz, Karl-Heinz: Geldtheorie und Geldpolitik, 3. Aufl., München, 2012.

Müller, Friedrich/Christensen, Ralph: Juristische Methodik, Bd. 1, 11. Aufl., Berlin, 2013.

Mugdan, Benno (Hrsg.): Die gesammten Materialien zum Bürgerlichen Gesetzbuch für das Deutsche Reich, Bd. 2, Recht der Schuldverhältnisse, Stockstadt am Main 2005.

Narayanan, Arvind/Bonneau, Joseph/Felten, Edward/Miller, Andrew/Goldfeder, Steven: Bitcoin and Cryptocurrency Technologies, Princeton, 2016.

Nau, Elisabeth: Epochen der Geldgeschichte, Stuttgart, 1972.

Nian, Lam Pak/Kuo Chuen, David Lee: Introduction to Bitcoin, in: Kuo Chuen, David Lee (Hrsg.): Handbook of Digital Currency, Amsterdam u. a., 2015, S. 5–30.

Noizat, Pierre: Blockchain Electronic Vote, in: Kuo Chuen, David Lee (Hrsg.): Handbook of Digital Currency, Amsterdam u. a., 2015, S. 453–461.

Nordemann, Axel/Nordemann, Jan Bernd/Czychowski, Christian (Hrsg.): Kommentar zum Urheberrecht, 12. Aufl., Stuttgart, 2018, (zit. als: *Bearbeiter*, in: Nordemann/Nordemann/Czychowski).

North, Michael: Kleine Geschichte des Geldes: Vom Mittelalter bis heute, München, 2009.

ders.: Von Aktie bis Zoll: Ein historisches Lexikon des Geldes, München, 1995.

Nussbaum, Arthur: Das Geld in Theorie und Praxis des deutschen und ausländischen Rechts, Tübingen, 1925.

Oelkers, Felix: Der Begriff des „Eigenhandels für andere" im KWG, WM 2001, S. 341–348.

Ohler, Jochen: Die hoheitlichen Grundlagen der Geldordnung, JZ 2015, S. 317–324.

Ohly, Ansgar: Gibt es einen Numerus Clausus der Immaterialgüterrechte, in: Ohly, Ansgar/Bodewig, Theo/Dreier, Thomas/Götting, Horst-Peter/Haedicke, Maximilian/Lehmann, Michael (Hrsg.): Perspektiven des Geistigen Eigentums und Wettbewerbsrechts: Festschrift für Gerhard Schricker zum 70. Geburtstag, München, 2005, S. 105–122.

ders.: Klemmbausteine im Wandel der Zeit – ein Plädoyer für eine strikte Subsidiarität des UWG-Nachahmungsschutzes, in: Ahrens, Hans-Jürgen (Hrsg.): Festschrift für Eike Ullmann, Saarbrücken, 2006, S. 795–812.

Omlor, Sebastian: Abschied vom Bargeld? – Überlegungen aus geldgeschichtlicher, währungs- und geldprivatrechtlicher Perspektive –, WM 2015, S. 2297–2303.

ders.: Digitaler Zahlungsverkehr, JuS 2019, S. 289–294.

ders.: E-Geld im reformierten Zahlungsdiensterecht, ZIP 2017, S. 1836–1842.

ders.: Geld und Währung als Digitalisate, JZ 2015, S. 754–763.

ders.: Geldprivatrecht: Entmaterialisierung, Europäisierung, Entwertung, Tübingen, 2014.

ders.: Kryptowährungen im Geldrecht, ZHR 183 (2019), S. 294–345.

Palandt, Otto (Begr.): Bürgerliches Gesetzbuch, Kommentar, 37. Aufl., München 1978.

Patz, Annika: Handelsplattformen für Kryptowährungen und Kryptoassets, BKR 2019, S. 435–443.

dies.: Verkaufsprospektpflicht für offene inländische Investmentvermögen – De facto eine gesetzliche Prospektpflicht für offene Spezial-Investmentfonds aufgrund der Vertriebsvorschriften des KAGB –, BKR 2014, S. 271–277.

Patzner, Andreas/Döser, Achim/Kempf, Ludger J. (Hrsg.): Investmentrecht, Handkommentar zum Kapitalanlagegesetzbuch und Investmentsteuergesetz, 3. Aufl., Baden-Baden, 2017 (zit. als: *Bearbeiter*, in: Patzner/Döser/Kempf).

Paulus, David/Matzke, Robin: Smart Contracts und das BGB – Viel Lärm um nichts? –, ZfPW 2018, S. 431–465.

Pesch, Paulina Jo: Cryptocoin-Schulden Haftung und Risikoverteilung bei der Verschaffung vom Bitcoin und Alt-Coins, München, 2017.

Plitt, David/Fischer, Rebecca: Kryptowährungen im Arbeitsrecht – Wie viel Bitcoin darf es sein?, NZA 2016, S. 799–803.

Poelzig, Doerte: Die „gespaltene Auslegung" von Verhaltensnormen im Straf-, Aufsichts- und Zivilrecht oder wer gibt den Ton an?, ZBB 2019, S. 1–10.

Pohl, Hans (Hrsg.): Deutsche Börsengeschichte, Frankfurt am Main, 1992.

Pospiech, Lutz: Die neue EU-Prospektverordnung, NJW-Spezial 2019, S. 463–464.

Preisigke, Friedrich: Girowesen im griechischen Ägypten, Hildesheim/New York, 1971.

Prütting, Hanns/Wegen, Gerhard/Weinreich, Gerd (Hrsg.): Bürgerliches Gesetzbuch: Kommentar, 14. Aufl., Köln, 2019 (zit. als: *Bearbeiter*, in: Prütting/Wegen/Weinreich).

Raab, Wolfgang (Hrsg.): Grundlagen des Investmentfondsgeschäfts, 7. Aufl., Wiesbaden, 2019.

Raue, Benjamin: Die Rechte des Sacheigentümers bei der Erhebung von Daten, NJW 2019, S. 2425–2430.

Redeker, Helmut: Information als eigenständiges Rechtsgut - Zur Rechtsnatur der Information und dem daraus resultierenden Schutz, CR 2011, S. 634–639.

Reimer, Franz: Juristische Methodenlehre, Baden-Baden, 2016.

Reiter, Christian/Nolte, Dirk: Bitcoin und Krypto-Assets - ein Überblick zur steuerlichen Behandlung beim Privatanleger und im Unternehmen, BB 2018, S. 1179–1185.

Rennig, Christopher: KWG goes Krypto, BKR 2020, S. 23–29.

Resas, Daniel/Ulrich, Niklas/Geest, André: Kryptoverwahrung nach dem KWG: Der Versuch einer Konturierung des neuen Erlaubnistatbestandes, ZBB 2020, S. 22–35.

Resch, Christopher: KWG goes Krypto: Die Aufnahme von Kryptowerten und des Kryptoverwahrgeschäfts in das KWG, BKR 2020, S. 23–29.

Rettke, Arne: Bitcoin und die strafrechtliche Einziehung - Vorläufige und endgültige Vermögensabschöpfung, NZWiSt 2020, S. 45–55.

Richter, Lutz/Augel, Christian: Geld 2.0 (auch) als Herausforderung für das Steuerrecht, FR 17, S. 937–949.

Riehm, Thomas: Rechte an Daten - Die Perspektive des Haftungsrechts, VersR 2019, S. 714–724.

Roots, Lehte/Dumbrava, Costica: E-Citizenship Opportunities in the Changing Technological Environment, in: Kerikmäe, Tanel/Rull, Addi (Hrsg.): The Future of Law and eTechnologies, Schweiz, 2016, S. 45–56.

Rudolph, Bernd: Die Finanzkrise 2007–09: Schlüsselereignis für die zukünftige Entwicklung des Finanzsystems, in: Lindenlaub, Dieter (Hrsg.): Schlüsselereignisse der deutschen Bankengeschichte, Stuttgart 2013, S. 478–502.

Sademach, Marit: Regionalwährungen in Deutschland: Strategie, Hintergrund und rechtliche Bewertung, Baden-Baden, 2012.

Säcker, Franz Jürgen/Rixecker, Roland/Oetker, Hartmut/Limpberg, Bettina (Hrsg.): Münchener Kommentar zum Bürgerlichen Gesetzbuch, Bd. 1: Allgemeiner Teil, 8. Aufl., München 2018 (zit. als MüKoBGB/*Bearbeiter*).

dies.: (Hrsg.): Münchener Kommentar zum Bürgerlichen Gesetzbuch, Bd. 2: Schuldrecht – Allgemeiner Teil I, 8. Aufl., München 2019 (zit. als MüKoBGB/*Bearbeiter*).

dies.: (Hrsg.): Münchener Kommentar zum Bürgerlichen Gesetzbuch, Bd. 3: Schuldrecht – Allgemeiner Teil II, 8. Aufl., München 2019 (zit. als MüKoBGB/*Bearbeiter*).

dies.: (Hrsg.): Münchener Kommentar zum Bürgerlichen Gesetzbuch, Bd. 6: Schuldrecht – Besonderer Teil IV, 7. Aufl., München 2017 (zit. als MüKoBGB/*Bearbeiter*).

dies.: (Hrsg.): Münchener Kommentar zum Bürgerlichen Gesetzbuch, Bd. 8: Sachenrecht, 8. Aufl., München, 2020 (zit. als MüKoBGB/*Bearbeiter*).

dies.: (Hrsg.): Münchener Kommentar zum Bürgerlichen Gesetzbuch, Bd. 12: Internationales Privatrecht I, Internationales Wirtschaftsrecht, Einführungsgesetz zum Bürgerlichen Gesetzbuch (Art. 50–253), 7. Aufl., München, 2018.

Schack, Haimo: Urheber- und Urhebervertragsrecht, 8. Aufl., Tübingen 2017.

Schiller, Bettina/Boer, Elke/Fahrmeyer, Christian: Der unverbriefte Kredithandel – Eine mögliche Antwort auf die aktuelle Vertrauenskrise?, FB 2009, S. 575–580.

Schimansky, Herbert/Bunte, Hermann-Josef/Lwowski, Hans-Jürgen (Hrsg.): Bankrechts-Handbuch, 5. Aufl., München, 2017 (zit. als: Schimansky/Bunte/Lwowski BankR-HdB/*Bearbeiter*).

Schlichting, Anja: Inkohärenzen im Geldschuldrecht, Münster, 2017.

Schlund, Albert/Pongratz, Hans: Distributed-Ledger-Technologie und Kryptowährungen – eine rechtliche Betrachtung, DStR 2018, S. 598–604.

Schmidt, Karsten (Hrsg.): Münchener Kommentar zum Handelsgesetzbuch, Bd. 6: Bankvertragsrecht, 3. Aufl., München, 2014 (zit. als: *Bearbeiter*, in: MüKo/HGB).

ders.: Handelsrecht, 5. Aufl., Köln, 1999.

Schmidt, Ludwig (Begr.): Einkommenssteuergesetz, 37. Aufl. München, 2018 (zit. als: Bearbeiter, in: Schmidt, EStG).

Schmölders, Günter: Geldpolitik, 2. Aufl., Tübingen, 1968.

Schönke, Adolf/Schröder, Horst (Begr.): Strafgesetzbuch, Kommentar, 30. Aufl., München, 2019, (zit. als: *Bearbeiter*, in: Schönke/Schröder).

Schrey, Joachim/Thalhofer, Thomas: Rechtliche Aspekte der Blockchain, NJW 2017, S. 1431–1436.

Schroen, Christoph: Sind „Bitcoin und Co." Wirtschaftsgüter gemäß der gefestigten BFH-Rechtsprechung?, DStR 2019, S. 1369–1375.

Schwark, Eberhard/Zimmer, Daniel (Hrsg.): Kapitalmarktrechtskommentar, 4. Aufl., München, 2010 (zit. als Schwark/Zimmer/*Bearbeiter*).

dies.: (Hrsg.): Kapitalmarktrechtskommentar, 5. Aufl., München, 2020 (zit. als Schwark/Zimmer/*Bearbeiter*).

Schwennicke, Andreas/Auerbach, Dirk (Hrsg.): Kreditwesengesetz (KWG) mit Zahlungsdiensteaufsichtsgesetz (ZAG) und Finanzkonglomerate-Aufsichtsgesetz (FKAG) Kommentar, 3. Aufl., München, 2016 (zit. als: Schwennicke/Auerbach).

Schwintowski, Hans-Peter: Juristische Methodenlehre, Frankfurt am Main, 2005.

Shcherbak, Sergii: How Should Bitcoin Be Regulated?, in: European Journal of Legal Studies, 2014, Vol. 7, No. 1, S. 45–91.

Shmatenko, Leonid/Möllenkamp, Stefan: Digitale Zahlungsmittel in einer analog geprägten Rechtsordnung: A bit(coin) out of contrtol – Rechtsnatur und schuldrechtliche Behandlung von Kryptowährungen, MMR 2018, S. 495–501.

Siebelt, Johannes/Häde, Ulrich: Die ECU im deutschen Recht, NJW 1992, S. 10–17.

Simitis, Spiros: Bemerkungen zur rechtlichen Sonderstellung des Geldes, AcP 159 (1960), S. 406–466.

Simmchen, Christoph: Blockchain (R)evolution, MMR 2017, S. 162–165.

Sixt, Elfriede: Bitcoins und andere dezentrale Transaktionssysteme: Blockchains als Basis einer Kryptoökonomie, Wiesbaden, 2017.

Skauradszun, Dominik: Durchbruch bei der Pfändung und Verwertung von Kryptowerten nach § 857 Abs. 1 und 5 ZPO, § 1 Abs. 11 Satz 4 KWG n. F., WM 2020, S. 1229–1236.

Sorge, Christoph/Krohn-Grimberghe, Artus: Bitcoin: Eine erste Einordnung, DuD 2012, S. 479–484.

dies.: Bitcoin - das Zahlungsmittel der Zukunft?, Wirtschaftsdienst 2013, S. 720–721.

Specht, Louisa: Konsequenzen der Ökonomisierung informationeller Selbstbestimmung: Die zivilrechtliche Erfassung des Datenhandels, Köln, 2012.

Spiegel, Alexandra: Blockchain-basiertes virtuelles Geld, Tübingen 2020.

Spindler, Gerald: Digitale Wirtschaft - analoges Recht: Braucht das BGB ein Update?, JZ 2016, S. 805–816.

ders.: Initial Coin Offerings und Prospektpflicht und -haftung, WM 2018, S. 2109–2118.

Spindler, Gerald/Bille, Martin: Rechtsprobleme von Bitcoins als virtuelle Währung, WM 2014, S. 1357–1369.

Sprenger, Bernd: Das Geld der Deutschen, Paderborn, 1991.

Sprengnether, Mirko/Wächter, Hans Peter: Aufsichtsrechtliche Hürden für „virtuelle Währungen" am Beispiel Bitcoin, RdF 2013, S. 114–120.

Ständige Deputation des Deutschen Juristentags (Hrsg.): Verhandlungen des 71. Deutschen Juristentags, Bd. I: Gutachten von Prof. Dr. Florian Faust, München, 2016.

Staudinger, Julius v. (Begr.): Kommentar zum Bürgerlichen Gesetzbuch mit Einführungsgesetzen und Nebengesetzen, Buch 2: Recht der Schuldverhältnisse, §§ 244–248, 13. Aufl., Berlin, 1997 (zit. als: *Bearbeiter*, in: Staudinger).

ders.: (Begr.): Kommentar zum Bürgerlichen Gesetzbuch mit Einführungsgesetzen und Nebengesetzen, Buch 2: Recht der Schuldverhältnisse, §§ 244–248, PrKG (Geldrecht), Neubearbeitung 2016, Berlin (zit. als: *Bearbeiter*, in: Staudinger).

ders.: (Begr.): Kommentar zum Bürgerlichen Gesetzbuch mit Einführungsgesetzen und Nebengesetzen, Buch 2: Recht der Schuldverhältnisse, §§ 244–248, PrKG (Geldrecht), Neubearbeitung 2021, Berlin (zit. als: *Bearbeiter*, in: Staudinger).

ders.: (Begr.): Kommentar zum Bürgerlichen Gesetzbuch mit Einführungsgesetzen und Nebengesetzen, Buch 2: Recht der Schuldverhältnisse, §§ 362–396 (Erfüllung, Hinterlegung, Aufrechnung), Neubearbeitung 2016, Berlin (zit. als: *Bearbeiter*, in: Staudinger).

ders.: (Begr.): Kommentar zum Bürgerlichen Gesetzbuch mit Einführungsgesetzen und Nebengesetzen, Buch 2: Recht der Schuldverhältnisse, §§ 397–432, (Erlass, Abtretung, Schuldübernahme, Mehrheit von Schuldnern und Gläubigern), Neubearbeitung 2017, Berlin (zit. als: *Bearbeiter*, in: Staudinger).

ders.: (Begr.): Kommentar zum Bürgerlichen Gesetzbuch mit Einführungsgesetzen und Nebengesetzen, Buch 2: Recht der Schuldverhältnisse, §§ 433–480, (Kaufrecht), Neubearbeitung 2013, Berlin (zit. als: *Bearbeiter*, in: Staudinger).

ders.: (Begr.): Kommentar zum Bürgerlichen Gesetzbuch mit Einführungsgesetzen und Nebengesetzen, Buch 2: Deliktsrecht: Unerlaubte Handlungen I - Rechtsgüter und Rechte, Persönlichkeitsrecht, Gewerbebetrieb, Neubearbeitung 2017, Berlin (zit. als: *Bearbeiter*, in: Staudinger).

ders.: (Begr.): Kommentar zum Bürgerlichen Gesetzbuch mit Einführungsgesetzen und Nebengesetzen, §§ 925–984, Anh. zu §§ 929–931 (Erwerb und Verlust des Eigentums) Neubearbeitung 2020, Berlin (zit. als: *Bearbeiter*, in: Staudinger).

ders.: (Begr.): Eckpfeiler des Zivilrechts, 6. Aufl., Berlin 2018 (zit. als: *Bearbeiter*, in: Staudinger, Eckpfeiler des Zivilrechts).

Streinz, Rudolf: Europarecht, 10. Aufl., Heidelberg, 2016.

Stürner, Rolf/Eidenmüller, Horst/Schoppmeyer, Heinrich (Hrsg.): Münchener Kommentar zur Insolvenzordnung, Bd. 1, §§ 1–79 InsO, InsVV, 4. Aufl., München, 2019 (zit. als: Bearbeiter, in: MüKo/InsO).

Swan, Melanie: Blockchain: Blueprint for a new economy, Peking u. a., 2015.

Thywissen, Johann Heinrich: Sind Bankguthaben Geld im Rechtssinne?, BB 1971, S. 1347–1350.

Touissant, Guido: Das Recht des Zahlungsverkehrs im Überblick, Berlin/New York, 2009.

Ukrow, Jörg: Libra im Lichte des Europarechts: Vom Binnenmarkt zum europäischen Währungskondominium - Teil 1, EuZW 2019, S. 726–733.

ders.: Libra im Lichte des Europarechts: Vom Binnenmarkt zum europäischen Währungskondominium - Teil 2, EuZW 2019, S. 763–771.

Veil, Rüdiger: Token-Emissionen im europäischen Kapitalmarktrecht - Grundlagen und Reformperspektiven für ICOs und STOs -, ZHR 183 (2019), S. 346–375.

Vilar, Pierre: Gold und Geld in der Geschichte, München, 1984.

Voge, Dirk: Schuldrechtlich ausgestaltete Anlagemodelle als Finanzkommissionsgeschäft nach § 1 I 2 Nr. 4 KWG, WM 2007, S. 1640–1648.

Vogel, Marion: Relevanz und Risiken von virtuellen Währungen am Beispiel Bitcoin, Hof, 2016.

Wagner, Jens: Legal Tech und Legal Robots im Unternehmen und den diese beratenden Kanzleien - Teil 1: Einsatzbereiche und praktische Folgen, BB 2017, S. 898–905.

Walter, Andreas: Bitcoin, Libra und sonstige Kryptowährungen aus zivilrechtlicher Sicht, NJW 2019, S. 3609–3614.

Wank, Rolf: Die Auslegung von Gesetzen, 6. Aufl., München, 2015.

Weber, Klaus (Hrsg.): Creifelds kompakt, Rechtswörterbuch, 2. Aufl., München, 2020.

Weiss, Alexander: Zivilrechtliche Grundlagenprobleme von Blockchain und Kryptowährungen, JuS 2019, S. 1050–1057.

Weitnauer, Wolfgang: Handbuch Venture Capital, 6. Aufl., München, 2019.

ders.: Initial Coin Offerings (ICOs): Rechtliche Rahmenbedingungen und rechtliche Grenzen, BKR 2018, S. 231–236.

Weitnauer, Wolfgang/Boxberger, Lutz/Anders, Dietmar (Hrsg.): KAGB-Kommentar, 2. Aufl., München 2014 (zit. als: WBA/*Bearbeiter*).

Wilsch, Harald: Die Blockchain-Technologie aus Sicht des deutschen Grundbuchrechts, DNotZ 2017, S. 761–787.

Wittreck, Fabian: Geld als Instrument der Gerechtigkeit: Die Geldrechtslehre des Hl. Thomas von Aquin in ihrem interkulturellen Kontext, Paderborn u. a., 2001.

Wolf, Ernst: Lehrbuch des Schuldrechts, Zweiter Bd.: Besonderer Teil, Köln, 1978.

Würdinger, Markus/Bergmeister, Felix: Analogie und Umkehrschluss, Jura 2007, S. 15–24.

Yermack, David: Is Bitcoin a Real Currency? An Economic Appraisal, in: Kuo Chuen, David Lee (Hrsg.): Handbook of Digital Currency, Amsterdam u. a., 2015, S. 31–44.

Zech, Herbert: „Industrie 4.0" - Rechtsrahmen für eine Datenwirtschaft im digitalen Binnenmarkt, GRUR 2015, S. 1151–1160.

ders.: Besitz an Daten, in: Pertot, Tereza (Hrsg.): Rechte an Daten, Tübingen, 2020, S. 91–102.

Zenke, Ines/Schäfer, Ralf: Energiehandel in Europa, 3. Aufl., München, 2012.

Zickgraf, Peter: Initial Coin Offerings - Ein Fall für das Kapitalmarktrecht?, AG 2018, S. 293–308.

Zippelius, Reinhold: Juristische Methodenlehre, 11. Aufl., München, 2012.

Zöllner, Lukas: Kryptowerte vs. Virtuelle Währungen - Die überschießende Umsetzung der Fünften EU-Geldwäscherichtlinie, BKR 2020, S. 117–125.

Zwirner, Christian: Bitcoins nach HGB: Bilanzierung, Bewertung, Berichterstattung, BC 2019, S. 61–67.

Abbildungsverzeichnis

Tabellenverzeichnis